庫

34-007-7

完　訳

統　治　二　論

ジョン・ロック著
加藤　節訳

岩波書店

John Locke

TWO TREATISES OF GOVERNMENT

1690

目次

氏、労多い校正の仕事を引き受けて下さった菊田陽子氏、前書にいち早く言及し、自分の仕事のなかで積極的に活用してくれた学生時代以来の畏友宮村治雄氏、そして、本文庫版の刊行に当たって、前書の「解説」や訳語についてあらためて的確なコメントを寄せてくれた年来の友人の李静和氏がそれである。記して、心からの謝意を表したいと思う。

二〇一〇年八月一五日

加藤　節

凡　例

一、本書は、John Locke, *Two Treatises of Government*, 1690 の全訳である。原著には多くの版本があるが、本訳書では、*The Works of John Locke*, A New Edition Corrected, London, Thomas Tegg, etc., 1823, Vol. 5, pp. 207–485 に収められたテキストを底本として訳出した。これは、一七一三年に出版された『統治二論』の第四版を再刊したものである。なお、翻訳に当たっては、次の三つの版を参照した。*Two Treatises of Government*, London, 1698; *Two Treatises of Government* : a Critical Edition with an Introduction and Apparatus Criticus by Peter Laslett, Cambridge, 1967; *Two Treatises of Government*, edit. Ian Shapiro, New Haven, 2003 がそれである。参照したこれら三つの版のうち、『統治二論』第三版にあたる第一のものについては成蹊大学図書館所蔵のテキストを利用させていただいた。第二のラズレット版は、一七六四年に刊行された『統治二論』第六版の、また、第三のイエール版は、本訳書が底本としたのと同じ版の再刊である。なお、『統治二論』のテキスト問題については、訳者解説を参照されたい。

一、翻訳に当たって、以下の邦訳書を参考にした。
『政治論』(松浦嘉一訳、東西出版社、一九四八年)
『デモクラシイの本質』(鳥井博郎訳、若草書房、一九四八年)
『民主政治論——国家に関する第二論文』(服部弁之助訳、霞書房、一九四九年)
『統治論・第二編——政府について』(鈴木秀勇訳、河出書房、『世界大思想全集』哲学・文芸思想篇8、一九五五年)
『統治論』(浜林正夫訳、河出書房新社、『世界思想教養全集』6、一九六四年)
『統治論』(宮川透訳、中央公論社、『世界の名著』27、一九六八年)
『市民政府論・国政二論後編』(鵜飼信成訳、岩波書店、一九六八年)
『統治論』(伊藤宏之訳、柏書房、一九九七年)

一、第三版およびラズレット版のうちイタリック体で記された箇所には、原則として傍点を付した。ただし、煩雑さを避けるために第四版で使用されているダブルクオーテーションマークを参照して「 」で示したり、割愛したりした箇所がある。

一、ロックによる補説は( )で、訳者のそれは〔 〕で本文中に示した。

一、原註には*印を付して各節ごとに訳出し、訳者による註は、原語に関するそれも含めて(1)のように表記して各章末に置いた。なお、訳者による註を作成するに当たって、上記ラズレット版に付された詳細な註を参考にした箇所がある。

一、原文が長い場合には、適宜改行をほどこした。

一、各節の番号は漢数字で表記した。

一、原著におけるラテン語、ギリシャ語、ヘブライ語の部分については、煩瑣にわたる場合であってもすべて原語や原文を本文中に付した。

一、ロックやフィルマーが用いた欽定訳英語聖書(一六一一年に公刊されたいわゆるThe King James Version)に正確に対応する邦訳聖書がないことから、本書における聖書の訳出に当たっては、基本的に『舊新約聖書』(日本聖書協会、一九七〇年)に依拠した。しかし、その場合にも、訳者の責任において、訳語を一部変更し、また、文体や旧字等を現代風に改めた箇所がある。その際、旧約聖書翻訳委員会訳『旧約聖書』(岩波書店、二〇〇四—二〇〇五年)および新約聖書翻訳委員会訳『新約聖書』(岩波書店、二〇〇四年)を参照した。

一、イギリス法に関わる用語の翻訳に当たっては、『英米法辞典』(編集代表・田中英夫、東京大学出版会、一九九一年)を参考にした。

一、巻末に索引を付した。その際、ラズレット版およびイエール版に付された索引を参考にした。

尾一貫したもの、あるいは常識と両立可能なものにすることができるかどうか、是非試してみていただきたい。私自身としても、ずっと以前にすでに応答ずみの一人の人士〔サー・ロバート〕について、もしも最近、説教師たちが彼の教義を公然と自分たちのものとし、当代に通有力をもつ神学にするといったことさえなかったならば、これほどまでに歯に衣をきせぬ物の言い方をすることもなかったであろう。(5) 必要なのは、教師であると自称しながら危険な方向へと他人を誤り導いてきた人々の眼に、彼らが盲従する家父長〔であるサー・ロバート〕の権威がいかなるものにすぎないかをはっきりと示すことによって、彼らに、大変に誤った根拠に立って公言してきた到底主張しえないことを撤回させるか、あるいは、所詮イングランドの一介の廷臣がその創始者にすぎないのに彼らが福音として賞揚してきた原理を無理やり弁明させるかのいずれかに他ならない。もしわれわれの間に、サー・ロバートの作品をほめたて、彼の教義を支持することによって、私を、すでに死んだ敵(6)に更に唾していると の非難から救ってくれる人々がいなかったならば、私とて、敢えて、サー・ロバートに反論することも、また、彼の誤謬、矛盾、そして(彼が大いに自慢し、自説を全面的にその上に基礎づけたと称している)聖書の証言が欠如していることを示す労をとることもなかったからである。〔サー・ロバートの教義を支持する〕そうした人々は、その点で大変に熱狂的になっているので、もし私が彼に対して何か誤りを犯せば、彼らは私を決して容赦してくれないであろう。〔従って、逆に〕私は、彼らが、真理を傷つけ、公衆に害を与えた場合には、直ちにその誤りを正し、その重大さを認めて、統治に関する誤った観念を流布させること以上に君主と人民とに害悪をもたらすものはないことを反省すること、その結果、いかなる時にも、もはや聖職者の打ち鳴らすドラム〔すなわち説教〕について不満を唱える理由がまったくなくなることを切望したい。もしも心から真理に関心を寄せる人が私の説に対する反駁を試みるならば、私は、十分に納得がいく限り自分の誤りを改めもし、あるいは異議に答えもすることを約束しよう。しかし、その場合にも、次の二点を心に留めておいていただきたい。

第一に、私の論稿の表現や些細な付帯事項についてあれこれと揚げ足取りをしても、それは、なんら私の書物への回答にはならないこと。

第二に、私は、常に、要点に良心的な配慮を払い、十分な根拠をもって自らの疑念を示していると思われる人には満足のいくように答える義務を負っているとみなしているとはいえ、悪口雑言《あっこうぞうごん》は議論ではなく、揚げ足取りや悪口雑言は顧みるに値しないと考えていること。

後は何も言うことはないが、ただ読者に、〔以下の叙述において〕著者とはわれわれの著者〔サー・ロバート〕を表し、『考察』とはホッブスやミルトン等に関する彼の『考察』を指すこと、そして、単に引用頁数のみを記したのは、常に一六八〇年に編集された彼の『パトリアーカ』のそれを意味することをお知らせしておく。(7)

(1)　この緒言は、ロックが、一六八〇年代前半までに執筆し終えていた政治的統治をめぐる二つの論稿を、名誉革命後、一冊にまとめ、『統治二論』の題名を付してロンドンの Awnsham Churchill 社から出版する準備を進めていた一六八九年の八月頃に執筆されたものと推測される。なお、『統治二論』の執筆と、一六九〇年におけるその公刊とをめぐる事情については、訳者解説を参照されたい。

(2)　『統治二論』の名で刊行されるものが「統治に関する一つの論稿の最初と最後との部分」であるとのロックの記述が事実であるかどうかは実証されていない。「失われた」とされる「中間を埋めるはずであった草稿」は発見されていないからである。ロックが、自分の書いたものの放棄を極度に嫌う気質のもち主であったにもかかわらず、それが発見されていない以上、むしろ、それは、『統治二論』の名で一六九〇年に公刊された現行の作品がフィルマーに対する原理的批判としては十分であり、それ以上の贅言を要しないとの自負に裏打ちされたロックのレトリックであると考えるのが自然であろう。しかし、本書でのフィルマー批判が家父長権論批判という限定された視角からのそれに限られており、例えば、フィルマーに見られるイギリスの立憲体制論等にまで及んでいないことを考えると、ロックが実際に「中間を埋めるはずであった草稿」を執筆しながら、それが例えば一六八三年から八九年にわたるロックのオランダ亡命中に失われたといった可能性も完全には排除できない。今後の実証的な論証が待たれる問題の一つである。

（3）原語は nation である。

（4）原語は nation である。

（5）原語は the current divinity of the times である。

（6）フィルマーは、一六五三年に死亡している。

（7）『統治二論』におけるフィルマーの著作からの引用については、いささか注意を要する問題がある。そこにおいてロックが『考察』として言及するフィルマーの作品は、「ホッブスやミルトン等に関する彼の『考察』」というロックの記述から、一見、フィルマーの *Observations concerning the Original of Government, upon Mr. Hobs Leviathan, Mr. Milton against Salmasius, H. Grotius De Jure Belli*, London, 1652 だけを指すように見える。しかし、事情はそれほど単純ではない。『統治二論』において、ロックは、『考察』の名で一括した上で、フィルマーの他の作品からも引用しているからである。これは、ロックが、ホッブスやミルトンについての『考察』の他に、フィルマーの *The Anarchy of a Limited or Mixed Monarchy*, 1648, *Observations upon Aristotles Politiques touching Forms of Government*, 1652, *An Advertisement to the Jurymen of England, Touching Witches*, 1653 等の著作を収録し、一六七九年に *The Freeholders Grand Inquest* の書名で刊行された作品を読み、それからの引用を行ったことの結果であった。従って、ロックが『考察』からの引用を示すものとして指示する頁数は、独立した作品としての上記の『考察』にではなく、基本的には七九年刊のこの作品に対応するものであることに注意されたい。また、『統治二論』で引用されるフィルマーの『パトリアーカ』は、一六八〇年に*Patriarcha: or the Natural Power of Kings*のタイトルでロンドンのWalter Davis社から公刊され、次いで、上記の作品と合本されて、フィルマーの『著作集』として同年に販売された版である。その結果、『統治二論』における『パトリアーカ』からの引用には、この『著作集』からのものと本来の一六八〇年版の『パトリアーカ』からのものとが混在することになった。ロックが、『考察』の名の下に、しばしば『パトリアーカ』の頁に対応する引用を行っているのはそのためである。この点は、『統治二論』の内在的理解には特に大きな意味をもたないが、書誌学的には記憶されていいであろう。なお、フィルマー自身は、一六三〇年前後に私家版として執筆した『パトリアーカ』に、*Patriarcha: a Defence of the Natural Power of Kings against the Unnatural Liberty of the People*の題名を付していた。『パトリアーカ』が執筆された時期と出版された歴史的背景とについては訳者解説を参照されたい。

前篇　統治について

第一章　序論

一　隷属状態は、人間にとってこの上なく卑しく悲惨な状態であって、わが国民の高潔な気質や勇気とはまったく相容れないものであるから、ジェントルマンはもとより、イングランド人がそれを擁護するなどということは到底考えられないことである。そうであるだけに、実際のところ、私は、世人に対して彼らはすべて奴隷であり、またそうであるべきだと説くサー・ロバート・フィルマーの『パトリアーカ』は、彼の他の論文同様、かのネロの礼讃を書いた人物のもの[1]と同じように、誠実に考えられた真面目な論稿であるというよりも、才知にもとづく筆の遊びであるとみなすところであった。[2]しかし、〔『パトリアーカあるいは国王の自然の権力』という〕その書名と〔序として付された〕書簡との荘重さ、その巻頭を飾る〔チャールズ二世の〕肖像画[3]、更には出版に続くそれへの称賛からみて、私は、この書物の著者も出版書肆も大真面目であると考えざるをえなかったのである。そこで、私は、この『パトリアーカ』を、期待を込めて手にし、広く流布して評判となった論稿に当然払うべき注意をもって通読してみた。その結果、私は大いに驚いたことを告白せざるをえない。というのも、私は、本来、全人類を縛りつける鎖を提供しようとして書かれたこの書物の中に、埃を立てて人々の眼をくらまし世人を迷わすことに長《た》け、それを仕事にする連中に役立つだけで、実際には、鎖というものは、どんなに丁寧に鑢《やすり》をかけ磨きたてても、身に着けるには不快なものであることを察している具眼の士を束縛する力などはまったくもたない一本の砂でできた綱しか見出さなかったからである。

二　もし、私が、絶対権力の偉大な擁護者であり、絶対権力を崇拝する人々の偶像である人物についてあまりにも礼を失した口をきいていると考える方がいるとすれば、私は、その人に、サー・ロバートの書物を読んだ後も、依然として、自分は法律の許す限り自由人であると考えざるをえない人間に対して、今度だけはそれを大目に見ていただくようにお願いしたい。私以上にその書物が辿るであろう運命に通じている誰かが、自由人に対して、長く眠っていたこの(『パトリアーカ』という)論稿は(4)、その議論の力強さによって世界から一切の自由を拉し去ってしまうこと、それ以降将来に向けて、われわれの著者の簡潔なモデルが政治学の「シナイ山上の雛形」(『出エジプト記』第二五章四〇節)となり、その完全な標準となる恐れがあることを明確に示すことをしない限り、私がそれをすることは何ら過ちではないように私は承知しているからである。ところで、サー・ロバートの体系は次の極めて狭い範囲に集約され、それを越えるものではない。

　すべての統治は絶対王政であること。

そして、彼がそれを打ち立てる根拠は次の点にある。

　いかなる人間も自由には生まれついていないということ。

三　近年、われわれの同時代人の中に、君主がいかなる法によって即位し統治しようとも、またいかなる条件のもとに権威を獲得しようとも、君主は絶対権力への神授権(5)をもっており、また、それらの条件を遵守するとの君主の契約も厳粛な宣誓や約束によって何ら十分に確認されるわけではないとの説をかかげて、君主たちに追従しようとする人々が現れてきた。彼らは、この教義に途を開くために、生来の自由に対する人間の権利を否定したが、それによって彼らは、全力を尽くしてすべての臣民を専制と抑圧との最大の不幸に曝させただけではなく、また、君主たちの資格を危うくし、その王位をぐらつかせたと言ってよい(なぜなら、彼らの説に従えば、君主たちもまた、ただ一人を除いてすべて奴隷に生まれついており、神授権によってアダムの真正の相続人の臣民であるということにならざるをえないからである)。彼らは、あたかも、自分たちの当面の必要を充たすために、あらゆる統治に戦いを挑み、人間社会の基礎そのものを覆そうと企図しているかのようである。

四　けれども、彼らがわれわれに向かって、「われわれはすべて生まれながらの奴隷であり、またそうであり続けるしかなく、しかも、それを変える術もない」と言うとき、つまり、彼らが、われわれにとって、生を享けるのと奴隷の境遇に入るのとは同時であって、その一方と手を切らない限り他方からも自由にはなりえないと言うとき、われわれが彼らの言を信じなければならない根拠は、ただ、彼ら自身の言葉のうちにしか求められないであろう。あたかも神の権威がわれわれを他者の無制限の意志に従属させるかのように神授権が喧伝されるにもかかわらず、私のみる限り、聖書あるいは理性が、そうしたことをどこにおいても告知していないことは確実であるからである。〔生まれながらの奴隷であるとは〕何と結構な人類の状態であろう。しかも、彼らは、ごく最近まで、この結構な状態を見出すのに十分な知性を備えていなかったと言ってよい。なぜならば、サー・ロバート・フィルマーは、自説に反対の見解の方をまったくの新説だとして非難しているようであるが(三頁)、そのサー・ロバートにとっても、現在のわが国以外の世界の他の時代、他の国の中に、王政は神授権に基づくと主張する見解を発見することは困難であろうと私には思われるからである。事実、彼自身、「ヘイワード、ブラックウッド、バークレイその他、ほとんどの点で大胆に国王の権利を擁護した者」(6)も、その〔王政は神授権に基づくという〕点には考えが及ばず、「一致して、人間の生来の自由と平等とを認めた」と公言しているではないか(四頁)。

五　誰が〔王政は神授権に基づくという〕この教説を最初に提唱し、われわれの間に流行させたか、また、それがいかなる遺憾な結果を引き起こしたかについては、私は、歴史家たちにその叙述を任せ、また、シブソープやマナリング(7)の同時代人たちの記憶にそれを想起してもらうことにして、ここでの私の仕事を、そうした学説を極限にまで押し進め、それを完成させたとみなされているサー・ロバート・フィルマーが、その説に関してどういうことを論じたてているかを考察することに限りたい。宮廷におけるかつてのフランス語の場合と同じように、流行の先端を追いたいと願っている人々は、皆、彼から、次のような浅薄な政治学体系を学び、それを鵜呑みにしているからである。すなわち、「人間は自由には生まれついておらず、従って、支配者と統治形態とを選択する自由をもちえないこと、奴隷は契約あるいは同意への権利をもつことができないから、君主はその権力を絶対的に、かつ神授権によって所有していること、アダムは絶対君主であったし、彼以降のすべての君主もそうである」というのがその学説に他ならない。

（1）J. Carden, *Encomium Neronis*, 1546を指す。ラズレットが考証したように、ロックは、カルデンの『著作集』を所有していた。

（2）一六八〇年版の『パトリアーカ』には、王党派の聖職者でフィルマーの友人であったピーター・ハイリンの手による書簡形式の序文が付されている。

（3）巻頭を飾るチャールズ二世の肖像画を描いたのは宮廷画家ファン・ホーヴである。

（4）ここでロックが「長く眠っていた」と言うのは、『パトリアーカ』が、それが私家版として最初に書かれた頃からほぼ半世紀を経て出版された事情を指す。

（5）原語はdivine rightである。

（6）ここで言及されている著者と著作との詳細は以下の通りである。

Sir J. Hayward, *An Answer to the First Part of a Certain Conference Concerning Succession*, 1603.

A. Blackwood, *Adversus G. Buchanani dialogum 'De Jure Regni'*, 1588.

W. Barclay, *De Regno et Regali Potestati adversus Buchananum, Brutum, Boucherium et reliquos Monarchomachos*, 1600, *De Potestatae Papae*, 1609.

（7）彼らは、国王大権を賞揚する次のような説教を著したことで有名であった。

R. Sybthorpe, *Of Apostolique Obedience*, 1627.

R. Manwaring, *Religion and Allegiance*, 1627.

第二章　父親の権力[1]と国王権力とについて

六　サー・ロバート・フィルマーに顕著な見解は、人間は生まれながらに自由ではないというものである。彼の絶対王政は、この立場を基礎として成り立ち、そこから自らを高く樹立して、自己の権力をすべての権力に超越させ、その頭を雲間に隠す(caput inter nubila)に至るであろう。すなわち、一切の地上的なもの、人間的なものを超越するその高さは、人知の到達範囲を越え、無限の神をも拘束する約束や誓約でさえ制約できないほどの地点に達するであろう。けれども、もしその基礎が崩れれば、それとともに、その上に建てられた建築物も倒壊し、統治は、理性を行使しつつ社会へと結合する人間の創意と同意(Ἀνθρωπίνη κτίσις)[2]とによって作り出されるという旧来の方法に再び委ねられなければならない。サー・ロバートは、自分のその大いなる立場を証明するために、(『パトリアーカ』の)一二頁において、「人間というものは両親に服従する状態で生まれてくる」ものであり、従って、自由ではありえないと語っている。そして彼は、この両親の権威を、あるいは王の権威と呼び(一二頁、一四頁)、あるいは父の権威、父であること(3)に伴う権利と呼ぶ(一二頁、二〇頁)。人は誰でも、サー・ロバートは、いやしくも、その上に君主の権威と臣民の服従とを基礎づけようとするようなこうした著作の冒頭において、その父の権威とは何であるかを明確に述べており、他のある論稿で、彼は、父の権威を、無制限のもの、制限しえないものとしているから、*それを制限することまではしていないとしても、それを定義することはしていると思うであろう。また、誰でも、サー・ロバートは、少なくとも、父であること、あるいは、父の権威について、われわれが彼の著作の中でそれらに出会うときに十全な観念をもつことができるような説明を与えているはずであると考えるに違いない。実際、私自身も、『パトリアーカ』第一章のうちにそれを見出すことができるものと期待していた。しかし、彼がそうした説明を与える代わりに行ったのは、1 まず、ほんのついでに、いわゆる統治の秘密(arcana imperii)に敬意を表し(五頁)、2 次いで、結局、直ちに無に帰し解体することになるのではあるが、一応、わが国民あるいは他の諸国民の権利と自由とにお世辞をつかい(六頁)、更に、3 自分ほど事理に通じていない〔とみなす〕学者たちに対して、片足を引いて儀礼的な会釈(4)をおくる(七頁)といったことであったのである。その後、サー・ロバートはベラルミーノへの攻撃に転じ(八頁)、彼への勝利を通して、自らの言う父の権威を疑問の余地が残らない形で確立しようとした。しかもその場合、ベラルミーノ自身から敗北の告白を引き出した彼は（一二頁）[5]、勝利をあきらかに掌中に収め、もはやそれ以上の説得力を必要としないと思っているらしい。なぜならば、それ以降、彼は、私のみる限り、その問題を詳細に述べたり、自分の見解を補うために議論を再説したりすることなしに、それを手にするいかなる人間も、直ちに統治権と無制限の絶対権力とを獲得する父たる地位という奇妙な種類の威圧的な幽霊に関する物語を、自分に都合のいい形でわれわれに語るだけであるからである。すなわち、この父たる地位が、どのようにして、アダムにおいて始まり、その系譜を辿り、ノアの洪水までの全家父長時代を通じて世界の秩序を保ち、ノアおよびその息子たちとともに方舟《はこぶね》から離れたか、またそれが、いかにして、イスラエルの民のエジプト幽囚までの間、地上におけるすべての君主を誕生させ、かつ支えたか、更には、神が、イスラエルの民に王を与えることによって、父親の統治の旧来の、そして最初の直系継承権を再建するまで、その父たる地位がいかに哀れな状態にあったかを、サー・ロバートは、確信をもってわれわれに語っており、これが、一二頁から一九頁にかけて、彼が行った仕事に他ならない。それから、彼は、国王権力が自然の権利であることを確証するために、更に反対論を片づけ、一、二の難点を〔いわば〕半分の論拠に立って取り除いた上で、その第一章を結ぶのである。なお、私がここで半分の論拠と呼ぶのは〔サー・ロバートが〕半分しか引用しないことを指してであるが、そうした言い方も不当ではないように思う。神は、〔『出エジプト記』第二〇章一二節において〕「汝の父と母とを敬え」と言っているにもかかわらず、われわれの著者は、自らの目的に役立たないがゆえに汝の母〔の部分〕を完全に省略し、〔汝の父を敬えという〕半分だけ〔を引用すること〕に満足感を覚えているからである。しかし、これについては別の所で述べることにしよう。

＊「家父長の所有する権力のように、神あるいは自然に由来する授与物や贈与物については、それよりも下位に位置する人間の権力が制限を課したり、それを規定する法を立てたりすることはできない」(『考察』一五八頁)。
「聖書の教えるところによれば、至高の権力は、原初から、一切の制限を受けることなく、父親のうちにあった」(『考察』二四五頁)。

七　私には、われわれの著者がこの種の論稿を執筆する方法に熟達していないとも、また、自分の扱っている論点に注意を払っていないとも思えないが、彼は、迂闊《うかつ》にも、自分の作品『制限王政あるいは混合王政の無統治状態』[6] 二三九頁においてハントン氏を次のような言葉で批判したのと同じ過ちを自ら犯していると言わなければならない。すなわち、「私がこの著者〔ハントン氏〕に関してまず告発したい点は、彼が、方法論上のルールから言って当然第一になすべきであったにもかかわらず、王政一般についての定義あるいは説明を何一つ与えていないことである」との批判がそれである。つまり、サー・ロバート自身が、同じ方法論上のルールに基づいて、父たる地位あるいは父の権威が誰のうちに見出されるかといったことをくどくどと述べる前に、彼の言う父たる地位あるいは父の権威とはそもそも何であるかを語るべきであった。しかし、サー・ロバートは、おそらく、次の点を見抜いていたに違いない。すなわち、もしも、自らの空想の中で描いているような巨大な形姿のまま、この父の権威、この父の権力と国王の権力（彼は二四頁において両者を同一視している）の全体像をわれわれの前に一括して提示したならば、それらは異様で恐ろしい姿のものとなり、子供たちが考える父親、臣民が考える国王とは似ても似つかないものになってしまうということ、従ってまた、ちょうど、用心深い医者が患者に苦く、腐食性のある水薬を飲ませようとする場合、それを薄めるものを多量に混入するように、〔父の権威、父および国王の権力といった〕それら〔の概念〕を部分部分に分散させて小出しにして行けば強い反応を与えることも、また嫌悪感を引き起こすこともなく〔読者に〕納得されるに至るに相違ないということがそれである。

八　それゆえ、次に、サー・ロバートがその父の権威について著作のあちこちの部分でばらばらに与えている説明がどのようなものであるかを見出す努力を払ってみることにしよう。まず彼の言うところによれば、父の権威は最初アダムに賦与されたが、「しかし、アダムだけではなく、それに続く家父長たちもまた父たる権利によって子供たちに対する王的権威を獲得した」(一二頁)。そして、「アダムが神の命令によって全世界の上に行使し、家父長たちがアダムから伝わる権利によって享受した支配権は、創造このかた存在してきたいかなる国王の絶対的な統治権にも劣らないほど強大で広範なものであった」(一三頁)。つまり、「それは、宣戦を布告し和平を結ぶ生殺与奪の統治権であった」(一三頁)。〔このように〕アダムも「家父長たちも、生殺与奪の絶対的権力を握っていた」(三五頁)。また、「王たちは、親たる権利によって至高の支配権の行使を継承している」(一九頁)。そして、「国王権力は神の法によって定められるものであるから、それを制限するいかなる下位の法もなく、またアダムはすべてのものの支配者であった」(四〇頁)。更に、〔サー・ロバートによれば〕「家族の父は自らの意志以外に支配する法をもたない」(七八頁)し、「君主たちの卓越性は法を超越する」(七九頁)ものであり、しかも、「国王たちの無制限の支配権は〔『サムエル前書』第八章一一―一八節において〕サムエルの手で詳細に叙述されており」(八〇頁)、また、「国王は法を超越する」(九三頁)という。(7)〔サー・ロバートの説明を知るという〕目的のためには、われわれの著者がボダンの言葉を借りて述べている以下のような更に多くの言明が参照されなければならない。すなわち、まず、〔サー・ロバートによれば〕「君主が与えるすべての法律、特権、勅許が、その後を襲う君主の明示的な同意あるいは黙認によって裁可されない限り、前者の存命中だけ効力をもつことはあきらかであり、特権の場合には特にそうである」(『考察』二七九頁)。また、「法が国王によって立てられた理由は次の点にある。すなわち、国王が戦争に忙殺されるか国事に奔走するかしていて、各人が、国王の身辺に近づくことも国王の意志や意向を知ることもできない場合、個々の臣民が法典の中に自分に対する国王の意志を読み取るために、法が考案されなければならなかったことに他ならない」(九二頁)。そして、「王政においては、国王は必然的に法を超越しなければならず」(一〇〇頁)、また、「完全な王国とは、国王が自らの意志に従って支配する王国のことである」(一〇六頁)。更に、〔サー・ロバートの説明によれば〕「国王が父たる権利に基づいてその人民の上に揮う権力は普遍的であって、慣習法によっても成文法によっても縮小されず、また、縮小されえない」(一〇六頁)。そして、「アダムはその一族に対して父であり、王であり、主人であった。他方、最初は、息子、臣民、家僕あるいは奴隷は同一のものであった。しかも、父は、その子供あるいは家僕を処分したり売り払ったりする権利を有していた。聖書において財産を数え上げている最初の箇所で、男女の家僕が、他の財産同様、所有者の所有物および資産の中に数えられているのを見るのはそのためである」(『考察』序文)。また、「神は、父に対して、その子供を支配する権力を他者に譲渡する権利あるいは自由を与えた。われわれが、他の財産と同じように人々がその家僕を所有物や遺産とみなしていた世界の創始期に子供の売買や贈与が盛んに行われていたこと、あるいは、大昔には去勢したり宦官を作ったりする権力が大いに用いられたことを見出すのはそのためである」(『考察』一五五頁)。更に、〔サー・ロバートの言うところによれば〕「法とは、至上の父の権力をもつ者の意志以外の何物でもなく」(『考察』二二三頁)、しかも、「アダムの至上権が無制約であり、意志に基づく彼のすべての行為に及ぶものでなければならないこと、またそれが、アダムにおいてだけではなく、至高の権力をもつ他のあらゆる人間においてそうでなければならないことは、神によって定められたことなのである」(『考察』二四五頁)。

九　私が、これまで、読者には迷惑であることを承知の上でやむなくわれわれの著者自身の言葉のいくつかを引用してきたのは、彼が、彼の言う父の権威に関して著作のあちこちで与えている説明がそれらのうちに見出されると考えたからに他ならない。〔それらからあきらかなように〕彼は、父の権威について、それが、最初はアダムに賦与され、それ以降、権利によってすべての君主に帰属するとみなしている。すなわち、われわれの著者の言う意味における父の権威あるいは父たる権利とは、「神から授与された不変の主権」であって、父あるいは君主は、それによって、その子供あるいは臣民の生命、自由および資産の上に、絶対的で、恣意的で、無制限で、制約不可能な権力を揮うであろう。それゆえ、また、父あるいは君主は、好むがままに、その子供や臣民の資産を取り上げたり譲渡したり、その身体を売買したり去勢したり使役したりすることが許されることになろう。〔サー・ロバートによれば〕後者はすべて前者の奴隷であり、前者は万物の支配者あるいは所有者であって、前者の無制限の意志が後者の法となるからである。

一〇　われわれの著者は、アダムに対してこのように巨大な権力を与え、その仮定の上にあらゆる統治と君主の全権力とを基礎づけたのだから、われわれが、彼は、主張の重要性にふさわしいだけの明晰かつ判明な議論をもってその点を証明しているに違いないと期待するのは当然であろう。また、人間には〔隷属以外〕もはや何一つ残されていないのだから、彼らには、せめて、自らの奴隷状態の不可避性について、支配者が行使する権利をもつ絶対的な統治権力におとなしく服従することを良心に強いられるような否定し難い証拠が与えられて然るべきである。そうした証拠を示すことなく無制限な権力を打ち立てることによって、われわれの著者は、権力を所持するのに応じて自ずから増大する傾向を秘める人間の生来の虚栄心と野心とに媚《こ》び諂《へつら》うこと以外、どのような益をもたらすことができると言うのであろうか。あるいは、彼は、同胞の同意を受けて、巨大な、しかし一定程度に制限された権力を得た人々を、実際にはそうではないにもかかわらず、与えられた範囲の権力によってあたかもすべてに対する権利をもつかのように、従ってまた、他人以上のことをなしうる権威をもつがゆえにあたかも欲することは何をしてもよいかのように信じ込ませることで、そしてその結果、彼らを、自分にも、またその保護の下にある者にも何の役にも立たないような行為へと誘うことで、はたして、どのような益をもたらすことができるというのであろうか。その結果生じるのは、大きな害悪以外の何物でもないのである。

一一　アダムの主権は、われわれの著者が、確実な基礎として、その上に彼の強大な絶対王政を打ち立てているものであるから、私は、『パトリアーカ』において、彼のその主要な仮定が、そのように重大な主張に要請される議論の明証性をもって証明され、確立されていると期待していた。また、私は、問題の重みを一手に支えているその〔アダムの主権という〕仮定が、彼の自信を正当化するに足る理由をもって立証されていると期待してもいたのである。けれども、私は、その論稿のどこにもそれに近いものを見出すことができなかった。そこでは、ものごとが一切の証明がないまま極めて当然のこととみなされており、私自身、それを注意深く通読し、そこに、単なる仮定を基礎として壮大な建物が建てられているにすぎないことを発見したとき、ほとんど自らを信じられないほどであった。人間の生来的な自由という誤った原理を論駁すると主張する当の論文において、その論駁を、アダムの権威という単なる仮定に立って、それもその権威の証拠をまったく提示しないまま行うなどということは到底信じ難いことであるからである。確かに、サー・ロバートは、「アダムは王的権威をもっていた」（一二頁、一三頁）とか、「生殺与奪の絶対的な支配権や統治権」（一三頁）とか「普遍的な王政」（三三頁）とか「生殺与奪の絶対権力」（三五頁）とかといったことを、自信をもって語っており、しかも彼は、繰り返しこうした主張を行っている。けれども、『パトリアーカ』全体について大変奇妙なことに、そのどこにも、〔アダムの権威という〕統治の基礎を確立するための論拠、あるいは議論らしきものの一片をも看取することができないのである。サー・ロバートがそこで弄しているのは、自然権としての国王権力を確証するものとして、われわれは、十戒の中で、あたかもすべての権力はそもそも父の手中にあったかのように、王への服従を命じる法が汝の父を敬えという言葉で述べられているのを見出すとの言辞にすぎない。もしそうであるとすれば、私が、十戒の中には、あたかもあらゆる権力がそもそも母の手中にあったかのように、女王への服従を命じる法が汝の母を敬えという言葉で示されていると言い足してはいけない理由があるであろうか。サー・ロバートが述べている主張は、父の場合にも母の場合にもあてはまるのである。しかし、この点については、もっと適当な箇所で論じることにしよう。

一二　私は、ここで次の点に注意しておきたい。すなわち、われわれの著者が、『パトリアーカ』第一章あるいはそれに続く章において、彼の主要な原理であるアダムの絶対的権力を証明するために語っていることは以上ですべてであるにもかかわらず、彼は、あたかもその原理を確実な論証によって確固たるものにしたかのように、その第二章を「聖書の権威から導き出されたこれらの証拠や論拠に照らし合わせることによって」といった言葉で始めていることがそれである。しかし、遺憾ながら、私には、上述した汝の父を敬えを除けば、サー・ロバートの次のような言葉以外のどこにもアダムの主権のための証拠や論拠を見出すことができないのである。「これらの言葉のうちに、われわれは、創造によって人はその子孫の君主になったというベラルミーノの明白な告白を認めるのである」との一節（一一頁）がそれであって、これは、確かに、多少とも聖書から導き出された証拠や論拠、あるいは幾分なりとも証拠らしい証拠と言えば言えるかもしれない。しかし、サー・ロバートは、それにすぐ続く言葉の中で、〔何の証明をも行うことなく〕まったく新奇の推論方法によって、アダムの王的権威が彼のうちに十二分に確立されたと結論づけてしまうのである。

一三　われわれの著者が、この〔『パトリアーカ』第二〕章あるいはその他のどこかで、アダムの王的権威の証明を、ただその言葉を頻繁に繰り返すやり方——ある人々の間ではそれも証明として通用しているらしいが——以外の方法で行っているなら、私自身が自分の誤りを得心し、自らの見落としを認めることができるように、サー・ロバートの肩をもつどなたかに、どうかその箇所と頁とを教えていただきたいと思う。もし、どこにもそうした証明が見出されないとすれば、私は、この書物を褒めたてた人々に次のことをお願いしたい。すなわち、彼ら自身、世間に対して、彼らを絶対王政の賛同者にしたのは理性と論証との力ではなく他の何らかの利害の力であると疑わせる正当な理由を与えていないかどうか、従ってまた、彼らは、そうした〔絶対王政に与する〕説の著者ならば、彼がその説を理性によって立証しているか否かに関わりなく誰でも賞賛しようと最初から心に決めていたのではないかどうかを、胸に手をあててとくと考えてみることがそれである。私としては、彼らが、理性的で利害にとらわれない人々を自分たちの見解へと改宗させることを期待しないように希望したい。なぜならば、彼らにその見解を教えた大先生は、人間の生来的自由に反対し、アダムの絶対的な王的権力を確立しようとする意図の下に書いた論文において、それを立証するようなことはほとんど何も述べておらず、しかもそれを述べていないのは、実は述べるべきことがほとんど無いせいであるとの結論がごく自然に導かれるような具合であるからである。

一四　しかし、私は、サー・ロバートの言葉の完全な意味を自ら知ろうとする労を怠ることのないようにと考えて、アリストテレスやホッブス等に関する彼の『考察』[8]を取り上げ、彼が、他人を論駁する際に何らかの議論を用いてアダムの主権というお気に入りの説を擁護しているかどうかを調べてみた。国王の自然の権力に関する論稿(である『パトリアーカ』)においては、その議論は、はなはだ控え目にしかなされていないからである。その結果私にわかったのは、サー・ロバートがアダムの主権のためにその著作のいたる所で用いている議論は、すべて、ホッブス氏の『リヴァイアサン』に関する彼の考察の中に集約されているということであった。彼の言葉は次の通りである。「もし、神がアダムだけを創造し、彼の一部から女が造られたのだとすれば、そして、人類が彼ら二人から彼らの一部として産み出されることで増殖したのだとすれば、更にまた、もし神が、アダムに、女とその間に産まれた子供たちとに対する統治権だけではなく、全地球を征服し、その上に存在する全被造物を支配する権力をも与え、その結果、当然、アダムが生きていた間は、何人も、アダムの授与、譲渡、許可がない限り何物をも要求したり、享受したりできなかったのだとすれば、私が思うに……」(『考察』一六五頁)。

ここには、サー・ロバートの他の論文のあちこちに散見されるアダムの主権を擁護し〔人間の〕生来的自由を論駁する一切の議論の要約が、神によるアダムの創造、神がアダムに与えたイヴに対する支配権、アダムが父として有する子供たちへの支配権といった形で見られると言ってよい。けれども、これらについては、後に詳しく考察することにする。

(1)　原語は paternal power である。

(2)　ここで、ロックが、『ペテロ前書』第二章一三節における「人の立てたる制度」(七十人訳ギリシャ語聖書では ’Ανθρωπίνη κτίσις、英訳では ordinance of man)に対応する言葉(アントロピネー・クティシス)を「人間の創意と同意とによって作り出される統治」と意訳していることは、政治制度の正統性根拠を神授権説と契約説とに二者択一的に限定した上で、後者に全面的にコミットした彼の立場を示す。なお、ロックが「旧来の」と言っているのは、聖書の古い歴史に依拠しながら、自分の立場の正当性を暗示しようとしたからである。その点にも関連して、ロックの契約説に潜む神学的含意については訳者解説を参照されたい。

(3) 原語は fatherhood である。以下、文脈に応じて父たる地位と訳した箇所もある。

(4) Francesco Romulo Roberto Bellarmino (1542-1621)。イタリアのカトリック神学者であり、枢機卿、カプアの大司教等を歴任した。自然法思想に立って人間の生来的な自由と平等とを説き、神が与えた権力を「人民」あるいは「民衆」が特定の人間に授与したとし、また、政教分離を唱えたが、カトリック教会を擁護する立場から、最終的には、ジェイムズ一世の王権神授説に反対して教皇権の絶対性と世俗権力のローマ法王への従属とを主張した。なお法王権力の至上性と無謬性とを主張するベラルミーノに対しては、ホッブスも、『リヴァイアサン』第三部と第四部とにおいて、「最高の教会権力はキリスト教徒たる主権者たちのものである」という視点から徹底的な批判を加えている。

(5) フィルマーは、ベラルミーノの *De Potestate Summi Pontifici*, 1610 に即しながら、「すべての人間は平等である」としたベラルミーノが、同時に、「多くの人間が大地から創造されたのだとすれば、彼らは子孫に対して君主であったに違いない」と述べている点を衝き、これは、ベラルミーノが「創造は、人間をして、その子孫の君主たらしめたことを公言」したものだとしている。Cf. R. Filmer, *Patriarcha: a Defence of the Natural Power of Kings against the Unnatural Liberty of the People*, edit. by P. Laslett, Oxford, 1949, p. 57.

(6) R. Filmer, *The Anarchy of a Limited or Mixed Monarchy*, 1648. 匿名で印刷されたこのパンフレットにおいて、フィルマーは、内乱期に議会派の大義を説き、国王権力の制限を主張したピューリタン神学者ハントンの次のパンフレットを、主権的権威の欠如を意味する無統治状態への道を開くものとして徹底的に批判した。Philip Hunton, *Treatise of Monarchie*, 1643.

(7) フィルマーの『パトリアーカ』には、ジャン・ボダンの『国家に関する六篇』*Les six livres de la République*, 1576/7 からのときに逐条的な多くの引用が見られる。そこには、おそらく、フィルマーが、ボダンの権威に頼って自説を弁証しようとした事情があった。しかし、例えばラズレットがフィルマーにおける「家父長権論とボダン的主権論との結合」(Laslett, Introduction to the *Patriarcha*, p. 18)を指摘したように、フィルマーと、国家を「多くの家族とそれらの間で共通の事柄との主権的権力を伴った正しい統治」と呼び、しかも、国家を構成する家族の家父長に絶対的な権力を与えたボダンとには思想的親和性があったことも事実である。しかし、その点を強調するあまり、神がアダムに与えた絶対的な家父長権が長男子相続によって現在の君主にもたらされたとするフィルマーの王権神授説と、王朝の成立は家族と家族との武力抗争の結果だとして一種の征服説を唱えるボダンとの間に決定的な相違があったことを見逃してはならない。

(8) ここでロックがアリストテレスの名を挙げているのは、フィルマーの著作 *Observations upon Aristotles Politiques touching Forms of Government*, 1652 を意識してのことである。

第三章　創造を根拠とする主権へのアダムの権原について

一五　サー・ロバートは、アリストテレスの政治学に関する『考察』への序文の中で、「人類の生来的自由は、アダムの創造を否定することなしには考えられない」と述べている。しかし、私には、アダムが創造されたということ――それは全能の神の手から直接生を享けたということ以外のことを意味しない――が、どうして、万物に対する主権をアダムに与えることになったのかがまったく理解できない。また、なぜ、〔人間の〕生来的自由を想定することがアダムの創造を否定することになるかも了解に苦しむところであって、誰か他の人で（というのは、われわれの著者自身はそうした好意を示してくれないからである）、彼の代わりにその点をあきらかにしてくれる人がいたら大変に有り難い。なぜならば、私は、〔神による〕アダムの創造を信じているにもかかわらず、人類の自由を想定することに何の困難をも感じないからである。確かに、アダムは、神の直接の力により、両親の介在なしに、すなわち、彼を産み出す人類が彼の前に存在することなしに、神がそれを欲したときに創造され、あるいは生存を始めた。けれども、彼以前に、百獣の王であるライオンも、まったく同じように神の創造力によって生存し始めたのである。従って、もしも、神の力によってそうした形で存在し始めたということが、それ以上何も必要とせずに統治権を与えるというのであれば、われわれの著者は、みずからの議論の帰結として、ライオンに対しても、アダムがもつのと同じように立派な、あるいはむしろそれ以上に古い支配への権原を所持させるということにならざるをえないであろう。しかし、答えは否である。なぜならば、われわれの著者が別の箇所で語るところによれば、アダムは、支配への権原を神の指定[1]によって手にしたからである。そうであるとすれば、単なる創造がアダムに統治権を与えたわけではなく、彼を王にしたのは神の指定だったのだから、人が、〔神による〕アダムの創造を否定することなしに人類の自由を想定しても、何ら差し支えがなかったであろう。

一六　〔1〕しかし、サー・ロバートが、アダムの創造と神による指定とをどのように結びつけているかを見てみよう。〔その点について〕彼は、「創造されるや否や、アダムは、まだ臣民をもっていなかったが、神の指定によって世界の王となった。確かに、臣民が存在するまで現実の統治は存在しえないとはいえ、アダムにとって、子孫の支配者になることは自然の権利によって当然のことであった。アダムは、創造以来、現実にはともかく、少なくとも生まれつきの資質[2]において王であったのである」と述べている。私としては、ここで、彼が神の指定によってという言葉をどういう意味で使っているかを説明してほしかった。摂理が命じること、自然法が指示すること、明確な啓示が宣告することはすべて神の指定によってと言われうるからである。しかし、ここで、それが、第一の意味、すなわち摂理によってという意味で用いられていることはありえないであろう。なぜならば、その意味であれば、アダムにとって、子孫の支配者になることは自然の権利によって当然のことであったのだから、創造されるや否やアダムは事実上王であったと言うのと同じことになるが、しかし、われわれの著者も公言しているように、現実に統治も支配される臣民もまだこの世に存在しない時点で、アダムが、神の摂理によって事実上世界の支配者に定められたなどということは到底ありえないからである。また、世界の王という言葉もまた、われわれの著者によって通常とは異なった意味で使われていると言ってよい。というのは、彼は、その言葉を、しばしば、他の人々を排除する全世界の所有者[3]という意味で用いているからである。例えば、彼は、それを、前に引用したアリストテレスの政治学に関する『考察』の序文の同じ頁で次のように述べている。「子孫を殖やして地を満たし、それを服従させよと神に命じられ、また、全被造物への支配権を与えられたアダムは、それによって全世界の王となった。彼の子孫の誰一人として、彼の認可あるいは許可を受けるか、彼から継承するかしない限り、何物をも所有する権利をもたなかった」。

2　従って、サー・ロバートがこれと同様の箇所でそうしているように、王を世界の所有者と理解し、指定をアダムに対する神の実際の贈与[4]、あるいは啓示された明白な認可[5]（『創世記』第一章二八節）と理解するとすれば、彼の議論は次のようになるであろう。アダムにとって、子孫の支配者になることは自然の権利によって当然のことであったから、彼は、創造されるや否や、神の明白な認可によって世界の所有者となった。しかし、こうした議論の進め方には、二つのあきらかな誤謬が認められると言わなければならない。第一に、アダムは創造されるや否や神から〔世界の所有者となる〕認可を得たというのは誤りである。神の認可ということは、確かに聖書の中でアダムの創造のすぐ後に出てくるとはいえ、あきらかにイヴが創られてアダムの許に連れてこられるまではアダムに語られなかったからであって、そうであるとすれば、どうして、アダムは創造されるや否や神の指定によって君主になりえたと言えるのであろうか。特に、もし私が間違っていなければ、われわれの著者は、神がイヴに告げた「汝は夫を慕い、彼は汝を治めん」（『創世記』第三章一六節）という言葉を統治権の最初の認可と考えているようであるが、この言葉が語られたのは堕罪の後であり、従って、アダムは、創造のときから、少なくとも時間的に幾分隔たっており、しかも境遇面ではるかに隔たった地点にいるのだから、私には、われわれの著者が、アダムは、創造されるや否や神の指定によって世界の王になったという趣旨のことをどうして言えるのか理解できないのである。第二に、たとえ、アダムは、創造されるや否や神の実際の贈与によって世界の王に指定されたということが真実であるとしても、そのためにわれわれの著者がもち出す理由はその点の証明にはならない。つまり、アダムは自然の権利によって子孫の支配者になるべく定められていたのだから、神はアダムを明白な贈与によって世界の王に指定したのだというのサー・ロバートの推論は誤りであると言わなければならない。アダムが生まれながら支配権を与えられていたとすれば、明白な贈与の必要はなかったはずであり、従って、少なくとも、生来的に支配権を与えられていたということは決してそうした明白な贈与が行われたということの証明にはならないからである。

一七　ひるがえって、われわれが、サー・ロバートの言う神の指定を自然法(ここで、自然法を神の指定の代わりに用いるのは、かなり耳障りな表現であるが)と理解し、世界の王を人類の至上の支配者と理解するとしても、事態が大幅に改善されるわけではない。そのように理解するとすれば、ここで問題としている一文は、アダムは、「自然の権利によってその子孫の支配者になるべく定められていたのだから、自然法によって、創造されるや否や人類の支配者になった」ということになろう。これは、アダムは、自然の権利によって支配者であった、なぜなら彼は自然の権利によって支配者であったからと言うに等しい。しかし、たとえ、人は生来的に自らの子供の支配者であるということが認められるとしても、それによって、アダムは、創造されるや否や王となったということにはならない。なぜならば、その自然の権利はどこまでもアダムが子供たちの父であることに基づくものであり、アダムは父であることによってのみ権利をもちえたのだから、もしわれわれの著者が、アダムを父たる以前に父にさせ、アダムに権利をもつ前に権利をもたせたのでなければ、アダムが父である以前にどうして支配者たるべき自然の権利を所有しえたかを考えることはいかにも困難であるからである。

一八　予想されるこの反論に対して、われわれの著者は、極めて論理的に、アダムは現実においてではなく資質において支配者であったと答えている。これは、支配なき支配者、子供なき父親、臣民なき王である見事なあり方という他はない。実際、これによれば、サー・ロバートも、現実においてはともかくその資質において、自らの本を書く以前に著述家であったということになろう。なぜならば、そのように考える限り、ちょうど、アダムは子供を儲けた際、すでに子供の支配者になるべく定められていたというのと同様に、サー・ロバートが本を出版したとき、彼は自然の権利によって著者になることになっていたということになってしまうからである。確かに、そのように、現実においてではなく資質において世界の王、絶対君主であるということは急場をしのぐのにあるいは役立つかもしれないが、しかし、私は、サー・ロバートが寛大にもその資質を授けることを適当と考えた彼の友人たちをさして羨ましいとは思わない。いずれにせよ、この現実と資質という言い方は、たとえ言葉を使い分けるわれわれの著者の技巧以外の何らかの意味をもちうるとしても、少なくともここでは彼の目的にはまったく役立たない。ここにおける問題は、アダムが統治権を現実に行使したかどうかをめぐるものではなく、アダムが支配者たるべき資格を実際に有していたかどうかに関するものであるからである。われわれの著者は、統治権は、自然の権利によってアダムに当然与えられるべきであったと言う。しかし、この自然の権利とは、そもそも何なのであろうか。われわれの著者は、それを、グロチウスから引き出して、「子供を儲けることによって父親が子供に対してもつ権利(generatione jus acquiritur parentibus in liberos)」としている(『考察』二二三頁)。そうであるとすれば、その権利は、子供を儲けることから生じ、時間的にそれの後に来るべきものであり、従って、われわれの著者の推論や区別の方法によれば、アダムは、創造されるや否や、現実においてではなく、ただ資質においての、み支配者たるべき権原をもったということになるであろう。これは、わかり易い言葉で言えば、アダムはまったく権原をもっていなかったということに他ならないのである。

一九　もう少し学問的ではなく、わかり易い言い方をすれば、人は、アダムについて、彼は、子供を儲けることも可能であり、それによって子供を支配する自然の権利を、それがいかなるものであれ獲得することも可能であったのであるから、支配者たることも可能な立場にあったと言うことができるかもしれない。しかし、このこととアダムの創造との間に、サー・ロバートをして、アダムは創造されるや否や世界の王であったと言わしめるほどの関係があるのであろうか。というのは、ノアについても、彼は、自分自身の子孫を除く全人類よりも長生きする可能性をもっていた(これは、われわれの著者の意味においては、王、つまり資質における王を作り出すのに十分である)のだから、ノアは、生まれるや否や世界の王であったと言ってもおかしくないことになるからである。実際のところ、私には、アダムの創造と彼の支配への権利との間にどのような必然的関係があって、人類の生来的自由がアダムの創造を否定することなしには考えられないということになるのか理解できない。また、「神の指定云々」(『考察』二五四頁)といった言葉にいかなる説明を施したとしても、それらが組み合わさって多少とも意味をなすものになる、少なくとも、アダムは、創造されて以来王であった、つまり、（われわれの著者の言う）現実ではなく資質における王であった（実際にはまったく王ではなかったことになるのだが）とのサー・ロバートの見解を確立するに足るものになるとは、私には到底思われないのである。

二〇　私は、これまで、議論の重要性が必要とする以上に長く（一六節の冒頭で引用したサー・ロバートの）問題の一句に拘泥しすぎて、あるいは読者をうんざりさせてしまったかもしれない。しかし、私としては、われわれの著者の書き方のゆえに、やむをえずそうせざるをえなかった。なぜならば、彼は、いくつかの仮説を雑然と並べ立て、紛らわしく曖昧な言葉を用いて混乱した文章を書いており、従って、彼の用語がもちうる一つ一つの意味を吟味し、それら多様な意味のうちのどれを採れば彼の言葉が首尾一貫し、真理を含むものになるかを考察することなしに、彼の誤りを示すこともまったく不可能であったからである。現に、今われわれが問題にしている一節についても、「アダムは創造されて以来王であった」とのサー・ロバートの見解を論駁するに当たっては、人は、この「創造されて以来」という言葉を、それに先立つ言葉「アダムは創造されるや否や王であった」が意味するように、アダムの統治が始まった時点ととるべきか（当然そうとってよいのだが）、それとも、彼が「創造によって人はその子孫の君主になった」（一一頁）と語っているように、アダムの統治が始まった原因ととるべきかを吟味しなければならないであろう。更にまた、アダムがこのように王であったということの真偽を決定するためには、人は、その王というものが、問題の一句の最初の数語が説くように、神の明白な認可によるアダムの私的な支配権、すなわち神の指定による世界の王という仮定に基づくものなのか、それとも、生来的に、すなわち自然の権利によってアダムが当然に与えられた子孫への父親の権力という仮定に基づくものなのかを、つまり、王というものを、これら両方の意味において受けとるべきか、それとも、それらのうちのいずれか一方の意味において理解すべきなのか、あるいは、それらのどちらの意味においてでもなく、それら両者とは異なった方法で創造がアダムを王にしたのかを調べてみなければならない。なぜならば、アダムは創造されて以来王であったとのサー・ロバートの主張は、いかなる意味でも真理ではないが、その前の言葉から引き出される明白な結論であるかのような形になっているからである。つまり、それは、実は、単なる主張、それも、不明確で意味不明の言葉をもって自信たっぷりに他の同種の主張と結びつけたものであって、一切の証明も脈絡もないのに、あたかも議論らしく見えるだけの代物にすぎないと言ってよい。これは、われわれの著者のいつものやり方であって、ここでそれを読者にすでに味わっていただいたから、今後は、議論の上でどうしても必要な場合以外は、それに触れることを避けることにしたい。もっとも、私としても、支離滅裂な内容や証明を欠いた仮説が、うまい言葉ともっともらしい文体とによって巧みに表現された場合、それらは、注意深く吟味されない限り、強力な論証、立派な良識として通用してしまう傾向があることを世人に知らせておきたいということがなければ、ここでその点に触れるつもりはなかったのである。

（１）原語は appointment である。
（２）原語は habit である。
（３）原語は proprietor である。
（４）原語は donation である。
（５）原語は grant である。

第四章　神の贈与を根拠とする主権へのアダムの権原について

――『創世記』第一章二八節

二一　われわれは、前章でとり上げたサー・ロバートの問題の一句に、それがもつ議論や反論の力によってではなく、錯綜した言葉と意味の曖昧さとによって長く引き止められてきたが、以上でそれをようやく片づけたので、ここで、アダムの主権を擁護するために彼がもち出す次の議論に移ることにしよう。われわれの著者は、セルデン氏(1)の言葉を借りて、「アダムは、神からの贈与によって(『創世記』第一章二八節)、彼の認可がない限り子供がそれに与《あずか》ることのできない私的統治権をもつ万物の総支配者となった」と言い、更に、「セルデン氏のこの裁定は、聖書の歴史記述とも理性とも一致する」と述べている(『考察』二一〇頁)。また、サー・ロバートは、アリストテレスの政治学に関する『考察』の序文の中で、次のように語っている。「世界で最初の統治は、全人類の父〔であるアダム〕における王的なそれであった。アダムは、子孫を殖やして地を満たし、それを服従させよと神に命じられ、また、全被造物への統治権を与えられることによって、全世界の王となった。彼の子孫の誰一人として、彼の認可あるいは許可を受けるか、彼から継承するかしない限り、何物をも所有する権利をもたなかった。『詩篇』作者の言う『地は人の子にあたえたまえり』〔『詩篇』第一一五篇一六節〕は、その〔王たる〕権原が父たる地位に由来することを示している」。

二二　この議論と、それの根拠をなす聖書の原句とを立ち入って吟味する前に、まず、読者に対し、われわれの著者が、例によって、始めの言葉と結びの言葉とで別々の意味のことを言っている点に注目するようお願いしておかなければならない。ここでも、彼は、贈与によるアダムの所有[2]権あるいは私的統治権ということから始めながら、これは、その〔王たる〕権原が父たる地位に由来することを示していると結論しているからである。

二三　しかし、いずれにせよ、サー・ロバートの〔上記の〕議論を調べてみよう。〔それが基礎を置く〕聖書の原句は次の通りである。「神彼らを祝し、神彼らに言いたまいけるは、生めよ、殖えよ、地に満てよ、これを従わせよ、また、海の魚と空の鳥と地に動くところのすべての生物とを治めよ」〔『創世記』第一章二八節〕。われわれの著者は、ここから、「アダムは、ここにおいてすべての被造物に対する統治権を与えられ、それによって、全世界の王となった」との結論を引き出している。これは、〔1〕神のこうした認可を受けて、アダムは、地球と下等で理性をもたないあらゆる被造物とに対する所有権(3)、あるいはわれわれの著者の言う私的統治権を与えられ、それによって王になったという意味か、それとも、2 アダムは、神の認可を受けて、地上の全被造物、従ってまた彼の子供たちへの支配権あるいは統治権を与えられ、王となったという意味かのいずれかでなければならない。というのは、セルデン氏が上記の聖句について「アダムは万物の総支配者になった」と適切にも述べていることからわかるように、ここでセルデン氏が所有権以外にアダムに認可されたものはないことを意味していることは容易に理解され、それゆえに同氏はアダムの王権などということは一言も言わないからである。しかし、われわれの著者は、「アダムはこれによって世界の王になった」と言う。これは、より正確に言えば、世界のすべての人間の至高の支配者になったことを意味し、従って、アダムは神の認可によってそうした支配者に定められたに相違ないということになる。もしわれわれの著者がそれは違うと言うのなら、彼は、もっと明確に、「アダムはそれによって全世界の所有者になった」と言うべきであったろう。しかし、この点で、彼はあなた方読者諸氏の寛恕を求めており、明晰判明な言い方は、どこにおいても彼の目的には合致しないのであるから、読者は、彼の中にセルデン氏その他の著者の場合と同様の明晰さを期待すべきではないのである。

二四　それゆえ、私は、われわれの著者がこの〔上記聖句の〕箇所を根拠として唱える「アダムは全世界の王であった」という教説に対する反論として、次のことを示そうと思う。

1　神は、『創世記』第一章二八節における認可によって、アダムに、人間、彼の子供たち、彼らの種に対する直接的な権力を与えておらず、従って、アダムは、この聖勅[4]によって支配者、あるいは王になったわけではないこと。

2　この〔上記の〕認可によって、神は、アダムに下等な被造物に対する私的統治権ではなく、むしろすべての人類と共有の権利を与えたのであり、従って、彼は、ここで彼に与えられた所有権のゆえに王になったのではないこと。

二五　1　アダムが、『創世記』第一章二八節における贈与によって人間に対する権力を与えられたのではないことは、その節の言葉をよく考えてみればすぐに判明することである。というのは、明示的に述べられたいかなる認可もそれが書かれた明白な言葉以上の意味をもつことはないからであって、従って、ここで、その節の言葉のうちのどれが人類、あるいはアダムの子孫の意味を含むかを調べてみよう。思うに、多少ともそれに近いものがあるとすれば、それは、ヘブライ語の「這う動物（רמש חיה）」〔すなわち〔ラテン語では〕bestiam reptantem〕に当たる地に動くところのすべての生物であり、この言葉については、聖書自体が最善の解釈者である。神は、〔天地創造の〕第五日目に魚と鳥とを創造した後、第六日目の初めに乾いた土地に棲む理性のない生物を創造した。それは、〔『創世記』第一章〕二四節〔および二五節〕で次のように記述されている。すなわち、「地は生物をその類に従って出し、家畜と這うものと地の獣とをその類に従って出すべし」および「神は、地の獣をその類に従って造り、家畜をその類に従って造り、地のすべての這うものをその類に従って造り給えり」がそれである。ここからあきらかなように、神は、地に棲む獣的動物の創造に当たって、まず、それらすべてを生ける被造物という一つの名称の下に一括して語り、その後で、それらを以下のような三つの段階的な種類に分けている。1　家畜、すなわち、飼育された、あるいは飼育されうる被造物であり、従って、特定の人間の私的所有物になりうるもの。2　ヘブライ語にいう動物（חיה）であって、われわれの聖書の〔『創世記』第一章〕二四節と二五節とにおいては獣、七十人訳〔ギリシャ語〕聖書では野獣（θηρία）と訳されており、また、アダムへの聖勅が記されているわれわれの聖書の二八節では生物、ノアに対する〔神の〕認可の更新について述べている『創世記』第九章二節では獣とそれぞれ訳されている言葉に当たるもの。3 第三の段階に属するのは這う動物である。これは、〔『創世記』第一章〕二四節、二五節では〔ヘブライ語の〕這う（רמש）という言葉で一括されているものであり、同じ言葉が二八節でも使われて動くと訳されているが、前の節では這うと訳されている。また、これは、七十人訳聖書では、これらすべての箇所で爬虫類を指す ἑρπετά という言葉に訳されている。以上のことからあきらかに言えることは、二八節の神の贈与の中で「動く生ける被造物」と訳されている言葉が、二四節、二五節の創造の記述における二つの種類の地に棲む被造物、つまり野獣と爬虫類とを意味しており、七十人訳聖書でもそのように理解されていることに他ならない。

二六　神は、この世界の理性をもたない動物たちを造り、それらを棲む場所に応じて、海の魚、空の鳥、地に生きる被造物の三種類に分類し、更に最後のものを家畜、野獣、爬虫類に類別した後、今度は、〔『創世記』第一章〕二六節に記されているように、人間を造り、これに地上の世界を支配させることを考えた。その際、神は、三つの王国に棲むものを数え上げているが、地上世界の中で第二の種類に当たり、ヘブライ語で חיה と言われる野獣を除いている。しかし、神が、〔人間を造るという〕意図を実行に移し、彼アダムに支配権を与えようとする二八節では、聖書の原文は、海の魚、空の鳥、それに、地に動く生物と訳され、野獣と爬虫類とを意味する言葉で家畜を除く地上の被造物が言及されているのである。このように、二六節と二八節との二箇所のうち、前節では野獣を意味する言葉が、後節では家畜を意味する言葉が省かれてはいるが、神が、二八節で、二六節において意図したと言明したことを実行していることは確かなのだから、われわれは両者が同一のことを意味していると理解せざるをえない。すなわち、われわれがここで手にしているのは、すでに創造され、その創造の際に家畜、野獣、爬虫類の三種に類別された地上の理性をもたない動物が、二八節において、二六節で意図されたようにどのようにして人間の支配下に置かれるに至ったかの説明にすぎない。従って、それらの言葉は、神が、一人の人間に他の人間に対する支配権を、つまりアダムにその子孫に対するそれを与えたなどと曲解されるような意味をまったく含んではいないのである。

二七　以上のことは、『創世記』第九章二節から更にあきらかになる。そこにおいて神は、ノアとその息子たちへの勅許を更新し、空の鳥、海の魚、野獣と爬虫類とをそれぞれ指すヘブライ語の חיה と רמש とで表された地上の被造物に対する支配権を与えたが、その場合、地上の被造物の原語は、今われわれの手元にある『創世記』第一章二八節で地の上を動くすべての生物と訳されているものと同じであって、人間をまったく含んではおらず、また、〔支配権の〕認可も、そのときに生きている人間のすべてであったノアとその息子たちとに対してなされたのであって、他の人間の上に〔その支配権を〕振るうようにと一部の人間に対して行われたのではなかったのである。このことは、次の〔第九章〕三節において、第一章二八節で使われたのと同じ言葉であるすべての生き物〔רמש〕が彼らに食物として与えられたと言われていることからより一層あきらかである。

こうしたことによって明白なのは、アダムへの神の贈与について述べた第一章二八節、神の計画について記した二六節、ノアとその息子たちとに対する認可の更新について述べた〔『創世記』第九章二節の〕箇所が、すべて『創世記』第一章の二〇節から二六節までに書きとめられた神の創造の第五日目と第六日目の初めとに造られた作品(5)に言及したものであり、それ以外のものをまったく含んではいないということ、そして、創造の物語(6)においてその作品を表現した言葉がすべて以下の〔神による〕認可〔の記述〕のどこででも使われているわけではなく、それらのうちのいくつかはある箇所で、他は別の箇所でそれぞれ省略されているといったことがあるにしても、水陸からなる地球(7)に棲むあらゆる種類の理性のない動物を包含しているということである。

ここから、人間を〔アダムに〕認可されたものの中に含ませることはできないこと、アダムが人類に対する支配権を与えられなかったことには疑問の余地がないと私は思う。二五節に記されているように、創造の際、地上のすべての理性をもたない被造物は、地の獣、家畜、這うものという名前の下に数え上げられたが、人間はそのときまだ創造されてはいなかったから、それらのいずれの名前の中にも含まれてはおらず、従って、ヘブライ語の原語が、それを正しく理解しようがしまいが、この同じ物語とそれに続く数節とにおいて、人間を包含しているとは考えられない。というのは、〔生き物という意味の〕ヘブライ語のその原語רמשは、たとえ誰かが『創世記』第一章二八節でのアダムへの贈与の中に人間を含めるべきだと言うとしても、第六章二〇節、第七章一四節、二一節、二三節、それに第八章一七節、一九節においては、それとあきらかに矛盾する形で用いられているからである。そして、もしもわれわれの著者が主張するように、神が第一章二八節でアダムに地に動くところのすべての生物に対する支配権を与えることによって、全人類をアダムとその相続人との奴隷としたのだとすれば、サー・ロバートは、国王権力を更に一歩高めて、君主はその臣民を食してもよいということを世人に納得させるべきであったと私は思う。なぜならば、神は、アダムに、動くところのすべての生物に対する支配権を与えたように、ノアとその相続人とに第九章二節[8]においてそれらを食する十分な権力を授与し、しかも、〔生き物を指す〕ヘブライ語の原語は、両方の箇所で同一であるからである。

二八　『創世記』〔第一章二八節〕における神の贈与についてだけではなく、王の権利についてもわれわれの著者と同じようによく理解していたと思われるダビデは、博学にして賢明なエインズワース[9]の言葉を借りれば、『詩篇』第八篇における〔『創世記』の〕その箇所への註解において、国王権力の勅許などというものを見出してはいない。ダビデは次のように述べている。「汝は、彼、すなわち人、人の子を天使よりも少しく卑しく造り、これに汝の手の業を治めしめ、万物をその足下に置き給えり。すべての羊と牛、野の獣、空の鳥、海の魚、そして、もろもろの海路を通うものまでも皆そうなせり」。この一節の中には、下級の被造物に対する全人類の支配権ではなく、一人の人間の他の人間に対する国王権力を意味するものがあると解する人がいるとすれば、その人は、そういう希代の発見をしたことによって、サー・ロバートのいう資質上の王の一人たるにふさわしいと言ってもよいかもしれない。

以上までで、地に動くところのすべての生物に対する支配権を〔アダムに〕与えた神は、しかしアダムに人類に対する国王権力を与えたのではないということが明白になったと思うが、その点は、私が示す次のことがらによって、より十分にあきらかになるであろう。

二九　2　『創世記』第一章二八節での認可にかかわる言葉によって神が与えたものが何であれ、それは、他のすべての人間を排除して特別にアダムにだけということではなく、また、アダムがそれによっていかなる統治権を手にしたにせよ、それは、私的統治権ではなく、他の人類と共有のものであった。この贈与が特にアダムだけになされたのではなく、一人以上の人間に対してなされたことは、聖書の言葉からあきらかである。そこでは、神は彼らを祝福し、彼らに統治権をもてと言われたというふうに、複数形で語られているからである。神はアダムとイヴとに対して支配権をもてと言われた、それによって、アダムは世界の王であったとわれわれの著者は述べている。しかし、多くの解釈者がこれらの言葉はアダムが妻をもつまでは語られなかったと道理を尽くして考えているように、この授与は彼らに対して、つまりイヴに対しても語られたものであり、従って、アダムがこの世界の主人(10)であるのと同じように、イヴもまたこの世界の女主人(11)でなければならないのではなかろうか。たとえイヴはアダムに従属していたということが言われうるとしても、それが、被造物に対するイヴの支配権あるいは所有権まで妨げるほどの隷属であったとは思われない。神が二人に共同の認可をなしたのに、一人だけがその恩恵に与ったはずだなどとわれわれは言わないからである。

三〇　しかし、ここで、イヴは〔認可の〕後まで創造されなかったという人がいるかもしれない。よろしい、そう考えてみよう。しかし、そうだからと言って、われわれの著者が有利になるということがあるだろうか。聖書の原文は、われわれの著者の意向にまったく反して、神は、この贈与において、世界を人類に共通に与えたのであって、アダムだけに特別に与えたのではないということを示しているのである。聖書本文に言う彼らには、人類を包含していると解さなければならない。彼らにがアダム一人を意味することは決してありえないからである。神がこの支配権を与える意図を宣した〔『創世記』第一章の〕二六節において、神が、地球上の他の種に対して統治権をもつべきある種の被造物を創造しようとしたことはあきらかである。そこでは、神は、「我らに象《かたど》り、我らの像のように我ら人間を造り、彼らに魚などに対する統治権をもたせよう」と言われたと述べられているからである。つまり、彼らが統治権をもつはずであった。誰がか。神の似姿をもつべきもの、神が造ろうとした人間という種の諸個人に他ならない。それゆえ、彼らとは、ともに地球上に存在する他の人間を除いてアダムだけを指すはずだなどというのは、聖書にも理性にも反することになる。また、二六節の前半にある人間が後半に出てくる彼らと同じものを指さないとすれば、その文章はおそらく意味をなさないのであって、単純に、そこにおける人間は通例の通り〔集合的な〕種を、彼らはその種を構成する諸個人を意味するということなのである。その理由は、聖書の本文そのものの中にある。神が「我らに象り、我らの像のように」人間を造ったというのは、人間を知的な被造物に造って、支配の能力をもつようにしたということである。神の似姿の特質が他のどこに求められるとしても、知的な性質がその一部をなし、〔人間という〕種全体に属することは確実であって、それが、より劣等な被造物に対して彼らが統治権をもつことを可能にさせているからである。それゆえ、ダビデは、先に引用した『詩篇』第八篇において、「汝は人間を天使よりも少しく卑しく造り、これが支配権をもつようにされた」と述べているのである。ここでダビデ王が語っているのはアダムについてではない。〔『詩篇』第八篇〕四節からわかるように、そこで語られているのは、あきらかに、人および人の子、つまり人類という種についてであるからである。

三一　アダムに対して語られた認可が、アダムと人類全体とになされたものであったことは、われわれの著者自身が『詩篇』の作者から自説の論拠として引き出している部分からあきらかである。『詩篇』の作者は、「地は人の子に与えられた」と述べているが、先に引用した〔アリストテレスの政治学に関する『考察』の〕序文におけるサー・ロバートの言葉によれば、「これは、〔この認可を受ける〕権原が父たる地位に由来することを示している」という。「神は地を人の子に与えられた、それゆえ権原は父たる地位に由来する」とは、何とも奇妙な推論をするものである。ヘブライ語の正しい用法が、人類を表すのに人の子ではなく人の親を用いなかったのは、〔われわれの著者にとって〕遺憾なことである。もしそのように実際に用いられていたならば、われわれの著者は、言葉の響きに支えられて、父たる地位のうちに権原を求めることも許されていたであろう。しかし、結論的に言って、神は人の子に地を与えたのだから、父たる地位には地への権利が含まれるとはわれわれの著者に特有の議論の仕方であって、そういう論法を手に入れるためには、人は言葉の意味だけではなく響きにも反して突き進む偉大な精神をもたなければならない。しかし、意味の上では〔そういうふうに進むことは〕困難であり、われわれの著者の目的から更にかけ離れていく。というのは、〔先の〕序文に示されているように、われわれの著者の目的は、アダムが王であることを証明することにあり、その推論は、神は地を人の子に与えた、それゆえアダムは世界の王であったということにあるからである。誰かこれ以上に楽しい結論をだせる人がいたら、どうかやってみていただきたい。いずれにせよ、その結論は、人の子が父をもたないアダムだけを意味しているということが証明されるまでは、これ以上明白な不合理はないという非難を免れることができないであろう。われわれの著者の述べていることが何であれ、聖書には、意味をなさないことは書かれてはいないのである。

三二　われわれの著者は、アダムの所有権と私的統治権とを主張するために、続く〔『パトリアーカ』〕六四頁で、〔『創世記』第一章二八節に〕対応する『創世記』第九章一節、二節、三節においてノアとその息子たちとに認可された共有権[12]を、以下の二つの仕方で懸命になって葬ろうと努めている。

1　サー・ロバートは、聖書の明瞭な言葉に反して、ここでノアに認可されたものが、その息子たちとの共有物としてそうされたのではないということをわれわれに説こうとしている。彼の言葉は次の通りである。「セルデン氏がノアと息子たちとに認可されたに違いないとしている彼らの間の一般的な共有権に関して言えば、『創世記』第九章二節の本文はそれを保証しない」(六四頁)。他の意味をもちえないほどに明確な聖書の言葉が、聖書に全面的に依拠すると主張するわれわれの著者を満足させないときに、彼が何を拠り所としようとするのかを想像することは容易ではない。聖書の本文が、「神、ノアとその子らを祝してこれに言いたまいけるは」と述べているのに、われわれの著者は、それを彼に言ったとするのである。われわれの著者は、『考察』の二一一頁において、「なぜならば、その祝福において、息子たちもノアとともに言及されてはいるが、それは、従属的あるいは継承された祝福ということでもっともよく理解されるから」と言う。確かに、こうした理解が彼の目的にもっともよく適うのだから、彼にとってはそうであろう。しかし、それが、他の誰によっても真にもっともよく理解されるのは、それが、文章そのままの構文に一致し、その場の明白な意味から導かれる場合なのである。従って、従属的とか継承されたとかというのは、神がそうした限定を付したりそれに言及したりしていない以上、神の認可に関するもっともよい理解ではないことになる。しかし、われわれの著者には、それがなぜそのように理解されるのがもっともよいかについての理由があるのである。すなわち、彼は『考察』の二一一頁において言葉を続け、「ノアの息子たちが、ノアの下でか、あるいはノアの死後かに私的統治権を享受すれば、神の祝福は真に成就されることになろう」と述べている。これは、現に共同の権利を与えるものであることが明白な言葉で語られている認可が(というのは、聖書の本文が、これらはあなた方の手に与えられていると語っているからなのだが)、従属的あるいは継承されたということでもっともよく理解される、なぜならば、それは従属あるいは継承という形で享受されることが可能なのだからというに等しい。これはまた、現在所有されている何らかのものの認可は、〔現所有者の権利が将来消滅した場合、その所有権は原所有者に復帰するという〕復帰権[13]ということでもっともよく理解される、なぜなら人はそれを復帰権の形で享受するために生きることができるからだというのとまったく同じことである。もしも認可が父親になされ、彼の死後その息子たちになされるとしても、父親が存命中に彼の子供たちに共有でそれを享受することを許すほど寛大であれば、結果に関してはさして違いはないと言えるであろう。しかし、明白な言葉で所有と共有との認可とされているものが復帰権の形でもっともよく理解されるなどということは、決して真実ではない。彼の議論は、要するに、神はノアの息子たちに世界を父との共有物として与えたのではない、なぜなら、彼らは彼の下で、あるいは彼の死後それを享受することができたのだからということにある。聖書の明白な文言に反する見事な論法であると言う他はない。サー・ロバートの仮説と一致しないことを神が述べたり行ったりした場合、たとえ神が自らそれを語っているとしても、神を信じてはならないということなのである。

三三　なぜなら、われわれの著者が彼ら〔ノアの息子たち〕をどれだけ排除しようとしても、彼が継承されたとする神の祝福の部分が決してノア自身に対してではなく、息子たちに対してなされたと取る必要があることはあきらかであるからである。神は、〔『創世記』第九章一節、二節、三節に記された〕この祝福〔の一節〕において、「生めよ、殖えよ、地に満てよ」と述べているが、後の文言からあきらかなように、祝福のこの部分はまったくノア自身に関わるものではない。というのは、ノアが洪水後に子供を儲けたという記述は何もないし、ノアの子孫が列挙されている次の〔『創世記』第一〇〕章においてもノアの子供への言及はないのだから、〔われわれの著者の言う〕継承された神のこの祝福は〔ノアが死んだ洪水から〕三五〇年後まで起こりえず、また、われわれの著者の言う想像上の王政を救うためには世界の人口増殖が三五〇年おあずけにならなければならないということになってしまう。われわれの著者が、息子たちは妻と同衾する許可を父ノアに求めなければならなかったとでも言わない限り、祝福のこの部分を従属的なものとして理解することはできないのである。しかし、われわれの著者は、その全論稿を通じて、世界には王たちが存在すべきであるということには大いに関心を払うものの、人民が存在しなければならないということにはほとんど関心をもたないという点では首尾一貫している。実際、彼の言う統治の方法は、世界に人民を殖やす方法ではない。なぜなら、絶対王政が、全能の神の偉大にして第一の祝福であり、その中には技術や学芸、それに生活の便益の改善が含まれる「生めよ、殖えよ、地に満てよ」の遂行に果たしている助力がどれほどのものにすぎないかは、トルコの支配下で幸福な生活を送る広大で肥沃な国々のうちに看て取ることができるからである。それらの国々にあっては、現在、かつての人口の三分の一、いや、すべてではないとしても多くの国々の場合、一〇〇分の一とは言わないまでもかつての人口の三〇分の一の人々しか見出せないことは、人々の今の数と古い歴史とを比較する者にはすぐにわかるであろう。しかし、これは余談である。

三四　上の祝福あるいは認可の〔うち二節、三節に記された〕他の部分は、ノアとその息子たちとに等しく属するものとして、従って、ノアの息子たちに従属的に、あるいは継承される形で属するのではないものとして理解されなければならないように表現されている。そこにおいて、神は、「すべての獣……汝らを畏れ汝らにおののかん」と語っている。これについて、われわれの著者以外に、生き物たちはノアだけを畏れ、ノアの許可なしに、あるいはノアの死後までは彼の息子たちを畏れることはないなどと言う人がいるだろうか。また、それに続く「これらは汝らの手に与えられる」という言葉は、われわれの著者の言うように、汝らの父が許すならば、これらは父の死後になって汝らの手に渡されるというふうに理解されるべきなのであろうか。もしこれらが聖書からの議論であると言うならば、聖書によって論証されないものが何かあるか私にはわからないし、また、それらが、われわれの著者が〔アリストテレスの政治学に関する『考察』の〕序文の中で罵倒しているフィクションや空想とどれだけ異なり、哲学者や詩人の意見よりもどれだけ確かな根拠を証明してくれるのかも私には判別できないのである。

三五　しかし、われわれの著者は、更に続けて、「神のその祝福は、従属的なものあるいは継承される祝福と理解するのがもっとも妥当である」ことを証明しようとする。彼が挙げるその理由は、「神がアダムに与え、アダムの贈与、譲渡あるいは譲与によって子供たちに与えられた私的統治権が廃止され、ノアと息子たちとの間にすべてのものの共有関係が形成されたなどということは、およそありそうもない」ということに他ならない。〔われわれの著者によれば〕ノアは、「世界の唯一の継承者として残ったのであり、神が、そのノアから〔世界の唯一の継承者たる〕生得権を奪い、彼を世界の人々の中から選んで息子たちとの単なる共同借地人にしようとしたなどとはおよそ考えられない」というのである(『考察』二一一頁)。

三六　われわれによっていかに蓋然性があると呼ばれようとも、われわれ自身の根拠脆弱な臆見という偏見が、聖書を言葉の直接かつ判明な意味に反して理解することを正当化するなどということはありえない。ここで、アダムの私的統治権が廃止されたということがありそうもないということは私も認めよう。そもそもアダムが私的統治権をもっていたということの方が(それは証明されることはないであろうから)もっとありそうもないというのが、その理由である。そして、聖書の中のそれらに対応する箇所が、それらがいかにもっともよく理解されるかを教えるに相違ないから、神がアダムにそのような私的統治権を与えなかったことを明確にするためには、洪水以後におけるノアと息子たちとへの祝福と、『創世記』第一章二八節に記されている創造後のアダムへの祝福とを比較してみる必要がある。確かに、洪水以後、ノアは、それ以前にアダムがもっていたのと同じ権原、同じ所有権と統治権とをもっていたはずだということに蓋然性があることを私も否定しない。しかし、私的統治権は、神がアダムと息子たちとに共同で与えた祝福および認可とは相容れないものであるから、そして、特に、アダムに対してなされた贈与の中には、それを明示する言葉も、それに少しでも都合のよい言葉も見当たらないのだから、アダムは私的統治権をもっていなかったと結論づけることには十分な理由があるのである。私としては、上に証明してきたように、聖書の本文自体がまったく逆のことを示しているとまでは言わないまでも、聖書のある箇所にはそれを支持する一つの言葉もなく、他の箇所では言葉も意味も正反対なのに、われわれの著者のように理解するのがもっとも妥当であると言えるかどうかの判断を、読者諸氏に委ねたいと思う。

三七　しかし、われわれの著者は、「ノアは世界の唯一の継承者であり、神がノアのその生得権を奪おうとするなどとなぜ考えられるのか」と言う。イングランドでは、継承者とは、イングランドの法に基づいて父親の土地のすべてを所有することになっている長子を指す。そうだとすれば、われわれの著者は、神がどこでそうした世界の継承者を指定しているのか、また、ノアの息子たちが、神から彼らとその家族とを維持するために地球の一部を利用する権利を与えられ、しかも、その土地全体が、ノア一人だけではなく、息子やその家族のすべてが利用できるよりもはるかに広大であり、ある人の所有が他の人の権利侵害になったり、ある人の使用が他の人の使用を狭めたりすることがないときに、神がノアからどのようにして生得権を奪ったのか、また、〔それによって〕ノアにどのような害がもたらされたのかをわれわれに示した方がよかったであろう。

三八　われわれの著者は、おそらく、人々を説いてその分別を失わせることに成功しそうもないこと、また、彼が何と言おうと、人々は聖書の平明な言葉を信じ、そこにあるように、認可はノアとその息子たちとに対して共通に語られたと考えるであろうことを見越して、次のように、あたかも、ノアへの認可によっては所有権も統治権も譲渡されてはいないかのようにほのめかす努力を払っている。つまり、彼は、「なぜなら、その文言の中では大地を服従させるということも、生物に対する支配ということも省かれており、大地は一度たりとも言及されていないから」と言うのである。従ってと、彼は更に続ける。「これら聖書の二つの本文の間には大きな相違がある。最初の祝福がアダムに大地とすべての生物とへの支配権を与えたのに対して、後の祝福はノアに食料として生物を利用する自由を許している。ここには、ノアの食[14]物の増大があるだけで、すべての物を所有するノアの権限の変更あるいは縮小はない」(『考察』二一一頁)。つまり、われわれの著者の言う意味では、ここでノアと息子たちとに対して言われたことのすべては彼らに支配権も所有権も与えたものではなく、ただ、食物を増大したにすぎない。彼らの食物について言えば、われわれの著者は彼〔ノア〕のものとしているが、神は、汝らの手に与えられんと語っているのだから、ノアの息子たちについては、サー・ロバートの命令によって、父親の存命中は断食日を続けるべきだということになってしまうと言わなければならない。

三九　われわれの著者以外の誰でも、ノアとその息子たちとが受けた祝福に食物の増大しか見ないとすれば、偏見によって目をくらまされていると強く疑われずにはすまないであろう。なぜならば、われわれの著者が省かれていると考える統治権ということに関しては、神の言う「すべての獣、汝らを畏れ汝らにおののかん」が、生物に対する人間の統治権あるいは優越性の企図を十二分に表していると思われるし、『創世記』第一章二九節および三〇節からあきらかなように、確かに絶対的な君主ではあったにせよ、勝手にひばりや兎を殺して飢えを満たすことをあえてせず、他の獣たちとの共有物として草木〔の種や実〕を食べたアダムに与えられた下級動物に対する優越性も、主として、そうした畏れとおののきとにあったと考えられるからである。次いで、ノアとその息子たちとに対する祝福の中で、所有権が明白な言葉で与えられているだけではなく、アダムに対してよりもより広範に与えられていることは明白である。〔『創世記』第九章二節において〕神はノアと息子たちとに「これらは汝らの手に与えられん」と語っているが、この言葉が、もし所有権、しかも現に所持されている所有権を与えるものでないとすれば、それを与えうる言葉を見出すことは困難であろう。というのは、人がある物を所有していることを表すのに、「これは彼の手に与えられている」と言うこと以上に自然で確実な方法はないからである。そして、〔続く『創世記』第九章〕三節では「およそ生ける動物は汝らの食となるべし」と述べられているが、これは、彼らが、人間がもちうる最大の所有権であり、アダムが受けた勅許の中でも認められなかった権利、すなわち、〔生物を〕利用することによって消滅させる権利を与えられたことを示すものに他ならない。これを、われわれの著者は、『考察』の二一一頁において、「食料として生物を利用する自由および食物の増大、ただし所有権の変更なし」とする。人間が、被造物を利用する自由以外に被造物に対してどのような所有権をもちうるかを理解することは難しい。従って、われわれの著者が言うように、もし、最初の祝福が被造物に対する統治権をアダムに与え、ノアとその息子たちとへの祝福が、アダムがもたなかった被造物を利用する自由を彼らに与えたとすれば、彼らは、アダムがその主権にもかかわらず欠いていた何か、より大きな所有権と考えられて然るべき何かを与えられたにちがいないのである。というのは、他の者には許されている被造物のうちの獣的な部分を利用することのできない者が、それらに対する絶対的な統治権をもたず、また、それらへの狭く限られた所有権しかもたないことはあきらかであるからである。ある国の絶対的な主人である誰かが、われわれの著者に、大地を服従させよと命じ、彼に、そこに住む被造物への統治権を与えながら、飢えを満たすために、群れの中から一頭の子山羊や子羊をも獲ることを認めなかったとすれば、彼は、自らを、その土地や家畜の主あるいは所有権者とはまず考えず、むしろ、羊飼いがもつような統治権をもつことと、所有者として完全な所有権をもつこととの相違を見出すであろう。従って、もしサー・ロバートがこうした立場に立たされたとすれば、彼は、ここには、所有権の変更、否むしろその拡張があり、また、ノアとその子供たちとは、この認可によって所有権が与えられたというだけではなく、アダムがもたなかったような被造物に対する所有権を与えられたと考えたであろうと私は思う。というのは、人間は、相互に関しては、被造物のうちの各自の分け前に対する所有権を許されてはいるが、全世界の唯一の主にして所有権者であり、天と地との創造者である神との関係では、被造物に対する人間の所有権とは神が許したそれらを利用する自由以外のものではなく、従って、ここに見られるように、以前には認められなかった被造物のより広範な利用が認められた洪水以後には、人間の所有権は変更され拡張されたと言いうるからである。以上のすべてのことから、アダムもノアも、彼らの子孫が被造物を必要とするまでに次々に成長し、それを利用しうるようになっても、子孫をそこから排除するような被造物への私的統治権や所有権をもっていなかったことはあきらかであろうと思う。

四〇　これまで、『創世記』第一章二八節に述べられた〔神の〕祝福に基づいてわれわれの著者が行ったアダムの王政を擁護する議論を吟味してきた。思うに、冷静な読者にとって、その祝福のうちに、住むことができるわれわれの地球において人類が他の被造物に対してもつ優越的な地位以外のものを見出すことは不可能であろう。つまり、それが意味するのは、人間、自らの創造主の似姿であり〔地球の〕主要な居住者たる人間という種全体が、他の被造物への統治権を与えられたということ以外の何物でもないのである。これは、平明な言葉ではっきり書かれていることであるから、われわれの著者以外の人ならば誰でも、まったく反対のことを言っているように思われるそれらの言葉がどうして他の人間に対する王的な絶対権力、あるいは、すべての被造物に対する独占的な所有権をアダムに与えることになるかを示す必要があると考えるであろうし、また、私が思うに、われわれの著者は、後の議論をそこから組み立てているほどに重要なこの事柄を扱うに当たっては、言葉、それも自分の立論にあきらかに反する言葉の単なる引用以上のことを何かすべきであった。というのは、はっきり言って、私には、引用されたそれらの言葉の中に、アダムの王政や私的統治権に資するものは何も見出すことができず、逆に、それらに役立たないものしか見出せないからである。しかし、私は、この点での自分の理解の不明さを嘆こうとは思わない。なぜなら、私には、使徒〔パウロ〕が、神は「われらを楽しませんとて万物を豊かに賜う」と〔『テモテ前書』第六章一七節で〕語ったとき、彼は、私と同じように、アダムの私的統治権といった観念を何らもっていなかったと思われるからである。もし、万物がすでに君主アダムと、その継承者であり相続人である君主たちとに与えられてしまっていたとすれば、パウロは、われらを楽しませんとて云々といったことは到底言えなかったであろう。結論的に言えば、『創世記』第一章二八節は、アダムが独占的な所有者であったことを証明するどころか、反対に、万物が、そもそもは人の子らの共有であったことを確証するものであって、それは、聖書の他の箇所からも、上の一節における神の贈与からもあきらかである。従って、私的統治権に基づくアダムの主権〔というわれわれの著者の主張〕は、それを支持する拠り所を失って崩壊せざるをえないであろう。

四一　にもかかわらず、なお誰かが、やはりアダムはこの神の贈与によって全地球の唯一の所有者となったのだとする必要があるとしよう。しかし、そのこととアダムの主権とはどう関係するのだろうか。また、土地への所有権が他者の生命に対する権力をある人間に与えるということにどうしてなるのだろうか。あるいは、全地球を所有したとして、それが、どうして、人間の身体に対する主権的で恣意的な権威を誰かに与えるということになるのだろうか。それらに対する一番もっともらしい言い草は、全世界の所有者は、他のすべての類が彼の主権を認めず、また彼の意志に服従しない場合、彼らに食物を拒み、意のままに彼らを餓死させうるからだというものである。しかし、これは、もし真実ならば、むしろ、そうした所有権はどこにも存在せず、また、神はそうした私的統治権を決して与えなかったということを証明するのに好都合な議論だと言ってよい。なぜならば、人類に増殖せよと命じた神は、彼らのために豊かに供給した衣食その他の生活の有用品や素材を利用する権利を彼らすべてに与えたと考えるほうが、意のままに彼らすべてを絶滅させる権力をもち、他の人間と少しも違わないのに、一貫して生活の便宜を気前よく割り当てることによって増殖せよという神の偉大な目的を促進するどころか、困窮と富の欠乏からくる従属とによって人々を厳しい苦役へと縛りつけようとする一人の人間の意志に彼らの生存を依存させたと考えるよりも、より合理的だからである。これを疑う人には、世界の絶対王政を精査させ、そこにおいて、生活の便宜品や人民の多くがどんな状態になっているかを見させてみたいと思う。

四二　しかし、われわれは、神が、一人の人間を、他の人間の思うがままに任せたり意のままに餓死させたりするようなことはなされなかったことを知っている。万人の主であり父である神は、この世界の物の特定の部分へのそうした〔独占的〕所有権を神の子の誰一人にも与えず、困窮する同胞にも、神の財産の剰余物に対する権利を与えたのである。それゆえ、同胞のさし迫った欠乏が必要としているときに、その権利を否定することは正当ではない。従ってまた、いかなる人間も、土地あるいは所有物への所有権によって、他の人間の生命を支配する正当な権力をもちえない。なぜなら、資産をもつ者が、そのあり余る財産の中から援助を与えることをしないで同胞を死滅させることは、いかなる場合にも罪であるからである。正義が、[15] すべての人間に、彼自身の誠実な勤労が産み出した物と、彼が受け継いだ祖先の公正な取得物とに対する権原を与えるように、慈愛は、[16] 人が生存のための他の手段をもたない場合に、極度の欠乏から免れさせるだけの物を他人の剰余物に対して要求する権原をすべての人間に与える。より大きな力をもっている者が弱者を捉えて無理やり服従させ、喉下に短剣を突きつけて、死か然らずんば隷従かと迫るのが正当ではないように、神が欠乏に苦しむ同胞に与えることを求める救済を拒絶することによって、人が、他の人の困窮を強制的に自分の隷属者とするために利用することも、およそ正当化できることではないのである。

四三　たとえ、神の惜しみのない手によって注がれた祝福をこの上なく邪《よこし》まに利用する者がいるとしても、そして、極端なまでに残酷で無慈悲な者がいるとしても、そうした場合ですら、これらはすべて、人の身体[17]への権威が土地に対する所有権に由来するということを証明するのではなく、ただ契約によってのみそれが与えられるということを証明するにすぎない。なぜならば、豊かな所有者の権威と窮乏した物乞いの服従とは、土地所有そのものからではなく、餓死することよりも臣民となることを選んだ貧者の同意から始まったからである。そして、このように服従を受けた者も、服従する者が、契約に基づいて同意した以上の権力を彼の上に行使することはできない。それゆえ、世界のすべての土地の所有者であることが統治と支配との基礎であるとすれば、飢饉の際に穀物でつまった穀倉をもつこと、ポケットに一杯の貨幣をもつこと、海上で船に乗っていること、泳ぐことができることなども、それらはいずれも、援助が拒絶されれば死滅に至る人の命を救うに十分であるのだから、やはり、統治と支配との基礎たりうることになろう。つまり、この原則によれば、人の困窮につけこみながら、その人の生命、あるいはその人が大切にしているものを救う代償として自由を奪う機縁となるものは、すべて、所有権と同じように、主権の基礎となりうることになる。以上すべてのことから、たとえ神がアダムに私的統治権を与えたのだとしても、その私的統治権がアダムに主権をもたらしうるものではなかったことはあきらかであろう。もっとも、神がアダムにいかなる私的統治権も与えなかったことは、われわれが、すでに十分証明したとおりである。

(1) John Selden (1584-1654) を指す。セルデンは、反国王側に立って活躍した著名な法律家、政治家、法制史家であった。ロックがここで言及しているセルデンの著書は、*Mare Clausum*, trans. by M. Nedham, 1635 である。

(2) 原語は propriety である。

(3) 原語は property である。この property については、次の点に注意されたい。『統治二論』前篇における property あるいは propriety という言葉は、そのほとんどが、一七世紀の通常の言語慣習に忠実に、動産や不動産のようなモノに対する私的な所有権や財産権を指すものとして用いられている。それは、より直接的には、前篇におけるロックが、フィルマーは、王権神授説に立って、君主に、モノとしての世界、つまり土地と被造物としての人間とに対する絶対的な property を与えたとして批判したことの帰結であったと言ってよい。それに対して、後篇におけるそれは、資産や財産だけではなく、より広く、人間の身体に関わる生命や健康、人格に関わる自由までを包摂するロック独自の意味で使用されている場合が目につく。その点に配慮して、property を、前篇では基本的に所有権と訳し、後篇については、あきらかにモノを所有する権利を指す場合には所有権、ときに所有物、人間の身体や人格に関わるより広い意味で用いられていると考えられる場合には、いささかなじまない訳語であることを承知の上で、人間が、政治権力を含む他者によって侵害されてはならない権利としてもつ「固有のもの」という意味を込めて固有権と訳し、プロパティというルビを付した。なお、訳者が、この固有権という訳語の採用を決断した背景には、「文庫版への序」にも記したように、「プロパティの(財産とか所有権という)一般用法と、『生命・自由・財産』の総称としての特別用法とをわけ、特別用法のときには訳語をかえて、固有権と訳することにしたらどうか」という松下圭一氏の提案(『ロック「市民政府論」を読む』岩波書店、一九八七年、一六九頁)への共感があった。本訳書の公刊によって、松下氏の問題提起が受け入れられる状況が少しでも生まれることを期待したい。その含意については、訳者解説を参照されたい。

(4) 原語は charter である。

(5) 原語は works である。

(6) 原語は history である。

(7) 原語は、terraqueous globe である。

(8) ロックは二節としているが、正確には「およそ生ける動物は汝らの食となるべし」とする三節とすべきであろう。

(9) H. Ainsworth, *Annotations upon the Five Books of Moses*, 1639. ラズレットの考証によれば、ロックはこの書物を所有していた。

(10) 原語は lord である。

(11) 原語は lady である。

(12) 原語は community である。

(13) 原語は reversion である。

(14) 原語は commons である。
(15) 原語は justice である。
(16) 原語は charity である。
(17) 原語は persons である。

第五章　イヴの服従を根拠とする主権へのアダムの権原について

四四　われわれの著者がアダムの王政を基礎づける聖書の次の箇所は、『創世記』の第三章一六節にある「汝は夫を慕い、彼は汝を治めん」である。彼は、『考察』の二四四頁で、「ここにわれわれは統治の原初的な認可を見出す」と述べ、更にそこから、続く部分で、「最高権力は父たる地位のうちに据えられ、ただ一種類の統治、すなわち王政に限定される」との結論を導く。彼の場合、前提がいかなるものであれ、結論は常にこれであり、聖書の本文のどこであれ、治めるという言葉が出てくると、直ちに、絶対王政が神授権によって確立されてしまうのである。誰であれ、『考察』の二四四頁における言葉からのわれわれの著者の推論を注意深く読み、他の諸々の事柄とともに、彼がそこでもち込んでいるアダムの血統と子孫という言葉を検討してみれば、彼の言っていることが意味をなすと考えることは困難であることに気づくであろう。しかし、ここでは、当面、彼特有の書き方を容認し、聖書の問題の一節の主旨を考察してみよう。それらは、最初の、そして進んでなされた不服従に対する女性への神の呪いの言葉であり、神がわれわれの最初の親に向けて問題の言葉を発した理由が、彼らの不服従に対して判決を告げ、彼ら両人に対する怒りを宣言するためであったことを考えると、それがなされたのは、神がアダムに大権と特権とを認め、彼に尊厳と権威とを賦与し、彼を支配者と王との高みに据えたときのことであったとは、到底考えられないのである。というのは、神の命令をともに侵犯した同罪者であるとともに、〔ヘビの〕誘惑を幇助した者として、イヴはアダムよりも下位に置かれ、アダムは、イヴが受けたより大きな罰のゆえに偶然にイヴに対する優越性をもちえたとはいえ、アダムもまた、堕罪と原罪とをイヴと共有し、それに続く章句に見られるように、以前よりも卑しい境遇に置かれたからであって、神が、アダムを全人類の普遍的な王とすると同時に、終生の日雇い労働者にしたということ、また、二三節で、〔アダムを〕楽園から追放して土を耕さしめながら、同時に、彼を王位と特権と絶対権力の安楽さとに就けるということは、およそ考えられないのである。

四五　〔このように、「汝は夫を慕い、彼は汝を治めん」という言葉が述べられたのは〕アダムが、怒れる創造主から、いかなる厚意も、いかなる特権の授与も期待できるようなときではなかった。われわれの著者が言うように、もしそれが統治の原初的な認可であり、

〔それによって〕アダムが今や王になったというのであれば、サー・ロバートが彼を何にしようと、神が、アダムを、われわれの著者自身でさえそれに大きな特権を見込めないような極めて貧弱な王にしたことは明白である。神はアダムが自らの生活のために働くように定め、彼に、土地の住人を支配するための王笏よりも、土地を征圧するための鋤を与えたように思われる。神は、〔『創世記』第三章の〕一九節で、アダムに対して、「汝は面に汗して食物を食らい」と語っている。〔これについて〕アダムは当時まだ臣民も彼のために働いてくれる人間ももたなかったのだから、これは不可避であったが、彼はその後九百年も生きたのだから、彼のために働くように命じることのできる十分な人間をもったのではないかという答えがあるかもしれない。しかし、神は、そうではない、汝は妻を除いて他人の助けがない間だけではなく、生きている限り、自分の労働によって生きなければならないと語っている。上記の一九節において、神は、「汝は面に汗して食物を食らい終に土に帰らん。そは、其の中より汝は取られたればなり。汝は塵なれば塵に帰るべきなり」としているからである。

これについて、再び、われわれの著者を擁護して、これらの言葉はアダムに対して個人的に語られたのではなく、人類の代表者としてのアダムに、従って全人類に対して語られたのであって、堕罪ゆえの人類への呪いなのであると答える人がいるかもしれない。

四六　神が人間とは異なった語り方をすることは本当だと私も思う。神は、人間よりも、より大きな真実、より高い確実さをもって語るからである。しかし、私は、神が人間に話しかけて下さるとき、彼が人間の間で用いられている言語の規則に逆らって、人間とは異なった話し方をされるとは思わない。そういう話し方では、神がせっかく人間に話して下さるのに、彼らの能力に合わせることにはならず、話されたことが人間には理解できないために、神の話の意図が通じないことになってしまうからである。しかし、もし、われわれの著者の学説を維持するために必要な聖書解釈を適切なものとして受け入れなければならないとすれば、われわれは神についてやはりそのように〔人間とは異なった話し方をされると〕考える他はない。なぜならば、〔われわれの著者の言うように〕もしわれわれが、ここで神がアダムに対して単数形で語っていることが人類全体に向かって語られていると理解されなければならないとすれば、また、神が、『創世記』第一章二六節、二八節において複数形で語っていることが他の人間を除いてアダムだけについて言われたものと理解しなければならないとすれば、そして更に、『創世記』第九章において、神がノアと息子たちとに共通に語っていることがノアだけに向けられたものと理解されなければならないとすれば、確かに、神が言われたことを通常の言語の規則に基づいて理解するのは大変に難しいことになってしまうからである。

四七　更に、われわれの著者が統治の原初的な認可と呼ぶ『創世記』第三章一六節の言葉〔「汝は夫を慕い、彼は汝を治めん」〕がアダムに向けて語られたものでも、また、アダムに対してなされた認可を含むものでもないこと、そこにあるのは、単にイヴに下された罰であることを指摘しておかなければならない。そして、このように、それらの言葉がイヴだけに、あるいは他のすべての女性の代表者としてのイヴに向けられたものと考えられるとすれば、それらは、せいぜい女性だけに関わる言葉であり、夫に対して彼女たちが置かれている普通の服従状態を意味するだけである。しかし、女性が、その境遇あるいは夫との契約といった事情によってその服従状態を免れているとすれば、女性を服従へと義務づけるいかなる律法も存在しない。それは、〔一六節の〕章句全体が、「神、女に言いたまいけるは、我大いに汝の懐妊の苦しみを増すべし。汝は苦しみて子を産まん。また、汝は夫を慕い、彼は汝を治めん」とあるように、子供を難儀と苦痛との中で産むことは女性への神の呪いの一部ではあるとしても、それを和らげる療法が見出される場合にも女性は苦痛の中で子供を産まなければならないとする律法が存在しないのと同様である。アダムに対して、またアダムについて言われたのではないそれらの言葉の中にアダムへの王的統治の認可を認めるのは、われわれの著者以外の誰にとっても大変に難しいと私は思う。また、誰も、それらの言葉から、弱い性〔である女性〕は、律法によってそれらの言葉に含まれている呪いに縛られているのだから、義務としてそれを回避する努力を払うべきではないとは考えないであろう。また、イヴであれ他の女性であれ、ここで神が畏怖させる多くの苦痛なしに〔分娩のための〕床に運ばれるのを指して罪を犯していると言う人がいるだろうか。あるいはまた、わが女王メアリーやエリザベスが臣下と結婚したら、この聖書の一節に従って、夫に政治的に服従させられるとか、それによって夫は彼女たちの上に王的支配を行うとかと考える者がいるだろうか。私の見る限り、聖書のこの一節において、神は、アダムのイヴに対する、あるいは男性の女性に対する権威を何一つ与えておらず、ただ、女性の宿命がいかなるものか、摂理によって女性が夫に従うことがどのように命じられているかを予言しているにすぎない。しかも、われわれが見るように、そのような女性の男性への服従は、一般に万民法(1)や諸国民の慣習(2)が定めているところであり、従って、自然の中にそれへの根拠があると私は思う。

四八　同様に、神が、ヤコブとエサウとについて、『創世記』第二五章二三節で「兄は弟に仕えん」と語ったとき、誰しも、神は、それによってヤコブをエサウの主権者としたのではなく、事実として将来起こることを予言したにすぎないと考えるであろう。

しかし、もし、ここ〔『創世記』第三章一六節〕でイヴに対して語られた言葉が、どうしても彼女およびすべての女性を服従へと束縛する律法と理解されなければならないとすれば、それはすべての妻がその夫に負っている服従以上のものではありえず、もしそれが〔われわれの著者の言うように〕統治の原初的な認可であり王的権力の基礎であるとすれば、夫と同じ数だけの王が存在するということになってしまうであろう。従って、アダムがそれらの言葉によって何らかの権力を与えられたとすれば、それは、政治権力ではなく、単なる夫婦間の権力、すなわち、すべての夫が、財産および土地の所有者として、家の中の私的な仕事に関わることがらに采配を振るい、彼らの共通の関心事において妻の意志よりも自分の意志を優先させるために有する権力にすぎないのである。それは、他人の生死はもとより、妻の生死をも左右する政治権力ではまったくない。

四九　私は確信をもって言うのだが、もし、われわれの著者が、この〔上記一六節の〕原文に認可、統治の原初的認可、政治的統治を見たいというのならば、彼は、単に、「汝夫を慕い」という文言が、イヴとイヴから生まれるすべての者とをアダムとその継承者とがもつ絶対的な王的権力に従属させる律法であると述べるだけではなく、もっとましな議論によってそれを論証すべきであった。「汝夫を慕い」は、その意味について解釈者の間でも一致を見ない極めて曖昧な表現であるから、それを、〔統治のように〕重大で切実ですべての人間に関わりをもつことがらについて自信をもって何かの論拠とすることはできない。しかし、われわれの著者は、彼一流の書き方に従って、聖書の原文を名指すや否や、何ら骨折りをすることもなく、その原文の意味は自分がそう受け取りたいと思うのと同一であると直ちに結論づけてしまうのである。〔例えば〕支配とか服従といった言葉が〔欽定訳聖書の〕正文か欄外註の中に見出されるとしよう。すると、それは、直ちに、臣民の君主への義務を意味するものとされて関係が転釈され、神が夫と言っているにもかかわらず、サー・ロバートはそれを王としてしまうのである。また、それを示す聖書の言葉も、それを証明するわれわれの著者の言葉も一言もないにもかかわらず、たちまちのうちに、アダムは、イヴだけではなく、イヴから生まれたすべての者に対しても絶対的な王的権力をもつとされてしまう。〔彼によれば〕アダムはどこまでも絶対君主でなければならず、〔『パトリアーカ』第一〕章の最後までそうでなければならないというわけである。聖書の本文は、君主にも人民にも言及しておらず、絶対的あるいは王的な権力についてではなく、イヴのアダムに対する、つまり妻の夫に対する服従について語っているにすぎないのだから、私としては、もはや、いかなる理由をも提示しないまま、ただ、聖書は、われわれの著者が想定するような絶対的で王的な権力をアダムに与えてはいないと言い放ったとしても、それで、われわれの著者の空虚な主張がアダムのその権力を樹立しようとしたのと同じ程度には、その権力を打倒するのにも十分ではないかと思うのだが、読者はどう判断されるであろうか。われわれの著者〔が述べること〕を丹念に辿る人なら、彼が続ける意見の大部分に対して簡潔かつ十二分に答えることができるであろうし、それらを単に否定するだけで十全な論駁とすることができるであろう。理由を提示せずに否定するだけでも、証明を欠く主張に対しては十分な答えになるからである。それゆえ、『考察』の同じ二四四頁に見られるように、われわれの著者が『創世記』第三章一六節の文言から明確に結論づけることのすべて、すなわち、聖書の本文によって最高権力が神自身の手で父たる地位の中に置かれ、設立され、しかもそれは、王政に、そしてアダム自身とその継承者とに限定されたということを端的に否定すれば、それで〔われわれの著者に対する〕十分な答えということになろう。冷静な読者に聖書の上記の本文を読んでいただき、誰に向けて、またどのような場合にそれが語られたかを考えてもらったならば、その人は、われわれの著者がその人以外の他の人には示すことができない王の絶対的な権力を自ら見出すことができるような非常に優れた能力のもち主ででもない限り、われわれの著者が、聖書のその文言の中にどのようにしてその権力を読み取ったのかを訝しく思うにちがいない。

こうして、われわれは、私の知る限り、われわれの著者が、アダムの主権、彼が『考察』の二四五頁で、「それはアダムにおいて無制限で神の意志の定めと選ぶところのない神の布告である」とするアダムのかの最高権力を論証するためにもち出すことのすべてである聖書の二つの箇所、すなわち、『創世記』の第一章二八節と同第三章一六節とを吟味し終えた。しかし、〔われわれの著者の主張とは異なって〕それらのうち、前者は人類に対する劣位の生物の服従を、後者は夫に対して妻が負う服従を意味するだけであって、両者とも、臣民が政治社会の統治者に負う服従からはほど遠いものであった。

(1)　ここでロックが使っている原語 laws of mankind はいささか特異な用法であって、通常、「万民法」を指して用いられる law of nations や jus gentium の概念とは必ずしも一致せず、むしろ「人類の法」と訳す方が適切かもしれない。しかし、ここでは、女性の男性への服従が普遍的に見られる事態であるとするロックの視点に配慮して、「万民法」という訳語を採用することにした。

(2)　原語は customs of nations である。

第六章　父であることを根拠とする主権へのアダムの権原について

五〇　更にもう一つ、われわれの著者がアダムの主権の証拠としてもち出すものがあり、それを示せば、読者に彼の挙げる証拠のすべてを示したことになろうと思う。それは、〔アダムが〕父であることによって、その子供たちに対して統治の自然権をもつという想定に他ならない。われわれの著者は、この父たる地位の権原を大変好んでいて、〔『パトリアーカ』の〕ほとんどすべての頁にそれが見られるほどであるが、特に一二頁で次のように述べている。「アダムだけではなく、彼に続く家父長たちもまた、父であることの権利によって、子供たちに対する王的権威をもっていた」。また、同じ頁に、「子供たちのこの服従がすべての王的権威の源泉である云々」とある。言及されている頻度から言って誰しもが考えるように、これが彼の全構築物の主要な基礎であるのだから、われわれは、それに対する明晰かつ判明な論拠の提示を彼に当然期待してよいであろう。なぜなら、彼は、それをもって、「生を享けたすべての人間は自由であるどころか、誕生それ自体によって、自分を儲けてくれた父の臣民になる」（『考察』一五六頁）という彼の意向に不可欠な見解であると規定しているからである。〔このように〕アダムが創造された唯一の人間であり、それ以降すべての者は儲けられたのだから、誰も自由には生まれついていない〔と彼は言う〕。つまり、アダムは子供たちに対するこの権力をどのようにして手に入れるのかというわれわれの問いに対して、彼はここで、それは彼らを儲けることによってであると語っているのである。更に彼は、再び『考察』の二二三頁で、「アダムのこの自然の支配権は、子供を儲けることによって親は彼らへの権利を獲得するのだ(generatione jus acquiritur parentibus in liberos)と説くグロチウスによって証明されるであろう」と言う。(1)なるほど、人を父親にするのは子供を儲けるという行為なのだから、われわれの著者のいう子供への父親の権利がそれ以外の何ものからも生じえないことは確かである。

五一　グロチウスはここで、子供に対する親の権利がどこまで及ぶかについては何も語っていない。しかし、われわれの著者はその点では常にはっきりしていて、それは至高の権力であり、絶対君主が奴隷に対してもつのと同様の生殺与奪の絶対的権力であると言い切るのである。〔しかし〕子供を儲けることが、父親に対して、どのように、そして、いかなる理由のために子供へのそうした絶対的権力を与えるのかの説明を求めても、彼は何も答えない。われわれは、他のものについてと同様、これについても彼の言葉をそのまま受け入れる他はなく、その結果、自然法や統治体制が興ったり亡びたりするのは、ひとえに彼の言葉によって決まるということになってしまう。もし彼が絶対君主ならば、こうした語り方がぴったりであるかもしれない。道理の代わりに意志(pro ratione voluntas)[2]が絶対君主の口から出たならば力をもちうるでもあろうが、それは、証明や議論の仕方においてははなはだ不適切であり、われわれの著者による絶対王政の擁護論にとってもほとんど利するところはないであろう。サー・ロバートは臣民の権威をあまりにも小さなものにしてしまっているので、同じ臣民たるサー自身にも、ただ言い立てるだけで絶対王政について何かを確立しうるという希望は残されていないのである。〔サー・ロバートもまたそうである〕一隷属者の証明を欠いた意見は、すべての人間の自由と運命とを台なしにするに足るほどの重みをもつものではない。私はすべての人間は生まれながらに平等であると考えるが、仮に、すべての人間が生来的に平等ではないとしても、すべての奴隷は平等であるに違いない。従って、〔彼と同じく奴隷である〕私が、彼の意見に私自身の一つの意見を対抗させ、自信をもって、子供を儲けることが子供を父親の奴隷にすることはないという私の言明はそれと正反対の彼の断言が人類を奴隷にするのと同じくらい確実に人類を自由にすると言っても、別に不遜ということにはならないであろう。しかし、王政は神授権(jure divino)〔に基づくもの〕であるとみなす人の全教説の基礎をなすわれわれの著者のその命題を公平に扱うために、他の論者がそれにどんな論拠を与えているかを聞いてみることにしよう。われわれの著者は、何の論拠も提示していないからである。

五二　他の論者が、父親は子供たちを儲けることによって子供たちに対する絶対的な権力を手にするということを論証するために利用する議論で私が耳にしたことのあるのは、父親が子供たちの生命に対する権利をもつのは、彼らに生命と存在とを与えたからだというものである。彼らは、これが唯一可能な論証である、なぜなら、ある人間が、他の人間の手中にあるもので、自分のものだったわけでもなく、自分が与えたものでもなく、別の人の恩恵によって贈られたものに対して、自然に権利を要求したり主張したりしてよいとする理由はありえないからだと言う。それに対して、私は次のように答えよう。1　他の人間に何かを与えた人間が、それによってそれを再び取り返す権利を必ずしも常にもつわけではないこと。また、2　父親が子供に生命を与えると言う輩《やから》は、王政の思想にあまりにも幻惑されていて、神が生命の作者であり授与者であること、われわれが生き、動き、在るのはただ神のなかにおいてのみであることを想起すべきであるにもかかわらず、それを想起することができないのである。自分自身の生命がどこに在るかを知らない者が他人に生命を与えるなどということが、どうしたら考えられるだろうか。哲学者たちは、懸命に探究しているにもかかわらず、生命の所在について途方に暮れており、また、解剖学者たちも、解剖と人間の身体の精査とにすべての生涯と研究とを費やした後でも、人間の身体を構成する多くの部分の構造と作用とについて、また、人体の機能において全体としてどこに生命が存するかについて依然として無知であることを告白している(3)。それならば、教養のない農夫やもっと無知な淫逸の徒が、人体のような驚嘆すべき機関を構成あるいは形成し、更にそれに生命と感覚とを吹き込むとでも言うのだろうか。子供の生命に不可欠な部分を自ら作ったと言いうる人はいるのだろうか。あるいは、人は、どのような実体が生命を受け取るのに適しているかについても、また、〔人体の〕どのような作用や器官が生命の受容と維持とに必要なのかについても何も知らないのに、〔他者に〕生命を与えるなどと自らを想定することができるのだろうか。

五三　まだ存在をもたないものに生命を与えるということは、一つの生き物を組成し創造すること、諸部分を形づくり、それぞれの機能を定めてそれに適合させ、更に、諸部分相互の調和と適合とを図った上でそれらに生きた魂を吹き込むことである。これだけのことをなしうる者は、確かに、自分自身の作品を破壊するための何らかの口実をもちうるかもしれない。しかし、それにしても、生きた魂を最初に創造し、かつ、今なお創造し続けており、また、唯一、生命の息吹を吹き込むことができる全能の神の測り知れない業をあえて私するほど大胆な者が誰かいるであろうか。もし誰か、自分がそうした意味での製作者であると考える人がいるならば、どうか、自分が作った子供の身体の部分を数え上げてみていただきたい。そして、どうか、それらがどんな作用と機能とをもち、〔身体という〕この不思議な構造物にいつ生きた理性的な魂が宿り始め、感覚がいつ始まり、彼が作ったその機関がどのように思考したり推論したりするかを私に語っていただきたい。また、もし彼がそれを作ったのならば、それが故障した時には是非修理してほしいし、少なくとも、どこに欠陥があるかを言ってほしい。詩篇作者は〔エホバは見ずと言ってたかぶる者の無知を戒めるために〕『詩篇』第九四篇九節で「目をつくれるもの見ることをせざらんや」と語っているが、〔自分を製作者と考える〕上のような人々が〔同じように〕どれだけ自惚《うぬぼ》れているかをどうか見ていただきたい。目という一つの部分の構造だけでもわれわれに一人の全知の考案者の存在を確信させるに十分であり、彼が、われわれを彼の作品だとみなす極めて明白な権利をもっているので、聖書における神の通(4)

常の呼称の一つがわれわれの創造主なる神、われわれの創造主なる主とされているのである。従って、われわれの著者は、彼の『考察』の一五九頁において、父であることを賛美するために、「神自身が人類の上に行使する権力でさえ父であることの権利に基づいている」と語って喜んでいるが、しかし、その場合の父であることというのは、この世の両親におけるすべての権原の要求を完全に排除するものに他ならない。なぜならば、神はわれわれの創造者であるがゆえに王なのであるが、この世のいかなる両親も子供たちの創造者であると主張することはできないからである。

五四　しかし、たとえ人が自分の子供をつくる技や能力をもっているとしても、子供をつくるということは、人は何の計画もなしに子供をつくると考えうるほど取るに足らない仕事ではない。〔たしかに〕子供を儲けるときに、現在の欲望を充たすこと以上の何かを考える父親は千人に一人もいないであろう。〔しかし〕神は、その無限の叡智によって、人類という類を存続させる〔計画の〕ために人間の構造の中に交接への強い欲望を植えつけたのであって、それが、通常は、子供を儲ける者の意図とは無関係であり、しばしば彼らの同意と意志とに反する形で行われたということなのである。実際、子供を儲けることを欲したり企図したりする人間は子供の存在のための単なる契機にすぎず、そうした人間が子供をつくることに貢献する程度は、かの〔ギリシャ〕神話において、デウカリオーンとその妻とが、頭越しに小石を投げて人類をつくったのとほとんど異なるところはない[5]。

五五　しかし、たとえ、両親が子供をつくり、彼らに生命と存在とを与え、そこから、絶対権力が生じたということを認めるとしても、これが父親にもたらすのは、子供たちに対する母親との共同統治権[6]でしかないであろう。というのは、女性が自分自身の体内で自分の身を削りながら長期にわたって子供を養うことを考えれば、女性が、〔支配権に〕男性よりも大きいとは言えないまでも平等の分け前をもつことは誰しも否定できないからである。子供は、女性の体内で形づくられ、彼女から、身体構造の素材と性能とを受け取る。父親が生殖行為における自分の役割を果たし終わるや否や、まだ形をなさない胎児のうちに理性的な魂が直ちに宿るというようなことは想像し難いから、もし、子供は両親から何かを受け継ぐと想定すべきであるとすれば、子供がその大部分のものを負っているのはあきらかに母親に対してであるに違いない。いずれにせよ、母親が子供を儲けることを平等に分担していることは否定しえないことであり、従って、父親の絶対的な権威が子供を儲けることから発生するということもないことになろう。しかし、われわれの著者はまったく別の考えをもっている。なぜなら、彼は、『考察』の一七二頁で、「われわれは、神が、創造に際して、生殖におけるより高貴で主要な行為主体であることを理由に、男性に女性に対する主権を与えたことを知っている」と述べているからである。私は、自分の聖書にそんなことが書かれていることを思い浮かべることはできないし、実際には、神が、創造に際して男性に女性に対する主権を与え、しかもそれは、彼が生殖におけるより高貴で主要な行為主体であるという理由のゆえであるということを示す聖書の箇所が〔われわれの著者によって〕提示されたときに、それについて十分な時間をとって考察し、回答すればすむことであろう。しかし、われわれの著者が、彼の啓示と神の啓示との間にはしばしば非常に大きな相違があるにもかかわらず、自らの空想を確実な神の真理とみなすことは何も目新しいことではない。神は、聖書〔『ゼカリア書』第一三章三節〕において、その生みの父母と語っているからである。

五六　自分の子供に対する権力の証として、子供を遺棄(7)したり売り払ったりする人類の慣行を言い立てる人は、サー・ロバート同様、巧妙な論者ではあるが、彼らは、自分の意見を、人間本性がなしうるもっとも恥ずべき行為、もっとも不自然な殺人の上に基礎づけることによってそれを世人に推奨していると言わざるをえない。ライオンの洞穴、狼の巣穴にも、そのように残忍な行為は見られない。これら荒野に住む野獣たちも、子供たちに優しく、また注意を払う点では、神と自然とに従っているのである。それらの野獣たちは、若い子供を保存するために、狩をし、見張りをし、戦い、ときには餓死することもあるが、しかし、子供が自力でやって行けるまでは、彼らを放置したり、見捨てたりすることは決してない。そうであるとすれば、被造物のうちの野性的でもっとも飼い馴らされていない部分に比してより自然に反して行動することは、人間にだけ許された特権なのであろうか。神は、われわれに対して、まったくのよそ者の場合でも、また挑発された場合にも、人間の生命を奪うことを、もっとも厳しい罰、つまり死罪をもって禁じているのではないか。その神が、監督と世話とをわれわれに委ね、啓示された彼の命令によってだけではなく、自然と理性との指令によってもわれわれに保存を求めている子供たちを死滅させることを許すというようなことがあるのだろうか。神は、創造のあらゆる局面で被造物の多くの種の繁殖と存続とに特別の考慮を払っただけでなく、各個体がときに自己の私的利益を犠牲にしたり、自然がすべてのものに教える自己保存という一般的原則さえ忘れているように見えたりするほど各個体に非常に強く働きかけて、種の繁殖と存続という目的に適う行動を取らせており、子供の保存ということが、もっとも強い原理として各個体の本性の構造を内側から支配しているのである。われわれが、子供がそれを必要としている場合に、臆病なものが勇敢になり、残忍で凶暴なものが情愛深いものになり、貪欲なものが優しく気前良くなったりするのを目撃することがあるのは、そのために他ならない。

五七　しかし、もしも、かつて行われたことの例があるべきことがらの規範であるというのならば、歴史は、われわれの著者に、絶対的な父の権力の例を最高かつ完璧な形で提供するであろう。そして、彼は、〔例えば〕ペルーには、肥らせて食するために子供を儲けた人がいたことをわれわれに示すこともできるであろう。しかし、これはあまりにも驚くべき物語なので、その話の原著者自身の言葉で書きとめるしかない。その著者は次のように語る。「ある地方では、人々は人肉を大変に好むので、身体が息をしなくなるまで待つことができず、死につつある人間の傷口から流れ出る血を吸うほどである。彼らは、公共の人肉屠殺場をもち、そこでの彼らの狂気は、戦争で捕らえた異邦人に生ませた自分自身の子供をも容赦しないほどであった。というのは、彼らは捕虜を妾にし、彼女らに生ませた子供を選んで肥らせ、一三歳頃までには屠殺して食べたからである。そして、母親に対しても、彼女たちが子供を生む年齢を過ぎ、丸焼き用の肉をもたらすことができなくなると、子供と同様に扱ったのである」(インカ・ガルシラーソ・デ・

ラ・ベーガ『インカ皇統記』第一部第一の書第一二章）[8]。

五八　人間を天使にほぼ匹敵するものにする理性というものを失った場合、せわしなく働く人間の心は、野獣以下のこれほどまでの残酷さへと人間を導くことができるものなのである。浜の砂よりも豊かで海よりも広い考えをもつ人にあっても、彼の唯一の案内星であり羅針盤である理性が舵取り役をしなくなってしまい、空想と激情とが彼を理に合わない方向へと駆り立てる場合には、事情はまったく異ならない。想像力というものは常に不安定で多種多様な考えを思いつかせるものであり、理性を欠いた意志はどんな途方もない企てにも向かいかねないものである。こうした状態においては、道からもっとも外れて突き進む者が、最適の指導者と考えられ、もっとも多くの追随者をもつことにもなる。愚か者や狡猾な者の始めたことが流行によってひとたび確固たるものにされてしまえば、慣習がそれを神聖なものにし、それに反対したり疑いを差しはさんだりすることは、生意気であるとか狂気の沙汰であるとかと考えられるようになるであろう[9]。公平な目で世界の諸国民を観察する人ならば、彼らの統治、宗教、風習がそのように始まり、また続けられていることを見出して、彼らの間で慣例化し信頼されている習慣に尊敬の念をほとんどもたなくなるであろうし、また、理性に欠け教養もない住人が自然に従って正道を歩んでいる森の方が、自ら文明的で理性的であると称しながら、先例の権威に導かれて道を踏み外している人々の住む都市や宮廷よりもわれわれに規範を与えるのにより適していると考える十分な理由をもつに違いない。もし、その場合に、前例は十分に規範を打ち立てるものであるというのであれば、われわれの著者は、聖書の中に、両親によって犠牲にされた子供たちの例を、それも神の民自身の間でのそれを見出すことができるであろう。詩篇作者は、『詩篇』第一〇六篇三八節で、「罪なき血、すなわちカナンの偶像にささげたるおのが息子、娘の血をながしぬ」と記しているからである。しかし、神はわれわれの著者の基準によってこれを裁くことをせず、彼の真正な法に反する慣習に権威を与えることをしなかった。それは次のように続いているからである。「かくて、くには血にてけがされたり。……このゆえに主の怒りその民にむかいて起こり、その嗣業をにくみて……」。つまり、彼らが子供を殺すことは流行になっていたにせよ、罪なき血として彼らに罪を負わせるものであり、神の評価においては、子供を偶像に捧げることが偶像崇拝の罪となるように、それは殺人の罪に他ならなかったのである。

五九　では、サー・ロバートが『考察』の一五五頁で言うように、「古くは、人がその子供を売ったり去勢したりすることが普通だった」としよう。また、彼らが子供を遺棄したこともあったとしよう。更にお望みなら、この方がより大きな権力なのだから、彼らは、肥らせて食膳に供するために子供を儲けたということをつけ加えてもよい。もしこうした事実がそうする権利を証するものであるとすれば、われわれは、それと同じ論法で、不義、近親相姦、男色をも正当化することができることになろう。これらの事例は、昔も今も存在するからである。〔しかし〕これらは罪であって、その主要な罪状は、それらが、人類の増加、もっとも完全な形での種の存続、そのために必要な婚姻の床の安全性が保障された家族の卓越性を欲する自然の主たる意図に反する点にあると私は思う。

六〇　われわれの著者は、こうした父親の自然の権威を確証しようとして聖書における神の実定的な命令から筋の通らない証拠をもち出している。彼は、〔『パトリアーカ』の〕二三頁で、次のように言う。「王の権力が自然の権利であることを確証するものとして、われわれは、十戒の中に、汝の父を敬えという言葉で語られた王への服従を命じる律法を見出す」。また、彼の『考察』の二五四頁では次のように述べられている。「多くの人は、統治は単に抽象的にのみ神の命令であると言っているが、聖書に述べられた神のその命令はただ父親の権力という形でのみ示すことができるものであって、だからこそ、われわれは、汝の父を敬えという言葉で与えられた上なる者への服従を命じる戒律を見出すのである。それゆえ、統治の権力および権利だけではなく、統治権力の形態、権力を所有する人間もまたすべて神の命令だということになる。最初の父親〔であるアダム〕は、神から直接創造された父親であったのだから、単なる権力だけでなく、君主権力をももっていたのである」。同じ目的のために、われわれの著者は、同じ律法を他の数箇所でも引用しているが、その引用の仕方はいつも同様であって、「および汝の母を」を正典外の言葉として省略してしまう。われわれの著者の巧妙さと彼の主張の精髄とを示す素晴らしい議論であり、それは、その主張の擁護者に、神の言葉の聖なる規範を当面の必要に適うように歪曲することを可能にさせてしまうほどにまで過熱した熱狂を求めるものであった。これは、次のような人々には決して珍しいやり方ではない。すなわち、それは、理性と啓示とが提示するがゆえに真理を奉じるというのではなく、真理とは異なった目的のために主義や党派心を信奉し、何としてもそれらを擁護しようと決意した場合には、ちょうどプロクルステスが客に対して〔ベッドの長さに合わせてその身を切断したり引き伸ばしたり〕したように、著者の言葉や意味を、自らの思念のサイズにもっとも適合するように目的に合わせて切り取ったり、伸ばしたりする人々のことに他ならない。著者の言葉や意味も、このような取り扱いを受ければ、変形され、不完全なものにされて、役に立たないものになってしまうであろう。

六一　もし、われわれの著者が、この戒律を改竄《かいざん》することなく神が与えたままに書き記し、父親に母親を加わらせていたならば、いかなる読者も、その戒律が、彼の説に真っ向から対立するものであり、父親の君主権力を確立するどころか、母親を父親と同等の位置に置き、また、父親と母親とに共通に捧げられるべきもの以外の何ものをも命じていないことを理解するであろう。聖書の一貫した主旨は、『出エジプト記』第二〇章〔一二節〕にあるように、「汝の父と母とを敬え」ということにあるからである。また、同じ『出エジプト記』第二一章の一五節には、「その父あるいは母を撃つものは必ず殺さるべし」とあり、一七節には「その父あるいは母を罵る者は殺さるべし」とある。これは、『レビ記』第二〇章九節において、更に、われわれの救世主によって『マタイ伝』第一五章四節で繰り返されている。また、『レビ記』第一九章三節には、「汝等おのおのその母と父とを畏れよ」とある。そして、『申命記』第二一章の一八節から二一節にかけて次のように述べられている。「人にもしわがままにして背き悖《もと》る子あり、その父の言にも母の言にも順《したが》わず、父母これを責めるも聴くことをせざるときは、その父母これをとらえて、我らのこの子はわがままにして背き悖る者、我らの言に順わざる者なりと言うべし」。同じ『申命記』の第二七章一六節には、「その父母を軽んずる者は詛《のろ》わるべし」とある。また、「我が子よ汝の父の誡命を守り、汝の母の法を棄てるなかれ」とは、〔『箴言』第六章二〇節に示された〕ソロモン王の言葉であるが、この王は、父親あるいは王としての自分に属するものについて無知ではなかったにもかかわらず、このように、子らに与える誡めの中では、『箴言』全体を通じて父親と母親とを同等に扱っている。更に、『イザヤ書』第四五章一〇節には「父にむかいて汝なにゆえに生むことをせしやといい、婦にむかいて汝なにゆえに産みのくるしみをなししやという者はわざわいなるかな」とあり、『エゼキエル書』第二二章七節には、「彼ら汝の中にて父母を賤《いや》しめ」とある。また、『ゼカリア書』の第一三章三節には、「人もしなお預言することあらば、その生みの父母これに言わん汝は生くべからず、而《しか》してその生みの父母これが預言しおるを刺さん」と記されている。ここでは、生殺に関わる場合の権力を父親だけがもつのではなく、父親と母親とが共同でもっているのである。旧約聖書の律法はこのようなものであり、新約聖書においても、『エペソ人への書』第六章一節〔にある「子たる者よ、汝の両親に順え」という言葉〕が示すように、父母は子供たちから共通に服従を受けている。子たる者よ、汝の両親に順えというのが規範であって、私には、子たる者よ、汝の父に順えとだけあるのをどこかで読んだ記憶はない。聖書は、子供たちが当然払うべき尊崇の対象に母親をも加えており、もし、子供たちの尊敬あるいは服従が父親にだけ向けられている章句があるとすれば、すべてを聖書の上に構築しようとするわれわれの著者がそれに言及しないということはありそうにないことである。いや、聖書は、父親と母親との権威を、彼らが儲けた子供との関係に関してまったく同等にしているどころか、例えば、〔「汝等おのおのその母と父とを畏れよ」と記している〕『レビ記』第一九章三節の場合のように、当然父親に行くべきだと考えられる最優先の順位をも無視して、母親を第一に置いている箇所さえあるほどである。聖書全体を通じて見出されるように、父親と母親とが常に一緒にされていることから、われわれは、彼らが子供たちから受け取る権原をもつ名誉は彼らに等しく帰属する一つの共通の権利であって、一方が全部を要求したり、一方がそれからまったく排除されたりするものではないと結論づけてよいであろう。

六二　それゆえ、人は、われわれの著者が、十戒の第五から、すべての権力は元来父のうちにあったということをどのように推論するかを不思議に思うであろう。彼は、どのようにして、汝の父(そして母)を敬えとの戒律によって君主の統治権力が設定され確立されたことを見出すのであろうか。もし、われわれの著者が『パトリアーカ』の二四五頁で言うように、父親は「生殖におけるより高貴で主要な行為主体であるから女性に対する主権をもつ」との理由で、戒律によって当然受けるべき尊崇が、その内容はしばらく措くとしても、父親だけの権利であるとすれば、神は、なぜ、後になって、その尊崇を分かちあうべく、母親を父親と同列に置いたのであろうか。父親は、彼に属するこの主権によって、子供を母親に対して尊崇を払うべき義務から解き放つことができるのであろうか。聖書はユダヤ人に対してそのようなことを許しておらず、しかも、夫と妻との間には、離婚や別居に至るほどの不和があることも少なくなかったのである。誰も、父親が命じる場合には、子供は母を尊敬すべきではないとか、聖書〔『エゼキエル書』第二二章七節〕の言葉を使えば母を賤しめとかとは言えないだろうと私は思う。それは、母親が、父親を尊崇しない子供を許すことができないのと同様である。これによって、神のこの戒律が、父親に対して主権も至上権も与えるものでないことはあきらかであろう。

六三　私は、この尊崇を受ける権原が自然によって両親に与えられたものであり、子供たちを儲けることによって生じた権利であること、そして、神は両親に対してそれを多くの明白な言明によって確認していることについては、われわれの著者に同意する。また、私は、「父の権力(私としては、および母のとつけ加えさせてもらいたい。神は誰もばらばらに切り離すことのないようにとそれを母親にも共有させているのだから）のように、神と自然とに淵源をもつ認可や贈与においては、人間の下位の権力が制限を加えたり、それらに反するいかなる法規定を立てたりすることもできない」という『考察』の一五八頁におけるわれわれの著者の規則をも認めよう。そうだとすると、母は、この神の法によって、夫の意志に従属することなく子供たちから尊崇を受ける権利をもつことになり、したがって、父親の絶対的な君主権力は、この神の法の上に基礎づけられうるものではなく、むしろそれとは両立しないということになろう。〔子供の上に〕父親がもつ権力は、われわれの著者が、他の人間が臣民に対して彼と同じ権力を同じ権原によってもつときに言い立てるのとは異なって、君主政的なものからも絶対的なものからもほど遠いものなのである。それゆえ、〔サー・ロバートは〕『パトリアーカ』の一二頁で、自ら、「私は、両親への服従から人の子供たちがいかにして自由になりうるかを理解することはできない」と述べる他なかったのである。もっとも、ここで言う両親とは、普通の言い方では父親と同じく母親をも意味すると思うのだが、もし、それが父親だけを指すというのであれば、それは私が初めて知った用例である。言葉のそんな使い方が許されるなら、人はどんなことでも言うことができよう。

六四　われわれの著者の教説によれば、子供たちに対して絶対的な支配権をもつ父親は、子の子に対しても同じ支配権をもつという。もし、父親がそうした権力をもつということが真実であれば、その結論は正しい。しかし、私は、われわれの著者に、祖父は、その主権によって、孫を十戒の第五によって定められている父親への尊崇の義務から解き放つことができるかどうかを問いたい。もしも、祖父が、父たる地位の権利によって唯一の主権を保持しているならば、また、至高の統治者に対してなすべき服従が「汝の父を敬え」という言葉によって命じられているとすれば、祖父は、確かに、孫がその父親を尊崇しないことを許してもよいだろうからである。しかし、常識ではそんなことはありえないから、そこから帰結するのは、「汝の父と母とを敬え」〔という聖句〕が、主権的権力への絶対的服従を意味することはありえず、何か他のことを意味するということである。したがって、自然によって両親が所有し、十戒の第五が確認している権利は、われわれの著者がそこから引き出そうとしている政治的統治権[11]ではありえない。というのは、いかなる政治社会[12]においてもどこかに存在する至高の存在は、いかなる臣民をも、同胞である他の臣民に対する政治的服従から解放することができるからである。しかし、統治者のいかなる法が、子供に、汝の父と母とを敬うことをしない自由を与えることができるだろうか。「汝の父と母とを敬え」は、純粋に両親と子供たちとの関係に付属する永遠の法であって、為政者[13]の権力は一切含まず、またそれに従属することもないのである。

六五　われわれの著者は、『考察』の一五五頁において、「神は、父親に対して、子供たちへの権力を他の人に譲渡する権利あるいは自由を与えた」と語っている。私は、父親が、子供たちから当然受けるべき尊崇の権利を全面的に譲渡できるものかどうかは疑わしいと思う。しかし、その点はともあれ、父親が権力を譲渡しながら同じ権力を保持しえないことは確かである。したがって、もし、われわれの著者が『パトリアーカ』の二三頁で述べるように、為政者の主権が至高の父親の権威以外のものではないとすれば、次のことは不可避であろう。つまり、父たることがすべての権威の源であり、為政者がこの父親としての権利をもつべきだとすれば、父親である臣民は、子供たちに対するいかなる権力も、彼らから尊崇を受けるいかなる権利ももちえなくなってしまうことがそれである。なぜなら、他の人の手にすべてがありながら、その一部が両親のうちに残されているなどということは不可能であるからである。それゆえ、われわれの著者自身の教説に従っても、「汝の父と母とを敬え」は、政治的な従属と服従とに関するものとは到底理解できない。というのは、汝の父と母とを敬いそれに従えと命じる旧約、新約両聖書の律法が与えられている子供たちの父親は、子供たちとともに政治的統治の下にあり、政治社会においては同胞でもある者たちであるからである。したがって、われわれの著者が言う意味で子供たちに汝の両親を敬い両親に従えと命じることは、服従を求める権原をもたない者の臣民になれと命じることになろう。しかし、その場合には、臣民から服従を受ける権利はすべて両親以外の者の手に与えられているのだから、その命令は、服従を教える代わりに、ありもしない権力を樹立することによって反乱を助長することになる。したがって、もし、「汝の父と母とを敬え」という命令が政治的支配権に関わるものだとすれば、それは直ちに、われわれの著者の王政を覆してしまうであろう。その尊崇は、すべての子供が、社会において、その父親に対して払うべきものであるのだから、どの父親も政治的支配権を必然的にもたなければならず、父親の数だけ主権者の数があることになってしまうからである。それに加えて、母親もまたそれへの権原をもつのだから、その結果、ここでも一人の至高の君主の主権は解体されることになる。しかし、もし、「汝の父と母とを敬え」が当然にも政治権力からは截然と区別される何ものかを意味するならば、それは、われわれの著者が関知することではなく、また彼の目的にも何ら役立つことはないであろう。

六六　われわれの著者は、『パトリアーカ』の一二三頁で、「王への服従を課する法が、すべての権力が父親の手にあるかのように、汝の父を敬えという言葉で述べられている」と語っている。それに対して、私は、同じ法が、あたかもすべての権力が母親の手にあるかのように、汝の母を敬えという言葉で述べられていると言いたい。父親と母親とは、旧約聖書でも新約聖書でも、子供たちに尊崇または服従を課しているすべての箇所で結びあわされているのだから、この議論はどちらにも同じくらい分があると言えないかどうか、読者の判断を俟《ま》ちたい。さて、われわれの著者は、『考察』の二五四頁で、「汝の父を敬えというこの命令は、統治する権利を与え、また、統治の形態を君主政的なものにする」と語っている。それに対して、私は、もし、汝の父を敬えによって為政者の政治権力への服従が意味されているなら、それは、臣民であるわれわれの自然の父親にわれわれが負う義務とはまったく関係がないとお答えしよう。なぜなら、われわれの著者の教説によれば、権力がすべて君主の手中にある以上、父親は権力を奪われており、子供たちと同様に臣民にして奴隷なのだから、〔父であることを〕権原として、そのうちに政治的従属を含むような「尊崇あるいは服従」への権利をもつことはおよそできないからである。『マタイ伝』第一五章四節やその他の関連箇所に示されたわれわれの救世主の解釈によっても、「汝の父と母とを敬え」がわれわれが自然の両親に負う義務を意味することはあきらかであり、したがって、それは、政治的服従に関わるものではありえず、主権への権原も、為政者が臣民に対してもつような政治的権威を所有しない人格への義務なのである。私人としての父親の人格と、至高の為政者に対して行われるべき服従への権原とは一致しないものであるからである。それゆえ、われわれの自然の父親の人格を必然的に含む〔「汝の父と母とを敬え」という〕その命令は、統治者への服従とは区別されて、われわれが父親に対して負う義務を意味するものとならざるをえない。君主のいかなる絶対的な権力でもわれわれをその義務から解き放つ(14)ことはできない。しかし、その義務がいかなるものかについてはいずれ然るべき場所で検討することにする。

六七　以上、われわれは、われわれの著者が〔一六八〇年版『パトリアーカ』の〕第八の部分の記述においてアダムのうちに想定する絶対的で無制限の主権を擁護し、人類は生来的に自由への権限をもたない奴隷に生まれついているとする議論らしきものをすべて吟味した。しかし、もし、創造が存在以外のものを与えず、アダムを彼の子孫の君主にしなかったのだとすれば、つまり、『創世記』第一章二八節において、アダムが人類の支配者とはされず、子供たちを排除する私的支配権も与えられず、ただ、人の子らと共有で地と下等な被造物とに対する権利と権力とを与えられたにすぎないとすれば、更に、同じく『創世記』第三章一六節において、神は、アダムに妻と子供とに対する政治権力を与えず、罰としてイヴをアダムに服従させ、あるいは家族の共通のことがらを秩序づけるためにより弱い性の従属を予言しはしたが、それによって、夫であるアダムに、必然的に統治者に属する生殺与奪の権力を授与しなかったとすれば、また、父親が、子供を儲けることによってそうした権力を獲得することもなく、また、「汝の父と母とを敬え」という命令が、同様の権力を与えず、ただ、臣民であると否とに関わらず、両親に平等に、したがって、父親だけではなく母親にも負うべき〔子供たちの〕義務を課しているのだとすれば、そして、私が考えるように、これらすべてが以上に述べてきたことによってこの上なく明白であるとすれば、われわれの著者が自信たっぷりに反対のことを言っているにもかかわらず、人間は、生まれながらの自由をもつということになろう。なぜならば、万物の主にして永遠に祝福されるべき神の明白な指定によって誰か特定の人物の至上性が示されるか、または、人間自身の同意が上位者に自らを従属させるかするまでは、同じ共通の本性、能力、力を有する者は、すべて本来的に平等であり、共通の権利と特権とにともに与るべきであるからである。このことはあまりにも明白なので、われわれの著者自身、「かの国王の権利の偉大な擁護者であるサー・ジョン・ヘイワード、ブラックウッド、バークレイ」もそれを否定しえず、疑いえない真理として、「異口同音に、人類の生まれながらの自由と平等とを認めた」と告白せざるをえなかった[15]。このように、われわれの著者は、アダムは絶対君主であり、したがって、人間は生まれつき自由ではないとの自らの壮大な立場に資するものを生みだすどころか、自分が示す証拠さえ彼に背反するものとなってしまっている。したがって、彼自身の論法を使って言えば、この第一の誤った原理が崩れた以上、絶対的な権力と暴政[16]というこの巨大な機関の全構築物も自ら崩落するということになろう。それゆえ、彼が、あまりにも虚偽に満ち、あまりにも脆弱な基礎の上に築いたものに回答するに当たって、これ以上を述べる必要はない。

六八　しかし、彼〔サー・ロバート〕は、他人が必要な場合には負うべき苦労を省くために、自らの矛盾によって自身の教義の弱点を示す努力を惜しまない。彼は、アダムの絶対的で独占的な支配権ということをあらゆる所で説き、自説の基礎としておきながら、『パトリアーカ』の一二頁で、「アダムが彼の子供たちの支配者であったように、アダムの支配下にあったその子供たちは自分の子供たちに対する命令権と権力とをもっていた」と言う。これでは、アダムの父であることに由来する無制限で分割されえない主権は、われわれの著者の計算によれば、ほんの暫くの間、すなわち、最初の一世代の間だけ成り立つにすぎず、アダムが孫をもつや否や、アダムの主権に関するサー・ロバートの説明は、はなはだまずいものになってしまう。つまり、彼は、同じ箇所で、「アダムは、子供たちの父親として、彼らに対する、そしてそれによって彼らが儲けた者、従ってすべての世代に対する絶対的で分割されえない国王権力をもつ」と述べているが、アダムの子供であるカインとセツとも同時にその子供たちに対する父親としての権力をもっており、従って、カインとセツとは、絶対的支配者であると同時に隷属者にして奴隷であるということにならざるをえないからである。つまり、アダムは一族の祖父として一切の権威をもち、カインとセツとは一族の一部の父親としてその権威の一部をもつということ、アダムは子供たちを儲けたことによって子供たちとその子孫とに対して絶対的であり、アダムの子供たちも同一の権原によって自らの子供たちに対して絶対的であるということになってしまう。しかし、われわれの著者は、同じ頁で、そうではなく、「アダムの下にあるアダムの子供たちは自分自身の子供たちに対して権力をもつが、それには、最初の親への従属が伴っている」と言う。これは、もっともらしく聞こえる区別ではある。しかし、残念ながら、それは、何物をも意味せず、また、彼自身の言葉とも両立しない。私としても、子孫に対するアダムの絶対的権力を想定すれば、彼の子供たちのうちの誰かが、アダムから他の子供の一部あるいはすべてに対する委託された、あるいは従属的な権力を受け取ったということもありうることを認める用意はある。しかし、それは、ここでわれわれの著者が言う権力ではありえない。つまり、それは、認可や委託による権力ではなく、われわれの著者が父親が子供たちに対してもつと仮定する父親の自然の権力に他ならない。その理由は、第一に、彼は、「アダムがその子供たちに対する支配者であったように、アダムの下にあるその子供たちも自分自身の子供たちに対して権力をもった」と述べており、従って、アダムの子供たちは、アダムがそうであったのと同じ仕方、同じ権原、すなわち、子供を儲ける権利、父たることの権利によって、自分の子供たちに対する主人であったということになるからである。また、第二の理由は、彼が父親の自然の権力を意味していることはあきらかである点に求められよう。なぜなら、それが、〔アダムから〕委託された権力ならば、自分の子供たちに対するものに限定されず、子供たちとともに他の者の上にも及びうるはずなのに、サー・ロバートは、その権力を、単に、彼ら自身の子供たちに対するものに限定しているからである。そして、第三の理由として、もしそれが委託された権力ならば、聖書にその旨が示されていなければならないことを挙げることができよう。しかし、聖書には、アダムの子供たちが、父親として自然に所有していたもの以外の権力をもっていたことを確証する根拠はどこにもないのである。

六九　しかし、ここで彼〔サー・ロバート〕の意味するものが父親の権力以外の何ものでもないことは、彼が、すぐ続く言葉で、「私は、従って、アダム、あるいはそれ以外の男の子供たちがその両親への服従をどうしたら免れることができるか理解できない」と結論していることから疑いの余地はない。それによって、われわれの著者がここで語っている一方における権力と他方における服従とが、両親と子供たちとの間の自然の権力と自然の服従とであることはあきらかであろう。この権力の他にすべての人の子供たちが従わなければならないものはなく、われわれの著者は、常に、それは絶対的で無制限なものだと断言しているからである。子供たちに対して両親がもつ自然の権力を、アダムはその子孫に対してもったとわれわれの著者は言う。また、彼は、アダムが生きていた間、子供たちに対する両親のこの権力をアダムの子供たちは自分の子供に対してもっていたとも言っている。そうだとすれば、アダムは、父親の自然の権利によってその全子孫に対する絶対的で無制限の権力をもち、同時に、アダムの子供たちも、同じ権利によって、自分の子供たちに対する絶対的で無制限の権力をもったということになろう。そうすると、二つの絶対的で無制限の権力が共存することになってしまうのだが、私としては、どなたかに、双方を両立させるか、あるいは、そうした事態を常識と両立させるかしてほしいものである。彼が、従属について申し添える〔それには、最初の親への従属が伴っているとの〕但し書きも、彼の説をいっそう馬鹿げたものにしてしまう。他者に従属しながら、一つの絶対的で無制限な、否、制限しえない権力をもつということ以上に明白な矛盾はないからである。〔サー・ロバートによれば〕アダムは、父たる地位に由来する全子孫への無制限の権威をもつ絶対君主である。そうであれば、彼の全子孫は、絶対的にアダムの臣民、あるいはわれわれの著者の言う奴隷であって、アダムの子供たちも孫たちも等しくこの従属と隷属との状態にあることになろう。にもかかわらず、われわれの著者は、アダムの子供たちは、自分自身の子供たちに対して父親の権力を、つまり、絶対的で無制限な権力をもつと言うのである。これを平明な言葉で言えば、アダムの子孫は、同時に、そして〔アダムの統治という〕同一の統治のなかで、奴隷であるとともに絶対君主であるということに、また、臣民のある部分が親であることに由来する自然の権利によって他の臣民に対する絶対的で無制限な権力をもつということになろう。

七〇　ここで、われわれの著者に好意的に、彼は、父親の絶対的な権威に服従する親たちもその子供たちに対しては何らかの権力をもつことを意味しているのだと考える向きもあろう。確かに、その人は真理により近いことを私は認める。しかし、その人は、それによってわれわれの著者を助けることにはまったくならない。なぜなら、彼が父親の権力について語るのはどこにおいても絶対的で無制限の権威としてであって、彼自身がその権力を制限し、その及ぶ範囲を示していない限り、ここでの彼がその権力で何か違ったものを理解しているとは考えられないからである。

そして、彼がこの箇所においても父親の権威を広範な範囲をもつものとして意味していることは、彼がすぐ次に述べる「子供たちの服従はすべての王の権威の源泉である」(『パトリアーカ』一二頁)という言葉からあきらかであろう。〔このように〕前の行で彼が言うすべての人間の両親への服従、従って、アダムの孫たちの自分の両親に対する服従は、われわれの著者によれば、絶対的で制限しえない権威であるすべての王の権威の源泉なのである。従って、アダムの子供たちは、自らの父親に対しては臣民、それも自分の子供たちと同列の臣民である一方で、自分の子供たちに対しては王の権威をもつことになる。しかし、どういう意味で言ったにせよ、われわれの著者が、〔『パトリアーカ』の〕一二頁で、「アダムの子供たちが父親としての権力をもつこと」を認め、また、同様に『考察』の一五六頁で、すべての他の父親がその子供たちに対する父親としての権力をもつことを容認したことは明白である。ここから、次の二つのうちのいずれか一つが必然的に導かれるであろう。すなわち、アダムの生存中にさえ、アダムの子供たちは、そして、他のすべての父親たちも、『パトリアーカ』の一二頁の言い方によれば、父たることに由来する権利によって子供たちに対する王の権威をもっていたか、それとも、アダムは、父たることに由来する権利によっては王の権威をもっていなかったかに他ならない。なぜなら、父親の権力は、それをもつ人に王の権威を与えるか与えないかのいずれかでなければならないからである。もし与えないのであれば、アダムにせよ、他の誰にせよ、この〔父たる地位の〕権原によって主権者となることはできず、従って、われわれの著者の政治学も直ちに終わりを告げることになる。他方、もし、〔父親の権力が〕王の権威を与えるのであれば、父親の権力をもつすべての人間が王の権威をもち、従って、われわれの著者が説く家父長制的統治[19]によって、父親の数だけ王がいることになるであろう。

七一　サー・ロバートが樹立した王政がいかなるものであったかについては、彼とその弟子たちとの考察に任せるが、君主たちは、確かに、あらゆる国において子供の父親の数だけの絶対君主を創設する彼の政治学にさぞ感謝することであろう。しかし、誰がわれわれの著者を非難できよう。われわれの著者の原理に沿って議論を進めれば、そうした結果になるのは避けられないからである。彼は、子供を儲ける権利によって父親たちの手に絶対的な権力を与えてしまっているのだから、その権力のどの程度までが、自ら儲けた子供たちに対する権力として息子に帰属するかを簡単には決定できず、その結果、彼は、一切の権力をアダムに確かに与えながら、しかも、アダムの子供たちが親になったとき、アダムの存命中にも彼らに権力の一部を許し、アダムもまたそれを拒む術を知らないというこの上なく困難な事態に陥ったのである。そのために、彼の表現ははなはだ疑わしいものになり、彼が父たる地位と呼ぶこの絶対的な自然の権力がどこに置かれるべきかも極めて不明確になってしまった。〔『パトリアーカ』の〕一二頁、『考察』の二四四頁、二四五頁、序文が示すように、ときにはアダムだけがその自然の権力のすべてをもつとされる。

ときには、両親がそれをもつとされるが、それは、父親だけを意味する言葉ではない（一二頁、一九頁）。

ときには、父親の存命中の子供たち（一二頁）。

ときには、諸家族の父親たち（七八頁、七九頁）。

ときには、漠然と父親たち（『考察』一五五頁）。

ときには、アダムの継承者（『考察』二五三頁）。

ときには、アダムの子孫（〔『考察』〕二四四頁、二四六頁）。

ときには、最初の父親、ノアの息子たちあるいは孫たち（『考察』二四四頁）。
ときには、最年長の両親たち（一二頁）。
ときには、すべての王たち（一九頁）。
ときには、至上の権力をもつすべての者（『考察』二四五頁）。
ときには、初めに全人類の自然の両親であった最初の祖先の継承者たち（一九頁）。
ときには、選立された王（一三三頁）。
ときには、政治的共同体[20]を支配する少数者あるいは多数者（一三三頁）。
ときには、この権力を掌握しうる者、つまり簒奪者（一三三頁、『考察』一五五頁）。

七二　こうして、すべての権力、権威、統治を随伴するこの新奇な無[21]、人々が服従すべき君主の人格を定め、その王座を樹立するこの父たる地位は、サー・ロバートによれば、いずれにせよ、誰の手にも帰しうるものであり、従ってまた、彼の政治学によれば、民主政に王の権威を与え、簒奪者を合法的な君主にしてしまうものなのである。もし、父たる地位にこんな素晴らしい芸当ができるならば、われわれの著者とその追随者たちには、この全能の父たる地位をもってもっと善きことをなしてほしいものである。〔しかし、実際には〕それは、世界におけるすべての合法的な統治を不安定にし、破壊し、その代わりに、無秩序、暴政[22]、簒奪をもち込む以外に何の役にも立たないであろう。

(1) フィルマーは、グロチウスの『戦争と平和との法 *De Jure Belli ac Pacis*』から、「子供たちを儲けることによって両親は彼らへの権利を獲得する generatione jus acquiritur parentibus in liberos」を、『考察』においてだけではなく『パトリアーカ』においても引用している。Cf. R. Filmer, *Patriarcha*, edit., P. Laslett, Oxford, 1949, pp. 71-2.

(2) 原語は the constitutions of government である。

(3) 若くして医学を学んだロックの面目躍如たる部分である。

(4) 人間を「神の作品 workmanship」と規定するロックのこの視点の重要性については、訳者解説で詳述する。

(5) デウカリオーンをめぐるこの物語は、例えば、アポロドーロスが著した『ギリシア神話』(岩波文庫、高津春繁訳)では次のように記されている。「ゼウスは彼〔デウカリオーン〕にヘルメースを遣わして、何事でも望みのものを選ぶようにと言った。彼は人間が生じることを選んだ。そこでゼウスの言葉によって石を拾って頭ごしに投げたところが、デウカリオーンの投げた石は男、〔妻の〕ピュラーのは女となった」。

(6) 原語は joynt dominion である。

(7) 原語は happy arguers である。

(8) Inca Garcilaso de la Vega は、インカ帝国の古都クスコに、一五三九年、スペイン人の征服者を父とし、インカの王女を母として生まれ、一六一六年にスペインで死んだ歴史家である。ロックは、インカ帝国の栄光の歴史を扱ったベーガのこの作品に、例えば、自然状態の実在性を示唆するものとして後篇第二章一四節で、また道徳原理が生得的ではないことを例示するものの一つとして、『人間知性論』の第一巻第三章九節で言及している。

(9) 原語は manners である。

(10) 原語は civil である。

(11) 原語は political dominion である。なおロックは、政治権力と家父長権力との範疇的相違について、後篇の第一章および第一五章でより詳細に論じている。また、ロックにおける政治権力の特質については、訳者解説を参照されたい。

(12) 原語は civil society である。

(13) 原語は magistrates である。

(14) この「然るべき場所」とは、後篇第六章の五二節から七六節までを指す。

(15) この部分は、前篇第一章四節の記述に照応する。

(16) ここで、ロックは、この「絶対的な権力と暴政 absolute power and tyranny」を、フィルマーの言う「人民の暴動 popular sedition」に置き換えて用いている。Cf. R. Filmer, *op. cit.*, p. 54.

(17) これは、先の六八節で引用された『パトリアーカ』の叙述、「アダムの下にあるアダムの子供たちは自分自身の子供たちに対して権力をもつが、それには、最初の親への従属が伴っている」を指す。

(18) 原語は parentage である。
(19) 原語は patriarchal government である。
(20) 原語は commonwealth である。なお、これを政治的共同体と訳した事情については、後篇第一〇章に付した訳者註(4)を参照されたい。
(21) 原語は new nothing である。
(22) 原語は前註(16)の場合と同様 tyranny である。なお、この tyranny の詳細については、後篇第一八章に付した註(1)を参照されたい。

第七章　ともに主権の源泉とみなされている父たる地位と所有権とについて(1)

七三　これまでの諸章において、われわれの著者の見解ではアダムの君主政がどのようなものであり、それがいかなる権原のうえに基礎づけられているかを見てきた。彼が、将来の君主のために君主権力をもっともよく引き出すことができる根拠として主に強調しているのは、父たる地位と所有権との二つであり、それゆえ、彼は、〔人間の〕生来的な自由という学説の不合理性と不都合性とを取り除くための方法として、アダムの自然で私的な支配権を擁護することを考案したのである(『考察』二二二頁)。これと軌を一にするかのように、彼は、以下のように語っている。「統治の基礎と原理とは必然的に所有権の起源に依存する」(『考察』二二二頁)。「両親に対する子供たちの従属は、すべての王の権威の源泉である」(一二二頁)。「地上のすべての権力は、父としての権力から引き出されたか簒奪されたかのいずれかであり、いかなる権力についてであれ、それ以外の起源を見いだすことはできない」(『考察』一五八頁)。私は、〔このように〕統治の第一の基礎と原理とは必然的に所有権の起源に依存するということと、父の権力以外にいかなる権力の起源もないということとがどうして矛盾なく言えるかどうかを、ここで吟味するつもりはない。〔吟味するまでもなく〕所有権と父たる地位とは、荘園の領主と子供の父親とがそうであるように非常に異なっており、父たる地位以外の起源はありえないとしながら、どうして統治の基礎と原理とは所有権の起源に依存するということになるかを理解することは困難であるからである。また、私には、これら〔所有権と父たる地位と〕が、われわれの著者が、『創世記』第三章一六節における神のイヴへの宣告について『考察』の二四四頁で言う「それが統治の最初の認可である」という言葉とどのように整合するのか理解できない。従って、もし、それ〔すなわち神のイヴへの宣告〕が〔統治の〕起源であるならば、われわれの著者自身の告白によって、統治は、その起源を所有権にも父たる地位にも仰がないことになろう。つまり、彼が、イヴに対するアダムの権力の証拠としてもちだす聖書のその文言は、父たる地位について、彼が、これはすべての権力の唯一の源泉であると述べていることと矛盾せざるをえない。なぜなら、もし、アダムがイヴに対してわれわれの著者が言い立てるような王権をもっていたとすれば、それは、子供を儲けるという権原以外の権原によってでなければならないからである。

七四　しかし、私は、これらの矛盾、そして、少し注意深く彼のものを読む人ならば見いだすであろうその他の数多くの矛盾についてつじつまを合わせることは彼に任せておいて、アダムの自然の支配権と私的な支配権という統治の二つの起源がどのようにして両立するのか、また、それらが、われわれの著者に強いられて、これらの起源から権力を引き出すことになっている後の君主たちの権原を立証し確立するのにどのように役立つかを考察する仕事に移ることにしよう。そこで、まず、アダムは、神の贈与によって、全地球の主人にして唯一の所有者、それもサー・ロバートが望むような広大無辺の意味でのそれになったと仮定してみよう。そしてまた、アダムは、父たる地位の権利によって、子供たちに対する無制限の至高権をもつ絶対的な支配者になったと仮定してみよう。その上で、アダムの死によって、彼の自然の支配権と私的な支配権とがどうなったかを問うてみよう。われわれの著者がいくつかの箇所で語っているように、それへの答えは、それらはアダムにもっとも近い継承者に伝えられたということになるに違いない。しかし、この方法によって、アダムの自然の支配権と私的支配権との双方が同一の人物に譲渡されることはおそらく不可能であろう。というのは、たとえ、父親のすべての所有権、すべての財産が長男に承継されるべきであり(これを確証するためには更に証明が必要ではあるが)、従って、長男はその権原によって父親の私的な支配権をもつということをわれわれが認めるとしても、父親の自然の支配権、すなわち父親としての権力が相続によって長男に承継されることは不可能であるからである。父親の権力とは、子供を儲けることによってのみ生じる権利であるのだから、人は、その上にのみ権利が基礎づけられることを為すことなしにも何かに対する権利をもつことができるとでも想定しない限り、いかなる人間も自分が儲けたのではない者に対してこの自然の支配権をもつことはできない。つまり、もし、父親が、子供を儲けることという権原だけによって、子供たちへの自然の支配権をもつとすれば、その父親が、自ら儲けなかった者たちに対して自然の支配権をもつことはできないのである。従って、われわれの著者が『考察』の一五六頁で言う「生を享ける者は誰でも、まさにこの誕生ということによって彼を儲けた者の臣民になる」ということの真偽がいずれであろうとも、必然的に、人は、その誕生によって、自分を儲けたのではない兄弟の臣民にはなりえないということになろう。もし、人は同一の権原によって同時に二人の異なった人物の自然で絶対的な支配権の下に置かれうるということが想定できない限り、つまり、ある人が、誕生によって、自分を儲けてくれたという理由だけによって自分の父親の自然の支配権の下に入り、また、その人が、自分を儲けたわけではないにもかかわらず、誕生によって同じように長兄の自然の支配権の下に入るということが意味をなさない限り、そういうことにならざるをえないのである。

七五　従って、もし、アダムの私的な支配権、つまり被造物に対する彼の所有権が彼の死によってすべて彼の継承者である長子に伝えられ（そうでなければサー・ロバートの説く君主政は直ちに終焉するであろうから）、また、彼の自然の支配権、つまり子供を儲けたことによって父親が子供たちに対してもつ支配権が、アダムの死後直ちに、父親がもっていたのと同じ権原によって、子供をもつ彼のすべての息子に平等に帰属することになったとすれば、所有権に基づく主権と父たる地位に基づく主権とは分割されたことになろう。〔アダムの〕継承者としてのカイン一人が所有権に基づく主権をもち、セツとその他の息子たちとは、カインと平等に父たる地位に基づく主権をもったことになるからである。これが、われわれの著者の教説と、彼がアダムのうちに想定した主権への二つの権原とについてなしうる最善の説明であって、それら二つの権原のうちどちらか一方が意味をなさないか、それとも、もし両者が両立しなければならないとすれば、それらは、君主の権利を混乱させ、アダムの子孫における統治を無秩序にすることに役立つだけであるかということになろう。なぜならば、一緒には伝えられず、また、われわれの著者が分離されうるかもしれないと認める（彼は、『考察』の二一〇頁と〔『パトリアーカ』の〕四〇頁とで、「アダムの子供たちは私的支配への権利に基づいてそれぞれ別々の領土をもった」と述べているからである）支配への二つの権原を論拠とすることによって、彼は、彼の原理に立つ場合、主権はどこに存在し、誰に対してわれわれは服従の義務を負うことになるのかという疑念を絶えず引き起こすことになるからである。というのは、父たる地位と所有権とは異なった権原であり、アダムが死ぬや否や、それらは異なった人物の手に帰することになったからである。では、いずれが他の一方に優位することになるのであろうか。

七六　われわれの著者による説明を聞くことにしよう。彼は、『考察』の〔二一〇頁で、グロチウス[2]を引用しつつ次のように語っている。「アダムの子供たちは、アダムが死ぬ前に、〔アダムからの〕贈与、譲渡、あるいは何らかの形の譲与により、私的支配への権利にもとづいてそれぞれ別々の領土をもった。すなわち、アベルは羊とそのための牧草地とをもち、また、カインは、穀物畑とノドの地とをもち、ノドの地に町を立てた[3]」。ここで当然、アダムの死後、これらのうちのどちらが主権者であったかを言うことが求められよう。それに対して、われわれの著者は、〔『パトリアーカ』の〕一九頁で、カインと述べる。いかなる権原によってであったか。われわれの著者は、同じ頁で、「継承者としてであった。なぜなら、一族の自然の親であった祖(4)の継承者は、自らの子供たちの主人であるだけではなく、その兄弟の主人でもあるからである」と答える。では、カインは何に対する継承者であったのか。全所有物、すなわち、アダムが私的支配権をもっていたものすべてに対してではない。なぜなら、われわれの著者も、アベルは、父親に由来する一つの権原によって、私的支配への権利に基づく牧草用の固有の領土をもったことを認めているからである。従って、アベルが私的支配権によってもっていたものは、カインの支配権を免れていたことになろう。なぜなら、カインは、自分以外の者の私的支配権の下にあるものに対して私的支配権をもつことはできず、従って、弟アベルに対するカインの主権もアベルの私的支配権とともに失われたことになるからである。そうなると、直ちに二人の主権者が存在することになって、父たる地位というカインの想像上の権原は消え去り、カインは弟アベルに対する君主ではなくなってしまう。あるいは、もし、アベルの私的支配権にもかかわらず、カインがアベルに対する主権を保持しているのだとすれば、われわれの著者がそうではないと言っても、統治の第一の基礎と原理とは、所有権とは何の関わりもないものとなろう。アベルが父アダムよりも先に死んだことは確かである。しかし、そのことは私の議論に何ら支障とはならない。サー・ロバートの意に反して、私の議論は、アベルの子孫についても、あるいはセツについても、あるいはカインの末裔を除くアダムのすべての子孫についてもあてはまるからである。

七七　サー・ロバートは、ノアの三人の子供たち〔すなわち、セム、ハム、ヤペテ〕についても同様の矛盾に陥っている。彼は、〔『パトリアーカ』〕一三頁で、「父の手によって全世界は彼ら三人の間で分割された」と言う。そうだとすると、私は、ノアの死後、三人のなかの誰のうちに王権の確立を見届けられるのかと問いたい。もし、われわれの著者がそう言っているように見える三人すべてのうちにということであれば、王権は、父親の権力あるいは自然の支配権のうちにではなく、土地の所有権、従って私的な支配権のうちに基礎づけられることになって、王の権威の基礎としての父親の権力は終焉し、〔われわれの著者によって〕大いに賛美された父たる地位も消滅することになろう。もし、王権が、長子であり父〔ノア〕の継承者であるセムに伝えられたのだとすると、われわれの著者が〔『パトリアーカ』の〕一五頁で述べている「ノアの籤引きによる子供たちへの世界の分割、あるいは、子供たちそれぞれの取り分を定めるための地中海における一〇年間の航海」は無駄な骨折りであり、子供たちに対するノアの世界分割は、悪しき目的のためのもの、ないしは目的をもたないものだったということになろう。なぜなら、ハムとヤペテとへのノアの認可は、もし、セムが、その認可にもかかわらず、ノアの死後直ちに彼らの主人になることになっていたとすれば、認可としての価値をほとんどもたなかったからである。あるいは、もし、ハムとヤペテとがその指定された領土に対してもつ私的支配権の認可が有効であるとすれば、そこには、相互に従属関係に立たない二種類の権力が成立することになり、それとともに、われわれの著者が、人民の権力[5]に対して『考察』の一五八頁であげつらうすべての不都合さが生じることになろう。人民を所有権に変える変更だけを加えて、そこでの彼の言葉をそのまま引用する。「地上におけるすべての権力は、父親の権力から由来するか簒奪されるかのいずれかであって、いかなる権力についてもそれ以外の起源は見いだされない。もし、相互に従属関係に立たない二種類の権力が認められるべきであるとすれば、二つの至高権が両立しえない以上、それらは、いずれが至高であるかをめぐって絶えず争うことになるからである。もし、父親の権力が至高であるとすれば、私的支配権に基づく権力はそれに従属し依存しなければならない。万一、所有権に基づく権力が至高であるとすれば、父親の権力はそれに従属しなければならず、また、所有権者の許可なしには行使されえないことになり、自然の構造と成り行きとは破壊されることになろう」。

　これは、二つの独立した別々の権力に反駁する彼自身の議論であって、人民の権力を所有権から生じる権力に置き換えただけで、それ以外はすべて彼の言葉である。彼がここで二つの別個の権力に反対して一体何を力説しているかについて自ら答えてくれなければ、われわれにも、彼が、どのようにして、また、まずまずの分別をもって、すべての王の権威を、一人の人格の中では必ずしも合致しない別々の権原であるアダムの自然の支配権と私的な支配権と、つまり父たる地位と所有権との双方から引き出すことができるかわからないであろう。彼自身の告白によっても、それら二つの権原が、アダムとノアとの死後、直ちに分割されて、相続に付されたことはあきらかなのである。もっとも、われわれの著者は、その著作のなかで、それら二つをしばしば混同し、自分の目的にもっともよく適うと考える場合にはいずれか都合のよい方を使うことを忘れない。しかし、そうした不合理さは、われわれが、アダムの主権が彼の後に支配することになる君主たちに譲渡される方法を吟味する次章において、より全面的にあきらかになろう。

(1)　前篇第四章の訳者註(3)を参照されたい。

(2)　これは、あきらかにロックの思い違いである。フィルマーが引用しているのは、彼が「聖書の真理に矛盾する主張」を行っているとして批判するグロチウスではなく、彼が「聖書の物語と自然の理性とに一致する裁定」を下したとして評価するセルデンの *Mare Clausum* の一節であるからである(Cf. R. Filmer, *Patriarcha*, edit., P. Laslett, pp. 63-4)。なお、セルデンについては、前篇第四章の訳者註(1)を参照されたい。

(3) ここでセルデンが依拠しているのは、『創世記』第四章の二節、一六節、一七節の記述である。

(4) 原語は progenitors である。

(5) 原語は power of the people である。

第八章　アダムの主権的な君主権力の譲渡について

七八　サー・ロバートは、アダムの主権を証明するに当たってそれほど手際よくはなかったが、もし彼の政治学が真実であるとすれば、その権原をすべて最初の君主〔であるアダム〕に仰ぐはずのその後の君主たちにアダムの主権がどう譲渡されるかを述べる場合にも、あまりうまくやっているとは言えない。その譲渡の方法については彼の諸著作のあちこちで述べられているので、それらを拾って彼自身の言葉で示すことにしよう。〔『統治の諸形態に関するアリストテレスの政治学についての考察』[1]の〕序文において、彼は次のように語っている。「アダムは全世界の君主であったのだから、彼の子孫の誰一人として、彼の認可または許可、あるいは彼からの継承がない限り、何ものをも所有する権利をもたなかった」。ここでは、彼は、アダムが所有していたものの譲渡について、二つの方法、すなわち、認可と継承とを挙げている。更に彼は、〔『パトリアーカ』の〕一九頁では、「すべての君主は、そもそも全人類の自然の両親であった最初の祖先にもっとも近い継承者であるか、もしくは、そうであると見なされるべきである」と言う。また、彼は、『考察』の二五三頁で次のように語る。「そのなかに、そしてそれ自体として独立に考えられたときに、アダムにもっとも近い継承者として他の人間に対する王となるべき自然の権利をもつ一人の人間がいないような人間の集団はありえない」。これらの箇所では、サー・ロバートによって、相続が、君主たちに君主権力を譲渡する唯一の方法として認められている。『考察』の一五五頁[2]その他の箇所で言えば、彼は、〔例えば〕同一五八頁で、「地上におけるすべての権力は、父親の権力から由来するか簒奪されるかのいずれかである」と言う。また、同二五三頁では、「現在あるいは過去のすべての君主は、彼らの臣民の父親、または、その父親あるいは父の権利の簒奪者の継承者であるか、あったかである」とされている。このように、ここでは、サー・ロバートは、君主がその本源的な権力を得るのは、相続あるいは簒奪という方法によるとしている。しかし、彼は、『考察』[3]の一九〇頁において、「この父の統治権は、本来は世襲的なものであるが、特許によって譲渡されたり、簒奪者が奪ったりすることのできるものでもあった」と語っているのである。従って、ここでは、父の統治権は、相続、認可あるいは簒奪によって譲渡されるということになろう。最後に、彼は、〔『パトリアーカ』の〕一〇〇頁で、次のようなもっとも驚嘆すべき言い方をする。「王が、その権力を、選挙、贈与、継承その他のいかなる方法で手にいれるかは、どうでもよいことである。彼らを真に王たらしめるのは、至高の権力による統治の仕方であって、彼らが王冠を獲得した方法ではないからである」。これをもって、すべての君主は、アダムの王的権威[4]をその権威の源泉とするという彼の仮説および論稿全体に対する十分な回答にすることができると私は思う。誰かを真の王にするために必要なものは至高の権力による統治だけであり、彼がどのような方法でそれを手にいれたかは問題ではないというのであれば、彼は、あちこちで継承者や相続についてあれほど多くを語る労を省いてもよかったであろう。

七九　われわれの著者は、この注目すべき方法によって、オリヴァー[5]をも、考えつくその他の人の場合と同じように、真の王にすることができるであろう。また、彼が、マッサネッロ[6]の統治の下に生きる幸運に浴したならば、彼は、自分自身の原理により、「王様万歳」と言って彼に忠誠を誓わざるをえなかったであろう。なぜならば、至高の権力による統治の仕方が、ほんの昨日までは真の漁師であったマッサネッロを真の王にしたからである。また、もし、ドン・キホーテが彼の従者に至高の権威をもって統治することを教えたならば、われわれの著者は、間違いなくサンチョ・パンサの島におけるもっとも忠実な臣民になったであろうし、その統治内で、必ずや、何らかの枢要な地位を占めるに値する者になったに相違ない。なぜなら、彼は、思うに、統治を真の基礎の上に置き、合法的な君主の王座を確立したと称して、世人に、いかなる手段によって権力を獲得しようと、統治の仕方が至高の権力による者こそ真の王であると説いた最初の政治学者であるからである。これを、平易な英語で言えば、王の至高の権力は、いかなる方法であれそれを手にした者のものであるということになろう。もし、これが、真の王たることであるとすれば、私には、サー・ロバートが、簒奪者についてどのように考え、どこに簒奪者を見いだすのかが不思議に思われる。

八〇　これは、あまりにも奇妙な学説であるので、私は驚愕のあまり、アダムの王的権威、つまり彼の最高支配権が将来の君主や支配者に譲渡され、彼らに人民の服従と隷属とを求める権原を与える方法を、ときに相続のみに、ときに認可または相続のみに、ときに相続または簒奪のみに、ときに認可、相続、簒奪に、ついには、それらに加えて選挙その他の手段にすることによって彼が陥った矛盾を、十分に吟味することなく看過してきた。しかし、こうした矛盾はこの上なく明白なので、通常の理解力をもつ人なら誰でも、われわれの著者の言葉を一読するだけで発見できるであろう。(彼のなかにはこの種の調子とまとまりとをもつ文章はまだいくらも見いだすことができるとは言え)これまでの彼からの引用だけで、私がこの議論を更に続ける必要はあるまいと思う。しかし、私自身、彼の教説の主要な部分を吟味することを企図しているのだから、次の問題についてもう少し詳しく考えてみることにしたい。すなわち、彼の原理によれば、どうして相続、認可、簒奪あるいは選挙が地上の統治を創出することができるということになるのか、どうして、誰であれ、その支配の権利を、十分には証明されてはいないにせよ、絶対君主であり全世界の主人であったアダムの王的権威から引き出すことができるのかがそれである。

(1)　正式な書名は、*Observations upon Aristotles Politiques touching Forms of Government. Together with Directions for Obedience to Governors in Dangerous and Doubtful Times*, London, 1652 である。

(2)　同頁の該当箇所は明確ではない。ロックが曖昧な記憶に基づいて記述し、それに気づかないまま校正段階で削らなかった可能性が高い。

(3)　ロックの原語 by patent は、フィルマーの原文では by the parent である。ロックの誤記であろう。

(4)　原語は royal authority である。

(5)　もとより、オリヴァー・クロムウェルのことである。

(6)　マッサネッロ(Tommaso Aniello[Masaniello])は、一六四七年にナポリで起きたスペイン統治への反乱の指導者であった。ラズレットによれば、その反乱は、ヨーロッパにおいて、その後数世代にわたり群衆の支配の象徴として記憶されたという。

第九章 アダムからの相続を根拠とする君主政について

八一 たとえ、この世界には統治というものがあるべきであるということが明白であろうとも、また、すべての人がわれわれの著者と同様に、神の指定によってその統治が君主政的でなければならないと考えるとしても、人は、命令できる存在がなければいかなるものにも服従できず、また、空想のなかの統治の観念は、いかに完全で正しいものであっても、法を与えることも人間の行動を規定することもできないのだから、この権力が帰属し、他者に対するこの支配権を行使する人をどのように見いだすかの方法が教授されない限り、人間の間に秩序を確立し、実効性のある統治を樹立するために役に立つことはないであろう。つまり、われわれが誰に対して従うべきかを語ることなしに、従属や服従について説くことは無益なのである。というのは、この地上には為政者と支配とがなければならないことを十分に説得されたとしても、私に服従を求める権利をもつ人物が誰であるかがあきらかになるまでは、私は依然として自由であるからである。なぜならば、もし、支配する権利をもつ者を識別し、〔そうでない〕他者から区別する印がないならば、それは、自分かも知れず、あるいは自分以外の人間かも知れないということになるからである。従って、たとえ、統治への服従がすべての人間の義務であるとしても、それは、命令する権威を帯びた人間の指令と法とに従うこと以外のことを意味しないのだから、人を臣民とするためには、この世には国王権力というものが存在するということを彼に納得させるだけでは十分ではなく、この権利としての国王権力が帰属する人物を定め、知る方法がなければならない。つまり、人は、自分に対して権力を行使する権利をもつ人物が誰であるかを得心しない限り、良心に顧みてその権力に服従する義務を負うことはできないのである。もしそうでなければ、〔無法な〕海賊と合法的な君主との区別はなくなり、実力をもつ者がそれだけで服従されるべき人となり、王冠と王笏とは、単なる暴力と略奪との相続物となってしまうであろう。もしも、自分を統制する権力をもち、その指示に自らが従うべき人物を知ることができなければ、人はまた、あたかも主治医を変えるように、統治者を、ひんぴんと、そして何の痛痒をも覚えることなく変えるであろう。従って、人々の良心を服従の義務の下に置くためには、人々が、単にこの世のどこかに権力が存在するということを知るだけではなく、権利によって人々に対する権力が誰に賦与されているかを知ることが不可欠なのである。

八二　これまで述べたことから、読者には、われわれの著者が、君主の絶対的な権力をアダムのうちに確立する試みにどれだけの成功しか収めていないかを判断していただけることと思う。しかし、アダムにおけるその絶対王政が、私自身はそうは思わないにせよ、たとえわれわれの著者が望むように明白だとしても、次の二つのことが証明されなければ、それは、現在この世に存在する人類の統治にとって何の役にも立たないであろう。

第一に、アダムのその権力は、彼とともに消滅したのではなく、彼の死によって他の誰かに全面的に譲渡され、また子孫に対して同様な形で伝えられたこと。

第二に、現在の地上に存在する君主および支配者は、そのアダムの権力を、彼らにまで至る正しい譲渡の仕方によって所有していること。

八三　もし、これらのうちの第一の命題が成り立たないならば、アダムの権力は、いかに強大なものであり、いかに確固としたものであろうとも、この世界における現在の統治と社会とにとって何の意味ももたないことになり、従って、われわれは、政治体[1]の統治のための権力の何らかの起源をアダムの権力以外のもののうちに探さなければならないということになろう。さもなければ、世界にはいかなる権力も存在しないことになってしまうからである。また、〔上記の〕第二の命題が成り立たないとすれば、現在の統治者たちは、すべての権威の唯一の源である権力に関して他の人々よりも立派な請求権をもたず、従って、他の人々を支配する権原ももち得ないのだから、現在の統治者の権威は破壊され、人民は彼らへの服従から解き放たれることになろう。

八四　われわれの著者は、アダムのうちにおける絶対的な主権の存在を空想しつつ、アダムの後継者たるべき君主へのその主権の譲渡についていくつかの方法を述べているが、そのうち彼が特に強調するのは、彼のいくつかの著作に頻繁に登場する相続という方法である。しかし、私は、すでにこれまでの章でそれらのいくつかを引用したので、ここでそれを繰り返す必要はあるまい。彼は、その主権を、前に述べたように、所有権、と父たる地位という二つの基礎の上に打ち立てている。前者は、アダムがすべての被造物に対してもつとされる権利、すなわち、アダムが、他のすべての人間を排除して自らの私的な使用のために、獣その他のより劣位のものとともに地球を所有する権利であった。そして、後者は、人類の残り全部を支配し統治すべく、アダムが所持するとされた権利に他ならない。

八五　これら二つの権利については、他の人間を排除するということが想定されているから、それらはアダムに特有の何らかの根拠の上に基礎づけられるべきであるということになるはずである。

われわれの著者の想定によれば、〔アダムの二つの権利のうち〕所有の権利は『創世記』第一章二八節に示された神の直接的な贈与に、父たる地位の権利は子供を儲けるという行為に由来するという。さて、すべての相続において、もし相続者が、その父親の権利を基礎づける根拠を受け継がない場合には、その根拠から生じる権利を受け継ぐことはできない。例えば、われわれの著者が言うように、アダムは、すべての被造物の支配者であり所有者である全能の神の贈与と認可とに基づいて被造物への所有権をもったということがその通りであるとしても、アダムの死後、彼の継承者たちは、同じ根拠、つまり神の贈与が彼らに権利を賦与するということがない限り、被造物に対する権原も所有権ももちえない。というのは、もし、アダムが神からの明示的な贈与がなければ被造物への所有権も使用権も手にできず、また、その贈与がアダムに対する個人的なものであったとすれば、彼の継承者は贈与によってはいかなる権利ももちえず、アダムの死によって、権利は主であり所有者である神に再び復帰したはずであるからである。明示的な認可は、明白な言葉が示すものを越えた権原を与えることはなく、また、明白な言葉のみを拠り所とするものであるから、もしわれわれの著者が主張するように、『創世記』第一章二八節における贈与がアダムに対してだけ個人的になされたのであれば、彼の継承者は、被造物に対する所有権を受け継ぐことはできなかったことになろう。もし、その贈与がアダム以外の誰かに〔も〕なされたというのであれば、それは、われわれの著者の言う意味でのアダムの継承者、つまり、アダムの子供のうちの一人だけに対して排他的になされたということが示されなければならない。

八六　しかし、われわれの著者に従うことで、これ以上議論の筋道から離れて行くことはしないでおこう。ことの明白な真相はこうである。神は、人間を造り、他の動物の場合と同じように人間のうちに自己保存(2)への強い欲求を植えつけただけではなく、更に、人間は地上で一定期間生存し居住すべきであり、従って、この不思議で驚くべき自分の一個の作品は、自己自身の怠慢や必要物の欠乏によってほんの短い存続の後に再び死に絶えるべきではないとの自らの計画に役立つ食料、衣類、その他の生活必需品を世界に配剤した。人間と世界とをこのように造った神は、人間に語りかけて、（つまり）劣等な動物を〔自己保存という〕かの目的のために備えられた感覚と本能とによって導いたように、人間を感覚と理性とによって導いて、彼の存続に役立ち、彼の保存の手段として与えられたものを利用できるようにしたのである[3]。それゆえ、私は、『創世記』第一章二八節、二九節の言葉が(もしそれらが文字通りに語られたと理解されなければならないとすれば)発せられる以前に、そして、そうした言葉による贈与がなかったとしても、人間は、神の意志と認可とによって、被造物を使用する権利をもっていたことを疑わない。なぜならば、欲求、つまり生命と存在との保存への強い欲求は神自身が行為の原理として人間に植えつけたものであり[4]、従って、人間のうちにおける神の声である理性[5]は、人間に対して、自己の存在を保存すべきとする自然の傾向を追求することは創造主の意志に従うことであること、それゆえ、彼は理性あるいは感覚によって自己保存に役立つと判断した被造物を利用する権利をもっていることを教え、確信させずには措かないからである。このように、被造物に対する人間の所有権は、彼の存在にとって必要な、あるいは有用なものを利用する権利に基づくものであった。

八七　これがアダムの所有権の根拠であり基礎であるから、同じ理由によって、アダムの子供たちにも、彼の死後だけではなく、彼の生前においても同一の権原が与えられていたことになる。従ってまた、ここには、彼の継承者が、他の子供たちを、人間が劣位の被造物に対してもつ所有権のすべて、つまり存在の快適な保存のためにそれらを利用する平等な権利から排除しうる特権も存在しない。そこから、所有権、われわれの著者の言い方では私的な支配権に基づくアダムの主権も無に帰することになる。すべての人間は、アダムがもっていたのと同じ権原、つまり、自らの存続に配慮し備える権利によって、被造物に対する権利をもった。このように、人間は共通に、アダムの子供たちもアダムと共通に権利をもったのである。しかし、もしも誰かが特定のものの所有を始め、それを自分のものにしたならば（誰であれそれがどのようにして可能であるかについては、他の場所で示すことにしよう）[6]、そのもの、その所有物は、明示的な認可によって別の措置をしない限り、彼の子供たちに当然に伝えられ、子供たちはそれを受け継ぎ所有する権利をもつ。

八八　ここで、当然、子供たちが、他人に先んじて、両親の死後、両親の財産を所有する権利をどうして手にいれるのかが問われうるであろう。というのは、その財産は両親が私的にもっていたのだから、両親が、彼らの権利を他人に実際に委譲することなく死んだとき、その権利はどうして人類の共通のもち物に戻らないのかということになるからである。それについては、一般的な同意によって子供たちにその権利が配分されたのだという答えがなされよう。確かに、一般的な慣習によってそのように配分されてはいるが、だからと言って、それが人類の一般的な同意であるとは言えない。その一般的な同意が求められたこともなければ、実際に与えられたこともないからである。また、もし、一般的な暗黙の同意がそれを確立したのだということであれば、両親の所有物を相続することは、子供たちの自然の権利ではなく、人為的に定められた権利であるということになろう。しかし、慣習が普遍的な場合には、その原因も自然であると考えることが合理的である。そ〔れが自然であること〕の根拠は、次の点にあると私は思う。神が人間のうちに植えつけ、人間の本性ともなった第一の、そしてもっとも強い欲求は自己保存へのそれであって、これが、個々の人間自身の個別的な扶助と利用とのための被造物への権利の基礎をなす。しかし、それに次いで、神は、人間のうちに、自らの種を繁殖させ、子孫において自らを存続させようとする強い欲求を植えつけたのであり、これが、子供たちに対して、両親の所有権の分配を受ける権原と、彼らの所有物を相続する権利とを与えたのである。人間がものの所有者であるのは自分自身のためだけではなく、子供たちもその一部に対する権原をもつ。両親とともに子供たちもまた権利をもつこの所有物は、死が両親にその利用の終焉をもたらしたとき、全面的に子供たちのものになり、両親の所有物から子供たちに引き継がれるのであり、われわれは、これをもって相続と呼ぶ。このように、人間が、自分自身を保存するだけではなく、自ら儲けた者をも保存する義務を等しく負うことから、彼らが所有しているものに対して子孫が権利をもつことになるのである。子供たちがこの権利をもっていることは神の法から明白であり、子供たちがそうした権利をもつことを人々が納得していることは国法(7)からあきらかである。これら二つの法が、両親に対して、子供たちのために必要なものをあてがうことを求めているのである。

八九　子供というものは、自然の定めによって弱く生まれつき、自分を自分で扶養することはできないから、その自然の成り行きを定めた神自身の命により、両親によって養育され扶養される権利を、それも、単なる生存への権利だけではなく、両親の条件が許す範囲で最大限の生活の便宜と安寧とを与えられる権利をもつ。従って、両親がこの世を去り、子供たちが受けるべき配慮も終わりを迎えたとき、その配慮の効力は両親にとって可能な限り拡大されるべきであり、両親が存命中になした生活必需品の準備も、自然の要求に従って、両親が自分の死後に備えて考えておくことを義務づけられた子供たちのために意図されたものであったと理解されるべきであるということになろう。こうして、たとえ、死につつある親が明示的な言葉で指示していない場合にも、自然は両親の財産を子供たちに世襲させることを定めるのであり、それによって、子供たちは、父親の所有物に対して、他の誰も主張しえない相続への権原と自然権とをもつことになるのである。

九〇　もし、神と自然とが子供たちに与え、両親に対しては義務として課した権利、すなわち両親によって扶養され維持される権利がなかったならば、父親が息子の財産を自分の孫に優先して相続することも理に適うことになろう。というのは、祖父には、自分の息子の養育と教育とのために払った長期にわたる配慮と出費とがあり、正義の名においてそれを払い戻すべきだと考える向きもあろうからである。しかし、祖父が息子を養育したのは、彼自身が自分の両親から扶養と教育とを受けたのと同じ法に従ってのことであり、人が父親から受けた教育の負債は、自分自身の子供の面倒をみたり、その生活の保障をしたりすることによって支払われるのである。もしも、両親が、目下のところ、自身の扶養と生計との必要のために子供の財産の返還を要するほどの窮状にないとすれば、〔相続による子供への〕所有権の変更によって、親に対する負債はすべて支払われると私は思う。ここで、われわれは、子供たちが両親に対して常に払うべき崇敬、感謝、尊敬、敬意について語っているのではなく、貨幣によって評価しうる所有物と生活用品とについて語っているのである。しかし、たとえ子供たちを育て、その生活を保障することが両親に課せられているとはいえ、子供たちに対する両親のこの債務が両親に対する子供たちの負債を帳消しにするというのではなく、自然によって、両親の債務が子供たちの負債に優先するように定められているというだけのことである。なぜなら、子孫がおらず、子供たちの権利が父親の権原を排除することがない場合には、人が父親に負う債務が生じ、父親に息子たちの財産を相続する権利が与えられることになるからである。こうして、人は、必要な場合には自分の子供たちによって維持される権利をもち、また、子供たちに自身への備えが十分にあり、彼らにそれを提供しようという意志があるときには、子供たちから生活の安楽を享受する権利をもつ。つまり、息子が子孫を残さずに死亡した場合には、父親は、本来的に息子の財産を所有し、（ある国の国内法が馬鹿げたことに違うことを命じていようとも）[8]息子の資産を相続する権利をもつのである。繰り返して言えば、息子から、その財産を、息子の子供たちとその子孫とが、それらがいない場合には、父親とその子孫とが相続する権利をもつということになる。しかし、そうした者たちが見いだされない場合、つまり血縁関係者がいない場合には、われわれは、私的個人の所有物は共同体に戻るのを見るのであり、政治社会においては、それは公的な統治者の手に帰することになる。しかし、自然状態においては、それは再び完全に共有物となって誰もそれを相続する権利をもたないし、また、その財産について、自然による他の共有物に対するのとは異なった所有権をもつこともできない。しかし、これに関しては、然るべき場所で述べることにしよう(9)。

九一　私は、これまで、子供たちがいかなる根拠によって父親の所有権に由来する財産を引き継ぐ権利をもつかを比較的詳しく示してきた。その理由の一部は、それによって、次の点をあきらかにすることにあった。すなわち、もしアダムが全地球とそれが産み出すものとに対する所有権を〔それによってアダムは子供たちと子孫とを養育し維持する義務を負う点で、たとえそれが名目的で取るに足らず実効性に欠けるものであっても〕もつとしても、彼のすべての子供たちは、自然法と相続の権利とによって共同の権原を、そしてアダムの死後は全地球に対する所有権をもつのだから、アダムの所有権はその子孫の誰に対しても他の者への主権をもたらすものではないこと、すべての人間が彼の分け前への相続権をもつのだから、彼らは、好むところに従って、相続を、つまり、ある部分を共有で、あるいは、すべてを共有する形で、あるいは、分割によってその一部を享受することができること、相続の権利は父親の所有物を分け合う権原を誰彼の区別なく子供たちのすべてに与えているのだから、誰も、〔父親の〕全遺産と、それに伴うと考えられる主権とを要求することはできないことがそれである。〔しかし〕私が、子供たちが父親の所有権を相続する理由について特に詳しく吟味してきたのは、以上の点を説明するためだけではなく、それが、更に、支配と権力との相続についても光を与えることになるからでもあった。この点をめぐっては、その特殊な国内法がすべての土地の所有を第一子[10]に全面的に与え、この慣習によって権力の相続が男系に対してなされる国々にあっては、財産と権力との双方について長男子相続権[11]という自然権あるいは神授権があり、人に対する支配と物に対する所有権とが同じ起源に由来し、同じ規則によって相続されるべきだとの臆見に誤って陥りがちな人々もいたのである。

九二　生存の維持と安楽さとのために人が劣位の被造物を使用する権利に起源をもつ所有権は、所有権者の利益と独占的な便宜とのためのものであり、従って、人は、必要とあれば、自分が所有権を有するものを利用することによって消滅させることさえできる。しかし、統治は、人を他人の暴力と侵害とから保護することによって、人の権利と所有権とを保全するためのものであるから、被治者の利益のためにある[12]。なぜなら、為政者の剣は、悪しき業をなす者にとっての恐れ[13]であり、この恐れによって、人々に、自然法に適合的に制定された社会の実定法を、共通の規則が規定する範囲内で公共善のために、すなわち、その社会のすべての個々の成員の利益のために遵守させるものであるからである。その剣は、為政者自身の利益のためだけに与えられたものではないのである。

九三　従って、これまで示してきたように、子供たちは、生存のために両親に依存せざるをえないがゆえに、自分自身の固有の利益のために自己に帰属し、そのために適切にも所有(14)物と呼ばれるものとして、父親の財産を相続する権利をもつ。しかし、その場合にも、第一子がいかなる神と自然との法によっても唯一のあるいは特別の権利をもつということはなく、より若い子供たちも、第一子とともに、両親によって維持され援助され安楽にさせてもらう権利に基づく同等の権原をもつのであって、それ以外ではない。しかし、統治は被治者の便益のためのものであって、単に統治者の利益のためだけのものではないのだから(ただし、統治者も、その各部分と成員とが社会の法によって管轄され、全体の利益のためにそれぞれに固有の機能を果たすべく規定される政治体の一部をなすから、その限りにおいて、統治は、他の人にとってと同様に統治者のためのものであるとは言えようが)、子供たちが父親の所有物に対してもつのと同じ権原によって相続されることはありえない。息子が、父親が保有するものによって維持され、生活の必需品と有用品とを供給される権利は、彼自身の利益のために父親の所有権を継承する権利を与えることはあっても、父親が他人に対してもっていた支配権を引き継ぐ権利を彼に与えることはできないのである。つまり、子供が父親に要求する権利を有するのは、養育と教育、それに生命の維持のために自然が供給するものに対するものがすべてであり、従って、子供は、父親に支配や統治を要求する権利をもたない。彼は、支配権や統治権がなくても、生存することも、父親から物品の分け前と当然に与えられるべき教育の便宜とを受け取ることもできるのである。その支配権は(たとえ、彼の父親がもっていたとしても)、他人の利益のために父親に賦与されたものであるのだから、息子は、自分自身の私的な利益と便益とに全面的に基礎づけられた権原によって、それを要求したり相続したりすることはできない。

九四　われわれは、最初の支配者から支配権を引き継ぎ、相続する権利をもつのは誰かを知る前に、そもそも、誰もがその継承者であることを主張する最初の支配者が、どのようにしてその権威を手に入れ、いかなる根拠によって支配権をもち、何がそれへの権原をなしていたかを知らなければならない。もしも、人々の合意と同意とが最初にある人の手に王笏を与え、彼の頭上に王冠を置いたとすれば、合意と同意とがその相続や譲渡をも定めるはずであろう。なぜなら、最初の者を合法的な支配者としたのと同じ権威が第二の者をも合法的な支配者とし、彼に継承権を与えるはずであるからである。この場合には、相続あるいは長男子相続権は、それ自体、統治の形態を確立し、その継承について定めた同意を越えて、いかなる権利ももちえず、いかなる主張をもなしえない。そこでは、王冠が国々によって異なった者に継承され、ある場所では継承権によって君主となる者が、他の場所では一介の臣民となるという事態をわれわれは目にすることになるであろう。

九五　もし神が、明示的な認可と啓示された宣言とによってある人に支配権と統治権とを与えたならば、その権原によって権利を要求しようとする者は、自分の〔権原の〕継承についても神の明白な認可をもたなければならない。なぜなら、もし、その神の明白な認可が他者への権原の相続と譲渡との筋道を規定していなければ、誰も最初の支配者の権原を継承することはできないからである。つまり、この〔権原の継承に関する〕基本法(15)の創始者である神が定めていない限り、子供たちはそれを相続する権利をもたず、長男子相続権もそれを要求することはできないのである。われわれが知っているように、その王冠を神の直接的な指名によって手にしたサウル一族の権利がサウルの治世とともに終焉し、またダビデが、サウルが支配したのと同じ権原、つまり神の指名によって、ヨナタンを排除し、すべての父子相続の権利を排して王位を継いだのはそのためであった[16]。そして、もしソロモンが彼の父親〔ダビデ〕の後を継ぐ権利をもっていたとすれば、それは、長男子相続権以外の他の権原によってであったに違いない[17]。若い息子や弟、あるいは妹の息子であっても、最初の合法的な君主と同じ権原をもつ場合には、王位の継承において優先権をもつ[18]。その基礎を神自身の明示的な指定に置く支配においては、もし神が一族の一人が最初に王冠をもった場合と同じように指定するならば、〔ヤコブの〕末子であったベニヤミンであっても、王位の継承権をもつはずである[19]。

九六　仮に、父親の権利、すなわち子供を儲けるという行為が人に支配権や統治権をもたらすとしても、相続あるいは長男子相続は〔それへの〕何の権原も与えることはできない。というのは、子供を儲けるという父親の権原を継承できない者は、父親が父親としての権利によってもっていた他の兄弟に対する権力を継承することはできないからである。しかし、これについては、私は他の場所で論じる機会をもつことにしよう[20]。ともあれ、次のことはあきらかである。それは、最初は父親の権利、人民の同意、あるいは神自身の明示的な指名のどれかに基礎をもっていたと想定されるいかなる統治も、他の統治にとって代わりうるし、そこに新しい統治が新しい基礎の上に始まるということはあるとしても、それら三つのいずれかで始まった統治を掌握できるのは、継承権によって被継承者の権原をもつ者だけであるということに他ならない。従って、契約に基づく権力は、その契約によって権利をもつ者だけに伝わり、子供を儲けることに基づく権力は子供を儲ける者だけがもち、神の明示的な認可あるいは贈与に基づく権力は、その認可が指定した人だけが継承権によってもつことができるということになる。

九七　これまで語ってきたことから、以下のことはあきらかであろうと私は思う。すなわち、被造物を利用する権利は、そもそも人間が生存し生活の便宜を享受するためにもつ権利に基づくものであること、両親の所有物を相続する子供たちの自然権は、同じように生存と生活の有用品とを両親の財貨から手に入れるためにもつ権利に基づくものであること、その場合、両親は、自然の情愛と思いやりとによって自分の分身としての子供たちにそれらを提供するよう教えられていること、これらはすべて、所有者あるいはその継承者の利益のためだけのものであることがそれである。従って、両親の所有物の相続ということは、子供たちにとって、起源も目的も異にする統治や支配を相続するための理由にはなりえない。同様に、長男子相続権も、所有権あるいは権力を独占的に相続する権利の口実にはなりえないであろう。ただし、これについては、然るべき場所でより詳細に検討することにしたい[21]。ここでは、ただ、アダムの所有権あるいは私的支配権は彼の継承者にいかなる主権も支配ももたらさなかったこと、つまり、アダムの継承者は、父親のすべての所有物を相続する権利をもたなかったから、兄弟たちに対するいかなる主権をももち得なかったこと、従って、本当はそうではなかったが、もし仮に、その所有権のゆえにアダムに何らかの主権が付与されていたのだとしても、それはアダムの死とともに消滅したことを示すことだけで十分である。

九八　たとえアダムが全世界の所有者であることによって人間の上に権威をもっていたとしても、アダムの主権を彼の子供たちのうちの誰かが相続し、他の者に対して行使したということはありえない。子供たちはアダムからの相続物を分割する等しい権原をもち、各人が父親の所有物の一部に対する権利を有しているからである。それと同様に、父たる地位の権利によるアダムの主権は、たとえ彼がそれをもっていると仮定しても、彼の子供の誰かに伝えられたということもありえない。というのは、われわれの著者の説明によれば、父たる地位による権利とは、子供を儲けるという行為によって儲けた子供たちを支配するために得た権利なのだから、相続することは不可能な権力であるからである。つまり、その権利は、完全に私的な行為に付随し、それに基づくものであり、従って、その権力を私的なものにするものだから、相続されることはできないのである。父親の権力は、父親と息子との関係からのみ生じる自然権であって、その関係自体と同様に相続することはできない。もし、子供たちに対する父親の権力が相続できるとすれば、人は、自らがその継承者である父が夫として妻に対してもっていた夫婦間の権力の相続をも主張することができるということになろう。夫の権力は契約に基づくもの[22]のであり、父親の権力は子供を儲けることに基づくものなのだから、子供を儲けるということが子供を儲けたことのない人にとっても権力への権原となりうるということがない限り、子供を儲けることによって得られ、子供を儲けた人の一身以上には及ばない権力が相続できるのなら、単に私的な婚姻契約によって得られた権力も相続できるということになってしまうからである。

九九　このことから、アダムはイヴよりも先に死んだのだから、彼の継承者(カインかセツということになろう)が、アダムの父たる地位を相続する権利によって、自分の母親であるイヴに対して主権的な権力をもったかどうかを問うことは合理的であろう。というのは、アダムの父たる地位は、子供たちを儲けたがゆえにアダムが子供たちを支配するためにもつ権利以外の何物でもないのだから、アダムの父たる地位を相続した者は、われわれの著者が言う意味においてさえ、アダムが子供たちを儲けたがゆえにもつ子供たちを支配する権利だけしか相続できないからである。従って、アダムの継承者の君主政はイヴにまでは及ばず、もし及ぶとすれば、それは相続によって引き継がれたアダムの父たる地位以外の何ものでもないのだから、後継者は、アダムがイヴを儲けたがゆえにイヴを支配する権利をもつべきだということになってしまうであろう。父たる地位とはそれ以外のものではないからである。

一〇〇　おそらく、われわれの著者が〔『パトリアーカ』の〕二三一頁で述べるように、人は子供に対する権力を譲渡しうるし、また、契約によって譲渡できるものは相続によって所有することができると言われるであろう。それに対して、私は、父親は子供たちに対してもっている権力を譲渡することはできない、彼はある程度それを失うことはあるかもしれないがそれを譲渡することはできない、もし他の誰かがそれを獲得するとすれば、それは父親の認可によってではなく、獲得した人自身の行為によってである、と答えよう。例えば、ある父親が、自分の子供に対して不自然なほど配慮をせずに他人に売るか与えるかし、その人もまたその子供を遺棄し、そして、子供を発見した第三の人が子供を自分の子供として育て、いつくしみ、扶養するとしよう。この場合、子としての義務と服従との最大部分が第三の養父に向けられるべきことを疑う人はいないと思う。そして、もし、残る二者のうちのどちらかによって、子供に対する何らかの要求がなされうるとすれば、それは実父からだけということになろう。彼は、「汝の両親を敬え」という命令に含まれる子供の義務を要求する権利を大部分失っているとはいえ、その権利を他人に譲渡することはできないからである。子供を買い、かまわなかった第二の人間が、購入と実父の認可とによって、子供に義務を求め、子供から尊敬を受ける権原を手に入れることはありえない。その権原を得るのは、自ら決意して、棄てられ死にかかっている幼児に父親としての世話と配慮とをなし、その父親としての配慮によって父親の権力に見合う程度の権原を自ら作りだした者だけである。この点は、父親の権力の本質について考察すれば、もっと容易に認められるであろう。それについては、読者は本書後篇を参照していただきたい[23]。

一〇一　当面の本題に戻ろう。父親の権力は、われわれの著者も認めているように、子供を儲けることだけから生じるものであって、譲渡されることも相続されることも不可能であること、また、いかなるものに対しても、それに付帯する唯一の条件を履行しない人がそれに由来する父親の権力をもちえないことは明白である。もし、いかなる法によって父親は子供たちに対する権力をもつのかと問われれば、疑いもなく、子供を儲けた者に子供へのそうした権力を与える自然法によってであると答えることができるであろう。同じく、いかなる法によって、われわれの著者のいう継承者はその権力を相続する権利を手にするのかと問われれば、これについても、自然法によってと答える他はあるまいと私は思う。というのは、私が見る限り、われわれの著者は、彼が語る継承者の権利を証明するために聖書の言葉を何一つ挙げていないからである。そうすると、自然法が父親たちに子供たちに対する父親としての権力を与えるのは彼らが子供たちを儲けたからであり、また、同じその自然法が、継承者に、自分が儲けたのではないにもかかわらず、兄弟たちに対する同様の父親としての権力を与えるということになろう。そこから生じるのは、父親は子供を儲けることによって父親の権力をもつのではないか、あるいは、継承者はそれをまったくもたないかのいずれかであることになる。なぜならば、理性の法である自然法が、どうして、一方で、子供を儲けるという唯一の理由によって父親に子供たちに対する父親の権力を与え、他方で、この唯一の理由がないのに、つまりまったく理由がないのに、長子に他の兄弟に対する父親としての権力を与えることができるのかを理解することは難しいからである。もし、長子が、自然法によって、この父親の権力をそれへの権原を与える唯一の理由がないのに相続できるとすれば、末子も長子と同様に、まったくの他人でも彼らと同様にそうすることができるということになってしまうであろう。子供を儲けた人以外の誰にも理由がない場合には、すべての人が同等の権原をもつからである。この点について、われわれの著者は間違いなく何ら論拠を提示していない。従って、他の誰かがそれを提示したときに、それが妥当かどうかを見ることにしよう。

一〇二　ともあれ、自然法によって、ある人が、他の人の所有権を、その人の近親者であり、その血族として知られているがゆえに相続する権利をもつのだから、同じ自然法によって、血族的にはまったくの他人である者もその財産を相続する権利をもつと言うのは、自然法によって、子供を儲けた者は儲けた子供たちに対して父親の権力をもつのだから、同じ自然法によって、子供を儲けなかった後継者も子供に対する父親としての権力をもつと言うのと同様、およそ意味をなさない。あるいは、ある国の法が子供たちを養い養育した者だけに子供たちに対する絶対的な権力を与えたと仮定しても、その法が、そうしたことをなさなかった人に対して、自分の子供ではない者に対する絶対的な権力を与えたなどと主張する人がいるであろうか。

一〇三　従って、夫婦間の権力が夫でない者にも帰属しうることが示されたときに初めて、子供を儲けることによって獲得されるわれわれの著者言うところの父親の権力は息子の一人に相続されるということ、また、兄弟の一人が父親の権力の継承者として他の兄弟に対する父親の権力を、そして同じ規則によって夫婦間の権力をももちうることが証明されるであろう。しかし、それまでは、われわれは、アダムの父親としての権力、この父たる地位に由来する主権的権威は、もしそうしたものが存在するとしても、アダムのすぐ次の後継者に伝えられることも相続されることもできなかったと考えて満足すべきだと私は思う。私としても、父親がこの世に存在する限り父親の権力も存在するのだから、そうすることがわれわれの著者にとって都合がよいのなら、その父親の権力が失われることはありえないことを喜んで認めよう。しかしそうだとしても、父親たちが、アダムの父親としての権力をもつことも彼からそれを引き継ぐこともないであろう。彼らは、アダムと同じ権原、つまり子供を儲けることによって自分自身の権力をもつのであって、夫が夫婦間の権力をアダムからの相続によって手に入れたのではないのと同じように、相続や継承によって「それをもつの」ではないのである。こうして、われわれは、アダムは、彼に人類に対する主権的な支配権を与えるような所有権も父親としての権力ももってはいなかったし、また同様に、これらの権原のいずれかに基づくアダムの主権も、たとえ彼がそれをもっていたとしても、彼の後継者に継承されることはできず、それは彼の死とともに消滅したに違いないと考えなければならない。従って、これまで示してきたように、アダムは、君主でもなく、彼の想像上の君主政も相続できないものなのだから、現在この世界に存在する権力はアダムの権力だったものではない。われわれの著者が挙げる根拠、すなわち所有権あるいは父たる地位に基づいてアダムがもっていたとされるすべては、アダムとともに必然的に消滅し、相続によって子孫に引き継がれることのできないものだったからである。次に、われわれの著者が語るように、アダムはその権力を相続する継承者をはたしてもっていたのかどうかについて考察することにしよう。

（１）原語は polities である。
（２）原語は self-preservation である。
（３）このように、自己保存に向かう人間の実践能力を感覚と理性とに求めるロックの立場は、人間の認識能力を感覚と理性とに求め、両者の協働による認識の成立メカニズムをあきらかにしたロックの認識論と符合する。

(4) このように、人間の「行為の原理」が神によって人間のうちに「植えつけられた」とするこの叙述は、従来から、人間の「生得的な実践原理はない」としたロックの『人間知性論』の立場との矛盾を疑われてきた。しかし、その点以上に重要なのは、君主を神格化する王権神授説に立つがゆえに、逆に君主を一切の神的義務から解放するフィルマーの独断論に対抗するために、ロックが、君主もまたそれに拘束される「神の作品」としての人間の自己保存への宗教的義務を先験的に断定する一種の「定言命法」から出発せざるをえなかったことである。切実な政治的問題関心が、理論的な哲学的問題関心の「括弧入れ」を招いた例であると言ってよい。

(5) 理性を「人間のうちの神の声」とするこの新プラトン主義的な規定は、ロックの他の作品、例えば、『人間知性論』における「自然の啓示」、『キリスト教の合理性』における「神的本性の閃光」という理性概念とほぼ一致する。

(6) 言うまでもなく、所有権について論じた後篇の第五章がそれに当たる。

(7) 原語は the law of the land である。

(8) ロックがここで揶揄しているのは、イングランドの国内法である。

(9) これも、後篇の第五章を指す。

(10) ロックがここで念頭に置いているのは、長男子が、弟たちを排除して、遺言なしに残された親の全不動産を相続する権利をもつとしたイングランドのコモン・ローである。

(11) 原語は primogeniture である。

(12) この点を論証することが、後篇の主要なテーマをなす。

(13) これは、『ローマ人への手紙』の第一三章三節の「長たる者は、善き業の恐れにあらず、悪しき業の恐れなり」に対応する。
(14) 原語は goods である。
(15) 原語は constitution である。
(16) 『サムエル後書』の第三章から第五章を参照。
(17) ソロモンはダビデの長男ではなかったにもかかわらず、ダビデはソロモンを神ヤハウェの名において王位継承者に選んだからである。『サムエル後書』第五章および『列王紀略上』第一章を参照。
(18) 一六八九年に挿入されたと推定されるこの一節において、ロックは、名誉革命によってメアリーとともにイギリスの王位に就いたオレンジ公ウィリアムの母が、チャールズ二世およびその弟ジェイムズ二世の妹であったことを念頭に置いていると言ってよい。
(19) 旧約聖書の記述によれば、ベニヤミンは、ノア、セム、アブラハム、イサクと続く血統に連なるヤコブの一二人の子供の末子であった。『創世記』第三五章、第四六章参照。
(20) 特にこの点に該当する部分はないが、前篇第一一章にそれに関連する叙述が見られる。
(21) 前篇第一一章がそれに当たると思われる。
(22) 原語は conjugal power である。
(23) 後篇第六章を指す。なお、この箇所は、後篇に言及した前篇の唯一の部分である。

第一〇章　アダムの君主権力の継承者について[1]

一〇四　われわれの著者は、『考察』の二五三頁で、次のように語っている。「大きなものであれ小さなものであれ、また、世界のどんな辺境や遠隔の地から集まったものであれ、およそ人間の集団をそれ自体として取り上げてみると、その中には、アダムの直接の継承者として生来的に他のすべての者に対して王たるべき権利をもち、他の者は彼の臣民である一人の人間が必ずいること、すべての人間が生まれつき王であるか臣民であるかであることは疑うことのできない真実である」。また、彼は、〔『パトリアーカ』の〕二〇頁で、「もしアダムがまだ生きていて、今まさに死のうとしているところだとすれば、そのとき、一人の人間、しかも、アダムの直接の継承者である世界でただ一人の人間が存在することは確かである」と述べている。もしわれわれの著者がお好みなら、彼の言う人間の集団を地上におけるすべての君主たち〔のそれ〕としてみよう。そうすれば、われわれの著者の規則に従って、その中には、アダムの正当な継承者として生来的に他のすべての者に対する王たるべき権利をもつ者がいることになろう。これは、現在統治している王に対抗して、われわれの著者の論拠によれば現に王冠を戴いている者の権原と同等の資格をもつ数百、否、おそらく数千（仮に世界にはそれくらい多くの君主がいるとして）もの権原を立てることによって、君主たちの王座を樹立し、その臣民たちの服従を確定するための素晴らしいやり方である。もし、この〔アダムの〕継承者たる権利が何らかの重みをもち、われわれの著者が『考察』の二四四頁で述べているかに思われるように、それが神の布告(2)であるのだとすれば、すべての者は、最高位の者から最低位の者に至るまでそれに服従しなければならないのではなかろうか。君主の名を冠している者は、たとえ、アダムの継承者たる権利をもたなくても、継承者たる権原によって臣民からの服従を要求することができ、同時に、同じ法によって、その権原をもつ者への服従の義務を負わなくてよいとでも言うのであろうか。いずれにせよ、この世における統治は、このアダムの継承者という権原によって主張されたり維持されたりするものではなく、従って、そこから出発することは無駄であり、アダムの継承者であるか否かは支配の権原に関する限り無意味であると考えるか、それとも、われわれの著者が言うように、アダムの後継者であることが統治と支配との真の権原をなすとすれば、最初になされるべきことは、アダムの本当の後継者を発見して彼を王座に就かせ、その者に対して、この世界のすべての王と君主とが、自らの王冠と王笏とを、彼らの臣民のものではないように自分に帰属するものでもないものとして献上すべきであると考えるかのどちらかであることになろう。

一〇五　つまり、すべての人類(というのは、これが一つの集団をなしているからなのだが)に対する王たるべきアダムの後継者という自然の権利は、合法的な王を打ち立てるために必要な権利ではなく、従って、それをもたなくても合法的な王たりうるし、王の権原と権力とはその権利には依存しないと考えるか、それとも、世界における王は、一人を除いてすべて合法的な王ではなく、服従を要求する権利をもたないと考えるかのいずれかなのである。〔言いかえれば〕アダムの継承者たるこの権原は、それによって王が王冠を保持し、臣民からの服従を求める権利となるものであり、一人だけがそれをもち、臣民である他の者は、ともに彼の臣民である者に対して服従を要求することができないと考えるか、あるいは、それは、王が、それによって支配し、彼の臣民からの服従を求める権利をもつ権原ではなく、王はそれをもたなくても王たることはでき、それゆえ、アダムの後継者がもつ自然の主権というこの夢想は服従と統治とには無益であると考えるかのどちらかである。もし、アダムの継承者でもなく、おそらくそうではありえないにもかかわらず、王が支配する権利をもち、臣民を服従させる権利をもっているとすれば、この〔アダムの継承者たる〕権原は何の役にも立たないであろう。われわれは、それなしで服従を強いられているからである。もし、アダムの継承者ではない王が主権への権利をもたないとすれば、われわれは、われわれの著者が、あるいは彼に代わって誰かがアダムの正しい継承者を示してくれるまではまったく自由であるということになる。もし、アダムにはただ一人の継承者しかおらず、従って、世界には合法的な王は一人しかいないとすれば、それが誰かが決定されるまでは、いかなる人も、その良心に従って服従するという義務を負うことはない。弟筋の血統の出であることが知られていないすべての者がその誰かになりうるし、その場合には、すべての人が同等の権原をもつからである。あるいは、もし、アダムの継承者が一人よりも多くいるとすれば、すべての人が彼の継承者となり、国王権力をもつことになろう。なぜなら、例えば、アダムの二人の息子が同時に継承者でありうるとすれば、〔彼らの〕息子たちはすべて等しく継承者であり、しかも、すべての人がアダムの子であるか、子の子である以上、すべての者がアダムの継承者であるということになるからである。いずれにせよ、継承者の権利ということは、〔アダムの継承者が一人であるか複数であるかという〕これら二つのどちらの場合についても成り立たない。一方では、王はただ一人しかおらず、他方では、すべての者が王であるということになるからである。これらのどちらを取ろうとも、それらは、統治と服従との絆を解体してしまうであろう。もし、すべての人がアダムの継承者であるならば、人は誰に対しても服従の義務を負うことはできないし、ただ一人の人がその継承者であるならば、それが誰であるかが知られ、その権原がはっきりするまでは、何人もその人に対する服従の義務を捧げようがないからである。

(1) この章は、全体として、ロックが、神授権に基づくアダムの家父長権力の継承神話によって現在の国王の権力を正統化するフィルマーの立場と、そのフィルマーの学説を援用して、例えばチャールズ二世の支配を絶対化しようとする王党派の立場とが、実は不敬罪を招く理論的な可能性を含むことを示唆したものと言ってよい。「継承者は誰か」を表題とする次章においてロックが詳細に論じているように、チャールズ二世を含む現在の国王は、彼がアダムの神授の家父長権力の継承者であることが立証されない限り、一切の支配の正統性を失うことになるからである。その点で、本章は、論敵の論理に立って論敵の論理の弱点を衝き、その虚偽性を暴露して行くロックのフィルマー的イデオロギーへの批判の方法がもっとも鮮やかに窺われる部分の一つであると言ってよい。

(2) 原語は ordinance of God である。

第一一章　継承者は誰か

一〇六　いつの時代においても人類を悩まし、都市を崩壊させ、国々の人口を減らし、世界の平和を攪乱《かくらん》してきた一つの大きな問題がある。それは、世界には権力が存在するかとか、それはどこから来るかとかということではなく、誰がその権力をもつのかという問題に他ならない。この点を解決することは、君主たちの安全、彼らの地位や王国の平和と安寧とに劣らぬ重要なことがらであるから、人がもしそう言いたいのなら〔サー・ロバートのような〕政治学の改革者たらんとする者は、それを確かなものにし、この上なく明確にしなければならない。誰が権力をもつかに疑問の余地が残るならば、それ以外の問題はすべてほとんど空しいものになってしまうからである。誰が権力をもつ権利を有しているかが示されることなく、権力をあらゆる光輝と魅惑とをもって飾り立てる技巧によって権力に絶対性が賦与されるならば、それは、もともときわめて強烈な人間の生まれながらの野心をより強めるのに資するだけであろう。それがもたらしうるものとして、人々をますます熱狂的に権力の争奪に駆り立て、統治の任務であり人間社会の目的である平和と安寧との基礎ではなく、際限のない抗争と無秩序との確実で永続的な基礎を作りだすこと以外に何かあるであろうか。

一〇七　われわれの著者は、この〔権力をもつ〕人物の指名に通常以上に注意を払うべき義務を負っている。なぜなら、彼は、政治権力の割り当ては神の定めによると主張することによって、譲渡だけではなく権力そのものも神聖なものであり、従って、人間のいかなる考慮、いかなる決議、いかなる技巧も、神授権によってその権力を割り当てられた人物から他に移転させることはできず、いかなる必要性や策略をもってしても彼を違う人物に取り替えることはできないとしているからである。もし、政治権力の割り当ては神の定めによるのであり、われわれの著者が前章で語っているように[1]、アダムの後継者は政治権力を割り当てられた当事者であるというのであれば、誰であれアダムの後継者でない者が王になることは神への冒瀆であることになろう。それは、アロン[2]の子孫ではない者が祭司になることがユダヤ人の間では神への冒瀆であったのと同様である。なぜなら、一般的に祭司の職が神の定めによるものであっただけではなく、それが、アロンの子孫という唯一の血統に割り当てられたことによって、それが、アロンの後裔以外の者によって享受され行使されることは不可能になっていたからである。アロンからの継承が注意深く守られ、それによって誰が祭司の職への権利をもつかが明確に知られるようにされてきたのはそのためであった。

一〇八　そこで、われわれの著者が、誰が継承者であり、誰が神の定めによってすべての人間の王たる権利をもつかをわれわれに理解させるために、どのような注意を払っているかを吟味してみよう。われわれが彼の最初の説明に出会うのは、〔『パトリアーカ』の〕一二頁の次の言葉においてである。「子供たちのこの服従は、神自身の定めによってすべての王の権威の基礎であるのだから、政治権力が一般的に神の制定によるものだというだけではなく、その割り当てもまた〔神の定めによって〕特別に最年長の親に対してなされたということになる」。このように重要性をもつことがらは、少しでも疑問や曖昧さを残さないように、判明な言葉で語られるべきであろう。もし、言葉というものが何かを明確かつ明晰に言い表すことができるとすれば、親族とか血統上の何々親等とかといった言葉もそうでなければならないと私は思う。それゆえ、ここで、われわれが神の定めによって政治権力の割り当てが誰に対してなされたかをもっとよく知ることができるように、われわれの著者が、もう少し分かりやすい表現を用いるか、あるいは、少なくとも、最年長の親ということで何を意味しているかを語ることが望ましかった。

というのは、思うに、たとえ土地がある人とその家族の最年長の親とに割り当てられ、あるいは授与されたとしても、その人自身が、〔最年長の親が誰であるかについての〕解釈者が必要であると考えるであろうし、また、その土地が次に誰に帰属するのかがほとんど分からないと考えるであろうからである。

一〇九　この種の論考では間違いなく必要とされる適切な語法から言えば、最年長の親とは、子供をもった最年長の男女か、あるいは、もっとも長期間にわたって子孫をもった者を意味する。そうだとすれば、われわれの著者の主張は、この世にもっとも長く存在したか、あるいは、もっとも長く多産であった父母が、神の定めによって政治権力への権利をもつということになろう。もし、これらの中に何か不合理な点があれば、われわれの著者はそれについて答えなければならない。また、彼の意味するところと私の説明とが食い違うというのであれば、その責めは、それを明断に語らなかった彼自身が負わなければならない。両親が男性の後継者を意味しえないこと、また、継承者が一人のみの場合には真の継承者がときに幼児であることもありうるとしても、最年長の親が幼児を意味しえないことは、どう考えても確かであろう。従って、この神の定めによる割り当てということにもかかわらず、あたかもそのような割り当てというものなどまったくなかったか、あるいは、われわれの著者がそれについて何も語っていないかのように、誰に政治権力が帰属するかは依然として判然としない。この最年長の親という言葉は、われわれの著者がそれに関してたっぷりと語っている継承者とか承継とかについてなまじ聞かされているわれわれを、それを何も聞かされていない人々に比べて、誰が神の定めによる政治権力への権利をもつかについてかえって不分明にさせてしまう。彼の著作の主要な関心事が、彼の言う相続によって伝えられた権利をもつ者への服従を説くことにあるにもかかわらず、この相続によって誰にこの権利が属するかについては、彼は、政治学における賢者の石のように、彼の著作からは窺い知ることができないままに放置しているのである。

一一〇　サー・ロバートのように何か言いたいことを心に決めている文章の達人の場合、以上のような〔表現の〕不分明さを、言葉の不足に帰することはできない。それゆえ、私は危惧するのだが、サー・ロバートは、神の定めによる相続という規則を決定することがいかに困難であり、たとえその規則が決定されたとしても、それが、彼の目的に適い、君主の権原を明確にし確立することに資することがいかに少ないかを発見して、次のような道を選んだのではないかと思う。すなわち、彼は、アダムの父たる地位の承継に関する明確な規則を示すことによって、人々の良心が、誰にそれが伝えられたかを得心し、王的権力と服従とへの権利をもつ人物を知ることができるようにするよりも、それらを唯々《いい》諾々《だくだく》として聞く人の耳には決して悪い響きを与えない曖昧で一般的な言葉に自らも満足する道を選ぶことにしたのではないかと私は思うのである。

一一一　そうでなければ、承継、アダムの継承者、次の継承者、真の継承者といったことをあれ程までに強調する彼が、継承者とは何を意味するかについても、次の、あるいは真の継承者を知る方法についても口を緘して語らないなどということはありえないことであろう。私の記憶する限り、彼はどこでもこれをはっきりした形では扱ってはおらず、問題となったところで、それに用心深く、曖昧な仕方でふれているにすぎない。それについて論じることは不可欠であって、それなしには、彼の原理に基づく統治と服従とについての言説は無益であり、父親の権力も立証されないまま誰の役にも立たないことになってしまうにもかかわらずである。彼は、『考察』の二四四頁で次のように言う。「権力の設立一般のみならず、その一つの種類、(つまり)王政への限定と、そのアダムという個人およびその血統への限定とは、三つともすべて神の布告によるものであって、イヴも彼女の子供たちもアダムの権力を制限したり、他人にそれをアダムと共有させたりすることはできなかった。アダムに与えられたものは、彼の身代わりとして子孫に与えられたのである」。ここで、われわれの著者は、再び、神の布告が、アダムの王的権力の相続を限定したと述べている。誰に対してか。それについて、われわれの著者は、アダムの血統と子孫とに対してであると言う。これは注目すべき限定であって、すべての人類への限定ということに他ならない。もしわれわれの著者が人類の間にアダムの血統と子孫とに属さない者を見いだすことができるとすれば、その人が彼に誰がアダムの次の継承者であるかをあるいは語ってくれるのかもしれない。しかし、われわれにとって、アダムの統治権を彼の血統と子孫とに限定することが、われわれがアダムの一人の継承者を発見する助けになる望みはないと私は思う。われわれの著者によるその限定は、アダムの継承者〔つまり人間〕を動物の種族の中から探そうとする人がいるとすれば、その労を省いてくれるであろうが、人間の中からただ一人の次の継承者を発見することには、ほとんど貢献しない。たとえ、それが、アダムの血統と子孫とがアダムの王的権力をもつべきだとすることによってその権力の継承者をめぐる問題の簡単で安易な解決にはなるとしても、生きている誰もがアダムの血統および子孫たる権原をもつのだから、平明な言葉で言えば、いかなる人もアダムの王的権力をもつことができ、その限りで、それも、われわれの著者の言う神の定めによる限定の範囲内にあるということになってしまうからである。実際には、彼は、〔『パトリアーカ』の〕一九頁で、「そのような継承者たちは、彼ら自身の子供たちの主人であるだけではなく、彼らの兄弟の主人でもある」と述べている。この言葉と、われわれがすぐ後に考察するそれに続く言葉とによって、彼は、長兄が継承者であることを示唆しているように見える。もっとも、彼は、私が知る限り、どこにおいても、それを直截には語っていない。しかし、その後に彼が挙げるカインとヤコブとの例から、多くの子供がいる場合には、長兄が継承者たる権利をもつというのが、継承者に関する彼の意見であるということまでは認めてよいと思う。しかし、われわれがすでに示したように、長男子相続権は父親の権力への権原をもたらすことはできない。父親が子供たちに対するある種の権力への自然権をもつということは容易に認められるとしても、長兄が彼の弟たちに対してもそうであることは証明されるべく残された問題である。私が知る限り、神あるいは自然は、どこでも、第一子にそうした支配権を置いておらず、理性もまた、兄弟の間にそうした生まれながらの優位関係を見いだすことはできない。確かに、モーゼの律法は、長子に対して、物品や所有物を他の者の二倍与えてはいるが、生来的あるいは神の定めによって、優越性あるいは支配権が長子に属するということはどこにも見いだすことはできず、われわれの著者がもちだす例も、第一子における政治的な権力と支配権とへの権利をほとんど証明するものではなく、むしろ、その逆を示すものに他ならない。

一一二　先に引用した箇所〔『パトリアーカ』一九頁〕に、彼の次の言葉がある。「こうして、われわれは、神が、弟アベルについて、カインに、彼は汝を慕い、汝は彼を治めんと語ったのを見る」(5)。これに対して、私は次のように答える。

1　カインに対する神のこれらの言葉は、優れた理性を備えた多くの解釈者によって、われわれの著者がそれらを使うのとは異なった意味で理解されている。

2　それらの言葉によって意味されていることが何であれ、兄としてのカインがアベルに対する自然の支配権をもつということはありえない。というのは、それらの言葉は、カインに向けて「汝もし善を行わば」という条件づきで、しかも個人的に語られており、従って、それらの意味はカインの振る舞い次第に左右されるのだから、〔無条件に〕カインの生得の権利を導くものではなく、また、第一子一般における支配権を確立するものにも断じてなりえないからである。実際、われわれの著者自身が『考察』の二一〇頁で自ら認めているように、アベルは、それ以前に、私的支配の権利に基づく彼自身の固有の領土をもっていたが、もし、カインが、神の定めにより、〔アダムの〕継承者として父親の支配権のすべてを相続することになっていたとすれば、アベルは、その私的支配権をもつことで継承者〔カイン〕の権原を侵害することなどできなかったであろう。

3　もし、カインに対する神の〔上記の〕言葉が、長男子相続権の宣言として、また、相続の権利による長兄への支配権一般の授与として意図されたものであったとすれば、その言葉はカインのすべての兄弟を包摂するものと考えてよいであろう。〔神によって〕人を儲けて世を満たせとされたアダムは、この頃までには、〔カインおよびアベルの〕二人以外の成人となった息子たちをすでにもっていたと想定できるからである。しかるに、アベル自身は〔『創世記』第四章七節において〕名前さえ挙げられてはおらず、従って、その原文中の〔彼という〕言葉を、たとえ善意に解釈しても、アベルに適用することはできないであろう。(6)

4　〔われわれの著者のように〕まったく異なった意味においてのほうが、よく、否よりよく理解できる聖書の不確かで曖昧な箇所から確固とした結論に立つ教説を打ち立てることはやり過ぎである。それは、せいぜい、立証されたとされるものを疑わしくさせる貧しい証明になりうるだけであって、その証明を後押ししたり支えたりするものが聖書の中にも理性の中にも見いだされない場合にはとりわけそうである。

一一三　〔『パトリアーカ』の〕一一九頁は、更に次のように続いている。「従って、ヤコブが兄〔エサウ〕の〔長男子相続への〕生得権を購ったとき、〔父〕イサクは、ヤコブを祝福して、汝兄弟たちの主となり、汝の母の子ら汝に身をかがめんと言った」[7]。われわれの著者が、〔長男子相続への〕生得権に由来する支配権を証明しようとして挙げるもう一つの、しかも驚嘆すべき例である。というのは、王の自然の権力を主張し、契約をもちだすことに反対する当人が、それを証明するために、自ら、すべての権利が契約の上に置かれ、弟の手に支配権が与えられたと説明する例を引くのは、まずもって、普通の論法とは到底言えないからである。彼自身、「ヤコブが兄の〔長男子相続への〕生得権を購ったとき」と語っているのだから、購ったり売ったりすることは契約ではないとでもしない限り、そうならざるをえない。しかし、それはともかくとして、〔聖書の〕その歴史そのものと、われわれの著者がそれをどのように利用しているかとを考察してみると、彼がその歴史について以下の〔二つの〕誤りを犯していることが見いだされるであろう。

1　われわれの著者は、ヤコブが購ったとき、イサクは彼を祝福したと述べて、ヤコブが〔エサウから長男子相続への〕生得権を購入するや否や、イサクがヤコブに祝福を与えたかのように記述しているが、聖書ではあきらかにそうではない。この〔購入と祝福との〕間には時間的な隔たりがあり、しかもそれは、われわれがその物語を置かれている順序で受けとるならば、決して小さなものとは言えないのである。『創世記』第二六章が示すように、イサクのゲラル寄留と〔ペリシテ人の王〕アビメレクとの取引とがその間にあり、当時、〔イサクの妻〕リベカは美しく、従ってまだ若かったが、イサクは、ヤコブを祝福したとき、すっかり年をとり老衰していた。そして、エサウもまた、『創世記』第二七章三六節でヤコブを非難して、「彼が我をおしのけることこれにてふたたびなり。昔にはわが家督の権を奪い、今はわが祝を奪いたり」と語っているが、これらの言葉は、〔購入と祝福とが〕時間を隔てた別々の行為であったことを意味していると私は思う。

2　われわれの著者のもう一つの誤りは、イサクがヤコブに祝福を与え、彼に、〔長男子相続への〕生得権をもっているのだから兄弟たちの主人となれと命令したと想定していることに求められよう。われわれの著者は、〔長男子相続への〕生得権をもつ者は、それによって彼の兄弟の主人たる権利をもつということを証明するためにこの例をもちだしている。しかし、聖書の本文から、イサクは、ヤコブを祝福したとき、彼をヤコブとは思わずエサウと考えていたのだから、イサクが、ヤコブによってエサウの生得〔の長男子相続〕権が購入されたなどとはおよそ考えていなかったことはあきらかであろう。また、エサウも、「彼〔ヤコブ〕が我をおしのけることこれにてふたたびなり。昔にはわが家督の権を奪い、今はわが祝を奪いたり」と言っているところを見れば、生得〔の長男子相続〕権と祝福との間に何らかの結びつきがあるとは理解していなかった。兄弟たちの主人たるべきであるとの祝福が〔長男子相続への〕生得権に属するとすれば、エサウがヤコブに〔長男子相続への〕生得権を売ったとき、ヤコブは、エサウが売ったもの以外の何物をも手にしえなかったのだから、エサウはこの第二の〔祝福の〕件について、騙されたとして文句を言えなかったはずである。従って、この〔兄弟たちの主たるべきであるとの〕言葉がたとえ支配権を意味するとしても、その支配権が〔長男子相続への〕生得権に属するとは理解されえないことはあきらかである。

一一四　かの家父長の時代において、支配権が継承者の権利とは理解されておらず、単に所有物のより大きな分け前としてのみ理解されていたことは、『創世記』第二一章一〇節から明白である。そこにおいて、〔アブラハムの妻〕サラが〔息子〕イサクを〔アブラハムの〕継承者とみなしつつ、「この婢《はしため》〔エジプト人ハガル〕とその子〔イシュマエル〕を逐出《おいいだ》せ、この婢の子は吾子イサクとともに嗣子となるべからざるなり」と述べているからである。つまり、これによって意味されているのは、彼〔イシュマエル〕は、父親の死後、その財産に等分に与ることを要求すべきではなく、自分の現在の分け前をもって立ち去るべきであるということ以外のことではありえない。それゆえ、われわれは、『創世記』第二五章の五節と六節とにおいて、次の文言を読むのである。「アブラハム、その所有をことごとくイサクに与えたり。アブラハムの側女らの子には、アブラハム、その生ける間に、物をあたえて、これをしてその子イサクを離れしむ」。つまり、アブラハムは、自分が保有するものから彼の他のすべての息子たちに分け前を与えて彼らを去らせ、彼の死後、彼の財産の最大部分をイサクが継承者として所有した、しかし、〔イサクは〕継承者であることによって、他の兄弟たちの主人たるべき権利はもたなかったということなのである。もしイサクがその権利をもったというのであれば、なぜ、サラは、イシュマエルを去らせることを望むことによって、イサクからその臣民の一人を奪い、彼の奴隷の数を減らす努力を払ったのであろうか。

一一五　このように、律法の下では、生得権という特権が二倍の分け前〔をもつ〕ということ以外のものではなかったのだから、われわれの著者がそこから模範を得たと主張するモーゼ以前の家父長の時代においては、生得〔の長男子相続〕権が、誰かに、その兄弟たちに対する支配権や統治権、父親としてのあるいは王的な権威を与えたなどということは、知られてもいなかったし、考えられてもいなかったことが理解される。もし、このことが、イサクとイシュマエルとをめぐる物語だけでは十分にはあきらかではないというのであれば、『歴代志略上』第五章の一節および二節に見られる次の文言を読んでいただきたい。「ルベンは長子なりしが、その父の床を汚ししによりて、その長子の権は、イスラエルの子ヨセフの子らに与えらる。しかれども、系譜は長子の権にしたがいて記すべきにあらず。そは、ユダ、その諸兄弟に勝る者となりて、君たる者その中より出れぱなり。ただし、長子の権はヨセフに属す」。この〔長子の権という〕生得権が何であるかは、ヤコブが、ヨセフを祝福しつつ、『創世記』第四八章二二節の次の言葉で語っている。「かつ、われ、一つの分を汝の兄弟よりもおおく汝にあたう。これ、わが刀と弓とをもってアモリ人の手より取りたるものなり」。これによって、長子の権が二倍の分け前以外の何物でもないことがあきらかであるだけではなく、『歴代志略』の本文が、われわれの著者の教義に明確に反して、支配権が生得権の一部ではないことを示すこともあきらかであろう。そこでは、ヨセフは長子の権をもったが、支配権はユダがもったとされているからである。兄弟に対する支配権が相続人に帰属することを立証するためにヤコブとエサウとの例を引いているのを見ると、われわれの著者はつくづく〔長子の権という〕生得権の名が好きなのだと思われる。

一一六　1　これは、神の定めによる支配権が長子に属するということを立証するにははなはだまずい例であろう。最年少のヤコブが、いかなる方法によったにせよ、それを手にしたからである。それは、せいぜいのところ、しかも、われわれの著者の言うところとは反対に、長子への支配権の割り当ては、変更不能な神の定めによるのではないということを証明しうるだけであろう。というのは、もしも、神の法または自然法によって、絶対的な権力と統治権とが長子とその継承者とに帰属し、それゆえ彼らが至高の王であり、彼らの兄弟たちの残りすべては奴隷であるとすれば、われわれの著者は、長子は、その権力を放棄して子孫に害をもたらす権力をもつのではないかと疑わせる理由をわれわれに与えているからである。彼は、『考察』の一五八頁で、「神あるいは自然に起源をもつ認可や贈与については、劣位にある人間の権力が、制限を加えたり、それらに反する取得時効の法を作ったりすることはできない」としているからである。

一一七　2　われわれの著者がもちだす『創世記』第二七章二九節の箇所は、一人の兄の他の兄弟に対する支配権にも、ヤコブに対するエサウの服従にもまったく関係はない。なぜなら、その物語において、エサウがヤコブの臣民ではなかったこと、セイル山に別れて住み(8)、そこに別個の民と統治とを打ちたて、ヤコブがその民においてそうであったように、自らの民に対して君主であったことはあきらかであるからである。その〔上記二九節の〕原文は、よく考えてみれば、そもそもエサウ自身に関するものとも、エサウに対するヤコブの個人的な支配権に関するものとも解することはできない。というのは、〔そこに見られる〕兄弟たちおよび汝の母の子らという言葉を、ヤコブにはただ一人の〔双子の〕兄しかいないことを知っていたイサクが文字通りに使ったとは考えられないからである。つまり、それらの言葉は、字義通りの真実からも、エサウに対するヤコブの支配権の確立ということからもほど遠いものであって、われわれは、その物語の中にまったく反対のことを見いだす。なぜなら、『創世記』第三二章で、ヤコブは、しばしば、エサウを主人と呼び、自らを彼の僕と呼んでおり、また、『創世記』第三三章〔三節〕には、エサウに対して「彼〔ヤコブ〕は七度身を地にかがめた」とあるからである。私は、エサウが、ヤコブに対して、臣民あるいは家臣、否、〔われわれの著者はすべての臣民がそうであると語っているのだから〕奴隷であり、ヤコブが〔長男子相続への〕生得権によって主権をもつ君主であったかどうかの判断を読者に委ねたいと思う。また、イサクの次の言葉、「汝兄弟たちの主となり、汝の母の子ら汝に身をかがめん」が、ヤコブに対して、エサウから購った生得〔の長男子相続〕権によってエサウへの主権を確証するものと信じるかどうかも、読者の判断に委ねたい。

一一八　ヤコブとエサウとに関する物語を読む者は、そこに、父親の死後、いずれの一方も他方に対していかなる統治権も権威ももたなかったことを見いだすであろう。すなわち、彼ら二人は、兄弟としての友誼と平等との下に生き、いずれも互いの主でも奴隷でもなく相互に独立し合い、それぞれがそれぞれの家族の長であり、いずれかから律法を受け取ることなく別れて住み、二つの別々の統治の下にある別々の一族の祖であった。従って、われわれの著者がその上に長兄の支配権を打ち立てようとするイサクの祝福には、『創世記』第二五章二三節に記された〔イサクの妻〕リベカへの神の言葉、「二つの国民[9]、汝の胎にあり。二つの民、汝の腹より出て別れん。一つの民は一つの民よりも強かるべし。大は小につかえん」が意味すること以上の意味はない。同様に、『創世記』第四九章〔一〇節〕には、ヤコブはユダを祝福し、彼に王笏と統治権とを与えたとある。ここから、われわれの著者は、イサクの祝福からヤコブに支配権が帰属することになったのと同様に、第三子〔であるユダ〕に、他の兄弟たちに対する支配権と統治権とが属することになったと論ずるかもしれない。〔しかし〕これら〔『創世記』第二七章二九節と第四九章一〇節と〕の両箇所は、彼らの子孫に長きにわたって起こるであろうことの予言を含むだけであって、いずれが支配権を相続する権利をもつかの宣言を含むものではない。それゆえ、われわれの著者が継承者は兄弟たちに対する主人であるということを立証するための論拠は、以下の二つだけだということになろう。

1　〔一つは〕神が、『創世記』第四章〔七節〕で、カインに向かって、いかなる罪が彼の上に置かれようとも、彼は罪を治める主人であるべきであり、またそうでありうると語っているからというものである。〔私がここでカインをアベルを治める主人としないのは〕多くの学識者が、これらの言葉は罪に関するものであってアベルに関するものではないと解釈しているからである。実際、それには十分な理由があるので、この多義的な聖書の原文から、われわれの著者の目的に適うことを説得的な形で推論することはできない。

2　〔もう一つは〕この『創世記』第二七章において、イサクが、ヤコブの子孫であるイスラエルの民は、エサウの子孫であるエドマイトの民に対する支配権をもつであろうと予言しているからというものである。それゆえ、われわれの著者は、継承者は兄弟たちの主人であると言うのであるが、私は、この結論の〔当否の〕判断を私以外の人に委ねたいと思う。

一一九　かくて、今やわれわれは、われわれの著者が、アダムの王的権力あるいは父親としての支配権の子孫への継承と譲渡とをどのように規定しているかを知った。つまり、それは、継承者が、相続によって父親のすべての権威を引き継ぎ、父親の死後は、父親と同じように、自分自身の子供たちだけではなく自分の兄弟に対しても、また、父親の系統を引くすべての者、従って、無限に多くの者に対しても主となるというものであった。しかし、この継承者が誰かについては、彼はわれわれに一度たりとも語っていない。この根本的な点について彼から得られる唯一の示唆は、彼が挙げるヤコブの例であって、そこでは、〔長男子相続への〕生得権という言葉を用いながら、それがエサウからヤコブに譲られたとされており、これによって、彼はわれわれに継承者とは長男を意味すると想像させるつもりなのであろう。ただし、私の記憶では、彼は、どこでも、第一子の権原についてはっきりとは言及しておらず、常に、継承者という漠然とした言葉の背後に隠れてしまうのである。しかし、われわれの著者の意味するところが、長男が継承者であり（そうでなければ、すべての息子たちが等しく継承者であってはならない理由はなくなってしまうのだから）、従って、長男子相続権によって長男が兄弟たちに対する支配権をもつということであるとしても、これは、継承問題の決着へのほんの一歩の前進にすぎない。彼が、正当な継承者によって誰が意味されているかを、〔支配権の〕現在の所有者が息子をもたない場合に生じうるあらゆる事例について示すことができない限り、問題は依然として残されたままであるからである。しかし、この点について、われわれの著者は沈黙しており、おそらく、その方が賢明なのであろう。なぜなら、彼にとって、「その権力をもつ人物は、権力および統治の形態とともに、神の命じるところ、神の定めるところである」(『考察』二五四頁、〔『パトリアーカ』〕一一二頁参照)と断言してしまった後では、〔その権力をもつ〕人物に関する問題から出発して、結局、神も自然も彼については何も決定していないという告白に間違いなく導かれて終わるということがないように注意すること以上に賢明なことはありえないからである。実際、われわれの著者は、彼があれほど骨折って説明した自然の君主が息子を残さずに死んだとき、その君主の支配権を自然の権利あるいは神の明白な実定法によって相続するもっとも近い権利を誰がもつかを示すことができないくらいなら、他のすべてのことについても説明する労を省いた方がよかったであろう。人間の良心を納得させ、彼らの服従と忠誠とを決意させるためには、本来的に〔父親の〕支配権というものが存在するということを示すだけではなく、本源的な権利によって、そして、人々の意志や行為に優位し先立って、父親の支配権への権原を誰がもつかを示すことがよりいっそう必要なのである。父親の権力を要求する者が数多く存在する場合、それを正当に与えられ賦与された人物が分からなければ、私が服従すべきであり、あるいは服従すべく定められている父親の権力というものが存在するということを知ったところで私には何の役にも立たないのである。

一二〇　ここで主要に問題となっているのは、私の正当な主人であり支配者である者に対して私が負うべき服従の責務と良心の義務とをめぐることがらであるから、私には、この父親の権力という権利をもち、私に服従を要求する権限を与えられた人物が誰であるかが分かっていなければならない。〔『パトリアーカ』の〕一二頁における「政治権力一般の存在だけではなく、それが最年長の親に特別に割りふられるということも神の定めたところである」とか、『考察』二五四頁に見られる「統治の権力あるいは権利だけではなく、統治権力の形態およびその権力をもつ人物も神の命ずるところである」とかというわれわれの著者の言葉がたとえ正しいと仮定しても、彼が、神によって任命された人物が誰であり、誰がその最年長の親であるかをあらゆる場合について示さない限り、君主権力に関する彼の抽象的な観念は、これが実践に移されて、人々が良心から服従を捧げようという段になると、すべて無意味なものとなってしまうであろう。なぜなら、父親の支配権は命令できないのに服従すべきであるといったものではなく、それを父親の支配権と呼ぶことができるのは、それが、例えば他の人間がもちえない相続によって、誰か一人の者に他の人がもつことのない命令し服従を受ける権利を与えたときのみに限られるからである。つまり、父親の権力が私に服従を求める権利を与えていない人間に私が服従している場合を指して、私が父親の権力に服従していると言うのは奇妙なことなのである。従って、神授権ということによって、そうした権力がこの世に存在するということだけではなく、私を支配する権力への神授権を自らがもつことをも示すことができない者は、私に服従を要求する神授権をもつことはできない。

一二一　こうして、われわれの著者は、いかなる君主についてもアダムの後継者としての統治への権原を立証することができず、従って、その権原が役に立たず、これにはふれない方がよいと考えたので、やむなくすべてを現在の所有に還元せざるをえなくなり、政治的服従を、合法的王に対してと同様に、簒奪者に対しても向けられるべきものにし、それによって、簒奪者の権原も同等の効力をもつものとしたのである。『考察』の二五三頁における彼の言葉は次の通りであるが、これは記憶しておくに値するものである。「簒奪者が〔王位の〕真の後継者〔の地位〕を奪ったとしても、父親の権力への臣民の服従はそのまま続き、神の摂理を待たなければならない」[10]。しかし、私は、彼の言う簒奪者の権原については然るべき場所で吟味することにして、冷静な読者に次のことを考えてみていただきたいと思う。つまり、父親の権力、（すなわち）統治への権利がケイド[11]やクロムウェルといった人の手中にあることをさえ想定し、すべての服従は父親の権力に対してなされるべきなのだから、臣民の服従は、合法的な君主に対する場合と同一の権利によって、また同一の根拠にもとづいて彼らに対してもなされなければならないと考えるような〔われわれの著者の〕政治学に、君主たちがどのような感謝を寄せるかどうかがそれである。この危険きわまりない教説は、政治権力が誰に伝わり、誰がその継承者であるかを示すことなく、すべての政治権力は、アダムから権利と神の定めとによって伝えられたアダムの父親としての権力以外の何ものでもないとすることから必然的に出てくるものなのである。

一二二　この世において統治を確立し、服従への義務を人々の良心の上に定礎するためには（われわれの著者とともに、すべての権力はアダムの父たる地位を所有することに他ならないと仮定するとしても）、この権力、この父たる地位を所有する者に対して、父親が死んだときは長子がその権力への権利をもつと語るだけではなく、その所有者が、自分の権力を直ちに継承する息子をもたずに死去した場合、誰がその権力、その父たる地位をもつかを納得させることが必要である。なぜなら、（われわれの著者が忘れていなければ主張していると考えられる）重要な問題は、どの人物が服従を受けるべき権利をもつかであって、誰のうちにあるかが分からない父親の権力という名の権力がはたしてこの世に存在するかどうかではないということを忘れてはならないからである。それが権力、つまり支配する権利である限り、われわれに誰がそれをもつかさえ分かっていれば、それが、父親の権力とか王的な権力、自然の権力とか獲得された権力とかと命名されようと、また、皆さんがそれを至高の父たる地位と呼ぼうが至高の兄たる地位と呼ぼうが、まったく関係はないのである。

一二三　そこで、いくつか問いたいことがある。この父親の権力、この至高の父たる地位の相続に際して、娘の生んだ孫はある兄弟が儲けた甥よりも優先的な権利をもつのだろうか。また、長子が儲けた孫は、幼児であっても、成人し、法定能力がある弟よりも優先権をもつのだろうか。娘は叔父よりも、あるいは男系に連なる誰に対しても優先権をもつのだろうか。年下の娘が生んだ男の孫は、年上の娘が生んだ女の孫よりも優先的な権利をもつのだろうか。正妻でない者が生んだ年上の息子は、正妻が生んだ年下の息子よりも優先権をもつのだろうか。ここから、〔非嫡出子の〕嫡出化[12]をめぐる多くの問題が発生するし、また、正妻とそうでない者との本来的な相違は何かという問題も生じるであろう[13]。なぜなら、国内法あるいは実定法について言えば、それらは、この点ではまったく役に立たないからである[14]。更に、愚昧な長子が、賢明な弟に優先してこの父親としての権力を相続すべきであるかどうかも問われうるであろう。また、彼をこの権力の相続から排除する場合、その愚昧さの程度はどのくらいでなければならないのであろうか。そして、誰がそれについての判定者なのであろうか。愚昧さのゆえに〔権力の相続から〕排除された者の息子は、正常で支配権を振るうその者の兄弟の息子よりも優先権をもつのであろうか。寡婦となった女王が故王との間に子を宿しながら、それが息子であるか娘であるかを誰も知らない場合、誰が父親の権力をもつのであろうか。母親の切開によって世に誕生した双子の男子のうち、どちらが継承者たるべきなのであろうか。異父母姉妹は、両親が同じ兄弟の娘よりも優先権をもつのであろうか。

一二四　継承の権原、相続の権利については、これらの他にも、更に多くの同じような問題を、根拠のない空論としてではなく、歴史上に実例のある王位、王権の継承に関わることがらとして提起することができるであろう。そして、たとえ、われわれの議論がその有名な例を必要とするとしても、われわれは、それを求めて、この〔われわれの国と〕同じ島の中にある他の王国(15)よりも遠くに行く必要はなく、しかも、その有名な例については、『家父長制は君主政にあらず』の聡明で学識のある著者(16)によって十分に論じられているので、私がここで蛇足を加える必要もない。われわれの著者が、もっとも近い継承者について生じるすべての疑問を解決し、それらの疑問が自然法あるいは神の啓示法によって明白に裁決されることを示さない限り、アダムにおける君主的で絶対的で、至高の父親としての権力、そしてまた、その権力のアダムの継承者への相続という彼の想定は、現在地上に存在するいかなる君主についても、その権威を確立したり、その権原を立証したりする上で何の役にも立たず、かえって、それらすべてを不安定にし、疑惑にさらすだけであろう。なぜなら、われわれの著者が、好むままに、アダムは父親の権力をもち、それによって君主権力をもっていた、そして、（世界で唯一の権力である）この権力はアダムの継承者に伝えられたと言い募り、すべての人もまたそれを信じるとしても、また、それが、実際にはあきらかに誤りではあるが、明晰に論証されていると仮定するとしても、もし、誰にこの父親の権力が継承されたのか、それが今、誰のものかが疑いえないものでないとすれば、私と同様に父親の権力をもたない者における父親の権力に対しても私は服従義務を負うとでも言わない限り、誰も〔誰かに〕服従すべき義務を課せられることはありえないからである。これは、私がある人に服従するのは彼が支配する権利をもっているからだと言いながら、その人が支配する権利をもつことをあなたはどのようにして知ったのかと問われて、私が、私には彼がそれをもっていることを知ることはできないと答えるのとまったく同じである。私が服従の理由を了解していないものは、どこまで行っても私の服従の理由とはなりえないし、いわんや、誰もが服従の理由とは認めることができないものが、私の服従の理由となりうるはずはないからである。

一二五　従って、アダムの父たる地位について、その権力がいかに巨大であり、それを仮定することがいかに必要であるかを騒ぎ立てたとしても、臣民が誰に服従すべきかを語ることができず、また、誰が支配し、誰が服従すべきかが分からなければ、統治する者の権力を確立し、臣民の服従を決意させるのには何の助けにもならない。アダムの継承者が誰であるかについては如何とも難く無知な現代の状態においては、後継者に伝えられるアダムのこの父たる地位、アダムのこの君主権力ということは、人類の統治にとって何の役にも立たない。それは、われわれの著者が、人々に対して、アダムは罪を許したり病気を治癒させたりする権力をもち、しかも、それは神の定めによって彼の継承者に伝えられたということをいくら請け合ったところで、この継承者を知ることができない限り、人々の良心を安心させたり、健康を維持させたりするのに何ら役立たないのと同様である。一切の権力がアダムの唯一の継承者に伝えられたということを告げられながら、その継承者が誰であるかも分からないのに、私は、アダムから伝えられた父親としての権力に従属し服従しますと言うことの不条理性の程度は、ある人が、われわれの著者の保証にもとづいて、自ら僧侶や医師の名を騙《かた》るか、資格もないのにでしゃばってその職業の仲間に加わるかした者の許に行き、私はアダムから伝えられた免罪の力を認めます、私はアダムから伝えられた医術の力によって治癒するはずですと言いながら、自分の罪を告白して免罪を受けることを期待したり、健康の回復を願って投薬を受けたりすることが不条理であるのに劣らないであろう。

一二六　ローマ法学者たち(17)は、君主の継承をめぐる以上の事例のうちのいくつかを解決したと称しているが、彼らは、われわれの著者の原理によれば、彼らの専門には属さない問題によけいな手出しをしたにすぎない。というのは、もし、すべての政治権力がアダムのみに由来し、彼の後を継ぐ継承者だけに神の命令、神の定めによって伝えられたのだとすれば、これは、すべての統治に先行し優位する権利であり、従って、それ自体、すべての法と統治との基礎であり、神と自然との法からのみ統治権を受け取るべきものであるその権利が何であるかを人間の作った実定法が確定するなどということはありえないことであるからである。しかも、その場合、神と自然との法は何も語っていないのだから、私としては、アダムから彼の継承者にという形で伝えられるべき権利などというものは存在しないと考えた方がいいように思う。たとえ、そうした権力が存在するとしてもあまりものの役には立たず、人々も、そんな権利はないとした方が、統治と統治者への服従とに関してあれこれと惑わされないであろう。というのは、そうした無数の難問に対して十分に備えることができるのは、神の定め（そういうものがあると仮定してだが）という断定が締め出してしまった実定的な法と契約とによってであるからである。ともあれ、相続に関する自然のあるいは神与の明確な規則がないのに、〔われわれの著者が言うアダムへの〕神授の自然権、しかも、この世の秩序と平和とに関わるほどに重大なそれがどのようにして子孫に伝えられたかを理解することはおよそ不可能であろう。継承者への政治権力の割り当てが神の定めによるとされながら、誰がその継承者であるかを神の定めるところによって知ることができなければ、すべての政治的統治は成り立たないことになる。この父親の君主権力は、神授権によって継承者だけのものになるのだから、人間の深慮や同意がそれを他に移し変える余地はない。なぜなら、一人の人間だけが人類の服従を要求しうる神授権をもつとすれば、その権利をもつことを示すことができる者以外の何人も服従を求めることはできず、また、その神授権以外のいかなる主張も人間の良心に服従を強いることはできないはずであるからである。かくて、〔われわれの著者が説く〕この教説は、すべての統治を根底から覆してしまう。

一二七　以上見てきたように、われわれの著者は、支配すべき人物は神の命じるところであり、神の定めによるということを確実な論拠として挙げながら、この人物とは継承者のことであることを縷々《るる》述べているが、この継承者が誰であるかについてはわれわれの想像に委ねている。誰が神の定めによって支配権を割り当てられたかを知るための規則をわれわれがもたない以上、それは、誰に対しても割り当てがなされなかったと言うに等しい。しかし、われわれの著者が何と言おうと、そんな奇妙な割り当てが神の定めによってなされたはずはない。同様に、神が、ある一人の人物が何かに対する権利をもつべきだということを神聖な法としながら、誰がその人物であるかを指示し認識するための規則を与えず、また、継承者に権力への神授権を与えながら、誰がその継承者であるかを示さないなどということは考えられない。神が継承者にそうした権利を与えながら、誰がその継承者であるかは曖昧で決定不能なままに放置したと考えるくらいなら、むしろ、継承者は神の定めによるそのような権利をもっていなかったと考えるべきであろう。

一二八　神が、カナンの地をアブラハムに与え、彼の死後は、漠然とした言葉で、子孫の誰かに、つまり、それが誰であるかが分かるように名指しをすることなく与えたと仮定した場合、この割り当てがカナンの地に対する権利を決定するのに十分に役立ったとは思えないことは、誰が継承者であるかを語ることなしに、アダムと彼に続く継承者とに統治権を与えることが、王位への権利を決定するのに役立たないのと同様である。なぜなら、継承者という言葉も、それが誰であるかを知る規則を欠く限り、私が知らないある人ということ以上のことを意味しえないからである。〔例えば〕人は近親者と結婚してはならないということを神の定めとした神は、「汝らすべて、その骨肉の親に近づきてこれと淫するなかれ」と言うだけでは十分ではないと考えて、その上さらに、神の定めによって〔人が淫することを〕禁じられた近親者が誰であるかを知るための規則を与えている(18)。そうでなければ、その律法は無益であろう。人に束縛を加えるか特権を与えるかする場合、それを、当該の特定の人を知ることができないような漠然とした言葉でしても何の効果もないのである。しかし、神は、どこにおいても、次の継承者が父親のすべての財産あるいは支配権を相続すべきであるなどとは述べていないのだから、神が、この継承者は誰でなければならないかをどこでも指定していないことを怪しむには当たらない。神は、そうしたことを意図したこともなく、その意味での継承者を予定したわけでもないのだから、あたかも神がそうしたかのように考えて、神は〔『聖書』の〕どこかで誰かを継承者に指名し、あるいは指定しているに違いないと期待することはできない。従って、確かに聖書には継承者という言葉は見られるものの、われわれの著者における意味での継承者、つまり、自然の権利により、他の兄弟たちを排除して父親がもっていたものすべてを相続するという意味での継承者などは存在しないのである。サラが、イシュマエルがアブラハムの死後もアブラハムの財産を共有するために家に留まるならば、婢〔であるハガル〕の子〔イシュマエル〕がイサクとともに継承者になるかもしれないことを恐れたのはそのためであった。それゆえ、サラは、〔『創世記』第二一章一〇節で〕「この婢とその子を逐出せ、この婢の子は吾子イサクとともに嗣子となるべからざるなり」と語っているのである。しかし、これとても、われわれの著者を免責するものではない。彼は、人間が一定数集まるところではどこでも、アダムの正当でもっとも近い継承者が一人存在するとしているのだから、承継に関する法とは何かをわれわれに語るべきであった。しかし、彼自身は、規則によって誰が後継者であるかをどのように知るかをわれわれに教示することにははなはだ控え目であるので、われわれは次に、彼が、その上に自らが言う統治を全面的に打ち立てたと主張して聖書から引き出している物語が、この重大で根本的な点についてわれわれに何を語っているかを吟味してみよう。

一二九　われわれの著者は、自分の作品の表題〔『パトリアーカあるいは君主の自然の権力』〕を確証するために、同書一三頁において、アダムの君主権力の承継をめぐる物語を、

「アダムが神の命令によって全世界に対してもっており、また、家父長たちがアダムから引き継いだ権利によって享受していた統治権が大いなるものであったことは云々」という言葉で始めている。彼は、家父長たちが承継によって統治権を享受したことをどのように証明しているのであろうか。彼は、同じ頁で、「生殺与奪の統治権については、父親であるユダが義理の娘であるタマルに対して、その姦淫のゆえに死刑の宣告を下している[19]」と述べている。ユダが死刑の宣告を下したことが、どうしてユダが絶対的で主権的な権威をもっていたことを証明することになるのだろうか。死刑の宣告は、通常は下級官吏の仕事であって、主権の確かな徴証ではない。生殺に関わる法を作る権力は間違いなく主権の徴証であるが[20]、その法に基づいて宣告を下すことは誰か他の者がなすことであり、従って、ユダが主権的な権威をもっていたことの証拠としては、はなはだまずいものなのである。それを証拠とすることは、最近、裁判官ジェフリーズ[21]は死刑判決を下した、それゆえ彼は主権的権威をもっていたと言うようなものであろう。しかし、ユダは、死刑の宣告を、他者からの委任によって行ったのではなく、自らの権限によって行ったのだという反論が出されるかもしれない。しかし、ユダがそもそも権利をもっていたかどうかを誰が知っているのだろうか。ユダは、激怒の熱狂に駆られて、自分の権威が及ばないことまで行ってしまったかもしれないのである。ユダは生殺与奪の統治権をもっていたとされるが、どうしてそれがあきらかなのだろうか。われわれの著者が、それは、ユダがその統治権を行使したからだ、ユダはタマルに対して死刑の宣告を下したからだと言うのならば、われわれの著者は、ユダはそれをなしたがゆえにそれをなす権利をもっていたという論法を、大変立派な証明だと考えていることになろう。ところで、ユダはタマルと同衾しているが、同じ論証方法によれば、ユダはまたこれをなす権利をもっていたことになる。もし、何かをなすことからそれをなす権利が帰結するということが正しいとすれば、アブサロムもまた、われわれの著者が言う主権者の中に数え入れられることになろう。なぜなら、アブサロムは、同じような状況において、兄アムノンに対して死刑の宣告を下し、かつそれを執行させており[22]、もしこれが生殺与奪の統治権の十分な証拠になるならば、アブサロムも主権者であるということになるからである。

　しかし、これらすべてが主権的権力の明確な証明であることを認めるとしても、〔われわれの著者が『パトリアーカ』一三頁で言う〕アダムから承継された権利によって、いかなる君主の絶対的な支配権にも劣ることのないほど大いなるものであり広大なものである統治権をもつのは誰なのであろうか。われわれの著者は、ヤコブの年下の息子であるユダが、父親も年長の兄弟もまだ生きているのに、それをもっていたと言う。従って、もしもわれわれの著者の論証が採用されるべきだということになれば、弟が、父や兄たちが存命中でも、相続の権利によって、アダムの君主権力を享受するということになる。もし、このような資格をもつ者が相続による君主でありうるとすれば、なぜ、すべての人間がそうではないのであろうか。もし、ユダが、父親と兄たちとが生きているのに、アダムの継承者の一人であると言うのなら、私には、誰をこの相続から除外することができるかがよく分からない。すべての人間が、ユダと同じように、相続によって君主となりうることになるからである。

一三〇　〔『パトリアーカ』の〕一二三頁には、「戦争に関して言えば、われわれは、アブラハムが一族の兵士三一八人を指揮し、エサウは、弟のヤコブに武装した四〇〇人をもって対峙した。平和について言えば、アブラハムはアビメレクと同盟を結んだ云々[23]」とある。しかし、ある人にとって、アダムの後継者であることなしに、一族の兵士三一八人をもつことはできないのであろうか。西インド諸島の農園主は、もっと多くの兵をもち、自らそうしたいと思うなら（そう思うことを誰も疑わない）、彼らを召集し指揮してインディアンと戦い、インディアンからかつて被った損害の賠償を求めることができるが、しかし、これは、アダムから承継された君主の絶対的な支配権によってではない[24]。すべての権力は神の定めにより相続を通してアダムから伝えられたものであり、農園主は、自分の家で生まれたか自分の金銭で買ったかした家僕[25]に対して権力をもつのだから、彼の人格も権力も神の命じたものであることが証明されるなどとすることは、まったくもって賞賛に値する議論だと言う他はないであろう。まさにアブラハムの場合がこれに当たる。家父長時代の富者は、現在の西インド諸島〔の農園主〕の場合と同じように、男女の家僕を買い、彼らが子供を生み、また新たな家僕を買い入れることによって大家族を築き、戦時であると平時であるとを問わず家僕を使用したが、富者の家僕に対するその権力は、金銭で購ったものであって、アダムに由来する遺産だったとは到底考えられないであろう。アブラハムが一族の家僕を率いて戦いに行くことを、家父長たちはアダムから伝えられた支配権を享受していたということの証拠にしようとするのは、ある人が、馬に乗って敵地に遠征しようとするとき、市場で購入したその馬を、その所有者は、アダムから承継された権利によって、アダムが神の命令により全世界に対してもっていた支配権を享受していたということの証拠にしようとするのと同じ〔く馬鹿げた〕ことである。奴隷の場合であれ、馬の場合であれ、主人がもつ権力の権原は彼がそれを金銭で買ったということのみに由来するからである。いずれにせよ、売買や金銭によってあるものへの支配権を獲得したことをもって、承継や相続によってそれを獲得したことの証明としようとするのは、新奇な証明法である。

一三一　〔われわれの著者は、『パトリアーカ』の一三三頁で〕しかし、戦争を始め、講和を結ぶことは主権の徴証であると〔いう趣旨のことを〕述べている。政治社会ではそうであろう。しかし、それだからと言って、自分自身や知己や仲間の息子たち、傭兵、金銭で買った奴隷たちをもち、おそらくこれらすべてから編成される部隊をもつ西インド諸島の農園主は、自分の配下にあるそれらの者に対する主権者でも絶対君主でもあることなしに、必要な場合、戦争を始め、講和を結び、また、宣誓をもってその布告条項の批准をなすことはできないということになるのだろうか。できないと言う人は、〔逆に〕船長や個々の農園主の多くは絶対君主であるということを認めざるをえないであろう。彼らは、現にそれに匹敵するだけのことを行っているからである。政治社会においては、戦争と講和とは、その社会の至高の権力によってのみなされうると言ってよい。なぜならば、戦争も講和も、政治体[26]のもつ力に〔従来とは〕異なった〔方向への〕運動を与えるものであり、従って、全政治体の力を方向づけることができる者、政治社会においては至高の権力だけが、戦争を始め、講和を結ぶことができるということになるからである。当分の間自発的に作られる社会においては、同意によってこの権力をもつ者が戦争を始め、講和を結ぶことができ、また、個々人にも、自分自身のために、戦争を始め、講和を結ぶことが許されている。戦争状態は、党派性をもって争う人間の数のうちにではなく、訴えるべき上位者がいない場合における彼らの敵意のうちに存する[27]のである。

一三二　実際に戦争を始め、講和を結ぶ行為は、その対象となる者に対する敵対行為に人々を奔《はし》らせたり、人々にそれを思いとどめさせたりする権力以外の他のいかなる権力の証拠にもならない。多くの場合、政治的な至上権をもつことなしに、誰でもがこの権力をもつことができる。従って、戦争を始め、あるいは講和を結ぶことは、それをなす者すべてが政治的支配者、いわんや王であることを証明するものではない。その証明となるというのであれば、君主政体と同じく戦争を始め、講和を結ぶ共和政体[28]もまた、君主政体でなければならないということになる。

一三三　しかし、戦争を始め、講和を結ぶことがアブラハムにおける主権の徴証であるということをたとえ認めるとしても、それは、全世界に対するアダムの主権がアブラハムに承継されたことの証明になるであろうか。もしなると言うのならば、それは、アブラハム以外の者にもアダムの支配権が承継されたことの証明にも十分になるであろう。

その結果、アブラハムと同じように戦争を始め、講和を結ぶ共和政体もまた、アブラハム同様、アダムの継承者ということになってしまう。もしあなた方が、その共和政体は、戦争を始め、講和を結ぶとはいえ、アダムの支配権を権利によって相続したわけではないと言うのなら、アブラハムについても同じことが言えるのだから、あなた方の議論はそこで終わることになる。もし、あなた方が自説に固執して、戦争を始め、講和を結ぶ者はアダムの支配権を相続すると主張するならば、共和政体は疑いもなくそれを行うのだから、あなた方の言う君主政というものはなくなってしまう。あなた方が、相続によってアダムの支配権を享受する共和政体は君主政であると言うならば話は別であるが、これは、世界にあるすべての統治を君主政にしてしまう新奇な方法だと言う他はない。

一三四　以上のような新発明の栄誉をわれわれの著者に与えるために、というのは、それは、彼の原理を辿りながら私自身が最初に案出して彼に押しつけたものではないからなのだが、読者諸氏も、彼自身が、〔『パトリアーカ』の〕二三頁で、次のように巧妙な議論によって説いていることを(馬鹿馬鹿しく思われても)[29]知っておかれるのがよいと思う。「この世におけるすべての王国、すべての政治的共同体において、君主が人民の至高の父親であろうと、その父親の真の継承者にすぎなかろうと、あるいは、君主が簒奪または選挙によって王位に就こうと、また、政治的共同体を支配するのが少数者であろうと多数者であろうと、誰か一人に、もしくはかなり多くの人に、もしくはすべての人のうちにある権威は、依然として、至高の父がもつ唯一正当で自然な権威に他ならない」。この父たる地位の権利が王の権威であることは、われわれの著者がしばしば語るところであって、アブラハムの例に続くすぐ前の〔『パトリアーカ』〕一二頁に特にそれが見られる。彼は、しばしば、政治的共同体を支配する者はこの王の権威をもつと言うが、もし、〔彼の言うように〕王の権威が政治的共同体を支配する者のうちにあるということが正しいとすれば、政治的共同体は王によって統治されるということもまた正しいということになろう。なぜなら、もし、王の権威が支配する者のうちにあるとすれば、支配する者は必然的に王でなければならず、すべての政治的共同体は端的に王政以外のものではないということになってしまい、それ以上、この問題についてあげつらう必要性はなくなるからである。つまり、世界における統治はその本来あるべき姿になり、世界には王政以外のものは存在しないということになってしまう。これは、疑いもなく、われわれの著者が、世界から王政以外の統治を追放するために発見したもっとも確実な方法であると言ってよい。

一三五　しかし、これらすべては、アブラハムが、アダムの継承者として王であったということをいささかも証明するものではない。もし、相続によって、アブラハムが王であったとすれば、同じ家族に属するロトは、アブラハムのその権原によって、家僕たちの前で、アブラハムの臣民でなければならなかったであろう。しかし、われわれは、『創世記』第一三章の記述から、アブラハムとロトとが、互いに友人として、また対等な者として生きたこと、そして、彼らの牧夫たちが争った[30]とき、彼らの間に、統治権や優越権の主張はなく、彼らが同意によって袂を別ったことを知っている。従って、ロトは、実際には〔アブラハムの妹ハランの子であるから〕アブラハムの甥であるにも関わらず、アブラハム自身からも、聖書の本文においても、統治権や権威ではなく、友愛や同等性を示す名辞であるアブラハムの兄弟の名で呼ばれたのである。われわれの著者は、アブラハムがアダムの後継者であり王であったことを自分は知っているとしているが、これは、アブラハム自身も、また、彼が息子〔イサク〕の結婚を取り決めるために赴かせた家僕も知らなかったことであると言ってよい。というのは、その家僕は、『創世記』第二四章〔三四節と〕三五節〔と三六節と〕で、その結婚の有利な点を挙げて若い娘〔リベカ〕とその身内〔であるリベカの兄ラバン〕とを説得する際に次のように述べているからである。「われはアブラハムの僕なり。エホバ大いにわが主人をめぐみたまいて、大いなる者とならしめ、また、羊、牛、金銀、僕、婢、ラクダ、ロバをこれにたまえり。わが主人の妻サラ年老いてのち、わが主人に男子をうみければ、主人、その所有をことごとくこれに与う」。自分の主人の偉大さを述べることを特別の使命としたこの賢明な家僕が、イサクがもつことになっている王位のことを知りながら、それを省略したとは誰しも考えられないであろう。もし、その場合に、家僕にせよ主人〔であるアブラハム〕にせよ、その家僕の目的を成功させるためにもっとも適当なアブラハムは王であるということが念頭にあったならば、家僕がそのことを彼ら〔リベカやラバン〕に語らなかったとは想像できないのである。王という名は当時すでによく知られており、現に、アブラハムは九人の王を隣人としてもっていたからである[31]。

一三六　しかし、以上の発見は、二、三千年後にわれわれの著者によってなされるようにとって置かれたものであり、従って、彼には発見者たる栄誉を享受することが許されよう。ただし、彼は、アダムの支配権とともに、アダムの土地のいくらかもまたアダムの継承者に伝えられたということに注意を払うべきであった。なぜなら、アブラハムが、(われわれの著者を信じるなら)他の家父長たちと同様に、彼に伝えられた権利によって享受したこの統治権は、創造以来存在したいかなる王の絶対的支配権にも劣らないほど大いなるものであった〔『パトリアーカ』一三頁〕とは言え、〔『創世記』第二三章に〕アブラハムは、〔妻〕サラを埋葬するためにヘトの人々から野と洞穴とを購入するまではほんのわずかの土地も所有していなかったとあるように、アブラハムの財産、領土、支配地ははなはだ少なく、狭隘であったからである。

一三七　「家父長たちは、アダムから承継した権利によって世界に対するアダムの支配権を享受していた」ということを証明するために、〔われわれの著者は〕アブラハムの例に加えてエサウの例を挙げているが、この方がもっと愉快である。彼は、〔『パトリアーカ』の一三頁で〕エサウは四〇〇人の兵を率いて弟のヤコブと会った、それゆえエサウはアダムの継承者たる権利によって王であったとした。従って、どのように集められたにせよ、四〇〇人の武装した人間集団をもつことは、それを指揮する者が王であり、アダムの後継者であることを証明するということになろう。（他の国のことはさておき）アイルランドにはかねてからトーリーなる人々がいたが[32]、彼らは、彼らに名誉をもたらすこうした見解のゆえに、われわれの著者に感謝したに違いない。とりわけ、五〇〇人の武装した人間〔を率いる〕というより上位の権原をもつ者が近くにいて、四〇〇人の武装した人間〔を率いる者〕の王的権威を危うくするということがなかった場合にはそうであった。しかし、深刻な議論をしているときに、どう低く見積もっても冗談以上のものではないそのようなことを言うのは恥ずべきことだから、これでやめにしておこう。〔元に戻って〕ここで、エサウは、アダムの支配権、他のいかなる王のそれにも劣ることのないアダムの絶対的な統治権が、権利によって家父長たちに承継されたということを証明する例として引かれている。そして、〔『パトリアーカ』の〕同じ〔第二〕章の一九頁では、ヤコブが、〔長子特権という〕生得権によって兄弟たちに対する主人であった者の例として挙げられている。従って、われわれはここで、同じ権原によって絶対君主であるだけではなく、同時にアダムの継承者でもある二人の兄弟をもつことになろう。兄〔エサウ〕は弟〔ヤコブ〕に四〇〇人の兵を率いて会ったことによってアダムの継承者であり、弟は、〔エサウから購入した長子特権という〕生得権によってアダムの継承者であったとされているからである。つまり、〔われわれの著者によれば〕エサウは、アダムから承継された権利によって、アダムが世界に対してもっていた支配権を、いかなる君主の絶対的統治権にも劣らないほど広範に享受しており、同時に、ヤコブは、継承者が兄弟たちに対する主人たるべき権利によって、エサウの主人であったということになる。誰がこれを笑わずにいられるであろうか(Risum teneatis?)。私は、サー・ロバートと同じように賢明でありながら、このような議論をする人にこれまで出会ったことはない。事物や人事の本質に適合しない仮説を掲げたこと、自らが拠って立つ原理を、神が世界のうちに定めた構造や秩序に合致し、常識や経験とは衝突しないものにすることができなかったことが、われわれの著者の不幸であった。

一三八　〔生殺与奪の権力をもち、戦争を始め講和を結ぶことが主権の徴証であることを論じた『パトリアーカ』一三頁に〕続く箇所で、われわれの著者は、「この家父長権力は、ノアの洪水までだけではなく、家父長という言葉が部分的に証明しているように、洪水後までも続いたのである」と言う。確かに、家父長という言葉は、家父長が存在している限り、世界に家父長権力が存続したことを部分的に証明するものであろう。父親あるいは夫が存在する間は、父あるいは夫の権力が存在する必要があるように、家父長が存在する間は、家父長権力が存在する必要があるからである。しかし、これでは単なる言葉の遊びにすぎない。彼は、それによって、証明されるべき当の問題、すなわち、家父長たちは、アダムが世界に対してもっていた支配権、われわれの著者が想定するアダムの絶対的で普遍的な統治権をアダムから伝えられた権利によって享受していたということを自明であるかのようにほのめかす欺瞞をおかしているのである。もし彼が世界にはノアの洪水まで絶対君主政が続いたと主張するのであれば、彼がどのような記録からそう主張するのか知りたいと思う。私の聖書にはそれに関する言葉は一つもないからである。もし、彼が、家父長権力という言葉によって絶対君主政以外の何かを意味するのだとすれば、それは今扱っている問題とは何ら関係のない言葉になってしまう。しかし、私には、〔われわれの著者が言うように〕家父長という名前が、家父長の名をもつ者が絶対的な君主権力をもっていたことをどうして部分的に証明することになるのか理解できない。従って、この議論がもう少し明確になるまでは、私はこれに答える必要はないと思う。

一三九　〔『パトリアーカ』の〕一四頁で、われわれの著者は、「ノアの三人の息子たちは、父親から世界を分割して与えられた。なぜなら、彼らから出た者が全世界に拡がっていたからである」と述べている。確かに、ノアの息子たちの子孫は世界に拡がっていたかもしれない。しかし、だからと言って、地は分割されなくても満たしうるものなのだから、ノアが世界を三人の息子たちに分割したとは限らない。従って、われわれの著者のここでの議論は、実際には分割が行われたことの証明にはならないのである。しかし、彼の言い分を認めるとして、彼に問いたいことがある。それは、世界を分割された三人のうち、誰がアダムの継承者であったのかということである。もし、長子だけが、権利によって、アダムの支配権、アダムの王政を相続したとすれば、残りの二人は長子の臣、民、長子の奴隷ということになろう。また、もしも、権利によって、三人の兄弟すべてがそれを相続したとすれば、同じ権利によって、人類すべてがそれを相続することになろう。従って、この場合には、われわれの著者が〔『パトリアーカ』の〕一九頁で言う「継承者はその兄弟たちの主人である」ということは真実ではありえず、すべての兄弟、従って、すべての人間は平等で独立しており、すべての者がアダムの王政の継承者、それゆえお互いに君主であるということになる。しかし、われわれの著者は、彼らの父であるノアは世界を分割したのだと反論するかもしれない。そうであるとすると、彼は、ノアに対して、全能の神に対して認めた以上のことを認めることになろう。なぜなら、彼は、『考察』の二一一頁が示すように、神が、ノアの〔長子特権という〕生得権を侵害してまで世界をノアと息子たちとに与えることは困難であったと考えているからである。それを示す彼の言葉はこうである。「ノアは、世界の唯一の継承者であったのだから、人は、どうして神が、彼の〔長子特権という〕生得権を奪い、世界のすべての人々の中でほかならぬノアを子供たちとの単なる共同借地人にしたと考えなければならないのであろうか」。にもかかわらず、ここで彼は、ノアが、長男セムの〔長子特権という〕生得権を奪い、世界をセムとその兄弟たちとの間で分割したということを理に適ったことと考えている。従って、この〔長子特権という〕生得権は、われわれの著者の好むところに応じて、あるときには神聖にして犯すべからざるものになり、あるときには、そうであってはならないものになってしまう。

一四〇　もし、ノアが世界を息子たちの間に実際に分割し、ノアによる彼らへの支配権の割り当てが有効なものであったとすれば、〔われわれの著者が言う〕神の定めということも終焉し、アダムの継承者に関する彼の言説は、その上に打ち立てられたすべてのものとともに、議論の外に置かれることになろう。また、王の自然の権力も崩壊し、従って、統治権力の形態もその権力をもつ人物も、(『考察』の二五四頁でわれわれの著者が述べるように)神の命ずるところではなく、人間の命ずるところとなるであろう。なぜなら、継承者の権利が神の命ずるところであり、神授権であるならば、父であるか否かに関わりなく、いかなる人間もそれを変更することはできないからである。そして、もし、継承者の権利が神授権でないならば、それは、人間の意志に左右される人間の権利ということになろう。それゆえ、人間の制度が定めていない限り、長子は他の兄弟たちに対するいかなる権力をもつことはできず、人々は、統治権を、好むところに従って、いかなる人の手に委ねてもよく、また、いかなる形態の下に置いてもよいのである。

一四一　彼は、更に続けて、〔『パトリアーカ』の〕一四頁で、「地上におけるもっとも文明化された国民[33]のほとんどは、その淵源をノアの息子か甥の誰かからもってこようと努める」と述べている。では、もっとも文明化された国民のほとんどとはどれくらいの数に達し、誰がその国民なのであろうか。思うに、偉大な文明国民である中国人は、東西南北に存在する他のいくつかの〔同様の〕国民と同じく、この〔われわれの著者が言うような〕ことにはまったく頭を悩ましてはいないようである。われわれの著者が言うところのもっとも文明化された国民のほとんどを指すと思われる聖書を信奉するすべての国民が、自分たちの起源をノアに求めることは確かに必然的ではあるが、それ以外の世界の国民は、ノアの息子や甥にあまり関心をもっていない。しかし、すべての国民の紋章官や好事家たち(というのは国民の起源を発見しようと努力するのはそうした人々であるからなのだが)、もしくはすべての国民自身が、その淵源をノアの息子か甥かからもってこようと努めるとしても、そのことが、直ちに、アダムが全世界に対してもっていた支配権が権利によって家父長たちに相続されたということを証明することにはならないであろう。諸国民あるいは諸民族[34]がその起源を仰ごうと考える人が誰であれ、その人物は、結論的に言って、彼らの中で名の知られた人、つまり、その徳と行いとの偉大さのゆえに後世の間で著名であると考えられている人であろう。しかし、諸国民あるいは諸民族は、それ以上のことを求めないし、その著名人が誰の後継者であるかを考えることもなく、ただ、その人物を、自身の徳によって、後の世代に自分たちの起源が彼らに由来すると思わせるような名誉を手にする程度にまで自己の地位を高めた人々であるとみなすだけである。もし、オーギュゴス、ヘラクレス、ブラーマ、タンバーリン、ファラモンなどが、更にジュピターやサタンが古今の多くの民族がその起源を引き出そうと努める名前であるとすれば[35]、そのことが、〔われわれの著者の言うように〕これらの人物も権利によって承継されたアダムの支配権を享受していたことの証明になるのであろうか。もしその証明にならないのであれば、それは、読者を惑わせるわれわれの著者の美辞麗句にすぎず、何の意味もない。

一四二　同じように、われわれの著者が、世界の分割について、〔『パトリアーカ』の〕一五頁で、「ある者は抽選によってそれがなされたと言い、また、他の者は、ノアが一〇年間にわたって地中海を回航し、世界をアジア、アフリカ、ヨーロッパに分割して、三人の息子の分け前としたと言う」と述べているのも、あまり問題の核心を衝いているとは言えない。これによれば、アメリカはそれを略奪する者のために残しておかれたらしい。われわれの著者が、どうして、ノアによる息子たちへの世界の分割ということを立証するためにこれほど骨を折るのか、なぜ、それが夢想同然にすぎないにもかかわらず、自分に都合のよいものとして見いだした空想にふけるのか、私は了解に苦しむ。なぜなら、この〔ノアによる世界の〕分割ということは、三人の兄弟はすべてアダムの継承者でありうるとしない限り、アダムの継承者の権原を奪うということを証明するだけだということにならざるをえないからである。従って、「どういう方法によって分割がなされたかは明確ではないが、分割それ自体が、ノアと彼の子供たちとから出た家族によってなされ、その場合に、その親たちが家族に対する首長であり君主であったことは確実である」との〔『パトリアーカ』〕一五頁の言葉も、たとえ、それらが、われわれの著者にとっては真理であり、また、世界におけるすべての権力は権利に、よって承継されてきたアダムの支配権以外のものではないということを証明する何らかの力をもつとしても、せいぜいのところ、子供たちの父親はすべてアダムの支配権の継承者であるということを証明する程度のものであろう。当時、長兄〔セム〕以外に、ハムもヤペテも、また、他の父親たちもその家族の首長であり君主であって、彼らの家族によって世界を分割する権利をもっていたのだとすれば、家族の父親である末弟たちが同じ権利をもつことを阻むものは何もなかったはずだからである。たとえ継承者たる権原が長兄にあったとしても、もし、ハムとヤペテとが彼らに伝えられた権利によって君主であったとすれば、末の弟たちも、彼らに伝えられた同じ権利によって直ちに君主であるはずであり、従って、われわれの著者の言う王の自然の権力も彼ら自身の子供以上には及びえず、この自然の権利によるいかなる王国も家族より大きなものにはなりえないであろう。というのは、世界に対するアダムの支配権は、われわれの著者が〔『パトリアーカ』の〕一九頁で述べるように、権利によって長兄だけに伝えられ、それゆえ、ただ一人の継承者しか存在しえないのか、それとも、アダムのその支配権は、権利によってすべての息子たちに平等に伝えられ、それゆえ、各家族の父親は、ノアの三人の息子たちと同様に、その支配権をもつのかのいずれかであるからである。このいずれを採っても、今の世界に現存するすべての統治と王国とは崩壊することになろう。なぜならば、誰が彼に伝えられた権利によって王の自然の権力を所有するにせよ、その者は、われわれの著者がカインはそれをもっていたとする場合のように、弟たちの主人であり、全世界のただ一人の王であるか、それともまた彼がここで、セム、ハム、ヤペテの三人の兄弟がそれをもっていたと語る場合のように、自分自身の家族のみの君主にすぎず、すべての家族は相互に独立しているのかのいずれかであると考えなければならないからである。つまり、全世界が〔アダムに〕もっとも近い継承者の権利によって一つの帝国をなしているか、それとも、各家族の父親に伝えられたアダムの支配権によって、すべての家族が独立した統治体をなしているかのいずれかであると考えなければならない。われわれの著者が、アダムの支配権の承継についてここで行っている証明は、すべて、これらのうちの後者の方向だけに向かっている。彼は、その承継の物語を次のように続けているからである。

一四三　つまり、〔『パトリアーカ』〕一四頁には、「われわれは、世界の王国のどこにおいても、国王権力の確立をバベルの〔民の〕離散のうちに求めなければならない[36]」とある。彼がそうすべきであると思うのであれば、どうかそうしてもらいたい。それによって、われわれは、彼に新版の歴史を差し出してもらえるであろう。しかし、われわれがそれを信じるためには、世界において、国王権力が彼の原理の上に確立されたということをまず示してもらわなければならない。というのは、世界の王国において国王権力が確立されたということに異を唱える人は誰もいないであろうが、しかし、世界には、それぞれの国王が、アダムから伝えられた権利によって王冠を享受している王国があるなどということは、〔聖書に〕典拠のないことであるだけではなく、まったくもって不可能なことであると考えられるからである。もし、われわれの著者が、彼の君主政のために、バベルの〔民の〕離散時に行われたことを仮想する以上の根拠をもたないのであれば、彼がこれを基礎としてその上に樹立し、全人類を結合させるためにその頂点を天にまで届かせた君主政は、バベルの塔の場合と同様に、人類を分裂させ、離散させるのに役立つだけであろうし、この世界に政治的統治と秩序とを確立する代わりに、混乱のみを招くことになろう。

一四四　彼は、〔『パトリアーカ』の〕一四頁で、「分裂して成立した諸民族[37]は、父親を支配者にもつ家族であり、それによって、バベルの混乱に際してさえ、神は、家族の多様性に応じて多様な言語を配分することを通して、注意深く父親の権威の存続を図ったように思われる」と語っている。われわれの著者以外の者には、彼がここで引く聖書の本文のうちに、これほどはっきりと、かの〔バベルにおける人類の〕離散時に、すべての民族が父親によって支配され、神が、注意深く父親の権威の存続を図ったということを見いだすのはきわめて困難であろう。聖書の本文の言葉は、「これらはセムの子孫にして、その家族、その言語、その土地、その民族とに随《したが》いて居りぬ[38]」である。聖書は、ハムとヤペテとについても、彼らの子孫を列挙した後、同じことを述べている[39]。しかし、これらのいずれの場合にも、彼らの統治者、統治の形態、父親あるいは父親の権威について語った言葉は一つもない。しかし、大変に慧眼の士であるわれわれの著者は、他の者の一瞥さえ得られない所に父たる地位を発見し、彼らの支配者は父であり、神は、父親の権威を注意深く存続させたと積極的に語るのである。彼がそうする理由はどこにあるのだろうか。彼によれば、同一家族は同一の言語を話し、離散の時も一緒であったからだそうである。これでは、まるで、ハンニバルが、多様な民族から成る彼の軍隊において、同一の言葉を話す者たちを一つにまとめ、父親を各隊の隊長とし、注意深く父親の権威の存続を図ったと言うようなものであろう。あるいはそれは、カロライナの植民に際して、イングランド人、フランス人、スコットランド人、ウェールズ人がそれぞれまとまって入植し、それによって、カロライナが、言葉、家族、民族に随って領土に分割され、それゆえ、父親の権威に注意が払われたと言うに等しい。あるいはまた、(40)それは、アメリカの多くの場所において、すべての小部族は異なった言葉をもつ独立の一族であるのだから、神は注意深く父親の権威の存続を図った、あるいは、それぞれの支配者たちは彼らに伝えられた権利によってアダムの支配権を享受したと推論するに等しい。しかし、われわれは、誰が彼らの統治者であり、統治の形態がどのようなものであったかは知らないのであり、われわれが知っているのは、単に、彼らが異なった言語を話す独立の小社会に分かれていたということだけなのである。

一四五　聖書には、人類がどのようにして異なった言語、異なった民族に分かれるに至ったかの説明があるだけで、彼らの支配者や統治の形態について語った言葉は一つもない。従って、聖書がそれについては何も語っていないのに、聖書の権威に依拠して、父親が彼らの支配者であったなどと断定的に主張すべきではないのである。記録が完全に黙しているのに、自信たっぷりに事実であると断言するのは、頭のなかだけで空想を打ち立てているにすぎない。彼が〔『パトリアーカ』の一四頁で〕語っている「彼らは、首長も統治者も欠く雑然たる群衆でもなく、自らが欲する統治者や統治を選択する自由をもつ者たちでもなかった」ということも、同様に空想にもとづくものであり、何の意味もない。

一四六　そこで、彼に聞きたいのだが、人類がまだ一つの言語を話し、シナルの平野に集住していたとき[41]、彼らは、権利によってアダムの支配権を相続した一人の君主の下にあったのであろうか。もしそうでなかったのであれば、当時、アダムの継承者という観念が存在しなかったこと、その権原にもとづくものとして認識されていた統治への権利はなかったこと、神あるいは人間によってアダムのもつ父親の権威にいかなる配慮も払われてはいなかったことは明白である。人類が、一つの民をなし、一緒に居住し、一つの言語を話し、ともに一つの都市〔バベル〕の建設に携わっていたときに、さらに、セムはバベルにおける〔人類の〕分離のはるか後、イサクの頃まで生きていたのだから、人々が正当な後継者を知らなかったはずのないことが明白なときに、もし、彼らが、権利によって継承者に伝えられたアダムの父たる地位の君主政的統治の下になかったとすれば、父たる地位には何らの考慮も払われなかったこと、アダムの継承者に属すべきものとして認められた君主政もなくアジアにおけるセムの統治も存在しなかったこと、従って、われわれの著者が語るようなノアによる世界の分割ということもなかったことはあきらかであろう。この問題に関してわれわれが聖書から何かを結論することができるとすれば、それは次の点であるように思われる。つまり、この箇所〔『創世記』第一一章〕が、たとえ人々が何らかの統治をもっていたとしても、それは共和政体であって絶対王政ではなかったことを示していることに他ならない。なぜなら、聖書は、『創世記』の第一一章で次のように、すなわち、「彼ら言いけるは」――これは、〔バベルの〕都市と塔との建設を命じたのが君主ではなく、つまり、それが一人の君主の命令によってではなく、多くの自由民の協議によってなされたことを意味する――「われら、自ら都市を建て」――つまり、彼らは、都市を、首長や主人の奴隷としてではなく、自由民として自ら建設したのである――「全地の表面に散ることを免れん」――これは、都市と居住地とが建設されると、居所とそこに住む家族とが定められたことを意味する――と語っているからである。こうしたことは、分散する自由をもちながら一体性を保つことを望む国民の協議と意図とを示すものであって、一人の君主の統治の下に縛られる人々には必要なことでも、ありうることでもなかったであろう。もし、われわれの著者が言うように、それらの人々が、一人の君主の絶対的支配の下にある奴隷であったとすれば、彼らは、その君主の支配権の外に迷い出ないように自ら注意する必要はなかったであろう。このことは、聖書において、アダムの後継者とか、父親の権威とかといったこと以上に明白ではないかと私は言いたい。

一四七　『創世記』第一一章六節で神が言うように、〔人類が〕一つの民をなしており、しかも、彼らは、一人の支配者、自然の権利によって絶対的で至高の存在となった一人の王をもっていたとしよう。その場合に、神が、突然、七二（この数はわれわれの著者が何度となく語るものである）のそれぞれに統治者をもつ異なった民族がその一人の王から離れて立ち、彼らに主権者への服従を免れることを容認したとすれば、〔われわれの著者が言うように〕神は至高の父たる地位という父親の権威の存続に何らかの注意を払ったということになるのであろうか。そうだとすることは、神の配慮とは、われわれがいかようにも望むところのものだということになってしまう。神は、それをもっていない者のうちに父親の権威が存続するように配慮したなどと言うことは、およそ意味をなさない。というのは、その者が、至高の君主の臣民であるとすれば、彼らはいかなる権威をもっていたのかということになるからである。神が、〔人類の諸民族への分散に際して〕自然の君主がもつ真の至高の父たる地位を奪い去ったとき、それは、神が、父親の権威の存続に配慮したということの例になるのであろうか。また、神は、父親の権威の維持のために、そのすべてが父親の権威をもちえない統治者を仰ぐいくつかの新たな統治を発足させたなどと言うことは、はたして理に適うのであろうか。更に、神が、父親の権威をもつ一人の者に、その統治を分割させ、それを彼の何人かの臣民に共有させることを認めたのだとすれば、神はむしろ父親の権威を破壊することに意を払ったと言う方が合理的なのではなかろうか。また、ある王政が粉砕され、叛逆した臣民の間で分割されたときに、神は、いったん確立された統治を無数の小統治体に分けることによって君主権力の存続に配慮したと言うことは、それと同じように、君主的統治の不合理な擁護論にならないのであろうか。もし誰かが、存続されるべき神慮のうちに生じたことは、神がそれゆえに人間によって必要で有用なものとみなされるべきものとして存続することに配慮したものだと言うとすれば、それは、誰しも模倣することが適切だとは思わない一種独特の言い草だということになろう。しかし、セムが、例えば、（彼はその頃生きていたのだから〕バベルに集う一つの民に対して、父親の権威、あるいは父たる地位の権利による主権をもっていたのに、次の瞬間、セムがまだ存命中であるにもかかわらず、他の七二人の者が、多くの異なった統治体へと分割された同じ民の上に父親としての権威、あるいは父たる地位の権利による主権をもつことになったはずだなどということは、到底適切でも真実でもありえない言い方であると私は思う。そうだとすると、これら七二人の父は、バベル〔の民〕の離散の前に実際には支配者であり、従って、彼らは一つの民ではなかったのに神が彼らは一つの民であると語ったのか、それとも、彼らは一つの共和政体をなしており、その場合にはどこに王政が存在したことになるのか、それともまた、それら七二人の者は、父親の権力をもっていたのに、それを知らなかったのかのいずれかであるということになる。いずれにせよ、父親の権威が人間の間における統治の唯一の起源でありながら人類の誰もそれを知らなかったとは、はなはだ奇妙なことであろう。更に奇妙なことは、〔バベルの民の離散に伴う〕言葉の混乱によって、七二人の者が一瞬のうちに自分たちが父親の権威をもっていることを知り、他の者がそれに服従すべきことを知り、すべての者が自らその臣民である特定の父親の権威の存在を知るということが突然あきらかになったということである。聖書からこうした論法を(42)思いつくことができる人ならば、自分の空想、自分の関心にもっともよく適うユートピアのモデルは何かをも立証できるというものである。また、父たる地位の以上のような取り扱い方は、一方で、一人の君主が普遍王政[43]を要求することを正当化するとともに、他方で、各家族の父親であるその君主の臣民が、彼への服従を離れて彼の帝国をより小さな自分自身の統治体へと分割することを正当化することになろう。というのは、われわれの著者が、支配する権利をもっていたのが、まだ存命していたセムだったのか、それとも、彼の領土の中に自らの臣民に君臨する多くの新たな帝国を創始した七二人の新君主だったのかを決定してくれるまでは、このいずれのうちに父親の権威があったかは常に疑問として残るからである。実際、われわれの著者によって、彼ら双方が、ともに、至高である父親の権威をもっていたとされ、また、〔『パトリアーカ』一四頁で〕「承継された権利によって、いかなる君主の絶対的な統治権の広大無辺さにも劣ることのないアダムの支配権を享受した」者の例とされている。しかし、神が新たに興った七二の民族のうちに父親の権威の存続を図ろうと配慮したのだとすれば、必然的に、神は、アダムの継承者のすべての主張を挫くことに意を注いだということにならざるをえないであろう。なぜなら、〔われわれの著者に従えば〕セムはまだ生きており人類も一つの民であったのだから、〔アダムの〕正当な後継者（神がそうした相続関係を定めていたとしての話だが）は誰であるかが知られざるをえなかったときに、神は、アダムの後継者にはなりえない少なくとも七一人のうちに父親の権威が存続されるように配慮したということになるからである。

一四八　われわれの著者は、〔『パトリアーカ』の〕一六頁で、家父長権力を享受していた者の次の例としてニムロデを挙げている。[44] しかし、私にはその理由はよくわからないが、彼はニムロデにあまり好意的ではないようで、ニムロデは、「正義に反して、他の家族の主人の権利を暴力的に略奪することで自分の版図を拡張した」と語っている。そして、バベル〔の民〕の離散に関する彼の説明において、それらの家族の主人は家族の父親と呼ばれているが、重要なのは彼らが誰であるかをわれわれが知ることであって、彼らがどう呼ばれるかではない。なぜなら、この父親の権威は、アダムの継承者としての彼らの手にあるか、それとも子供たちに対する自然の父親としての彼らの手にあるかのいずれかでなければならないが、前者の場合には、その権威が、七二人はおろか、およそ一人を超える者のうちに同時に存在するということはありえないし、後者の場合には、すべての父親が、自分の子供たちに対して、七二人と同じ権利により、また同じ程度広範に父親の権威をもち、従って、自分の子孫に対しては独立した君主であると考えなければならないからである。われわれの著者の言う家族の主人をこの後者の意味に（ここでは、その言葉にそれ以外の意味を与えることは難しいからだが）取るとすれば、〔『パトリアーカ』〕一六頁における彼の「この意味において、彼〔ニムロデ〕は王政の創始者あるいは建設者であると言ってよい」という言葉は、王政の起源の説明としては、まことにもってひどいものだとする他はない。彼の言うこの意味においてとは、正義に反して子供たちに対する父親の権利を暴力的に奪うということを指すのだが、しかし、この父親の権威は自然の権利によって与えられているのだから(そうでなければ七二人がそれを手にすることはできないはずである)、誰も、父親自身の同意なしに、父親からそれを奪うことはできないであろう。そこで、私は、彼と彼の支持者たちとに、その〔ニムロデに関する〕説明が他の君主にどの程度あてはまるか、また、その一節における彼の結論に従えば、自分の家族以上に及ぶ支配権をもつ者の王的権力が、暴政と簒奪、あるいは、人民の同意ということとほとんど変わらない家族の父親の選択と同意のいずれか一方に還元されることにならないかどうかを考えてみてほしいと思う。

一四九　〔『パトリアーカ』〕一七頁の次の節でわれわれの著者が挙げるエドムの一二人の君主、アブラハムの時代にアジアの一隅にいた九人の王、ヨシュアに滅ぼされたカナンの三一人の王の例も、また、そこにおいて、これらの者がすべて主権をもつ君主であり、それらの時代の都市はすべて王をもっていたことを証明するために彼が払っている考慮も、彼の意に反して、かえって、彼らを王にしたのは彼らが権利によって承継したアダムの支配権ではなかったことを直截に証明するものだと言ってよい。なぜなら、もし彼らがその〔承継したアダムの支配権という〕権原によって王位を保持していたとすれば、彼らすべての上に君臨するただ一人の主権者がいたか、それとも、一家の父親は、すべて、彼らと同様に立派な君主であり、王位への立派な権利をもったかのいずれかであるからである。もし、エサウのすべての息子たちが、長子であると弟たちであるとを問わず、父たる地位の権利をもち、父の死後、主権をもつ君主であったとすれば、彼らの息子たちも、彼らの死後、同じ権利をもち、それは子々孫々にいたるまで続くことになろう。そうなると、父たる地位に由来する自然の権力が及ぶ範囲は、自分自身の身体によって儲けた子とその子孫とだけに限られ、従って、その権力は、それぞれの家族の首長の死とともに消滅し、彼の息子たちが、父たる地位によってそれぞれの子孫の上にふるう同じような権力への道が開かれることになる。父たる地位に出る権力は、これによって確かに存続するであろうし、またわかりやすいものにもなるが、しかし、われわれの著者の目的にはまったく適わないものになろう。彼がもちだすどの例も、〔彼が挙げる〕王たちが、アダムの父親としての権威の継承者として、つまり、彼らに承継されたアダムの父たる地位という権原によって、また、彼ら自身の父たる地位によって、何らかの権力をもっていたことの証拠にはならない。その理由は以下の点にある。アダムの父たる地位は人類全体の上に及ぶものなのだから、それは、一度に一人の者に、そして、その者から彼の正当な継承者のみに承継されるものであり、従って、この権原による王は世界の一時期に一人しか存在しえないことになる。また、アダムから承継されたのではない父たる地位の権利によって権力をもつというのであれば、それは、彼ら自身が父親であるからだということになり、その権力は、自分の子孫以外には及ばないことになる。それゆえ、エドムの一二人の君主、アブラハムとその隣人たる九人の王、ヤコブとエサウと三一人のカナンの王、アドニベゼクに殺された七二人の王、ベネハダデの下に来た三二人の王、トロイで戦った七〇人のギリシャの王が、われわれの著者が主張するように、すべて主権をもった君主だったとすれば、彼らのうちのある者は自分の子孫以外に対しても権力をもっていたのだから、彼らが、父たる地位以外の起源からその権力を得ていたことはあきらかである。このことは、彼らのすべてがアダムの後継者ではありえなかったことを証明するであろう。誰にせよ、アダムの継承者としてか、あるいは、自分から自然に生まれてくる子孫の祖としてか以外に、わかりやすく、またもっともだと思わせる形で、父たる地位による権力への主張を行うことはできないと思われるからである。もし、われわれの著者が、彼によって長々と羅列された上記の君主のうちの誰かが、これらのうちのいずれかの権原によって権威をもっていたことを示すことができるならば、彼の申し立てを認めてもよいであろう。しかし、彼らは、すべて、アダムが世界に対してもっていた支配権は権利によって家父長たちに承継されたということを証明するための引き合いに出すには適切ではなく、むしろ、それに真っ向から反するものであることはあきらかである。

一五〇　〔『パトリアーカ』の〕一六頁で「家父長的統治は、アブラハム、イサク、ヤコブを通じてエジプト虜囚まで続いた」と述べた後、彼は、一七頁において、「明白な足跡によって、われわれは、父親の支配が、イスラエルの民がエジプトに入り、そこで、より強大な王に服従せざるをえなかったがゆえに至高の家父長的統治の行使が中断されるまで続いたことを辿ることができる」と語っている。われわれの著者が言う意味での父親の支配、つまり、アダムから承継され、父たる地位の権利によって行使された絶対的な君主政的権力の足跡とは何を指すのであろうか。われわれが見てきたように、〔アダムの創造からエジプト虜囚までの〕二二九〇年の間、そうした足跡はまったくなかったのである。われわれの著者は、この期間中に、父たる地位の権利によって王的権威を主張し、あるいは現に行使した人物の例を挙げることも、また、王であってアダムの継承者であった者を示すこともできないであろう。彼の示す証拠は、せいぜいのところ、世界のその時代に、父親、家父長、王がいたという程度のものである。しかし、父親と家父長とが絶対的で恣意的な権力をもっていたこと、あるいは、王たちがいかなる権原によって彼らの権力をもっていたかについては、聖書はまったく何も語っていない。彼らが、父たる地位の権利によって、統治権あるいは支配権を要求しなかったこと、また、要求しえなかったことはあきらかである。

一五一　至高の家父長的統治の行使が、より強大な王への服従のゆえに中断されたということも、私が前に疑ったこと、つまり、家父長的な支配権あるいは統治権というのは誤った表現であるということを証明するだけであって、われわれの著者においても(彼がその言葉によってほのめかそうとする)父親のもつ王的な権力、つまり、彼がアダムのうちにあったと考える絶対的な主権を意味するものではない。

一五二　もしも、家父長的な支配権が絶対的な王の支配権であるとすれば、一人の王がいて、イスラエルの民がその王の統治下にあったエジプトにおいて、家父長的支配権が中断されたなどと彼はどうして言えるのだろうか。また、家父長的な支配権が絶対的な王の支配権ではなく他の何かだとすれば、彼は、当面の問題とは関係のない権力について、なぜこれほど熱心に論じ立てるのであろうか。家父長的支配権が王的支配権であるとすれば、イスラエルの民がエジプトにあった間にも家父長的な支配権の行使は中断されてはいない。なるほど、王的権力の行使が、当時も、また、私が知る限り、それ以前にも、アブラハムの約束された子孫の手によってなされなかったことは確かである。しかし、このことは、われわれの著者のように、アブラハムの選ばれた系譜がアダムの支配権を相続する権利をもっていたとしない限り、アダムから承継されたものとしての王的権威の中断ということとは何の関係もない。そうであるとすれば、〔われわれの著者が〕バベルにおける混乱に際しても父の権威を存続させたとして挙げる七二人の支配者の例も何の役にも立たないことになる。ヤコブの継承者が至高の権力をもっていなかったときには常に世界において家父長的支配権の行使が中断されたとすれば、なぜ、われわれの著者は、真の家父長的統治の行使の実例として、イシュマエルの息子である一二人の君主とエドムの王たちとを引き、また、彼らにアブラハム、イサク、ヤコブを加えるのであろうか。私が思うに、至高の家父長的支配権が中断されただけではなく、むしろ、〔イスラエルの民の〕エジプト虜囚の時代以来、それは世界から失われたと言ってよい。その時代以降、その支配権を、アブラハム、イサク、ヤコブといった家父長たちからの相続物として行使した人物を見いだすことは困難であるからである。いずれにしても、君主政的統治ということは、それが、〔エジプトの王である〕ファラオの手中にあったにせよ、あるいは他の誰かの手中にあったにせよ、われわれの著者の急場をしのぐには役立ったに違いない。いつの場合にも、われわれの著者の言説が何を目指しているかを知ることは容易ではないのだが、とりわけこの箇所において、彼が至高の家父長的支配権の行使がエジプトにおいて中断されたと言うとき、彼がそれによって何を意図したのか、また、それが、家父長にせよ誰にせよアダムの支配権を承継したということの証明になぜ役立つのかを推測することは難しい。

一五三　私が思うに、われわれの著者がやってきたことは、一国民[45]を形成してからずっと長い間にわたって王を見いだすことができず、王が支配者であったときにも、彼らは、アダムの後継者、あるいは父親の権威による王であったということを示す記録もまったくなく、また、そうした主張が成り立つための余地もないユダヤの民の歴史を示すことではなく、アダムから承継された父親の権威に基礎を置く君主政的統治の証拠や実例を聖書から取り出すことであった。従って、私は、聖書についてあれほど多くを語っているのだから、彼が、その権原を明確にアダムの父たる地位のうちにもち、アダムの継承者として、臣民に対して父親の支配権を所持し行使した一連の君主たちを聖書から例証し、まさにそれは真の家父長的統治であったということを示してくれるものと期待していた。しかし、彼は、家父長たちが王であったことも、王あるいは家父長たちがアダムの継承者であったことも、否、彼らが後継者であることを主張したことさえも何一つ証明していないのである。家父長はすべて絶対君主であること、家父長と君主との権力は父親としての権力にすぎないこと、そして、その権力はアダムから彼らに伝えられたものであることを証明できるというのであれば、これらの命題のすべては、われわれの著者が多くの王について聖書から列挙したものによってと同様に、西インド諸島の多くの小国の王に関するエルナンド・ソトの雑然とした説明(46)からでも、また、北アメリカについての最近の歴史書(47)からでも、更には、われわれの著者がホメロスから引く七〇人のギリシャの王〔の例〕によってでも証明されるということになるであろう。

一五四　私が思うに、われわれの著者は、ホメロスや彼の記述になるトロイ戦争には触れなかった方がよかったであろう。彼は、〔彼の言う〕真理すなわち王政に熱心なあまり、有頂天になって哲学者や詩人に対抗して、彼の序文(48)の中で次のように語っているからである。「このところ、哲学者や詩人の意見に追随して、自由への何らかの権原を約束するような統治の起源を見いだし、それによってキリスト教を汚し、無神論を引き込むことに喜びを覚えるような人々があまりにも多い」。しかし、熱烈なキリスト教徒であるわれわれの政論家(49)は、この異教徒の哲学者アリストテレスと詩人ホメロスとが何か自分の必要性に役立つものを提供してくれる場合には、彼らを斥けることをしない。それが、キリスト教を大いに汚し、無神論を引き込むことにならないかどうかを考えてもらいたいものである。私にとって見逃しえないのは、（あきらかに）真理のために筆をとってはいない著述家たちが、利害と党派心とへの情熱に駆られるあまり、ともすれば、自分たちの目論見のためにキリスト教をかつぎ、よく吟味することなしに、彼らの教説に折伏《しゃくぶく》されることも彼らの愚にもつかない考えを鵜呑みにすることもない人々に無神論の非難を浴びせがちなことである。

しかし、聖書の歴史に戻ることにしよう。われわれの著者は、更に、〔『パトリアーカ』の〕一八頁で、「イスラエルの民がエジプト虜囚から戻った後、神は、彼らに対する特別の配慮から、モーゼとヨシュアとを相次いで選び、彼らを至高の父親の地位にある君主として支配させた」と語っている。もし、彼らがエジプト虜囚から戻ったということが真実であるならば、彼らは自由の状態に戻ったということでなければならず、従って、それは、われわれの著者が、主人の変更、あるいは奴隷があるガレー船から他のそれに移ったことをもって虜囚から戻ったとでも言わない限り、彼らイスラエルの民は虜囚以前も、その後も自由であったということを意味するはずであろう。従って、もし彼らが虜囚から戻ったとするのであれば、われわれの著者が先の序文のなかでいかに正反対のことを述べようとも、当時、息子や臣民と奴隷との間には差異があったこと、エジプト虜囚以前の家父長も、それ以後の支配者も、息子や臣民を自分の所有物のなかに数え入れることも、また、彼らを、絶対的な統治権をもって自分が所有する他の物品なみに扱ったこともなかったことになるのはあきらかであろう。

一五五　このことは、ヤコブの場合にあきらかである。ルベンは、二人の息子を人質として〔父〕ヤコブに差し出すことを申し出たし、〔ともにヤコブの子である〕ユダは〔ヤコブの末子〕ベニヤミンがエジプトから無事に戻ることを請け負った[50]。もしヤコブが、財産の所有者として、彼の牛やロバにふるうのと同じ権力を家族の誰に対してももっていたとすれば、このようなことは、すべて、無意味で不必要で一種のお笑い草のようなものであろう。また、ルベン、あるいはユダが〔父ヤコブに〕行った申し出が、ベニヤミンの〔エジプトからの〕無事の帰還のためのものであったとすれば、それは、あたかも、人が、主人がもつ羊の群れから二匹を取り出し、その一匹を他の一匹の安全のために差し出すようなものである。

一五六　彼ら〔イスラエルの民〕がエジプト虜囚から戻ったとき、何がそれに続いたのであろうか。〔われわれの著者は〕「神は彼らイスラエルの民への特別の配慮から云々」と述べている。われわれの著者は、彼の著書においては、唯一ここで、神が〔イスラエルの〕人民に特別の配慮を払ったことを認めているが、それはそれで結構なことであろう。しかし、彼が人類について語る他の箇所では、あたかも、神は、人類の他の部分については彼らの君主を除いていかなる配慮もせず、他の人民、他の人間社会を、君主に奉仕し、使役され、君主の意のままになる一群の家畜としていることはどうなるのであろうか。

一五七　われわれの著者は、〔上に引用したように〕「〔神は〕モーゼとヨシュアとを相次いで選び、君主として支配させた」と述べている。父親の権威とアダムの後継者とに対する神の配慮を証明するために、ここで、自分自身の民への神の配慮を示すものとして、父親の権威についても、アダムの後継者であることについても何の主張もなしえない彼ら二人を君主に選ぶとは、われわれの著者はいかにも賢明な論法を発見したものである。レビ族のモーゼも、エフレム族のヨシュアも、父たる地位の権原をもっていなかったのに、われわれの著者は、彼らは至高の父親の地位にあったと言うのである。モーゼとヨシュアとを選んだことを明確に宣言したように、もし神が、どこかで、至高の父親を支配者に選んだということを明確に宣言しているのであれば、われわれは、モーゼとヨシュアとは至高の父親の地位にあったと信じていいであろう。しかし、これまでの証明では、その点はなお議論の余地のある問題であり、モーゼが神によって神の民の支配者に選ばれたということは、その統治がアダムの継承者あるいは父たる地位に属するということを何ら証明するものではない。それは、ちょうど、神がレビ族のアロンを祭司に選んだことが、祭司の地位がアダムの継承者あるいは最初の父に属することの証明にならないのと同じである。確かに神は、イスラエルにおいて、アロンを祭司に、モーゼを支配者に選んだが、これらの職位は、いずれも、アダムの継承者、あるいは父たる地位のうちに置かれたものではないのである。

一五八　われわれの著者は、更に続けて、〔『パトリアーカ』の〕一八頁で、「同様に、彼ら〔モーゼとヨシュア〕の後、しばらくの間、神は士師を登用し、危急に際して自分の民を守らせた」と述べている。これが、父親の権威が統治の起源であること、それはアダムからその後継者に相続されたことの証明になっていないことは、これまでの場合と異ならない。われわれの著者は、ここで、ただ、当時彼ら〔イスラエルの民〕がもつ唯一の支配者であった士師たちは、彼らが、危急に際して自分たちを守ってもらうために将軍に任用した武勇ある者にすぎなかったことを認めているだけのように見える。父たる地位が統治への権原をもつのでなければ、神は、これらの者を支配者に登用することはできないとでも言うのであろうか。

一五九　しかし、われわれの著者は、同じ一八頁で、「神がイスラエルの民に王を与えたとき、神は、父親の統治への直系相続に関する古い最初の権利を再建した」と語っている。

一六〇　では、神はどのようにしてその権利を再建したのであろうか。律法によってなのか、それとも明示的な命令によってなのか。どこにも、そうした律法も命令も見いだすことはできない。従って、われわれの著者が意味しようとしているのは、王を与えたとき、神は王を与えるという事実そのもののなかでその権利を再建したということなのかもしれない。父親の統治への直系相続の権利を事実上再建するということは、ある人に、父祖たちが享受し、彼自身も直系相続によって権利をもつ統治権を所持させるということに他ならない。なぜならば、まず第一に、もしもそれが父祖たちが所有していたのとは異なった統治権であったとすれば、それは、古来の権利の相続ではなく、新しい権利の創始であったということになるからである。また、もし、ある君主が、ある者に対して、その者の家族が数世代にわたって奪われていた古来の世襲財産[51]に加えて、その者の先祖がかつて所有したことのない付加的な財産を与えたのだとすれば、その者が直系相続の権利を再建したと言いうるのは、彼の先祖がかつて享受していたものについてだけであろう。従って、もし、イスラエルの王たちがイサクやヤコブ以上の権力をもっていたとすれば、それは、権力を相続する権利を彼らのうちに再建したということではなく、それを、父親の権力と呼ぼうと呼ぶまいと、彼らに新しい権力を与えたのだということになろう。イサクとヤコブとがイスラエルの王たちと同じ権力をもっていたかどうかについては、上に述べてきたことから誰かに考えてもらいたいと思う。彼らは、アブラハムもイサクもヤコブもおよそ王の権力を持ってはいなかったことを見いだすであろう。

一六一　次に、何かに対する最初の古い直系相続の権利の再建ということは、それをもつ者が相続する権利を有し、また、被相続人の真の、そしてもっとも近い後継者であるということがあって初めて言えることである。ある新しい家系のなかで始まるものは、再建されたものにはなりえない。また、王位が、それを継承する権利をもたず、直系相続が続いたとしても、それを要求する可能性のない者に与えられた場合にも、直系相続への古い権利が再建されたとは言うことはできない。神がイスラエルの民に与えた最初の王であるサウルはベニヤミン族であったが、彼において、古い最初の直系相続への権利が再建されたということになるのであろうか。次に、エサイの末子で、ヤコブの三男ユダの末裔であるダビデにおいて、父親の統治に対する古い最初の直系相続の権利が再建されたのであろうか。また、ダビデの末の息子でその王位の継承者であるソロモンにおいて、イスラエルの一〇の部族を支配したヤラベアムにおいて、更には、六年間にわたって君臨したが王家の血統にはまったく関係のなかった女性アタリヤにおいて、それは再建されたのであろうか。もしも、父親の統治に対する古い最初の直系相続の権利がこれらの者のうちの誰か、あるいはその子孫において再建されたというのであれば、長子だけではなく、年若い弟たちにもその権利が帰属することになり、従って、それは生きている誰においても再建されるということになろう。なぜなら、若い弟たちが兄たちと同様に直系相続への古い最初の権利によって所有するものに対しては、それが何にせよ、サー・ロバートであれ他の人であれ、すべての生きている人が直系相続による権利をもちうると言ってよいからである。それゆえ、われわれの著者が、王位の権利と継承とを確保するために、彼の言う父親の王的な統治に対する直系相続の何とも素晴らしい権利を誰でもがもちうる場所に再建したのではないかどうか、世人に考えてもらいたいと思う。

一六二　しかし、われわれの著者は、〔『パトリアーカ』の〕一九頁において、「神は、ある特定の人を王たるべき者に選ぶときはいつでも、その認可では父親しか名指してはいないにせよ、彼の子孫も、父親の人格のなかに十分に含まれるものとして、その認可の利益に浴するように意図しているのである」と語っている。しかし、これは継承ということの助けにはならないであろう。われわれの著者が言うように、認可を受けた者の子孫もその認可の利益に浴するように意図されているとすれば、それによって継承が決定されるということにはならないからである。なぜなら、神が何かをある者とその子孫全体とに与えたとすれば、それへの要求権が子孫のうちの特定の誰かに与えられたということにはなりえず、一族のすべての者がそれへの平等の権利をもつということになるからである。われわれの著者が〔子孫によって〕継承者を意味しようとしたのだと言う向きもあるかもしれないが、もしそうであるとすれば、われわれの著者は、そうした人々と同様に、継承者という言葉を使うべきであったと思う。そうしなかったのは、彼にとって都合が悪かったからである。ダビデの王位を継いだソロモンはダビデの継承者ではなかったし、同じく、ソロモンを継いで一〇の部族を支配したヤラベアムもソロモンの子孫ではなかった。それゆえ、われわれの著者には、神は〔王たるべき者の〕認可を継承者に対しても意図したという言い方を避けるべき理由があったのである。その認可は、われわれの著者が反対する余地のない形で継承されたということはなかったからである。それゆえ、われわれの著者は、彼の言う継承ということについては未決定のままに放置し、あたかもそれについては何も語らないかのようにしているのである。カナンの地がアブラハムとその子孫とに与えられたように、もし、王的権力が神によってある者とその子孫とに与えられたとすれば、それは、彼ら全員が王的権力への権原をもち、それを共有したということになるのではなかろうか。神が、ある者とその子孫とに対して支配権を認可したときに、この支配権は彼の子孫のなかの特定の誰かに帰属すべきだとされたのだと言うことは、アブラハムとその子孫とに対する神の認可によって、カナンの地は彼の子孫の一人に排他的に属するべきだとされたと言うに等しいことであって、およそ意味をなさない。

一六三　しかし、われわれの著者は、神がある特定の者を王たるべき者として選んだとき、神はいつでも、子孫(彼はこの特定の者の子孫を意味しているのであろうが)もまたその恩恵に与るべきだということを意図したということを、はたしてどのように証明しようとするのであろうか。同じ部分〔『パトリアーカ』一九頁〕で、「神は特別の配慮から君主として統治するよう選んだ」と語ったモーゼやヨシュアのことも、また、神が登用したとした士師たちのことも、われわれの著者はもう忘れてしまったのであろうか。至高の父たる地位の権威をもつこれらの君主は、王と等しい権力を保持していたのではなかったのか。また、神自身によって特別に選ばれたのに、彼らの子孫は、ダビデやソロモンのように、その選択の利益に与ることはできなかったのであろうか。もし、これらの者が神自身の手によって父親としての権威を与えられたのだとすれば、彼らの子孫は、どうして、この権利の継承に当たって、神の認可の利益に浴さなかったのであろうか。また、もし、彼らが、アダムの継承者としてその権力をもっていたのだとすれば、彼らの子孫は、彼らの死後、アダムから伝えられた権利によって、なぜその権力を享受しえなかったのであろうか。それは、端的に、彼らの子孫が誰か他の者の継承者にはなりえなかったからである。また、モーゼ、ヨシュア、士師における権力は、ダビデや列王におけるそれと同一で、同じ起源に由来するものであり、誰かには相続可能であり、誰かにはそうではないものなのだろうか。もし、その権力が、父親の権威でなかったとすれば、神自身の民は、父親の権威をもたない者によって支配され、その支配者は父親の権威なしにもやって行けたことになる。もし、それが父親の権威であり、神がそれを行使すべき人物を選んだのであれば、神は、ある人物を至高の支配者(それを王という文言にしないのは、呼称ではなく権力の実態が差異をもたらすからである)として選んだときは、いつでも、彼の子孫もその利益に与るように意図しているというわれわれの著者の原理も妥当しない。なぜなら、イスラエルの民がエジプト〔虜囚〕から脱してダビデの下に戻った四〇〇年の間、イスラエルを支配した士師たちの間で、父の死後、息子の誰かがその統治を引き継ぐほどには、子孫は「父親の人格のうちに十分に包含されている」〔『パトリアーカ』一九頁〕ということは決してなかったからである。もし、これを避けて、神は常に継承者である人物を選び、彼に父親の権威を移譲し、他の子孫をその権威の継承から排除したというのであれば、エフタにおいてはあきらかにそうではなかった。エフタは、その民との間で契約を取り交わし、彼らが彼を自分たちの士師にしたことは、『士師記』第一一章から明白であるからである。

一六四　従って、士師がもっていた権威は士師たちとともに終わり、その子孫には継承されなかったのだから、〔われわれの著者のように〕神がある特定の者を選び、彼に父親の権威を行使させた（それが王たるべきであるということでないならば、王と父親の権威を行使する者との相違はどこにあるのだろうか）とき、神は、常に、その者の子孫もまたその恩恵に与るべきであるということを意図したなどと言うことは無意味なことである。もし、士師たちが父親の権威をもっていなかったとすれば、われわれの著者や彼の原理の信奉者たちは、当時、イスラエルの民の間で、誰が父親の権威を、つまり、統治権と至高の権力とをもっていたかを語ることに難儀することであろう。そして、彼らは、結局、神の選ばれた民は、数百年にわたって、父親の権威についての知識も観念ももたず、君主政的統治らしきものの片鱗さえもたない民族であり続けたということを認めざるをえなくなるであろう。

一六五　このことについて、われわれの著者は、『士師記』の最後の三つの章におけるレビ人の物語、また、彼らとベニヤミンの人々との戦いの物語を読みさえすれば納得が行くであろう。そこにおいて、彼が、レビ人がイスラエルの民に〔ベニヤミン部族への〕裁きを訴えていること、その状況下で為されたことのすべてを討議し、決議し、方向づけたのが〔イスラエルの〕各部族からの会衆であったことを知れば、彼は、神が自身の選ばれた民の間で父親の権威が維持されるように配慮することはなかったか、それとも、君主政的統治がない場合にも父親の権威が維持されたかのいずれかを認める他ないはずである。後者の場合、たとえ父親の権威がうまく立証できなくても、君主政的統治の必然性が推定されるということにはまずならないであろう。また、もし、前者であるとすれば、神が、父親の権威を、人の子の間に、それなしにはいかなる権力も統治もありえないほどに神聖なものとして定めながら、他方で、その神が、自らの民に対して統治を配剤し、人間の諸身分や諸関係に関する規範を規定したにもかかわらず、〔父親の権威という〕この偉大で根本的な規範、他のもののなかでもっとも実質的で必要な規範を四〇〇年にわたって秘匿し、軽視し続けたなどということはこの上なく奇妙なことであり、およそありえないことである。

一六六　この議論から離れる前に、私が問い質したいのは、われわれの著者が、〔『パトリアーカ』の一九頁で述べている〕「神は特定の人物を王たるべく選んだときに、常に、その者の子孫もそれによる恩恵に与るべきであることを意図した」ということを、どのようにして知ったのかという点である。神は、それを、自然法あるいは啓示によって語っているのであろうか。それならば、神は、同じ法によって、子孫のうちの誰が継承によって王位を享受するのかを語り、継承者を指示しなければならないはずである。そうでなければ、神は、彼〔すなわち王位継承者〕の子孫が、分裂し、統治権を争奪しあうことを許さざるをえない。いずれの場合も不合理であり、子孫に対する認可の恩恵は破壊されるであろう。神の意図の告知が示された場合には、われわれは神の意図がそうであることを信じる義務を負うことになるが、その告知が示されていない以上、われわれの著者を神の意図の真の啓示者として受け容れさせるためには、彼はもっと有力な根拠をわれわれに示さなければならない。

一六七　われわれの著者は、〔『パトリアーカ』一九頁で〕「〔神の〕認可においては父親しか名指しされていないにせよ、子孫も父親の人格のなかに十分に含まれている」と述べている。しかし、神は、『創世記』第一三章一五節でアブラハムにカナンの地を与えたときには、その認可のなかに彼の子孫という言葉を入れることを適当だと考えたのであった。同様に、祭司の身分はアロンと彼の子孫とに与えられ、また、神は王位をダビデだけではなく、彼の子孫にも授与したのである。そして、われわれの著者が、「神は、誰かを王に選んだとき、彼の子孫もその恩恵に浴するべきことを意図した」と言っているが、神がサウルに、サウルの死後の子孫に何一つ言及することなく与えた王国は、結局、彼の子孫の誰にも伝えられることはなかったのである。神がある者を王たるべく選んだとき、神は、なぜ、イスラエルにおいて士師を選んだとき以上に、彼の子孫もその恩恵に与るように意図したのか、また、どうして、ある王への父親の権威の認可が、同様の認可が士師に対して行われたとき以上にその子孫までを含むことになるのか、私はその理由を知りたいと思う。父親の権威とは、権利によって、王の子孫には承継されても、士師のそれには承継されないということなのだろうか。〔両者において〕与えられたものが同じ父親の権威であり、その授与の仕方も神による人物の選択という点で同様であったのだから、その相違が名前以上のどこから出てくるのかの理由を〔われわれの著者は〕示す必要があると思う。というのは、われわれの著者が、神は士師を登用したと言うとき、彼は、士師たちが民によって選ばれたということを決して認めないだろうと考えられるからである。

一六八　しかし、われわれの著者は、父たる地位を存続させようとする神の配慮について確信をもって説き、また、すべてを聖書の権威の上に打ち立てると主張しているのだから、われわれは、次のことを十分に期待してよいであろう。聖書には、主として、その律法、統治体制、歴史が収められている〔ユダヤ〕民族が、われわれの著者に対して、神は、神が特別の配慮を払ったことには誰も異存のないこの民のうちに父親の権威を存続させようと配慮したということを示す明白な例を与えてくれるはずであるということがそれである。そこで、この父親としての権威や統治が、ユダヤ人の間で、彼らが一民族となって以来どのような状態にあったかを調べてみよう。われわれの著者の告白によれば、それは、彼らがエジプトに入ってから、その虜囚を脱して帰還するまでの間、二〇〇年以上にわたって中断されていた。それから神がイスラエルの民に王を与えるまでの四〇〇年以上に関するわれわれの著者の説明は、はなはだお粗末である。実際、この期間、彼らの間には、父親の統治あるいは王的統治の跡は少しも見られない。しかし、われわれの著者は〔『パトリアーカ』一九頁で〕、「そのとき、神は、父親の統治への直系相続に関する古い最初の権利を再建した」と言うのである。

一六九　そのとき確立されたとされる父親の統治への直系相続とはどのようなものであったかについては、すでに見てきた通りである。今は、それがどれくらい続いたかということだけを考えると、それはバビロン捕囚までの約五〇〇年間にわたってであった。その後、ローマ人によって滅ぼされるまでの六五〇年以上、父親の統治への直系相続に関する古い最初の権利は再び失われ、彼らは、その統治をもつことなく約束の地に一つの民族としてあり続けた。従って、彼らが、神の特別の民であった一七五〇年間のうち世襲的な王的統治をもっていたのは、三分の一にも満たない。しかも、その期間にあっても、父親の統治にせよ、それへの直系相続に関する古い最初の権利の再建にせよ、その痕跡は一瞬たりとも認められない。たとえ、われわれが、それを、ダビデ、サウル、アブラハムをその起源とすると考えても、あるいは、それは、われわれの著者の原理によれば唯一の真の起源であるアダムに由来すると考えるとしても。(52)

(1) この前章とは『パトリアーカ』の章ではなく、前篇第一〇章を指す。

(2) モーゼの兄でユダヤの祭司長。『出エジプト記』第二八章参照。

(3) 原語は descent である。

(4) 原語は philosopher's stone である。錬金術において、すべての金属を金や銀に変える力をもつと考えられてきた物質で、錬金術が見いだすべき究極の対象をなす。

(5) 『創世記』第四章七節に対応する。

(6) しかし、「善意に解釈すれば」、この彼は弟アベルを指すと考えるのが自然であろう。長子の相続権や支配権を否定しようとするロックの意図が、いささか客観性に欠ける解釈を導いたものと言ってよい。

(7) 『創世記』第二七章二九節参照。

(8) この点の記述は、後篇第五章三八節にも見られる。
(9) 原語は nations である。
(10) 前篇にも後篇にも、フィルマーの言う簒奪者の権原について正面から論じた箇所はない。ロックの緒言に関する訳者の註(2)で述べたように、『統治二論』には「中間を埋めるはずであった草稿」があり、そこにおいてその問題が論じられていた可能性も完全には排除できない。
(11) Jack Cade. 一四五〇年に起こったケントの反乱の指導者。前篇第七九節に出てきたマッサネッロ同様、民衆蜂起の象徴となった人物である。
(12) 原語は legitimation である。
(13) 訳者解説でも述べるように、チャールズ二世に対抗したシャフツベリ伯の陣営に属するロックにとって、この問題は極めて切実であった。シャフツベリが、チャールズ二世の弟で後にジェイムズ二世となった当時のヨーク公に対抗する王位請求権者として立てたモンマス公は、チャールズ二世が「正妻でない者」との間に儲けた長子であったからである。ロックが、正妻とそうでない者との相違の問題を取り上げているのも、その点に関連する。
(14) ここには、神授の家父長権力の継承というフィルマーの原理は、王位の継承順位を定めるイギリスの国内法とだけではなく、むしろ、それを越える自然法とも整合するものでなければならないとのロックの観点が窺われる。しかし、この観点は、フィルマーやその追随者が、神授の家父長権力の継承という仮説に立って、王位継承に関するイギリスのルールを正当化しようとしていたことを考えると、いささかこじつけであるとの印象を拭えない。
(15) スコットランド王国を指す。

(16)　一六八〇年に公刊された『家父長制は君主政にあらず *Patriarcha non Monarcha*』の著者ジェイムズ・ティレル(James Tyrrell)のことである。
(17)　原語は civil lawyers である。ロックの時代には、一八世紀後半以降、国家と社会との二分化を歴史的背景にしつつ、人間の私的領域を規制する法として成立した「民法」を扱う学者ではなく、イギリスの「コモン・ロー」との対比において、「大陸法」や「ローマ法」を専門とする学者を指した。
(18)　『レビ記』第一八章六節以下参照。
(19)　『創世記』第三八章二四節参照。
(20)　この点は、後篇第一章三節において、「主権」を「政治権力」に置き換えた上で明確に定義されている。
(21)　チャールズ二世、ジェイムズ二世に仕えた大法官で、例えば、モンマス公反乱事件で、冷酷な「血の裁判」を行ったことで有名。名誉革命の際に逮捕され、処刑された。
(22)　『サムエル後書』第一三章二八節、二九節参照。
(23)　『創世記』第一四章一四節、第二一章二三節、二四節、第三一章六節を参照。
(24)　西インド諸島に関する以下の叙述には、特に、大法官時代のシャフツベリの下に設けられていた通商植民協議会主事に一六七三年に任命されたロックが、その仕事を通じて身につけた北アメリカに関する知識が色濃く反映されている。
(25)　原語は servants である。
(26)　原語は a politic body である。

(27) この点は、後篇の第二章「自然状態について」と第三章「戦争状態について」とにおいて詳述されている。
(28) 原語は commonwealths である。ここでは、君主政体との鋭い対照で用いられている点に配慮して共和政体と訳した。次節においても同様である。なお、ロックにおける「コモンウェルス」の用法については、後篇第一〇章に付した註(4)を参照されたい。
(29) 原語は commonwealths である。
(30) 同様の記述は、後篇第五章三八節にも見られる。
(31) 『創世記』第一四章一節、二節参照。
(32) ロックが『統治二論』を執筆した一六七〇年代後半から八〇年代前半の時点では、トーリー(Tories)とはアイルランドの盗賊や無頼の徒を指す蔑称にとどまっていた。その後、王位継承をめぐるチャールズ二世や王党派とシャフツベリや議会派との対立が深まるなかで、後者が前者を指してトーリーと嘲笑するようになり、それがやがて政党名を指す政治用語としてイングランドで定着して行ったことを考えると、あきらかにイングランドの状況を指す。(他の国のことはさておき)という一文は、ロックが『統治二論』の出版準備を進めていた一六八九年に書き加えられた可能性が高い。
(33) 原語は nations である。
(34) 原語は races of men である。
(35) オーギュゴスはノアの大洪水当時支配していたテーベの最初の王で、ギリシャ人の祖とされた人物であり、ヘラクレスは古代ギリシャにおけるドーリア人の始祖とみなされた人物である。ブラーマとはインドの支配的なカーストであるブラーマンがその末裔であることを主張した神的な存在であり、タンバーリンとは、モンゴル帝国の指導者ティムールを、ファラモンとはメロヴィンガ朝の伝説上の王でフランスの神話的な父祖を指す。ジュピターとサタンとは、ともに、ローマを創始したとされる主神である。

(36)『創世記』第一一章八節、九節参照。
(37)原語は nations である。
(38)『創世記』第一〇章三一節に対応する。
(39)『創世記』第一〇章五節、二〇節参照。
(40)原語は people である。
(41)『創世記』第一一章一節、二節参照。
(42)ロックの時代に、空想的な政治モデルの総称となっていたトマス・モアの『ユートピア』が意識されている。
(43)原語は universal monarchy である。
(44)『創世記』第一〇章一節から一〇節を参照。ニムロデは、ノアのひ孫であったが、非長子系に属していた。
(45)原語は a people である。
(46)エルナンド・ソトは、一六世紀に南北アメリカ、ペルー、西インド諸島を探検したことで知られるスペインの軍人で、北アメリカの歴史に関する記録を残した人物である。
(47)ここには、例えば、前篇第六章五七節の叙述によってロックが読んだことが解っているインカ・ガルシラーソ・デ・ラ・ベーガがソトのフロリダ遠征を描いた次の作品が入る。*La Florida del Inca*, 1605. 註(24)で述べたように、シャフツベリによって通商植民協議会主事に任命されたロックは、北アメリカに関する旅行記や報告書に目を通していた。

(48)　この序文とは、フィルマーの *Observations upon Aristotles Politiques touching Forms of Government*, 1652 のそれを指す。

(49)　原語は politician である。

(50)　『創世記』第四二―四三章参照。

(51)　原語は patrimony である。

(52)　このように、『統治二論』の前篇がある意味で唐突に打ち切られたとの印象を与えることから、ロックの言うように、前篇と後篇との「中間を埋めるはずであった草稿」があったとの推測が成り立つ。ただし、それがあくまでも推測にとどまることは、緒言の註で述べた通りである。

後篇　政治的統治について

第一章　序　論(1)

一　〔前篇における〕これまでの議論で以下のことが示された(2)。

1　アダムは、父たる地位という自然権によっても、また、神の明白な贈与によっても、〔サー・ロバート・フィルマーやその追随者たちによって〕主張されるような子供たちへの権威や世界に対する統治権というようなものをもってはいなかったこと。

2　たとえアダムがそれらをもっていたとしても、彼の継承者たちはそれらをもっていなかったこと。

3　たとえアダムの継承者たちがそれらをもっていたとしても、誰が正当な後継者であるかを生じうるあらゆる場合に即して決定する自然法も神の実定法も存在しないのだから、相続の権利を、従ってまた支配する権利を確定することはできなかったであろうということ。

4　たとえそれが確定されたとしても、アダムの末裔のなかでいずれが長子系であるかに関する知識は長期間にわたって完全に失われていたのだから、人類の諸種族、世界の諸家系のうちのどの一つといえども、他に優越して、自分こそが長子系の家系であり、相続の権利をもつなどといささかでも主張しうる者はいないということ。

これらの諸前提は、すべて明確に立証されたと私は思う。〔それゆえ〕地上に存在する現在の支配者たちが、すべての権力の源泉であるとされるアダムの私的な支配権と父親としての支配権とからいささかでも恩恵を受けたり、権威の庇護を引き出したりすることは不可能である。従って、世界におけるすべての統治はただ実力と暴力との所産であり、人間は最強のものが支配する獣の世界の法則に則って共同生活を営むなどと言って、不断の無秩序、悲惨、騒乱、反乱、叛逆(かの仮説の信奉者たちが声を大にして反対したのはそれらに対してであった)の種を蒔こうという考え方が生じる機会を与えたくないと思う人は、統治の発生、政治権力の起源、政治権力の所有者を指定し識別する方法について、サー・ロバート・フィルマーがわれわれに教えたのとは別のものをぜひとも発見しなければならないであろう(3)。

二　そうした目的のために、私が政治権力をどのようなものと考えているかについて〔予《あらかじ》め〕述べておくことは不適切ではないであろう(4)。為政者がその臣民に対してもつ権力は、子供たちに対する父親の権力、家僕に対する主の権力、妻に対する夫の権力、奴隷に対する主人[6]の権力とは区別することができよう。[7]ときに、これら別々の権力が同一の人間のうちに集中することがあるとしても、その人間を右のような異なった人間関係のなかで考察してみれば、それらの権力を相互に区別し、政治的共同体の支配者と家族の父親と奴隷船の船長との間にある相違を示すのに役立つであろう。

三　そこで、私は、政治権力とは、固有権《プロパティ》[8]の調整と維持とのために、死刑[9]、従って、当然それ以下のあらゆる刑罰を伴う法を作る権利であり、また、その法を執行し、外国の侵略から政治的共同体を防衛するために共同体[10]の力を行使する権利であって、しかも、すべて、公共善のためだけにそれを行う権利であると考えるのである[11]。

（1）この章は、ロックが『統治二論』の出版準備を進めていた一六八九年に執筆されたと推定される。

（2）この叙述は、ロックが、『統治二論』のうち、前篇をまず執筆し、次いで後篇を書いたといった印象を与える。しかし、訳者解説で詳述するように、真相はそれとは大きく異なっていた。

（3）「従って」から「であろう」に至るロックのこの一文は、いささか解りにくい。しかし、そこで示唆されているのは、「地上に存在する現在の支配者たち」が自らの権力の正統化を図る上で、王権神授説の家父長権版であるフィルマー説に依拠することはできなくなった、そうすると彼らは征服説や実力説に訴えて自己の権力の弁証を試みることになろう、しかし、それは武力抗争による無秩序や騒乱をもたらす点で到底認められない、従って、われわれは、実力説の台頭を封じ込めるためにも、フィルマーの説とは異なる権力の正統性理論を発見しなければならないというロックの論法であると言ってよい。それは、ロックが、王権神授説と実力説とをともに斥けながら、社会契約説へと向かう自説の方向を示唆したものであると考えられる。

(4)　原語は servants である。

(5)　原語は master である。

(6)　原語は lord である。

(7)　ロックによるこうした権力関係の分類には、ロック自身よく通暁していたアリストテレスの『政治学』からの影響が認められると言ってよい。アリストテレスも、ポリスを構成する家(oikos)の長であり自由民として政治に参加する公民(polites)の間の例えば政体の相違として現れてくる権力関係と、それぞれのオイコスにおける家父長、妻、子供、奴隷(doulos)の間の権力関係とを区別していたからである。ただし、その場合にも、次の二つの相違点に注意しなければならない。一つは、ロックにおいては、アリストテレスがオイコス内の権力関係として描いた主人(despotes)と奴隷との対比が消えて、家族内における主と家僕との権力関係が登場してくること、もう一つは、アリストテレスにおける主人と奴隷との関係が、ロックにおいては、奴隷船の比喩が暗示するように、征服者と捕虜、絶対君主と臣民との間の関係の問題として論じられることに他ならない。

(8) ロックにおける property の概念が、財産や資産、すなわちモノに対する所有権を指す通常の用法よりも広く、人間の身体や人格に関わる意味をも包含していることから、後篇では、文脈上、財産や資産の所有権を示すことが明確な場合を除いて、固有権《プロパティ》という訳語を用いることにした。この点については、前篇第四章に付した註(3)を参照されたい。

(9) ロックが、ここで、政治権力が与える刑罰の最高刑を死刑としていることは、ロックの政治理論の特質を考える上で重要な意味をもつ。それは、ロックが、実力をもってする信託違反権力への抵抗権や革命権の行使権を人民に与えた点とも相俟《あいま》って、ロックが、政治の本質を生命価値の与奪に関わる生殺的(vital)なものと考えていたことを示しているからである。その点で、政治権力に関するロックのこの定義は、『統治二論』を読むに当たって常に引照すべきものであると言ってよい。

(10) 原語は community である。

(11) ここで、ロックが、権力を権利としているのは、ロックが解こうとしている問題が政治権力の正統性の問題であることから当然である。ロックにとって、権力の問題は、その実力説批判が示すように、断じて、事実(de facto)問題ではなく、権利(de jure)問題であったことに注意されたい。

第二章　自然状態について

四　政治権力を正しく理解し、それをその起源から引き出すためには、われわれは、すべての人間が自然にはどんな状態にあるか(1)を考察しなければならない。それは、人それぞれが、他人の許可を求めたり、他人の意志に依存したりすることなく、自然法の範囲内で、自分の行動を律し、自らが適当と思うままに自分の所有物や自分の身体を処理することができる完全に自由な状態である。

それはまた、平等な状態であり、そこでは、権力と支配権とは相互的であって、誰も他人以上にそれらをもつことはない。なぜなら、同じ種、同じ等級に属する被造物が、すべて生まれながら差別なく同じ自然の便益を享受し、同じ能力を行使すること以上に明白なことはないのだから、それらすべての者の主であり支配者である神が、その意志の明確な宣言によってある者を他の者の上に置き、その者に、明示的な任命によって疑う余地のない支配権と主権とを与えるのでない限り、すべての者が従属や服従の関係をもたず、相互に平等であるべき(2)だということはあきらかであるからである。

五　かの賢明なるフッカー(3)は、人間のこの自然の平等をそれ自体この上なく明白で疑いの余地のないものと考えたので、彼は、それをもって、人間間の相互的愛への義務の基礎とし、その上に人間がお互いに負う責務を築き、そこから、正義と慈愛という偉大な原理を引き出したのである。彼の言葉は、以下の通りである。

「自分と同じように他人をも愛することが義務であることを人間に教えたのは、彼らが等しくもっている自然の誘因であった。あることがらが平等であることを認めるためには、万人がただ一つの基準をもたなければならないからである。もし、私が、あらゆる人の手から善きものを、しかも、誰しもが心に欲する善きものを是非とも手に入れたいと願うならば、同一の性質をもつ他人のなかにも同様の欲求があるのだから、他人の同じような欲求を満足させるように配慮することなしに、どうして自分の欲求を少しでも満足させられると期待することができるであろうか。この欲求に反するものを他人に受け取らせようとするならば、自分がそうした場合に悲しむのと同様に、すべての点で他人を悲しませることになるに違いない。従って、私が危害を加えれば、私も危害を被るものと思わなければならない。自分が他人に示す以上に、他人が自分に愛を示さなければならない理由はないからである。それゆえ、本来、自分と平等な者からできるだけ愛されたいという私の欲求は、彼らに対してもまた、同様の情愛を十分に示すべき自然の義務を私に課するのである。われわれと、われわれ自身と同様である人々との間のこうした平等な関係から、自然の理性が、生活の指針のために、いかなる規則や準則を引き出しているかを知らない人はいないであろう」(『教会政治の法』第一巻[4])。

六　しかし、この自然状態は、自由の状態ではあっても、放縦の状態ではない。この状態において、人は、自分の身体と自分の所有物とを処理する何の制約も受けない自由をもっているにしても、彼は、自分自身を、また、自分が所有するいかなる被造物をも、単にその保全ということが要求する以上のより高貴な用途がある場合を除いて〔ほしいままに〕破壊する自由をもたないからである。自然状態はそれを支配する自然法をもち、すべての人間がそれに拘束される。そして、その自然法たる理性は、それに耳を傾けようとしさえすれば、全人類に対して、すべての人間は平等で独立しているのだから、何人も他人の生命、健康、自由、あるいは所有物を侵害すべきではないということを教えるのである。というのは、人間が、すべて、ただ一人の全能で無限の知恵を備えた造物主の作品[5]であり、主権をもつ唯一の主の僕であって、彼の命により、彼の業のためにこの世に送り込まれた存在である以上、神の所有物であり、神の作品であるその人間は、決して他者の欲するままにではなく、神の欲する限りにおいて存続すべく造られているからである。(6) そして、われわれは、同一の能力を授けられ、全員が一つの自然の共同体をなしているのだから、下級の被造物がわれわれのために造られているのと同じように、われわれも他人の用に供するために造られているかのように、相互に滅ぼし合うのを権威づけるような従属関係をわれわれの間に想定することはできない。各人は自分自身を保存すべきであり、勝手にその立場を放棄してはならないのだが、それと同じ理由から、自分自身の保全が脅かされない限り、できるだけ人類の他の人々をも保存すべきであり、また、侵害者に正当な報復をなす場合を除いては、他人の生命、あるいはその生命の維持に役立つもの、すなわち、自由、健康、四肢あるいは財貨を奪ったり、損ねたりしてはならないのである。

七　そして、他人の権利を侵害したり、相互に危害を加えたりすることがないように万人を抑制し、平和と全人類の保存とを欲する自然法が遵守されるように、自然状態においては、自然法の執行は各人の手に委ねられているのであり、これによって、各人は、この法に違反する者を、法の侵害を防止する程度にまで処罰する権利をもつ。なぜならば、もし自然状態において自然法を執行する権力をもち、それによって無実の者を保全し、違反者を抑制する者がいないとすれば、自然法は、この地上の人間に関係する他のすべての法と同様に、空しいものになってしまうであろうからである。また、この自然状態において、誰かが自分に悪をなした者を罰してもよいとすれば、すべての者がそうしてもよいということになるであろう。というのは、本来的に、一人の人間の他の人間に対する優位性や支配権が存在しないこの完全に平等な状態にあっては、ある者が、自然法を執行するためになしうることは、何人も、当然に、同様のことをなしうる権利をもっていなければならないからである。

八　このように、自然状態においては、各人が各人に対する権力をもつようになる。けれども、それは、その掌中にある犯罪者を、自分の激しい感情や無制限のほしいままの意志に従って処分するような絶対的で恣意的な権力ではない。それは、ただ、冷静な理性と良心とが犯罪者の違反につりあうものとして指示する程度のものを、つまり、犯罪者に賠償と抑止とに見合う範囲の報復を加えるだけの権力にすぎない。なぜなら、賠償と抑止との二つだけが、ある人が他者に対して、われわれが刑罰と呼ぶ危害を合法的に加えることができる理由をなすからである。自然法を犯すことによって、その侵害者は、神が人間の相互的な安全のために彼らの行為に対して定めた基準である理性と一般的衡平との規則以外の規則によって生きることを自ら宣言することになる。それによって、その侵害者は、人類にとって危険な存在となろう。人類を危害と暴力とから守るべき絆が、彼によって軽視され、破壊されるからである。これは、全人類と、自然法が準備する人類の平和および安全とに対する侵害であるから、それを理由として、すべての人間は、人類全体を保存するためにもっている権利により、彼らにとって有害なものを抑止し、必要な場合には破壊してよく、従って、自然法を侵害する者に対して、それをなしたことを後悔させ、それによって、その当人や、彼に倣《なら》うその他の者が同様の悪事をなすことを思いとどまらせるような危害を加えてよいことになる。こういう場合に、またこういう理由によって、すべての人間は自然法の侵犯者を処罰する権利をもち、自然法の執行者となるのである。

九　確かに〔すべての人間を自然法の執行者とする〕これは、ある人々にとっては大変奇妙な教説に思われるであろう。しかし、そうした人々には、それを非難する前に、君主や国家(7)が、自国内で罪を犯した外国人をどのような権利によって死刑に処したり、処罰したりすることができるのかを私に説明してほしいと思う。君主や国家の法〔の効力〕が、立法者の公布された意志に由来するどのような制裁権をもってしても、異邦人にまで及ばないことはあきらかである。それらの〔国内〕法は外国人には語りかけないし、たとえ語りかけたとしても、彼らにはそれに耳をかす義務はない。法は、立法部の権威によって当該政治的共同体の臣民に対しては効力をもつが、外国人に対してはなんらの力ももたない。イングランド、フランス、あるいはオランダで法を制定する至高の権力をもつ者も、インディアンにとっては、世界のその他の人々にとってと同様に、およそ権威をもたない者なのである。従って、もしも、自然法によって、すべての人間が、冷静に判断してそれが必要だと考えられる場合に自然法の侵害を処罰する権力をもたないとすれば、ある共同社会の為政者が、どうして他国に属する外国人を処罰することができるのか、私には理解できない。というのは、その為政者も、外国人に関しては、各人が他人に対して自然にもっていると考えられる権力以上の権力をもつことはできないからである。

一〇　法を破り、理性の正しい規則から逸脱することによって、人は、堕落したものとなり、人間本性の原理を捨てて有害な被造物となったことを自ら宣言することになるが、こうしたことからなる罪悪に加えて、人が、誰か他の人に対して権利侵害を行い、その侵害によって他の人が損害を受ける場合が少なくない。この場合には、損害を被った者は、他の人と同様に、加害者を処罰する権利をもつだけではなく、そのほかに、加害者に賠償を求める特殊な権利をもつ。しかも、それが正当なことであると考える者は誰でも、権利侵害を受けた者に加担して、加害者からその損害を十分に償うに足るだけのものを回復することができるよう助力してよいのである。

一一　これら二つの異なった権利、すなわち、一つは、抑止のために罪悪に処罰を与え、同様の犯罪を予防するものであって、この処罰権は各人が有するところであり、もう一つは、賠償を受け取る権利であって、これは侵害を被った者だけに属するものであるが、これら二つから、為政者は、為政者であることによって一般的な処罰権を手にすることになる。ただし、その場合にも、為政者は、公共の善が法の執行を求めないときには、しばしば自分自身の権威によって犯罪の処罰を免除することができるとしても、損害を被った私人に当然に帰すべき十全の賠償を免除することはできない。つまり、損害に苦しむ人は、自分自身の名において〔賠償を〕要求する権利をもち、彼だけがそれを免除することができるのである。すなわち、損害を受けた者は、自己保存の権利によって、加害者の財貨または奉仕を自分のものにする権力をもつが、それは、すべての人間が、全人類を保全する権利、またこの目的のために合理的なことなら何をしてもよいという権利によって、罪悪が再び行われることを阻止するために罪悪を処罰する権力をもつのと異ならない。このように、自然状態においては、すべての人間が殺人を犯す者を殺す権力をもつ。それは、一方で、権利侵害に伴ってすべての人間から与えられる処罰の実例を示すことで、他の者が償いのつかない同様の権利侵害を行うのを思いとどまらせるためである。また他方で、それは、神が人類に与えた共通の規則であり尺度である理性を捨て、ある一人の人間に不正な暴力や殺害を加えることによって全人類に対する戦争を宣言した犯罪者、それゆえ、人類がそれとの間では社会をなすことも身の安全を保つこともできない残忍な野獣であるライオンや虎のように殺してもかまわない犯罪者の企てから、人々を保護するためでもある。「およそ人の血を流すものは、人その血を流さん」という〔『創世記』第九章六節に述べられた〕偉大な自然法は、ここに基礎を置いている。また、かのカインは、すべての人間が犯罪者を滅ぼす権利をもつことを固く信じていたがゆえに、〔『創世記』第四章一四節にあるように〕弟を殺した後、「およそ我に遇う者、我を殺さん」と叫んだ。この〔すべての人間は犯罪者を殺す権利をもつという〕ことは、これほどはっきりと全人類の胸のうちに書き込まれていたのである。[8]

一二　同じ理由によって、人は、自然状態において、自然法のより軽い侵害をも処罰することができる。その場合、やはり死の処罰を与えてもよいかと問う人もいるであろう。それに対して、私は、それぞれの侵犯には、犯罪者に割に合わないことをしたということを十分に知らしめ、それを後悔させ、他の者に同様の侵害を行うことを恐ろしがらせる程度において、またそのくらいの厳しさをもって処罰を科してよいと答えたい。自然状態において行われうるすべての犯罪は、自然状態においても、政治的共同体のなかで行われるのと同等に、また同程度に処罰されてよいのである。自然法の細目や、それが与える処罰の規準に立ち入ることは、ここでの私の目的ではないとは言え、そのような〔自然の〕法が存在すること、しかも、それは、理性的な被造物、あるいは自然法を研究する者にとっては、政治的共同体の実定法と同じように、あるいはおそらくそれ以上に、理解しやすく平明であることは疑いえない。なぜならば、理性は、相矛盾する隠された利害を言葉で表現することに由来する人間の空想や手の込んだ考案物よりも、はるかに容易に理解できるからである。というのは、実際のところ、諸国の国内法の大部分はそのようなものであるからであり、従って、国内法は、自然法に基礎を置く限りで正しく、それらは、自然法によって規制され、また、解釈されるべきなのである。[9]

一三　〔私の〕この奇妙な教説、すなわち、自然状態においては各人が自然法の執行権力をもつという教説については、間違いなく、人が自分自身に関する事件の裁判官となるのは不合理であり、また、自己愛は人をして自分自身や自分の友に対して肩入れさせるものであるといった反論が出されるであろう。また、他方で、邪悪な本性、情念、復讐心が、人々を駆って、過度に他人を処罰することになるであろうとの反論もあろう。更に、それに続くのは混乱と無秩序とであり、それゆえにこそ、神は、人間の偏愛性と暴力とを抑制するために統治を指定したに違いないとも言われるであろう。私としても、政治的統治が自然状態の不都合さに対する適切な救済策であることは容易に認める。確かに、各人が自分自身の係争事件における裁判官となる自然状態の不都合さには大きなものがあろう。なぜなら、自分の同胞に対して権利侵害を行うような不正な人間が、それを自ら咎めるほどに公正であることはほとんど望めないからである。しかし、私は、こうした反対論を唱える人々に、絶対君主もまた人間にすぎないことを想起してほしいと思う。もし、統治が、人々が自分自身の係争事件の裁判官であることから必然的に生じる弊害の救済策であるべきであり、従って、自然状態にはとても耐えられないというのであれば、次のような統治、すなわち、そこでは、多数の者を支配する一人の人間が自らの係争事件の裁判官となる自由をもち、自分のすべての臣民に対しては欲する何事でもなすことができるのに、他の何人にも、自分の意のままを執行する人間に異を唱えたり制限を課したりする自由をまったく認めないような統治、そして、彼のなすことなら、それが、理性、誤謬、激情のいずれによって導かれたものであれ服従しなければならない統治とは、いったいどのような種類の統治であり、自然状態に比べてはたしてどれだけ優れているのかを私は是非とも知りたいものである。それよりは、人々が他人の不正な意志に服従しなくてもよい自然状態のほうがはるかによい。そこでは、裁きを下す者が自分自身や他人の係争事件について誤った裁きをすれば、彼は他のすべての人々に対してその責任を負わなければならないからである。

一四　ところで、これに対しては、「そのような自然状態にある人間はどこにいるのか、あるいは、これまでどこにいたのか」という強い異論がしばしば寄せられてきた。これについては、当面、世界における独立した統治体(10)の君主あるいは支配者はすべて自然状態のうちにあるのだから(11)、世界が自然状態にある多数の人間を欠くことはこれまでにもなかったし、これからもないであろうことはあきらかであると答えておけば十分であろう。私は、独立した共同社会のすべての統治者と言ったが、彼らが、他の統治者と同盟を結んでいるかどうかは関係ない。というのは、すべての契約(12)が人間の間の自然状態を終わらせるわけではなく、それを終わらせるのは、ただ、相互に、一つの共同体に入り、一つの政治体を作ることに同意し合う契約だけであるからである。人間が、たとえ相互にそれ以外の契約や約束を行っても、彼らは依然として自然状態のうちにあるのである。例えば、ガルシラーソ・デ・ラ・ベーガのペルーの歴史(13)に述べられているように、無人島で二人の人間が交易などの約束や契約をし、あるいはまた、アメリカの森林で一人のスイス人と一人のインディアンとがそうした約束や契約を結んだ場合、それは、彼らがお互いに完全に自然状態のうちにあるにもかかわらず、彼らを拘束することになる。なぜなら、誠実さと信義を守ることとは、人間としての人間に属するものであって、社会の一員としての人間に属するものではないからである。

一五　自然状態のうちにあった人間などは存在しなかったと言う人に対して、私は、まず、賢明なるフッカーの権威をもって対抗しよう。彼は、その『教会政治の法』の第一巻一〇節において次のように述べているからである。「これまで述べてきた法」、つまり自然法は、「たとえ人々が固定的な共同関係をもたず、また、何をなすべきであり、何をなすべきではないかについて相互に厳粛な協定を結んでいない場合にも、彼らがまさに人間であるがゆえに、彼らを絶対的に拘束する。しかし、われわれは、自分だけではわれわれの本性が要求する生活、すなわち人間の尊厳にふさわしい生活に必要なものを十分に備えることはできず、従って、自分ひとりで孤立して生活しているときにわれわれのうちに生じる欠乏や不完全さを補うことはできないから、われわれは、本性上、他者との交わり[14]と共同関係[15]とを求めるように導かれるのである。これが、そもそも人々が政治社会へと結合した原因であった」。更に私は、〔こうしたフッカーの主張に加えて〕すべての人間は、自分自身の同意によってある政治社会の成員になるまでは自然状態のうちにあり、またそこに留まっていると断言したい。この論稿の以下の部分で、その点を間違いなくあきらかにすることができるであろう。

（1）　このように、ロックの言う人間の自然状態は過去の歴史に属するものではなかった。それは、例えば、本章一四節の叙述からもあきらかである。

（2）　ここでロックが、自然としての人間は支配－服従の統治の関係をもたないという意味で「平等であるべきだ」としたのは、もとより、家父長権論に立って、君主と臣民との間に生来的な不平等性を認めたフィルマーへの対抗においてであった。ただし、ロックが、統治や支配の関係とは次元を異にする領域、例えば、合理性のような理性能力や、その実践的使用にもとづく勤勉さのような道徳的能力における人間間の避け難い不平等性や分極を認めていたことは、例えば、後篇第六章五四節の叙述からあきらかである。

（3）　Richard Hooker (1553/4–1600)。イギリス国教会を代表する聖職者であり、オックスフォード大学の教授でもあった。トマス・アクィナス的な世界観に立って、例えば、理性を神与の秩序に内在するものとして実体化するフッカーと、それを人間の能力として機能的に捉えるロックとの間にはほとんど中世哲学と近代哲学との相違を象徴するような距離があった。そうしたロックが、後篇においてフッカーの名にしばしば言及するのは、「賢明なる」フッカーの権威に依拠して、自説に対する特に聖職者からの批判を和らげようとするロックの戦略に出るものだと言ってよい。

（4）R. Hooker, *The Laws of Ecclesiastical Polity*, 1594, 1597, 1600. ここでいう ecclesiastical とは、世俗を意味する civil の反対概念としての「教会の」という意味であり、polity はポリスに由来する政治体 body politic を指すから、この書物の題を厳密に表現すれば、『政治社会としての教会の法』ということになる。

（5）原語は workmanship である。

（6）人間を「神の作品」とみなすロックのこの視点がロックの政治哲学の理解にとっていかに重要な意味をもつかについては、訳者解説で詳述する。

（7）原語は state である。

（8）周知のように、従来のロック研究史において、ロックのこの記述と、実践的な生得観念を否定した『人間知性論』における彼の立場との一貫性が絶えず問題にされてきた。しかし、『統治二論』におけるロックは、非生得的な道徳の後天的な論証問題を哲学的には抱えながら、実践的には、聖書に依拠しつつ、自ら「奇妙な教説」と呼んだ自説の自明性を読者に訴えることを優先させたと考えることも可能であろう。

(9) ここには、慣習法や判例の解釈に党派的な主観が入り込む余地を残すイギリスのコモン・ローに対するロックの不信感が窺われる。

(10) 原語は independent governments である。

(11) 例えば、ホッブス、スピノザ、プーフェンドルフが明示的に語っているように、一七世紀の契約論者においては、独立した主権国家間の関係を自然状態とみなす観点はむしろ普通であった。従って、国際関係をめぐる一七世紀の政治思想において重要な論点は、自然状態としての国際関係を、ホッブスやスピノザの場合のように戦争状態として突き放すか、あるいはそこに、グロチウスの場合のように、「戦争と平和との法」を要請するかであると言ってよい。ロックは、明確には語っていないにせよ、自然状態を自然法が支配する状態と見なした点で、むしろ後者の系譜に属すると考えられるであろう。ロックが、しばしば、戦時慣習法に基づいて行われる戦争を「正戦」と呼ぶ事実もそれを裏書する。

(12) 原語は compact である。

(13) ベーガについては、前篇第六章五七節に付した訳者註(8)を参照されたい。なお、ここでロックがペルーの歴史と呼ぶのは『インカ皇統記』のことである。

(14) 原語は communion である。

(15) 原語は fellowship である。

第三章　戦争状態について

一六　戦争状態とは、敵意と破壊との状態である。従って、一時の激情や性急さに駆られてではなく、冷静で確固とした意図をもって他人の生命をねらうことを言葉あるいは行動で宣言すれば、彼は、その意図を宣言した相手と戦争状態に置かれることになり、自分自身の生命を、他人、すなわちその相手や、相手の防衛に加担し相手の言い分を支持する者の力によって奪われる危険にさらすことになる。その場合、私自身が、自分に破壊の脅威を与える者を滅ぼす権利をもつことは合理的であり、正当である。なぜなら、基本的な自然法によって可能な限り人は保存されなければならないが[1]、もし、すべての人間を保存することができない場合には、まず、罪のない者の安全が優先されるべきであるからである。人は、自分に戦争をしかけてくる者、あるいは自分の存在への敵意をあらわに示す者については、狼やライオンを殺してもよいのと同じ理由によって、これを滅ぼしてもよい。というのは、そうした人間は、万人に共通の理性法の拘束の下にはなく、力と暴力との規則以外の規則はもっていないのだから、野獣、つまり、その手に落ちたら間違いなく殺されてしまう危険で有害な被造物として扱われても仕方がないからである。

一七　従って、他人を自分の絶対的な権力の下に置こうと試みる者は、それによって、自分自身をその相手との戦争状態に置くことになる。それは、相手の生命を奪おうとする意図の宣言と理解されるべきであるからである。というのは、私には、私の同意なしに私をその権力の下に置こうとする者が、私を捕捉したときには私をその欲するままに扱い、その気になれば私を殺すであろうと結論する理由があるからである。なぜならば、何人といえども、実力によって私に私の自由の権利に反することを強制する、つまり、私を奴隷にしようとするのでない限り、私を彼の絶対的な権力の下に置こうなどと欲するはずはないからである。そうした実力から自由であることが私の保全のための唯一の保障であり、理性は、その保全の防壁である自由を奪い去ろうとする者を私の保全の敵とみなすように命じるのである。それゆえ、私を奴隷にしようと試みる者は、それによって、私との戦争状態に身を置くことになる。自然状態において、その状態にあるすべての者に帰属する自由を奪おうと欲する者は、その他の一切のものをも奪おうとする意図をもつと見なされなければならない。自由こそが他のすべてのものの基礎であるからである。それと同じように、社会状態のうちにある者で、その社会あるいは政治的共同体に属する人間の自由を奪おうとする者は、〔彼らから〕その他のすべてのものをも奪い去ろうと企てていると考えられなければならず、それゆえ、その者たちは〔他の成員と〕戦争状態のうちにあると見なされなければならない(2)。

一八　このことは、泥棒が、金銭やその他の欲するものを奪い取るために、実力をもってある人を自分の支配の下に置こうとするならば、たとえその人を傷つけず、生命を奪おうとする意図を宣告しない場合でも、人がその泥棒を殺すことを合法的なものにする。なぜならば、口実は何であれ、人が何の権利もないのに私を自分の支配下に置くために実力を用いるとすれば、私の自由を奪い去るその人間が、私を支配下に置きながら、さらにそれ以外のすべてのものを奪うことはないなどと考える理由はないからである。従って、私が、その人間を私との戦争状態に自らを置いた者として扱うこと、すなわち、可能ならば彼を殺すことは合法的となる。というのは、戦争状態を招き、そこで攻撃を加える立場に立つ者は誰でも、当然、殺されるという危険に身をさらすことになって然るべきであるからである。

一九　ここにおいて、われわれは、自然状態と戦争状態との間の明白な相違を知ることができる。ある人々は両者を混同していたが、(3)それらは、平和と善意と相互扶助と保全との状態が、敵意と悪意と暴力と相互破壊との状態とは著しくかけ離れているのと同じ程度に、互いにまったく異なったものなのである。人々が理性に従ってともに生活しながら、しかも、彼らの間を裁く権威を備えた共通の上位者を地上にもたない場合、これこそがまさしく自然状態に他ならない。しかし、実力行使それ自体や、他人の身体に対する実力行使の公然たる企図が存在しながら、それからの救済を訴えるべき共通の上位者が地上にいない場合、それは戦争状態である。そして、そうした訴えをなす場がない場合には、たとえ攻撃を加える者が社会のなかにおり、同胞である臣民であっても、人は〔その攻撃を加える者に対する〕戦争の権利をもつことになる。それゆえ、〔社会において〕泥棒が私にとって価値のあるものをすべて盗んだ場合にさえ、私は、彼に損傷を与えることはできず、ただ法に訴えることしかできないが、その泥棒が、私から馬や上着だけを奪おうとして私を襲う場合であっても、私には彼を殺すことは許されると言ってよい。なぜならば、私を保全するために作られた法は、さし迫った暴力から、ひとたび失われれば取り返しのつかない私の生命を救うために介入することができない場合には、私に自己防衛と戦争の権利とを、すなわち、攻撃を加える者を殺す自由を許すからである。というのは、その攻撃者は、われわれに、その損害を償うことができないかもしれないような係争事件への救済策として、共通の裁判官や法の決定に訴えるだけの時間を与えてはくれないからである。権威をもった共通の裁判官の欠如は、人々を自然状態のうちに置く。他方、権利なしに人の身体に暴力を加えることは、共通の裁判官がいる場合にも、いない場合にも、戦争状態を作りだすのである。

二〇　しかし、実際の実力行使が終焉した場合には、社会のなかにあって、ともに法の公平な決定に等しく服従する人々の間の戦争状態も終わりを告げることになる。なぜならば、そこでは、過去の侵害の救済を訴え、将来の損害を予防する道が開かれているからである。しかし、自然状態におけるように、実定法が存在せず、訴えるべき権威をもつ裁判官がいないために、そうした訴えの道が閉ざされている場合には、ひとたび開始された戦争状態は、罪のない側が可能なときにはいつでも相手を殺すことができる権利とともにずっと続く。そして、それは、攻撃を加える者が平和を申し出て、彼がそれまでに行った非行を償い、将来にわたって罪のない者の安全を保障するという条件での和解を望むまで終わることはない。否、たとえ法と選任された裁判官とに訴える道が開かれていても、ある人々や党派が犯した暴力や権利侵害を擁護したり、不問に付したりするために、裁判があきらかに歪められ、法が公然とねじ曲げられることによって救済が否定される場合には、そこに戦争状態以外のものを想定することは困難である。なぜならば、暴力が用いられ、権利侵害がなされる場合には、それらが、たとえ裁判を司るために任命された人々の手によるものであっても、また、法の名、法の口実、法の形式を使っていかに粉飾したところで、所詮は暴力であり、権利侵害であることに変わりはないからである。法の目的は、その下に服する人々にそれを公平に適用することで罪のない人々を保護し、救済することにあるのであって、それが誠実に(bona fide)なされない場合には、どこにおいても、被害者に対して戦争が行われるということになる。そうした場合には、権利を取り戻すために訴える場を地上にもたない彼らにとって、残されている救済の道は、ただ天に訴えることにしかないことになる。

二一　(そこでは天以外に訴えるべきところがなく、相争う人々の間を裁定する権威がないために、どんなにささやかな仲たがいでも〔戦争という〕極点に至りがちな)この戦争状態を回避すること、これが、人々が社会のなかに身を置き、自然状態を離れる一つの大きな理由に他ならない。というのは、地上の権威、地上の権力が存在し、それに訴えることによって救済がもたらされうる場合には、戦争状態の持続〔をもたらす原因〕は排除され、争いはその権力によって裁定されるからである。もし、エフタとアンモンの子孫との間のどちらに正義があるかを裁決する法廷、すなわち地上における上位の裁判権が存在していたら、彼らは決して戦争状態には陥らなかったであろう。しかし、実際には、エフタは天に訴えざるをえなかった。彼は、『士師記』第一一章二七節で、「願わくは、審判をなしたもう主〔エホバ〕、今日イスラエルの子孫とアンモンの子孫との間を鞫《さば》きたまえ」と語り、自らが行った〔天への〕そうした訴えを頼りとしながら、兵を率いて戦場に向かったからである。従って、こうした争いにおいて「誰が裁くべきか」という問いが出されても、それは、誰がその争いを裁決するべきかという意味にはなりえない。ここで、エフタが「審判をなしたもう主」が裁くであろうということで何を語っているかは、誰にでもわかることであろう。つまり、それは、地上に裁判官がいない場合には、訴えは天なる神に向けられるということなのである。従って、「誰が裁くべきか」という問いは、他人が私との戦争状態に身をおいたかどうか、また、戦争状態において私はエフタがしたように天に訴えてよいかどうかを誰が裁くのかを意味するものではありえない。そのことについては、私だけが自らの良心に賭けて唯一の裁判官になりうるのであり、私は、かの大いなる〔最後の審判の〕日に、万人の至高の審判者〔である神〕に対してそれへの責任をとることになるのである。

(1)　このように、ロックが全人類の保存を「基本的な自然法」とみなしたことは、自然法は神の法であり、その神は自らの作品としての人間の保存を欲したと考える彼の視点からの当然の帰結であった。なお、ロックは、一六九三年に出版した『教育に関する考察 *Some Thought Concerning Education*』の第一一章一一六節において、「全人類の保存……はすべての人間の義務なのですが、それが各人の信念となり、また、われわれの宗教、政治、道徳を規制する真の原理となるならば、世界はもっと平静で、もっと善き性質のものとなるでしょう」と語っている。

(2)　この一文は、おそらく、ジェイムズ二世とイギリス国民とが戦争状態にあったことを示唆するために、『統治二論』の出版準備を進めていた一六八九年に挿入されたものと推定される。

(3)　ロックの念頭にあるのは、もとよりホッブスである。しかし、その場合にも、自然状態・戦争状態・国家状態の関係に関する両者の視点には共通性があることを見失ってはならない。まず、第一に、ロックには、人間の自己保存をめぐる紛争を裁決する共通の権力をもたない自然状態に戦争状態に陥る可能性を認め、そこから国家状態への移行を論証している点で、ホッブスに重なる面があった。第二に、国家状態にも戦争状態が潜在することを認めた点においても、ホッブスとロックとは視点を共有していた。ホッブスが、臣民の生命を奪おうとする主権者に対して臣民が実力で抵抗する自由を認め、ロックが、人間の自己保存という信託された目的に違反する政治権力に対して、「天に訴えて」抵抗し革命を行う国民の実力行使の権利を容認した事実がそれを示す。

第四章　隷属状態について

二二　人間の生来的な自由とは(1)、地上におけるいかなる上位権力からも解放され、人間の意志または立法権の下に立つことなく、ただ自然法だけを自らの規則とすることに他ならない。社会における人間の自由とは、同意によって政治的共同体のなかに樹立された立法権力以外のいかなる立法権力の下にも立たないことであり、また、立法部が自らに与えられた信託に従って制定するもの以外のいかなる意志の支配、いかなる法の拘束にも服さないことである。それゆえ、自由とは、サー・ロバート・フィルマーが、その『統治の諸形態に関するアリストテレスの政治学についての考察(2)』の五五頁で述べているような「各人が、望むことをし、好むままに生き、いかなる法によっても拘束されない自由」などというものではない。統治の下における人間の自由とは、その社会におけるすべての人間に共通で、そこにおいて樹立された立法権力が制定した恒常的な規則に従って生きることであり、その規則が何も定めていない場合には、あらゆることがらについて自分自身の意志に従い、恒常性を欠き、不確かで、測り難い他人の恣意的な意

権力をもつどころか、好むままに家僕を傷つけることさえできず、家僕が目や歯を失うことがあれば、彼を解放しなければならなかったのである。

(1) 原語は natural liberty である。

(2) 英文の書名は、*Observations upon Aristotles Politiques touching Forms of Government* である。一六五二年に出版されたこの作品は、一六七九年に出版されたフィルマーの『著作集』に収録された。従って、ロックが引用する頁数は、この『著作集』に対応する。なお、フィルマーの作品へのこの言及は、『統治二論』後篇もフィルマー批判として執筆されたことの重要な証左をなす。

(3) もとより、これは、ロックが「神の作品」としての人間において自殺は禁止されていると考えていたことを意味する。

(4) ロックのこの視点と、『リヴァイアサン』第二〇章で、「獲得によるコモンウェルス」における征服者の支配権力の正統性根拠を捕虜との間の「信約」に求めたホッブスとの比較は、興味深い論点をなすであろう。

(5) 間接的な自殺を認めたこの叙述は、自殺を禁じたロックの視点に矛盾すると考えられるかもしれない。しかし、ロックが否定したのは、あくまでも自分自身の判断に基づく直接的な自殺であったと考える限り、そこには矛盾はないと見なすべきであろう。

第五章　所有権について(1)

二五　われわれが、自然の理性に従って、人間は、ひとたび生を享けたならば、自分を保全する権利をもち、それゆえ、肉や飲み物、さらには自然が人間の生存のために与えてくれるその他のものに対する権利をもつと考えるにせよ、あるいは、啓示に従って、神は世界をアダムに、またノアやその息子たちに授与したとの説明を受けいれるにせよ、いずれにせよ、王ダビデが『詩篇』第一一五篇一六節で「地は人の子にあたえたまえり」と語っているように、神が世界を人類共有のものとして与えたことはこの上なくあきらかである。しかし、このように仮定した場合、どのようにしてある人間があるものへの〔私的な〕所有権をもつようになったのかということを大いに疑問に思う人もいるに違いない。しかし、このような疑問に対して、私は、神は世界をアダムとその子孫とに共有物として与えたという仮定の上に所有権を立証することは困難なのだから、神は、世界をアダムとその代々の継承者とだけに与え、それ以外のアダムの子孫はすべて除外したとの想定に立って、世界を支配するただ一人の君主を除いて誰も所有権をもつことはできないと考える他はないと〔サー・ロバート・フィルマーのように〕答えることに、到底満足することはできない。従って、私としては、どのようにして人々が、神が人類に共有物として与えたもののある部分に対して、しかも全共有者の明示的な契約もなしに所有権をもつようになったかを示してみたいと思う。

二六　人間に世界を共有物として与えた神は、また、彼らに、世界を生活の最大の利益と便宜とになるように利用するための理性をも与えた。大地と、そこにあるすべてのものとは、人間の生存を維持し快適にするために与えられたのである。そして、大地が自然に生みだす果実や大地が養う獣たちは、すべて、自然の自ずからなる手によって産出されたものであるから、人類に共有物として帰属し、従って、それらがそうした自然状態にある限り、それらに対して、何人も他人を排除する私的な支配権を本来的にもちえない。しかし、それらは人間が利用するために与えられたのだから、それらが、何かに利用される前には、あるいは、誰か特定の人にとって有益なものになるに先立って、何らかの方法でそれらを専有する手段が必ずやあるに違いない。囲い込みを知らず、今なお共有地の借地人である未開のインディアンを養う果実や鹿の肉は、それらが実際に彼らの生存を支えるために役立つものとなりうる前に、まず彼のものであり彼の一部であって、他の者がそれに対してはいかなる権利をももちえないものでなければならない。

二七　たとえ、大地と、すべての下級の被造物とが万人の共有物であるとしても、人は誰でも、自分自身の身体に対する固有権《プロパティ》(2)をもつ。これについては、本人以外の誰もいかなる権利をももたない。彼の身体の労働と手の働き(3)とは、彼に固有のものであると言ってよい。従って、自然が供給し、自然が残しておいたものから彼が取りだすものは何であれ、彼はそれに自分の労働を混合し、それに彼自身のものである何ものかを加えたのであって、そのことにより、それを彼自身の所有物とするのである。それは、自然が設定した状態から彼によって取りだされたものであるから、それには、彼の労働によって、他人の共有権を排除する何かが賦与されたことになる。というのは、この労働は労働した人間の疑いえない所有物であって、少なくとも、共有物として他人にも十分な善きものが残されている場合には、ひとたび労働が付け加えられたものに対する権利を、彼以外の誰ももつことはできないからである。

二八　樫の木の下で拾ったどんぐりや、森のなかで木から集めたリンゴで自分の生命を養う者は、たしかにそれらを自分のものとして専有したのである。それらの食物が彼のものであることは誰も否定できない。それでは尋ねるが、それらはいつから彼のものとなり始めたのだろうか。それらを消化したときか。それとも、それらを食べたときか。あるいは、それらを煮たときか。または、それらを家にもち帰ったときか。それとも、それらを拾ったときか。もし、最初に採集したときにそれらが彼のものとなったのでなければ、それ以外の何によってもそれらが彼のものとなりえないことはあきらかである。つまり、その〔採集するという〕労働が、それらと共有物とを別ったのである。労働が、万物の共通の母である自然がなした以上の何ものかをそれらに付加し、そのようにして、それらは彼の私的権利〔の対象〕となったのである。では、彼は、どんぐりやリンゴを自分のものにすることについて全人類の同意を得なかったのだから、自らが専有するそれらに対するいかなる権利ももたないなどと言う者がいるであろうか。万人に共有物として属するものをこのように〔全人類の同意なしに〕自分のものと主張するのは、窃盗に当たるのであろうか。もし、そうした同意が必要であったとすれば、神が人間に与えた豊かな恵みにもかかわらず、人間は餓死していたことであろう。共有物のある部分を取り、それを自然が置いたままの状態から取り去ることによって所有権が生じるということは、契約によって共有のままになっているわれわれの入会地(4)を見ればわかることであって(5)、そうでなければ、入会地は何の役にも立たない。しかも、その場合、どの部分を取るかについて、すべての入会権者の明示的な同意を必要とするわけではない。こうして、私が他人と共同の権利をもっている場所で、私の馬が食《は》む草、私の家僕が刈った芝、私が掘りだした鉱石は、他人の割り当てや同意なしに、私の所有物となる。それらを共有状態から取り去る私自身の労働が、それらに対する私の所有権を定めるのである。

二九　共有物として与えられているものの一部を誰かが専有するためには、すべての共有権者の明示的な同意が必要であるとすれば、子供や家僕は、彼らの父親や主が、それぞれの人の分け前を割り当てることなしに共有物として与えた肉を切ることもできないであろう。泉のなかを流れる水は万人のものであるが、しかし、水瓶のなかの水は、それを汲んだ者にのみ属するということを疑う人はいるだろうか。彼の労働が、共有物として与えられ、すべての自然の子に平等に属していた水を自然の手から汲みだし、それによって、水を自らに専有させたのである。

三〇　こうして、この理性の法は、鹿を、それを殺したインディアンのものとする。それは、以前には、すべての人間の共有権の下にあったのだが、今や、それに自らの労働を投下した人間のものとなることが認められる。そして、人類のなかの文明化された部分に数えられる人々、そして、所有権を決定する実定法を制定し、またそれを増加させてきた人々の間でも、以前には共有物であったものへの所有権を開始させるこの原初的な自然法は依然として生きている。それによって、人が、人類の偉大な共有物としてなお残っている大海からどんな魚を捕獲しても、また、そこでどんな龍涎香《りゅうぜんこう》(6)を採取しても、それらは、自然が残した共有状態からそれらを取りだした労働により、労苦を払った人間自身の所有物となるのである。われわれの間においても、狩りたてられている野うさぎは、猟の間は、それを追っている人間のものであると考えられている。なぜなら、それは、なお共有物と見なされる動物であり、誰かの私的所有物ではないが、それを発見し、追いたてるといった類の労働を費やした者は誰でも、それによって野うさぎを共有物であった自然状態から取りだし、所有権を開始したことになるからである。

三一　これに対しては、おそらく、どんぐりや、その他の地上の果実などを採集することがそれらに対する権利を生じさせるとすれば、誰でも自分が欲するだけのものを独占してよいということになってしまうという反論があるであろう。それに対して、私はそうではないと答えよう。その〔労働という〕手段によってわれわれに所有権を与える同じ自然法が、同時に、その所有権に制限を課しているからである。『テモテ前書』第六章一七節における「神はよろずの物を豊かに賜う」という言葉は、霊感によって確認された理性の声である。しかし、神は、どの程度にまでわれわれに与え給うたのであろうか。それらを享受する程度にまでである。つまり、人は誰でも、腐敗する前に、自分の生活の便益のために利用しうる限りのものについては自らの労働によって所有権を定めてもよい。しかし、それを越えるものはすべて彼の分け前以上のものであり、他者に属する。腐敗させたり、破壊したりするために神が人間に向けて創造したものは何もない。このように、世界には自然の糧が長い間いかに豊かに存在したか、また、それを浪費する人がいかに少なかったか、そして、特に、自分自身の用に役立つ限りという理性の制限のうちにとどまる限り、一人の人間の勤勉さが及びうる自然の糧の部分はいかにわずかで、それを独占して他人を侵害することもいかに少なかったかといったことを考えると、〔どんぐりやリンゴを採集し、野うさぎを捕獲していた〕その頃は、そのように〔労働によって〕確立された所有権をめぐって争いや対立が生じる余地はほとんどなかったであろう。

三二　しかし、現在では、所有権の主要な対象は、地上の果実や地上に生存する動物ではなく、端的に、他のすべてのものを包含し随伴する土地それ自体になっているが、私は、土地の所有権も前と同じようにして獲得されることはあきらかであると思う。つまり、人が耕し、植え、改良し、開墾し、その産物を利用しうるだけの土地が、彼の所有物なのである。彼は、自らの労働によって、それを、いわば共有地から囲い込むのである。すべての人間はその土地に対する同等の権原をもっており、従って、彼は、仲間であるすべての共有権者、すべての人類の同意なしにそれを専有することも囲い込むこともできないと言ったところで、彼の権利を無効にすることはできないであろう。神が世界を全人類に共有物として与えたとき、神は同時に人間に労働することを命じ、また、人間の困窮状態も労働を必要としたのである。神と人間の理性とは、人間に、土地を征服すること、つまり、生活の便宜のために土地を改良し、そこに、彼自身のものである何ものか、すなわち労働を投下するように命じた。神のこの命令に従った者は、その土地のある部分を征服し、耕し、種を蒔いたのであって、それにより、その土地に彼の所有物である何ものかを、すなわち、他人が、それに対しては何の権原をもたず、権利侵害を犯すことなしに彼から奪うこともできない何ものかを付加したのである。

三三　また、土地のある部分を改良することによってそれを専有することは、他の人間に対していかなる損害をも与えなかった。というのは、土地はなお十分にたっぷりと、しかも、まだ土地をもたない者が利用しきれないほど残されていたからである。従って、実際のところ、誰かが自分のために囲い込みをしたからといって、他人の分として残された土地が減るわけではなかった。なぜならば、他人が利用できるだけの土地を残しておけば、彼は何も取らなかったに等しいからである。他人がたっぷりと水を飲んだからといって、その後に同じ水の流れが残されていて、自分も喉の渇きをいやすことができるのであれば、誰も自分が権利侵害を受けたなどとは思わないであろう。土地の場合であれ、水の場合であれ、それらが十分にあるところでは、事情はまったく同じなのである。

三四　人間に対して、神は世界を共有物として与えた。しかし、神は、世界を人間の利益になるように、また、そこから生活の最大限の便益を引きだすことができるように与えたのだから、神の意図が、世界をいつまでも共有物で未開拓のままにしておこうということにあったとは到底考えられない。神が世界を与えたのは、あくまでも勤勉で理性的な人間[7]の利用に供するためであり(労働がそれに対する彼の権原となるべきであった)、断じて、喧嘩好きで争いを好む人間の気まぐれや貪欲さのためではなかった[8]。自分自身の改良のために、すでに人のものとなったのと同じくらいの土地がたっぷりと残されている人間は何ら不平を言う必要はなく、また、他人の労働によってすでに改良されている土地には決して干渉すべきではない。もし干渉したとすれば、彼は、あきらかに、他人が苦労して得た利益は何の権利もないのに欲しはしたが、神が労働を加えさせるために他者との共有物として与えた土地は、それが、すでに所有されているのと同じくらいたっぷりと、そして、彼がどうしたらいいかわからないくらい、また、彼の勤勉さも及びえないほど残されているにもかかわらず、欲しなかったことになる。

三五　確かに、イングランドにせよ、その他の国にせよ、多くの人々が統治の下で貨幣をもち商業(9)を営んでいるところでは、共有の土地のどの部分についても、仲間の共有権者すべての同意がなければ、囲い込んだり専有したりすることはできない。それは、契約、つまり、侵犯されてはならないその国の法によって共有物のままに残されているからである。それは、ある人々に関するかぎりは共有物であるとしても、全人類についてはそうではなく、ある州(10)、ある教区の共有財産なのである。さらに、その場合、〔同意によって〕囲い込みが行われた後に残った土地は、他の共有権者全体にとって、共有地全部を利用できたときほどはたっぷりとしたものではなくなるであろう。しかし、世界という偉大な共有地に人々が住み始めた最初の頃は、事情はまったく異なっていた。人がその下にあった法〔である自然法〕は、むしろ専有を勧めたのである。神は人間に労働を命じ、人間も窮乏ゆえに労働を強いられた。彼が労働を付加したものは彼の所有物であり、誰も彼からそれを奪うことはできなかった。こうして、土地を征服しあるいは開墾することと、それへの領有権[11]をもつこととが一つに結びついていたことがわかるであろう。前者が後者への権原を与えたのである。従って、神は、土地の征服を命じることによって、それを専有する権威を与えたことになる。こうして、労働と労働の対象とを必要とする人間生活の条件が、必然的に私有財産[12]をもたらすことになるのである。

三六　自然は、人間の労働と生活の便宜との範囲によって、巧みに所有権の限度を定めた。いかなる人間の労働もすべての土地を征服し占有することはできなかったし、また彼が享受することで消費しうるものはほんのわずかな部分であったからである。従って、ここにおいては、誰かが、他人の権利を侵害したり、隣人に損害を与えてまで自分の所有権を獲得したりすることはありえなかった。隣人には、（他の人が自分の分を取り去った後でも）それが専有される前と同じくらいたっぷりとした所有物を手にする余地がなお残されていたからである。人間が入植する余地がなくて困るよりも、仲間から離れて広大な未開の荒野に迷い込む危険の方がはるかに大きかった世界の初期の時代には、すべての人間の所有物は、以上のような尺度によって、きわめて穏当な割合に、つ

は彼が栽培した果実が、採集され、貯蔵されることなく朽ち果てたりする場合には、この部分の土地は、彼の囲い込んだ土地であっても、やはり荒蕪地と見なされなければならず、他の人間の所有物となりえたのである。こうして、世界の初めの頃には、カインは耕せるだけの土地を取り、それを自分の所有地としてよかったが、それでも、アベルの羊に草を食べさせるのに十分な土地を残すことができた。彼ら二人の所有物としては、数エーカーで十分であったであろう。しかし、その後、家族が増加し、勤労によって彼らの貯えが増えるにつれ、必要とともに彼らの所有物も増加することになった。それでも、一般に、彼らが利用する土地には何ら固定的な所有権というものはなかったのである。それが生じたのは、彼らが一体となり集住して都市を建設してからのことであった。すなわち、彼らは、その頃になってから、同意によってそれぞれの領土の限界を定め、隣国との境界について合意し、また、彼ら内部の法によって、同じ社会に住む人間の所有権を定めたのである。なぜならば、われわれは、世界のうちで最初に人々が住みつき、従って、当然もっとも人が多かったと思われる部分においても、ずっと時代が下ってアブラハムの頃でさえ、人々は、彼らの資産であった羊や牛の群れとともにあちこちを自由に放浪し、アブラハム自身もまた、自分が異邦人であった地域においてそうしたことを知っているからである。このことから、〔当時は〕大部分の土地は共有物のままに残されていたこと、住民は、土地に価値を置かず、また、自分が利用する以上の土地に対しては所有権を要求しなかったことはあきらかである。しかし、同じ場所で家畜を飼育するための十分な余地がなくなってくると、彼らは、『創世記』第一三章五節〔以下〕に記されたアブラハムとロトとの場合がそうであったように、同意によって互いに離別し、もっとも気に入った所へと放牧地を広げて行った。また、『創世記』第三六章六節にあるように、同じ理由によって、エサウは、父〔イサク〕と弟〔ヤコブ〕とから離れて、セイル山に定住したのである。

三九　こうして、アダムが、他のすべての人間を排除して世界全体に対する私的な統治権と所有権とをもっていたというい かなる意味でも証明不可能で、他の人間の所有権をもそこからは論証することのできない想定に立つのではなく[14]、世界は人の子に共有物として与えられたという想定に立つことによって、われわれは、労働がどのようにして世界のそれぞれの部分を私的な使用に供する人間の権原を作りだすことができ、そこでは、権利をめぐる疑問や争いの余地がいかにありえなかったかを理解することができるであろう。

四〇　また、労働にもとづく所有権は土地の共有に優越しうるということも、あるいは一見奇妙に思われるかもしれないが、よく考えてみるとそれは決して奇妙ではない。というのは、すべてのものに価値の相違を設けるのは、実に労働に他ならないからである。タバコや砂糖〔キビ〕が栽培され、小麦や大麦が蒔かれている一エーカーの土地と、耕作が何も施されないまま共有地にとどまっている同じ一エーカーの土地との間にどれだけの相違があるかを考えてみれば、価値の大部分を作りだすのは労働による改良だということがわかるであろう。私は、人間生活に有用な土地の産物のうちの一〇分の九は労働の成果であると言っても、それはきわめて控え目な計算であろうと思う。否、もしわれわれが、われわれの用に供せられるものを正しく見積もり、それらに必要な経費のうち、どれが純粋に自然に帰すべき分であり、どれが労働に帰すべき分であるかを計算すれば、ほとんどの場合、一〇〇分の九九まではまったく労働の勘定に入れられるべきだということを見いだすであろう。

四一　このことを証明するものとして、豊かな土地(15)をもちながら、生活を快適にする物についてはすべてにおいて貧しいアメリカの諸部族ほど明瞭な例を提供するものはないであろう。彼らは、自然から、豊かな資源、すなわち、食物、衣服、生活の快適さに役立つものを豊富に生産するのに適した肥沃な土地を他のどの国民にも劣らないほど惜しみなく与えられておりながら、それを労働によって改良するということをしないために、われわれが享受している便宜の一〇〇分の一ももっていない。そして、そこでは、広大で実り多い領地をもつ王が、イングランドの日雇労働者より貧しいものを食べ、貧弱な家に住み、粗末な服を着ているのである。

四二　この点をもう少し明確にするためには、日常の生活用品のいくつかがわれわれの利用に供されるまでに通ってくるいくつかの経路を辿り、それらがどれだけの価値を人間の勤労から受けとっているかを見てみればよい。パン、ワイン、織物は日常的に用いられるものであり、かつ、きわめて豊富にあるものである。しかし、もし労働がそうした有用な日用品をわれわれに供給しなかったとすれば、どんぐり、水、そして、木の葉や獣皮が、われわれの主食物であり、飲料であり、衣服であったに違いない。つまり、パンがどんぐりに比べて、ワインが水に比べて、そして、毛織物や絹布が木の葉や獣皮や苔に比べて価値が多い分は、すべて、労働と勤労とに負うのである。これらのうちの一方は、自然が人間の助けを借りずにわれわれに供給する食料と衣類とであり、他方は、われわれの勤労と労苦とがわれわれにもたらす用品であるが、後者が価値において前者にどれだけ優位するかを計算してみれば、われわれがこの世で享受しているものの価値の大部分が、いかに多く労働によって作りだされたものであるかがわかるであろう。そして、原料を産出する土地は価値の一部としてはほとんど勘定に入れられないし、もし入れたとしても、そのごくわずかな部分を占めるにすぎない。それほどわずかなので、われわれの間においてさえ、完全に自然のままに放置されていて、牧畜、耕作、栽培による改良を施されていない土地は荒蕪地と呼ばれているし、また、実際にそうなのであって、それがもたらす利益はほとんど無に等しいのである。これが示すのは、領土の大きさよりも人口の多さがいかに望ましいかということ、耕地の増加とその正しい利用とが統治の重要な技術であるということ、そして、確立された自由の法によって、人間の誠実な勤労を、権力の抑圧や党派の偏狭さに抗して保護し奨励しようとする賢明で神のような君主は、たちまちのうちに隣国にとってきわめて手ごわい君主になるであろうということである。しかし、これはついでに述べただけであって、当面の議論に戻ることにしよう。

四三　この国で二〇ブッシェル(16)の小麦を生む一エーカーの土地と、同じ耕作を行えば同じだけの小麦を生むはずのアメリカの一エーカーの土地とは、疑いもなく、同一の自然内在的な価値をもつ。しかし、人類が一年間に前者から受けとる利益は五ポンドに値するが、後者からの利益は、もしインディアンがそこから受けるすべての収益を値ぶみしてこの国で売っても、おそらく一ペニーにもならないであろう。それは、少なくとも一〇〇〇分の一にも達しないと言ってよい。従って、土地にその価値の最大の部分を与えるのは労働であって、それなしに土地はほとんど何ものにも値しない。われわれは、土地がもたらすすべての有用な産物の大部分を労働に負っているのである。なぜならば、小麦畑一エーカーから取れる藁《わら》、籾がら、パンは、同じように肥沃でも荒蕪地のままに残されている土地の産物よりも価値をもっているが、それはすべて労働がもたらしたものであるからである。われわれが食べるパンについて勘定に入れられなければならないのは、単に、耕作者の労苦、刈り手や脱穀者の骨折り、それにパン職人の汗だけではなく、牛を馴らした人、鉄や石を採掘して細工を施した人、この穀物が蒔かれてからパンになるまでに必要な犂《すき》や水車や竈《かまど》その他の無数の道具に用いられる木材を伐採し組み立てた人、こうした人の労働はすべて労働の勘定に算入され、労働の成果として受けとられなければならないからである。自然と土地とは、それ自体、ほとんど価値をもたない原料を供給するにすぎない。パンがわれわれの口に入る前に、その一片一片について勤労が用意し利用したものを辿ることができるとすれば、そこには驚くほどの物品一覧表ができあがるであろう。すなわち、鉄、薪、皮革、樹皮、木材、石、レンガ、石炭、石灰、織物、塗料、瀝青、タール、帆柱、綱、そして、その他、職人の誰かが仕事のどこかの部分で使った物品の何かを運ぶ船で用いられたものをすべて数えあげるとなると、それはほとんど不可能であろうし、少なくとも、あまりにも長大なものになりすぎるであろう。

四四　以上のすべてのことから、次のことがあきらかであろう。すなわち、自然の諸物は共有物として与えられているが、人間は(彼自身の主であり、また、自分の身体およびその活動や労働の所有者であることによって)自らのうちに所有権の偉大な基礎をもっていたこと、そして、発明や技術が生活の便宜に改良を加えたときには、彼の存在を支え、快適にするために彼が用いたものの大部分は完全に彼自身のものであり、他人との共有物に属するものではなかったことに他ならない。

四五　こうして、世界の最初の頃は、誰であっても、長い間、人類が利用するよりもはるかに大きな部分を占め、今でもそうである共有地に対してすすんで労働を投下した場合には、どこにおいても、労働が所有の権利を与えた。初めのうちは、人間は、彼らが必要とするものに対して自然が人間の手を借りることなく提供してくれるものにおおむね満足していた。しかし、後になると、（人口や家畜の増加が貨幣の使用と相俟って）土地を不足させ、土地に何がしかの価値をもたらすことになった世界のある部分においては、いくつかの共同体がそれぞれの領土の境界を定め、また共同体の内部でも、法によってその社会の私的な個人の所有権を規制するようになり、その結果、労働と勤労とによって始まった所有権[17]が、契約と同意とによって確定されることになったのである。更に、いくつかの国家や王国の間で、他国が所有する土地への要求や権利を明白に、あるいは黙示的に否認する同盟が結ばれ、各国は、共通の同意によって他国に対して本来的にもっていた自然の共有権への主張を放棄し、明示的な合意によって、地球のそれぞれの部分と区画とに対する所有権を確定することになった。にもかかわらず、今でも、（そこの住民が他の人類に加わって共通の貨幣の使用になお同意していないために）荒蕪地のままに残されており、また、そこに住む人々が現に利用し、あるいは利用しうる以上に大きいために依然として共有地となっている広大な土地を見いだすことができる。もっとも、こうしたことは、貨幣の使用に同意した人々の間ではほとんど起こることはないであろう。

四六　人間の生活にとって真に有用なものであって、世界の最初の共有者たちが、現在のアメリカ人と同じように生存の必要から探し求めたものは、一般に、わずかな耐久性しかもたず、使用されて消費されなければ、ひとりでに朽ち果てたり消滅してしまうものであるが、それに反して、金、銀、ダイヤモンドは、実際に有用であるとか、生活の支えとして必要であるとかというよりも、むしろ、好みや合意によって価値を与えられるものである。ところで、自然が共有物として供給してくれる有用物については、すべての人間は、(すでに述べたように)自分が使用することができる限りのものに対する権利をもち、自分の労働によって働きかけたすべてのものへの所有権をもつ。つまり、自然が置いた状態に変更を加えるために彼の勤労が及びえたものは、すべて彼のものとなったのである。一〇〇ブッシェルのどんぐりやリンゴを採集した者は、それによってそれらへの所有権をもった。それらは、採集されるや否や、彼の所有物となったのである。彼はただ、それらが腐敗しないうちに使用することに気をつけさえすればよかった。そうしなければ、彼は、自分の分け前以上のものを取ったことになり、他人の分を盗んだことになるからである。そして、実際、自分で利用できる以上のものを蓄えるなどということは、不誠実なことであるだけではなく、愚かなことでもあった。もし彼が、自分が所有している間に無駄に朽ち果てないように、その一部を他人に譲ったならば、彼はその分をも利用したことになる。また、もしも彼が、一週間もすれば腐ってしまうプラムを、優に一年間は食べられる木の実と交換したならば、彼は何の権利侵害も犯さなかったことになる。彼の手のうちで無駄に腐ってしまうものがない以上、彼は、共通の貯えを浪費することもなく、また、他人に属する分け前のいかなる部分をも破壊することはないからである。更に、もし彼が、木の実を、色が気に入って一片の金属と交換し、また、自分の羊を貝殻と、あるいはまた、羊毛をきらきら光る小石やダイヤモンドと交換した上で、それらを自分の手許で一生保存したとしても、彼は他人の権利を侵害することにはならない。彼は、それら耐久性のあるものを好きなだけ蓄積してもかまわないのである。なぜなら、彼の正当な所有権の限界を越えたかどうかは、彼の所有物の大きさの如何にあるのではなく、そのなかの何かが無駄に消滅してしまったかどうかにあるからである。

四七　このようにして、貨幣の使用が始まった。それは、人間が腐らせることなしに保存できる何か耐久性のあるものであり、また、人々が、相互の同意によって、真に有用でありながら消滅する生活の必需品と交換に受けとるものである。

四八　そして、もともと、勤労の程度が異なることによって人々に与えられる所有物の割合も異なる傾向があったのだが、貨幣の発明は、人々にそうした傾向を継続させ、さらにはそれを拡大する機会を与えた。たとえば、ここに、世界の他の地域との一切の交易から切り離された一つの島があり、そこには、わずか一〇〇家族しか住んでいないのに、羊、馬、牛その他の有用な動物も、栄養のある果実も、一〇万倍もの人を養う穀物を産する土地もある、しかし、その島には、それがあまりにもありふれているという理由からか、あるいは、消滅しやすいという理由からか、貨幣の代わりをするのに適したものがまったく存在しないと仮定してみよう。そこでは、誰かが、自らの所有物を、自身の勤労が生みだす形であれ、あるいは、同じく消滅しやすいが、しかし有用な日用品を他人と交換可能とするためであれ、自分の家族が使用する以上に、または、その消費を十分に満たす以上に拡大する理由をはたしてもちうるであろうか。耐久性と希少性とがあり、それゆえ貯蔵するだけの価値のあるものが何かなければ、土地がどれだけ豊かにあり、それをどれだけ自由に取得できたとしても、人は、土地という所有物を拡大しようという気にはならないであろう。というのは、すでに十分に開墾され家畜も備えられている一万エーカーあるいは一〇万エーカーのすばらしい土地があっても、それが、アメリカの内陸部のただ中にあって、世界の他の地域と交易できる望みがまったくなく、従って、生産物の売却によって貨幣を手にいれることができない場合、人がその土地にどれだけの価値を与えるかを私は聞きたいからである。そうした土地は囲い込むにも値しないから、彼は、自分と家族とのために生活の便宜を供給してくれるだけの土地を残して、それ以上の部分は荒れた自然の共有地に戻してしまうであろう。

四九　このように、最初の頃は、全世界がアメリカのような状態であった。いや、現在のアメリカ以上であった。どこでも、貨幣というようなものは知られていなかったからである。ある人間が隣人との間に貨幣としての用途と価値とをもつ何かを見いだすと、その人間は、直ちに、その所有物を拡大し始めることがわかるであろう。

五〇　しかし、金や銀は、食物や衣服や乗り物に比べて人間の生活にとってはほとんど役に立たず、その価値を、たとえそれを決める尺度の大部分はやはり労働に求められるにせよ、人々の同意に負うものであるから、人々が土地の不均衡で不平等な所有に合意したことはあきらかであろう。なぜならば、人は、所有者の手中で腐ったり消滅したりしないために誰の権利をも侵害せずに貯蔵できる金属である金や銀を余剰生産物との交換を通して手にいれることで、いかに自分が利用しうる以上の生産物を産出する土地を正当に所有していいかの方法を、暗黙の、しかし自発的な同意によって発見したからである。このように、私有財産の不平等というものの分け方が、社会の境界を超えて、そして契約なしに実行可能となったのは、ただ、〔人々が〕金や銀に価値を置き、貨幣の使用に暗黙の合意を与えることによってであった。なぜならば、統治の下では、法が所有の権利を規制し、土地の所有は実定的な基本法によって決定されるからである。

五一　こうして、私が思うに、いかにして労働が自然の共有物のうちに所有への権原を最初に開始することができたのか、そして、われわれの使用による消費ということがその所有をいかに限界づけていたかを困難なく容易に了解できるであろう。従って、当時は、所有物への権原それ自体に関する争いが生じたり、その権原が与える所有物の多寡についての疑念が生じたりすることもなかった。権利と便宜とは一致していたのである。なぜならば、人は、自分の労働を投下できるすべてのものに対する権利をもっていたので、自分が利用できる以上のもののためにまで労働しようとする誘因を感じなかったからである。このため、そこでは、〔所有の〕権原に関する争いや他人の権利への侵害が起こる余地はなかった。人がどのくらいの部分を自分のために切りとったかは容易にわかったし、自分にたくさん取りすぎたり、自分が必要とする以上に取ったりすることは、不誠実であるだけではなく、無益でもあったからである。

(1) Of Property と題された本章の主題は、労働が、労働を投下し、また労働が生み出したモノ、つまり財産や資産を所有する権原を与えることを論証することにあることから、本章では、property を前篇第四章の訳者註(3)で示した原則に従って所有権、ときに所有物と訳した。
(2) 原語は labour である。
(3) 原語は work である。
(4) 原語は commons である。
(5) 当時、入会地に対する権利には、放牧入会権、採木入会権、漁労入会権、泥炭採取入会権等があった。
(6) 原語は ambergris である。麝香に似た香りをもつ香料の一つで、マッコウクジラから採取された。
(7) 原語は the industrious and rational である。
(8) ロックによるこの「勤勉で理性的な人間」と「喧嘩好きで争いを好む人間」との道徳的対比は、自然としての人間の権利上の(de jure)平等を説いたロックが、事実における(de facto)人間の分極を認めていたことを示す。その点は、次章の五四節で詳述されている。
(9) 原語は commerce である。
(10) 原語は county である。中世以来のイングランドの行政区画であり、ほぼアングロ・サクソン期の shire に該当する。

(11) 原語は dominion である。

(12) 原語は private possessions である。

(13) もとより、貨幣として用いられる金を指す。

(14) 言うまでもなく、フィルマーの想定を指す。

(15) 原語は nations である。

(16) 原語は bushel である。乾燥した穀物を量る単位であり、当時のイングランドでは、二一五〇・四二立方インチが一ブッシェルに当たる。

(17) 原語は states である。これは、『統治二論』におけるロックが state という言葉を用いた数少ない例をなす。本書でのロックは、政治社会の単位を指示するに当たって state という用語をほとんど使わなかったからである。その理由は次の点にあった。すなわち、それは、本節におけるロックが state と kingdom とを重ねて用いている事実が暗示するように、ロックが、絶対王政のように君主が主権をもつ政治社会を含意する state の用語を避けたかったことに他ならない。もとより、ロックが、契約説に立って自らが理論構成した政治社会を、state とは区別してほぼ例外なく commonwealth と呼んだ理由もそこにあった。この点については後篇第一〇章に付した註(4)を参照されたい。

第六章　父親の権力(1)について

五二　本書のような性質をもつ論稿において、世間ですでに流布している言葉や名辞の欠陥を指摘することは、厚かましい批判だとしてあるいは非難を受けるかもしれない。しかし、古い言葉が人を誤謬に導きやすい場合には、新しい言葉を提案してもおそらく不当ではあるまい。父親の権力という言葉の場合がそうであって、この言葉は、子供たちに対する両親の権力を、母親は何らそれに与《あずか》らないかのように、もっぱら父親のうちに置いているように思われる。しかし、もしわれわれが理性あるいは啓示にたずねてみれば、母親もまた同等の権原をもつことがわかるであろう。従って、それは、より適切には、両親の権力(2)と呼ばれるべきではなかったかと問うてみることは理由があることだと思う。なぜなら、自然と子供を儲ける権利とによってどのような義務が子供たちに課せられるにせよ、彼らが、義務の共同の原因である父親と母親とに平等に服さなければならないことは間違いないからである。そうだからこそ、神が定めた律法は、子供たちの服従を命じる場合にはどこにおいても、両者を区別することなく結びつけているのである。それは、『出エジプト記』第二〇章一二節における「汝の父と母とを敬え」、『レビ記』第二〇章九節における「すべてその父または母を呪う者は」、同じく『レビ記』第一九章三節における「汝等おのおのその母と父とを畏れよ」、そして、『エペソ人への書』第六章一節にある「子たる者よ、汝の両親に順《したが》え云々」といった旧約聖書や新約聖書の表現に見られるとおりである。

五三　もしこのことだけにも十分な配慮が払われていたならば、たとえその問題を深く考察しなくても、おそらく人は、両親の権力についてこれまで犯してきたような大きな誤りに陥らずにすんだであろう。この両親の権力は、父親の権力という名称の下にもっぱら父親にのみ属すると考えられていたときには、たとえ、それが絶対的統治権とか王的権威とかという名を伴っていたとしても、さして耳障りではなかったかもしれない。しかし、子供たちに対する絶対的な権力とされるその権力が、両親の権力の名前で呼ばれ、それによって、その権力が母親にも属することがあきらかにされた場合には、それは、〔ある人々には〕大変奇妙に響くであろうし、その名前自体が不合理性を示すということになろう。なぜならば、母親もまたその両親の権力に与るべきであるということは、父たる地位の絶対的な権力と権威とを熱心に説く人々の主張には役立たないからである。

また、両親の権力という名称によって、彼らが、そこからただ一人だけの人間の統治を引きだそうとする基本的な権威が一人ではなく二人の人間のうちに共同で置かれていることがあきらかにされると、それは、彼らが主張する君主政を支えるものには到底ならないであろう。しかし、名称の問題についてはこのくらいにしておこう。

五四　私は、先に〔後篇〕第二章〔四節〕で、すべての人間は生来的に平等であると述べたが、私があらゆる種類の平等を想定していると受けとってほしくはない。年齢や有徳性(3)は人に正当な優先的地位を与えるであろうし、優れた才能や功績が、また、他の人を人並み以上の水準に置くこともあろう。ある人には出自が、他の人には縁故や恩恵が、自然の情や感謝の念やその他の顧慮から人々に当然の敬意を払わせることもある。しかし、これらは、すべて、一人の人間の他の人間に対する支配権や統治権という点に関して万人が置かれている平等とは矛盾しない。私がそこで、当面扱うべき問題に固有のものとして語った平等とは、すべての人間が、他人の意志や権威に従属することなく自分自身の生来的な自由に対してもつ平等な権利のことだったからである。

五五　子供たちが、この完全に平等の状態にやがて入るべく生まれるとしても、完全に平等な状態において生まれるのではないということは私も認める。彼らの両親は、彼らがこの世に送りだされたとき、そしてその後のしばらくの間、子供たちに対するある種の支配や支配権をもつ。しかし、それはほんの一時的なものにすぎない。この従属の束縛は、幼年時の柔弱なときに子供たちを包み、保護する産衣《うぶぎ》のようなものである。しかし、彼らが成長するにつれて、年齢と理性とがその束縛を緩め、やがてはまったく脱ぎ捨てられて、最後には、自由にふるまうことができる成人が残るのである。

五六　アダムは完全な人間として創造され、彼の身体と精神とは力と理性とを十分にもっていたので、彼は、存在し始めた瞬間から、自分を支え、保全し、また、神が彼のうちに植えつけておいた理性の法の命令に従って自分の行動を律することができた。彼以来、世界には彼の子孫が住むようになったが、彼らは、すべて、知識も知性もなく、弱く無力な幼児として生れ落ちる。しかし、この不完全な状態の欠陥を補うために、成長と年齢とによる進歩がその欠陥を取り除くまでは、アダムとイヴ、それ以降はすべての両親が、自然法によって、自分たちが儲けた子供たちを保全し、養育し、教育する義務を課せられることになった。ただし、その場合にも、子供たちは、両親の作品ではなく、両親を創造した全能の神の作品であり、両親は、子供たちのことについて、この全能の神に責任を負わなければならないのである。

五七　アダムを支配すべき法は、彼のすべての子孫を支配すべき法と同一であって、理性の法であった。しかし、アダムの子孫は、アダムとは異なって、彼らを無知で理性を用いることもできない状態のまま生みだす自然の誕生という別の仕方でこの世界に生まれてきたので、誕生後、ただちにその法の下に入るわけにはいかなかった。なぜなら、何人であれ自分に対して公布された法以外の法には服することができず、従って、ただ理性によってのみ公布され知ることのできるその法に、理性を用いるまでに至っていない者が服するなどということは到底言えないからである。それゆえ、アダムの子供たちは、生まれてすぐにこの理性の法に服したわけではないから、生まれて直ちに自由になったわけではなかった。というのは、法とは、その真の観念から言って、自由で知性的な行為主体(4)の適切な利益を制限するものであるよりは、むしろそれへと彼らを導くものであり、その法の下にある人々の一般的な利益のために必要なこと以上のことを命じるものではないからである。もし法がない方が彼らがより幸福になりうるというのであれば、法は、無用なものとして、自ずから消滅するであろう。しかし、われわれを沼地や断崖〔に落ちること〕から守ってくれるものを束縛の名で呼ぶことは適切ではない。従って、誤解を恐れずに言えば、法の目的は、自由を廃止したり制限したりすることにではなく、自由を保全し拡大することにある。なぜならば、法に服することができる被造物のあらゆる状態において、法のないところに自由もないからである。つまり、自由が他者からの拘束や暴力を免れることにある以上、そうした自由は法がないところでは不可能であるからである。しかし、自由とは、普通に言われるように(5)、誰でもが自分の欲するところをなす自由ではない(なぜならば、もし人が、他人の気まぐれによって支配されるのであれば、誰も自由ではありえないからである)。そうではなくて、自由とは、ある人がそれに服する法の許す範囲内で、自分の身体、行為、所有物、そしてその全固有権《プロパティ》を自らが好むままに処分し、処理し、しかも、その際に、他人の恣意的な意志に服従することなく、自分自身の意志に自由に従うことにあるのである。

五八　従って、子供たちに対して両親がもっている権力は、自分たちの儲けた者たちが幼少で不完全な状態にある間はその面倒を見なければならないという彼らに課せられた義務から生じる。子供たちがまだ無知で未成年のときに、彼らの精神を陶冶し、彼らの行動を律してやるということは、理性が親にとって代わり、親のその種の苦労を軽減してくれるまでは、子供たちの欲するところであり、また、両親の義務である。人間に自分の行動を導くべき知性[6]を与えた神は、その知性に本来的に帰属するものとして、人がその下に服している法の範囲内における意志の自由と行動の自由とを許した。しかし、人間が、自らの意志を導くべき知性をもたない状態にある間は、彼は従うべき自らの意志を何一つもつことはない。その場合には、彼に代わって知性を働かせてくれる者が、彼の代わりに意志せざるをえず、また、彼の意志に指示を与え、彼の行動を規制しなければならない。しかし、彼が、自分の父親を自由人にした状態に達すれば、息子としての彼もまた自由人になるのである。

五九　このことは、それが自然法であれ、〔実定的な〕国内法[7]であれ、人が服しているすべての法について妥当する。〔まず〕人は自然法の下にあるのだろうか、何がその法の下で彼を自由にしたのであろうか、その法の範囲内で、彼が自分自身の意志に従ってその所有物を自由に処理することができるのは何にもとづいているのかといった問いに対して、私は、人がその法を知ることができ、従って、彼が自分の行動をその法の制限内にとどめうると考えられる成熟した状態[8]こそが、それらへの回答だと答えよう。この状態に達すれば、彼は、どの程度まで自然法を自分の指針とすべきか、またどこまで自分の自由を行使してよいのかを知っていると見なされ、かくて、自由を手にすることになるからである。そうなるまでは、自然法がどこまで自由を許容するかを知っていると考えられる誰か他の人が、彼を導かなければならない。もしも、こうした理性の状態、分別を備えた年齢が彼を自由にしたのであれば、同じ条件が彼の息子をも自由にするであろう。

〔次に〕ある人はイングランド法の下にあるのだろうか、その法の下で彼を自由にしたのは何なのであろうか、つまり、何が、その法の許す範囲内で、自分自身の意志に従って自らの行動と所有物とを処理する自由を彼に与えたのだろうか。その法を知ることができる能力、これがそれに対する答えである。それは、この法では、二一歳のとき、場合によってはもう少し早くだと考えられている。もしこれによって父親が自由にされたのであれば、同じことが息子をも自由にするであろう。それまでは、その法は、息子が意志をもつとは認めず、彼は、彼に代わって知性を働かせるべき父親あるいは保護者によって導かれなければならないとしているのである。もし、父親が死に、彼に代わって知性を働かせるべき信託を果たす代理人を立てていない場合は、つまり、父親が、息子が未成年で知性を欠いている間は息子を導いてくれる代理人を用意しておかなかった場合は、法律がそれへの配慮をなすであろう。つまり、彼が自由の状態に達し、彼の知性が彼の意志を支配するのに適したものになるまでは、誰か他の者が、彼を統御し、彼の意志とならなければならない。しかし、それ以降は、父親と息子とは、ちょうど家庭教師と成人後の生徒との場合がそうであるように、ひとしく自由となり、ともに同じ法の臣民となるのである。そこでは、彼らが、自然状態の下で自然法の支配下にあろうと、あるいは、確立された統治の実定法の支配下にあろうと、父親に、息子の生命、自由、資産に対するいかなる統治権も残されてはいないことに変わりはない。

六〇　しかし、もしも、人が、自然の通常の成り行きから外れて生じる欠陥のために、法を知り、その規範のなかで生きることができるような理性の程度に達しない場合、彼は、決して自由人になることはできないし、また、(意志の限界を知らず、意志の適切な導き手である知性ももっていないのだから)自分自身の意志のままに振舞うように放任されるわけにもいかない。彼は、自分自身の知性がその責任を果たせないときは、常に、他人の監督と支配との下にあり続けるのである。それゆえ、精神を病む者や極度な愚者はその両親の支配から決して解放されることはない。フッカーは、『教会政治の法』の第一巻七節において、「自分自身を導く正しい理性を用いる年齢にまだ達していない子供たち、自然の欠陥によってそれをもつことができない者、第三に、当面は正しい理性を用いることができない者、これらの人々は、彼らの教師としての他の人々を導く理性を、彼らのために彼らの利益を求め、獲得してくれる導き手とするのである」と述べている。これらすべてが示しているのは、神と自然とが、他の被造物の場合と同じように人間に対しても課した義務、すなわち、自ら儲けた者たちが何とかやって行けるようになるまでは彼らを保全すべきだとする義務であって、それらが、両親の王的権威の実例や、それを証明するものになることはまずないであろう。

六一　このように、われわれは、理性的なものとして生まれたからこそ、生来的に自由なのである。しかし、それは、われわれが生まれながらにして実際に両者を行使できるという意味ではない。それは、ある年齢に達して理性をもつようになると、それに伴って自由をもつようになるということなのである。そこから、われわれは、どのようにして、生来的な自由と両親への服従とが両立し、両者が同一の原理にもとづくかを理解することができるであろう。子供は、自分自身の知性をもつに至るまでは、彼を支配する父親の権原、父親の知性によって自由なのである。このように、分別のつく年齢に達した人間の自由と、その年に達しない子供の両親への服従とは十分に両立し、十分に区別しうるのだから、父たる地位にもとづいて盲目的に君主政を主張する者であっても、その相違を見誤るはずはなく、また、どんなに頑迷な人であっても、両者が両立することを認めないわけには行かないであろう。というのは、たとえ彼らの教説がすべて正しく、アダムの正当な継承者が今日知られており、その権原によって、サー・ロバート・フィルマーが述べるような絶対的で無制限な権力を授けられた君主として王位を確立したとしても、その者が自分の継承者が生まれてすぐに死んでしまった場合、その当の子供は、いかに自由であり、いかに主権的であろうとも、年齢と教育とが彼に自分と他人とを支配しうるだけの理性と能力とをもたらすまでは、その母親や乳母、その家庭教師や後見人に従属しなければならないからである。そこでは、彼は、生きることの必要性、身体の健康、精神が得る知識のために、自分自身のではなく、他人の意志によって導かれることを求められたであろう。その場合に、彼へのそうした拘束や彼のそうした服従が、彼が権利をもつ自由や主権と両立しないとか、それらを彼から奪うとか、彼が未成年のときに彼を支配した人々に対して彼の統治権を譲り渡すことになるとかと考える人がいるであろうか。彼に対するその支配は、彼が、自らの支配を、よりよく、そしてより早くもつように準備させるためのものなのである。もし誰かが、私の息子はいつ自由になる年齢に達するのかと問うならば、私は、それは、君主がまさしく統治すべき年齢になるときと同じだと答えよう。賢明なるフッカーが、『教会政治の法』の第一巻六節において、「しかし、人は、いつ、その行動を導くべき法を十分に理解できるだけの理性の行使に到達したと言えるのだろうか。これは、誰かが技巧や学識で決定するよりも、常識で見分けるほうがはるかに容易である」と述べている通りである。

六二　政治的共同体自体も、人々が自由人として行動し始めるべきときがあることに配慮してこれを認めており、従って、それ以前には、忠誠や恭順の誓約、あるいはその他その国の統治を公的に承認することや、それに服従することを要求しないのである。

六三　このように、人間の自由および自分自身の意志に従って行動する自由は、人間が理性をもっているということにもとづくのであって、この理性が、人間に自分自身を支配すべき法を教え、また、人間にどの程度まで自らの意志の自由が許されているかを知らせてくれるのである。自分を導く理性をもつ前に、人間を無制限の自由へと解き放つことは、自由であるという人間本来の特権を容認することではなく、むしろ、人間を野獣の間へと押しやり、野獣と同じように惨めで、人間以下の状態のうちに見捨てることである。両親が未成年の子供たちを支配する権威を手にするのは、このことのゆえに他ならない。神は、自分たちが儲けた者に配慮することを両親の務めとし、また、子供たちがその下にあることを必要とする限り、子供たちの幸福のために神の叡智の計画に従って権力を用いさせるために、両親に彼らの権力を和らげるにふさわしい優しさと思いやりとの性向を与えたのである。

六四　しかし、自分たちが儲けた者に対して払われるべき両親の配慮が、いかなる理由から、父親の絶対的で恣意的な統治権にまで高められてしまうのであろうか。父親のもつ権力といえども、もっとも有効だと考えられる躾をすることによって、子供たちが自分自身と他人とにとってもっとも有用な人間になるのに最適だと思われる強さと健康とを身体に、活力と正しさとを精神に与え、また、父親の状況が必要とする場合には、可能な限り子供たちを自活させるために彼らを働かせるといった程度のものにすぎない。しかも、この権力を、母親もまた父親とともに分けもっているのである。

六五　いや、この権力は、何か特別な自然の権利によって父親に属するというよりは、子供たちの保護者である限りで父親に帰属するものであるから、彼が子供たちへの配慮をやめれば、彼は子供たちに対する権力を失うことになろう。その権力は、子供たちに対する養育や教育とともにあるものであり、それらと不可分に結びついているからである。従って、それは、子供の実父と同じように、捨て子の養父にも属することになる。

もし、父親の配慮が子供を儲けるという行為だけで終わってしまい、それだけが父親という名と権威とに対して彼がもつ権原のすべてであるとすれば、単に子供を儲けるという行為から生じる子供たちへの彼の権力は、ほとんど取るに足らないものとなるであろう。また、世界のうちで、一人の女性が同時に一人以上の夫をもつ地域において、この父親の権力というものはどうなるのであろうか。あるいは、アメリカの諸地域でよく起こることであるが、夫と妻とが別れるとき、子供はすべて母親の手に残されて母親に従い、全面的に母親の配慮と養育とに委ねられた場合、はたして〔父親の権力は〕どうなるのであろうか。もし、父親が、子供たちが幼いときに死んだとすれば、子供たちは、未成年の間、どこにおいても、父親が生きていれば父親に対して負うのと同じ服従の義務を母親に対しても当然にも負わなければならないのではなかろうか。そのときに、母親は、子供たちに対する立法権力をもつとか、彼女は、永遠の拘束力をもつ恒常的な規則を定めることができ、それによって、子供たちの固有権《プロパティ》に関係することをすべて規制し、生涯にわたって子供たちの自由を拘束すべきであるとか、あるいは、母親は、それらの規則を子供たちに対して死刑をもって強制できるなどと言う人はいないであろう。なぜならば、これは、本来、為政者の権力であって、父親はそんなものはほんの露ほどももっていないからである。子供たちに対する父親の支配権は一時的なものであり、また、彼らの生命や所有権にまで及ぶものではない。それは、未成年時代の子供たちの弱さや不完全さの助けとなり、彼らの教育に必要な躾を行うものにすぎない。そして、父親は、子供たちが窮乏のために死ぬような危険がない場合には、自分自身の所有物を自由に処分してもかまわないとはいえ、彼の権力は、子供たちの生命や、子供たちが自分の勤労あるいは他人の恩恵によって手に入れた財貨にまでは及ばない。また、それは、子供たちが分別ある年齢に達してひとたび自由になった場合に、その自由にまで及ぶものでもない。そこで、父親の支配権は終わりを告げ、それ以降、彼は、他人の自由と同様に、自分の息子の自由にも手をつけることはできないのである。それは、絶対的で恒久的な支配権とはまったく異なるものであって、人は、「父母を離れてその妻と一体となるべし」[9]という神的権威の認可を得ているのだから、その父親の支配権から離脱してかまわないのである。

六六　しかし、父親がいかなる他人の意志にも服従することがないように、子供も、父親の意志や命令への服従から自由になり、両者ともに、それが自然法であれ、彼らの国の国内法であれ、彼らに共通のもの以外のいかなるものの拘束をも受けないときがくる。しかし、この自由も、息子が神と自然との法に従って両親に払うべき敬意を免除するわけではない。神は、両親を、人類という種族の存続という偉大な計画のための道具、その子供たちに生命を与える機会原因(10)となし、両親に、彼らが儲けた者たちを養育し、保全し、育成する義務を課す一方で、子供たちに対しても、両親を尊敬せよという永遠の義務を与えたからである。子供たちのこの義務は、内的な尊敬と崇敬とをあらゆる外的な表現によって示すことを含んでおり、従って、自分自身の幸福や生命を受けとった両親の幸福や生命を侵害し、辱め、妨げ、危うくするようなことは一切せず、その手を通して生存を与えられ、人生を享受することができるようになった両親を守り、救助し、援助し、楽しませるためにあらゆることを行うように子供を義務づけているのである。子供たちは、どんな状態になっても、またどんなに自由になっても、この義務を免れることはできない。しかし、これは、両親に対して、子供たちに命令する権力を与えるとか、法を作って好むままに子供たちの生命や自由を左右する権威を与えるとかということとはまったく異なっている。尊敬、敬意、感謝、援助の義務を負うことと、絶対的な服従と従属とを求めることとは別のことであるからである。両親に払うべき敬意は、王座にある君主でも、その母親に捧げなければならない。しかし、そのことによって、彼の権威を減じさせたり、彼を母親の支配に従属させたりすることにはならないのである。

六七　未成年者の服従は父親の手に一時的な支配権を与えるが、それは、子供の未成年期が終わるとともに終わってしまう。それに対して、子供が負うべき尊敬の義務は、尊敬、敬意、支援、随順をうける恒久的な権利を両親に与える。この権利の大小には、父親が子供の教育に払った配慮、出費、親切さの大小に対応する面があるとは言え、それは、子供の未成年時代が終わっても消滅せず、人間の生涯のあらゆる部分、あらゆる状態を通じて効力をもつ。これら二つの権力、つまり、子供の未成年期に子供を教育する権利の形で父親がもつ権力と、生涯を通じて尊敬を受ける権利〔という権力〕とを区別しないところから、おそらくこの問題に関する誤解の大半が生じたのであろう。というのは、これらの権力について適切な言い方をすれば、前者は、父親の権力の特権というよりは、むしろ子供の特権であり、両親の義務であるからである。子供たちを養育し教育することは、子供たちの幸福のために両親に課せられている責務であって、いかなることがあっても、両親がこの責務に対する配慮を免れることはできない。確かに、この責務には、子供たちに命令したり懲罰を加えたりする権力が伴っているが、しかし、神は、人間性の原理のうちに自分たちが儲けた者への優しさというものを織りこんでいるので、両親がその権力を過度に厳格に行使するおそれはほとんどない。つまり、自然の強い傾向が反対側に引っ張っているので、それが苛酷の側に行きすぎるということはまずないのである。それゆえに、全能の神は、イスラエル人に対する優しい扱いを表現したいと思ったときには、『申命記』第八章五節に「人のその子を戒めるごとく、神、彼らを戒めたもう」とあるように、たとえ彼らを戒めたとしても、優しさと愛情とをもってそうしたのである。つまり、神が彼らに課した規律は、彼らにとって絶対的に最善のものであって苛酷にすぎるものではなく、それを緩めればかえって彼らに不親切になったであろう程度のものであった。こうしたものが、両親の労苦や配慮がこれ以上増大したり、報いられないことがないように、子供たちが服従を命じられた〔両親の〕権力なのである。

六八　他方で、両親から受けた恩恵に対する返礼として子供の感謝の気持ちが要求する両親への尊敬と支援とは、すべて、子供にとっては不可欠な義務であり、両親にとっては固有の特権に他ならない。これが両親の利益のためのものであることは、ちょうど教育が子供の利益のためのものであるのと同じである。ただし、両親の義務である教育のほうに、より大きな権力が伴っていると言ってよい。子供時代の無知と弱さとが拘束と矯正とを必要とし、これは、あきらかに、支配の行使であり、一種の統治権の行使であるからである。しかし、尊敬という言葉に含まれている義務は、それが、幼児のときよりも成長してからのほうがより強くなるということはあるとしても、服従を要求する度合いはより少ない。なぜなら、子供たちよ、汝の両親に従えという命令が、自分自身の子供をもっている人に対して、彼の子供たちが彼に服従するのと同じ程度に彼もまたその父親に服従することを要求するなどと考える者はないであろうし、また、その戒律によって、彼は、彼の父親が権威をもつとのうぬぼれから彼を無分別にも子供のように扱う場合に、その父親のすべての命令に服従しなければならないなどと考える者もないであろうからである。

六九　このように、父親の権力(11)、というよりもむしろその義務の第一の部分をなす教育は、一定の時期に終わるものとして父親に属する。つまり、それは、教育の仕事が終了すれば自ずから終わるものであり、また、それ以前に他人に譲り渡すこともできるものである。というのは、人は、自分の息子の教育を他人の手に委ねてもよいからである。そして、息子を他人の徒弟に出した者は、その期間中、自分自身と母親とに対する息子の服従義務の大部分を免除することになる。しかし、〔両親の権力の〕もう一つの部分である尊敬の義務は、息子たちにとってすべてそのまま存続しており、何ものもこれを廃止することはできない。この義務は両親双方と不可分に結びついているから、父親の権威といえども母親から〔尊敬を受けるべき〕権利を奪うことはできず、また、何人も、息子を、自分を生んでくれた母親を尊敬する義務から解き放つことはできないのである。しかし、これら〔二つの権力〕は、いずれも、法を作り、それらを、資産、自由、四肢、生命にまで及ぶ刑罰をもって強制する権力とはまったく異なったものに他ならない。命令を下す〔両親の〕権力は〔子供たちの〕未成年期とともに終わる。それ以降も、尊敬、敬意、支援、防衛、その他の人間が自然に享受することのできる最高の恩恵に対する感謝の念が人を義務づけるものは、常に息子から両親に捧げられなければならない。しかし、これらすべては、父親の手に王笏も、命令を下す主権も与えるものではないのである。父親は、息子の固有権《プロパティ》や行動に対していかなる統治権ももたないし、また、何事についても、父親の意志が息子の意志を指図すべきだといった権利ももたない。たとえ息子が、自分と自分の家族とにとってあまり不都合ではないことがらについては父親の意志に敬意を払うことが適切であるとしても、そうなのである。

七〇　人は、老人や賢者には尊敬や敬意を払い、子供や友人には保護を与え、困窮している者には救済と援助とを施すであろう。また、恩人には、自分がもっているもののすべて、自分にできることのすべてをもってしても十分には果たすことができないほどの感謝をすることもあろう。しかし、これらのすべては、彼が義務を負う誰に対しても、法を作るいかなる権威、いかなる権利をも与えるものではない。しかも、これらのことが、すべて、単に父親であるというだけの権原に帰せられるべきものでないことはあきらかである。その理由は、すでに述べたように、それが母親にも帰せられるべきものであるからというだけではない。それはまた、両親に対する義務、子供たちに要求されるその義務の程度が、それぞれの子供に対して払われた配慮、親切さ、労苦、出費の違いによって異なったものになりうるからでもあるのである。

七一　これは、両親が、自分たちもまたその臣民である社会においても子供たちに対する権力を保持し、子供たちの服従については自然状態のうちにある両親と同じ権利をもつということが、そもそもどのようにして生じるかを示すものである。もし、すべての政治権力が父親の権力に他ならず、実際に両者がまったく同一のものであるとすれば、そうしたことはおそらく起こりえないであろう。なぜならば、その場合には、すべての父親の権力は君主の手中にあり、臣民は当然にもそれをもちえないことになるはずであるからである。しかし、これら二つの権力、すなわち、政治権力と父親の権力とは、完全に別個で、別々のものであり、それぞれ違った基礎の上に立ち、異なった目的を与えられているのだから、父親であるすべての臣民は、その子供たちに対して、君主が自分の子供に対してもつのと同じ程度の父親としての権力をもつ。そして、両親をもつすべての君主は、彼の臣民のうちのもっとも身分の卑しいものがその両親に負うのとおなじように、自分の両親に対して、子としての義務と服従とを負っており、従って、父親の権力に、君主や為政者がその臣民に対してもつような種類の統治権がたとえ一部でも含まれるなどということはおよそありえないことなのである。

七二　子供たちを育てるべき両親の義務と、その両親に敬意を払うべき子供たちの義務とは、この関係に固有のものとして、一方では権力を、他方では服従を内包しているが、しかし、通常は父親の手のうちにもう一つの権力が存在し、それによって、彼は子供たちの服従に対して拘束力をもつ。それは、父親にも他の人にも共通のものであるが、それを示す機会はほとんど常に私的な家庭のなかでの父親に生じ、それ以外の例は稀であって、注意されることも少ないので、世間では、父親の支配権の一部として通用しているものである。つまり、それは、人が、その資産を、自分が一番気に入った者に与えるために一般的にもっている権力に他ならない。父親の所有物は、それぞれの国の法律と慣習とに従って、その一定の比率が子供たちによって期待されもし、相続されもするのが普通である。しかし、子供たちの行動が父親の意志や気分に適《かな》っているかどうかによって、ある子には僅かしか与えなかったり、ある子には気前よく与えたりすることは、一般に、父親の権力のうちにあることなのである。

七三　これは、少なからず子供たちの服従を拘束し、また、土地の享受には、常に、その土地が属している国の統治への服従が伴っている。そこから、一般に、父親は、自分自身がその臣民である統治に対して子孫を服従させることができ、父親の契約は子孫をも拘束すると考えられてきた。しかし、統治への服従は、土地やその統治の下にある資産の相続に付随する単なる必要条件にすぎないのだから、その服従はそうした条件でそれを受け取る者にだけ及ぶだけであり、従って、その服従は、自然の拘束でも契約でもなく、自発的な服従なのである。なぜならば、すべての人間の子供たちは、彼自身やその先祖たちと同様に生来的に自由であるのだから、自由な状態にある間は、どんな社会に加わり、いかなる政治的共同体に服するかを自ら選択してよいからである。しかし、彼らが、もし、父祖たちの遺産を享受したいと思うのであれば、彼らは、それを、父祖たちと同じ条件で受け取らなければならず、その所有物に付随している一切の条件に服さなければならない。確かに、父親は、この権力によって、未成年期をすぎた後でさえ、子供たちに自分への服従の義務を負わせることも、また、ごく一般的には、子供たちをいずれかの政治権力に服従させることもできるであろう。しかし、これらは、いずれも、父たる地位のもつ何か特別な権利によるのではなく、服従を強制したり、服従に報いたりするためにその手にもっている報酬によるのである。つまり、それは、あるフランス人が、あるイングランド人に資産を残すという希望を与えて、服従を強く拘束する場合にもつ権力と異ならない。そして、もしその資産がイングランド人に残されて、彼がそれを享受する場合、彼は、間違いなく、フランスであれイングランドであれ、その土地が存在する国において土地の所有に付随している条件の下でそれを受け取らなければならない。

七四　それでは結論を述べることにしよう。命令する父親の権力は、子供たちの未成年期をこえて及ぶものではなく、その年齢期の子供たちの規律と支配とにふさわしい程度にとどまるものである。また、尊敬と敬意、そしてラテン人が恭順[12]と呼ぶものすべては、両親に対して捧げなければならないあらゆる援助や防衛とともに、子供たちが、一生を通じて、また、いかなる境遇にあっても両親に払わなければならないものであるが、しかし、それらの義務は、父親に、統治する権力を、つまり、法を作り、子供たちに刑罰を課する権力を与えるものではない。つまり、これらすべてによっても、父親は、息子の固有権《プロパティ》や行動に対する統治権をもつことはないのである。しかし、世界の初めの頃とか、また現在でも、人口が希薄であるために、各家族が、所有者のいない土地にばらばらに分散しており、また、まだ人の住んでいない所へ移動したり入植したりする余裕がある地域とかでは、家族の父親にとって、その君主になることがいかに容易であったかは想像に難くない。*彼は、その子供たちの幼年時代から支配者であり、また、何らかの統治が存在しなければ彼らがともに生活することは困難だったので、変更なしにその統治が何とか持続できそうだと思われた場合には、子供たちが成人した後も、彼らの明示的あるいは黙示的な同意によって、その統治が父親の手に残されるということは、きわめて当然のことであったからである。その際に求められたのは、家族のなかで、すべての自由人が本来的にもっていた自然法を執行する権力を父親にだけ許すこと、また、それを許すことによって、子供たちが家庭内にとどまる間は、父親に君主的な権力を委ねることだけであった。しかし、これが、父親としての権利によるのではなく、子供たちの同意のみによるものであったことは、見知らぬ者が、偶然に、あるいは用事があって彼の家庭に入り、そこで彼の子供の誰かを殺すか、あるいはそれ以外の犯行に及んだ場合、彼は、自分の子供に対するのと同じように、その者を咎めたり、死刑にしたり、あるいはそれ以外の罰に処したりしたであろうということからあきらかである。自分の子供ではない者に対してこのようなことをするのは、父親としての権威によっては不可能であり、父親が人間としてそれへの権利をもつ自然法を執行する権力によってのみ可能であった。子供たちが、父親に対する尊敬からそうした権力の行使を放棄し、家族のなかでも、とりわけ父親の手中に残すことを望んだ尊厳と権威とに服したからこそ、父親は〔罪を犯した〕見知らぬ者を罰することができたのである。

＊　「それゆえ、すべての家の首長は常にいわば王であったというかの大哲学者の見解は決して不当なものではない(14)。従って、多くの家々が集まって政治社会をなした場合、彼らの間の最初の種類の支配者は王であった。このことが、父親のうちで支配者となった者が父という名前をもち続けた理由でもあったように思われる。また、メルキゼデク(15)のように、王でありながら、最初の頃に父親が行った祭司の職務をも果たした古代の統治者の慣習も、おそらく、同じ理由から生じたものであろう。しかし、これだけが、世界で受けいれられた唯一の種類の統治なのではない。ある種の統治が不都合になると、それ以外のさまざまな統治が案出されたからである。つまり、一言で言えば、いかなる種類のものであれ、あきらかに、すべての公的な統治は、それを便利で有用であると判断した人々の間で、慎重に助言、協議、妥協が重ねられたことから生じたように思われる。純粋に自然の状態において考えた場合、人間が公的な統治なしに生活しえたということは、決してありえないことではないからである」(フッカー『教会政治の

法』第一巻第一章一〇節)。

七五　このように、子供たちが、黙示の、そしてほとんど避け難い同意によって、父親の権威と支配とに対して道を開くということは容易なことであり、また自然なことであった。子供たちが、その幼年時代に父親の指図に従い、小さな諍いの解決を父親に委ねることに慣れていたとすれば、成人後に彼らを支配する者として、父親以上に適した人がいたであろうか。子供たちの所有物は僅かであり、彼らの貪欲さはなおさら少なかったから、大きな争いが起こることはめったになかった。万一、争いが生じても、彼らにとって、父親以上にふさわしい仲裁者はどこにありえたであろうか。彼らは、それぞれが父親の配慮によって支えられ、養育され、[16]また父親は彼らのすべてに思いやりをもっていたからである。彼らが、被後見者たる地位を離れたいという願いをもちえなかったときに、未成年と成年との間を区別せず、また、自分と自分の財産とを自由に処分できる身になる二一歳あるいはその他の年齢に達することを待ち望まなかったのは、不思議なことではない。被後見者たる地位にある間に彼らが服していた統治は、その後も、拘束としてよりもむしろ保護として存続した。彼らは、自分たちの平和、自由、財産に対して、父親の支配の下にあるとき以上に大きな保障を、他のどこにも見いだすことはできなかったのである。

七六　このようにして、家族の自然の父親は、目に見えない変化を通して、家族の政治的な君主ともなった。そして、彼らが、たまたま長生きして、有能で立派な継承者を数代にわたって残した場合と、そうでない場合とがあり、それに対応して、世襲制あるいは選挙制の王国の基礎が築かれた。そして、それらは、偶然や工夫やたまたまの機会が形作るのに応じて、さまざまな統治の体制や様式を備えるようになったのである。しかし、もし、君主がその権原を父親の権利のうちにもっており、また、父親は、一般に、事実上(de facto)、その手で統治権を行使しているのが見いだされる存在なのだから、それによって、政治的権威に対する父親の自然の権利が十分に証明されるというのであれば、それに対して、私は次のように言いたい。すなわち、もし、こうした議論が正しいとすれば、それは、全君主が、否、君主だけが祭司でなければならないということを同じように力強く証明することになるということに他ならない。なぜならば、初期の頃には、家族の父親が祭司であったことは、彼がその家族の支配者であったことと同じように確かなことであるからである。

（1）原語は paternal power である。
（2）原語は parental power である。
（3）原語は virtue である。
（4）原語は a free and intelligent agent である。
（5）もとより、フィルマーが示唆されている。
（6）原語は an understanding である。
（7）原語は civil law である。一七世紀のイギリスにおいて、この civil law という言葉は、ローマ法と、自然法や国際法に対比される各政治体の法（municipal law）とを指して用いられた。その点に配慮して、ここでは国内法と訳した。
（8）原語は state of maturity である。
（9）『創世記』第二章二四節。
（10）原語は the occasions である。
（11）この呼称は、ロックが、本章五二節において、父親の権力は両親の権力と呼ぶべきだとした視点とあきらかに矛盾する。この点は、ロックが、フィルマーを批判して、父親の権力と生殺性を特質とする政治権力とを区別しながら、家族内においては、妻や子供に対する父親の家父長的権力を認めたとするフェミニストの批判に一定の正当性を与えるものだと言ってよい。しかし、そこに一七世紀のイギリスの実情が反映していたことも見失ってはならないであろう。
（12）原語は piety である。
（13）原語はギリシャ語のオイコス（oikos）に対応する household である。

(14)　大哲学者とはアリストテレスを指す。なお、ここでフッカーが暗に言及しているのは、例えば、「すべての家は王のような権威をもった最年長者によって治められていた」といった記述が見られるアリストテレス『政治学』第一巻第二章である(『アリストテレス全集』15、岩波書店、一九六九年、六頁以下参照)。

(15)　メルキゼデクに関するフッカーのこの記述は、『創世記』第一四章一八節「時にサレムの王メルキゼデク、……彼はいと高き神の祭司なり」、あるいは、『ヘブル人への書』第七章一節「このメルキゼデクはサレムの王にていと高き神の祭司たりしが……」に対応する。

(16)　原語は pupilage である。

第七章　政治社会について(1)

七七　神は、人間を次のような被造物に創造された。すなわち、神は、「人独りいるは善からず」との判断から、(2)人間を、必要性、便宜、性向という強い拘束の下に置かれて社会をなさざるをえないようにされるとともに、社会を存続させ享受させるために、人間に知性と言語とを与えられたのである。(3)最初の社会は夫と妻との間のそれであり、これから、両親と子供との間の社会が生まれ、やがて、これに、主と家僕との間の社会が加わった。そして、これらの社会がすべて合して一つの家族をなすことがあり、実際またそれが普通であった。そこでは、主または女主がその家族に固有なある種の支配を行っていたが、それらの社会のいずれも、またそれら全部を合わせても、後にみるように、それぞれの社会の目的、紐帯、範囲の違いを考えてみればわかることであるが、およそ政治社会には達しないものであった。

七八　婚姻社会は、(4)男性と女性との間の自発的な契約によって作られる。そして、その主要な要素は、主たる目的である生殖に必要な相互の肉体の交わり、相互の肉体への権利からなるとは言え、しかし、それと同時に、相互の援助と扶助、および利害の共有もこれに伴う。これらは、単に彼らの関心と愛情とを結びつけるのに必要なだけではなく、また、彼らが共同で儲けた子供にとっても必要なのである。なぜなら、彼らの子供は、自力で生計が立てられるようになるまでは、両親によって扶養され、支えられる権利をもっているからである。

七九　男性と女性との結合の目的は、単なる生殖だけにあるのではなく、〔人類という〕種の存続にもあるから、この結合は、生殖後においても、幼い者たちの扶養と保護とに必要な限り、持続されなければならない。その幼い者たちは、自分で何とかやりくりして生計を立てられるようになるまでは、彼らを儲けた者によって支えられる必要があるからである。われわれは、〔人間よりも〕下等の被造物が、この上なく賢明な造物主が自らの手になる作品に対して定めたこの規則にきちんと従っていることを見いだすことができるであろう。草食の胎生動物にあっては、雄と雌との結合は生殖行為そのものを越えて続くことはない。なぜなら、子が草を食べられるようになるまでは母の乳頭で十分に養うことができるので、雄は、ただ生ませるだけで、その扶養には何の貢献もできない雌や子にはかまわないですむからである。しかし、肉食の獣の場合には、結合はもっと長く続く。なぜならば、獲物狩りは草食に比してはるかに骨が折れ、また、はるかに危険な生活方法なので、雌は、自分で捕らえた獲物だけでは自分自身の生存を支え、多くの子供たちを養うには不十分であり、従って、雄の援助がその共同の家族を維持するために不可欠となるからである。この家族は、子供たちが自ら獲物を捕らえることができるようになるまでは、雄と雌とが共同で世話しなければ存続できないのである。同様なことが、（餌が十分に与えられているので、雄鳥がひなに餌をやったり、その面倒をみる仕事を免れているある種の家禽を除く）あらゆる鳥類にも見られるであろう。そこでも、ひな鳥たちが巣のなかで餌を必要とするので、雄鳥と雌鳥とは、ひな鳥が、羽を使い自活できるようになるまでは、ずっと、つがい[5]のままでいるからである。

八〇　そして、人類の男性と女性とが他の被造物よりもなぜ長く結合していなければならないかの唯一ではないにしても、主要な理由は次の点にあると思う。すなわち、先に生まれた子供が、保護のために両親の援助に依存する状態を脱して、自分でやりくりできるようになり、両親から受けるべき援助をすべて受け終わるはるか以前に、女性は再び妊娠しうるし、事実、たいていは子を宿して、新たな生命を生みだすこと、そのために、自分が儲けた者の面倒を見なければならない父親は、他の被造物よりも長く、同じ女性との婚姻社会を継続する義務の下に置かれることがそれである。他の被造物の場合には、生殖の時期が再びめぐってくる前に子供が自力で生存できるようになるので、雌雄間の婚姻の結びつきは自ずから解消され、〔古代ギリシャの〕婚姻の神ヒュメンが、例年めぐってくる季節になって、新しい相手を選ぶように再び求めるまでは、それらの身は自由なのである。ここにおいて、誰しもが、人間に、現在の欠乏を充たすだけではなく、将来に備えて蓄えるための予見能力と〔それを為す実践〕能力とを与え、夫と妻との社会が、他の被造物における雄と雌との間の社会よりも長く持続することを必要とさせた偉大な造物主の叡智に感嘆せざるをえないであろう。それは、彼らの共通の子供のために備えをし、物品を蓄えるよう彼らの勤勉を奨励し彼らの利害をよりよく結合させることを目的とするものであった。〔夫婦間の〕結合が不確定であったり、婚姻社会が容易に、また頻繁に解消するようであったりすれば、その目的ははなはだしく損なわれることになるであろう。

八一　これらは、婚姻的な結合を、動物の他の種の場合よりも、より強固に、また、より長くさせるべく人類を拘束するものであるとしても、そこに、一つの問うべき理由のある疑問が生じるであろう。それは、この〔婚姻の〕契約が生涯にわたって続くべきだという必然性は、その契約の性質からも、その目的からもないのだから、生殖と教育とが全うされ、相続の配慮もなされた場合、その契約が、他の自発的な契約と同じように、同意によって、あるいは一定の時期に、あるいは特定の条件にもとづいて終結できるものとなされえないのだろうかということである。もちろん、私が意味しているのは、すべてそうした契約は永久的でなければならないと命じる実定法の拘束の下にはない人々についてである。

八二　ところで、夫と妻とは、ただ一つの共通の関心事をもつとはいえ、別々の知性をもつのだから、それぞれ意志を異にすることも避けられないであろう。それゆえ、最後の決定権、つまり支配権がどこかに置かれなければならないとすれば、それが、より有能でより強い男性の手に帰することは自然である[6]。しかし、その支配権は、彼らの共通の利害と所有権とに関わることがらにしか及ばないものであるから、妻には、契約によって彼女に固有の権利とされたものを完全かつ自由に所有することが許されており、また、妻が夫の生命にいかなる権力をもたないのと同様に、夫にも妻の生命に対するいかなる権力も与えられることはない。夫の権力は、絶対君主のもつ権力とはまったく異なっているから、多くの場合、妻は、自然権が許す限り、また、それが自然状態において結ばれた契約であれ、彼らが住む国の慣習や法にもとづく契約であれ、彼らの契約が許す限り、夫と別れる自由をもつ(7)。その場合、そうした離婚に際して、子供が父親につくか母親につくかは、その契約の定めるところによることになる。

八三　結婚の目的は、すべて、自然状態におけるのと同様に、政治的統治の下においても達成されなければならないから、政治的為政者は、夫婦が一緒にいる間の生殖および相互の扶養と扶助という〔結婚の〕目的に必要な権利や権力を彼らのいずれかからも奪うものではなく、その目的をめぐって彼らの間に生じうる争いに裁決を下すだけである。もしそうではなくて、絶対的な主権と生殺与奪の権力とが当然にも夫に属し、しかも、それが、夫と妻との間の社会にとって不可欠であるとすれば、夫にそうした絶対的な権威が認められていないいかなる国においても、結婚ということはおよそありえないことになってしまうであろう。しかし、結婚の目的は夫におけるそうした権力を要求せず、また、婚姻社会の条件も夫の手にその権力を委ねなかったのだから、その〔婚姻社会の〕状態にとって、そうした権力は必要ではなかったのである。その権力なしにも、婚姻社会は存続しえたし、その目的を達成することができた。否、所有物の共有、それに対する権力、相互の援助と維持、その他婚姻社会に属することがらについては、生殖および自立しうるまでの子供の養育ということと両立しうる限り、その社会において夫と妻とを結びつけている契約によって、変更したり調整したりすることが可能であった。ある社会がそのために作られた目的にとって必要でないものは、その社会にとって不必要であるからである。

八四　両親と子供たちとの間の社会、そこにおいて彼らそれぞれに属する権利と権力とについては先の〔第六〕章で十分に扱ったので、ここでは、それに関して何かを述べることは必要ではないであろう。また、その社会が、政治社会とはおよそ異なるものであることはあきらかであろうと思う。

八五　主と家僕という名称は歴史とともに古い。しかし、その名称は、異なった境遇にある者に対して与えられてきた。例えば、自由人が、受けとるべき賃金と交換に、一定の期間にわたって自らを売り、奉仕を引き受けることによって、他人の家僕になることがある。その場合、通常、彼はその主の家族の一員となり、その家族の日常的な規律に服するが、それも、主に対して、一時的な権力を与えるにすぎず、彼らの間の契約に含まれる以上の権力を与えることはない。しかし、それとは別に、もう一つの種類の僕が存在する。それは、われわれが奴隷という特別な名で呼ぶものであって、彼らは、正当な戦争[8]において捕らえられた捕虜に他ならない。彼らは、自然権によって、主の絶対的な統治権と恣意的な権力とに服従せしめられる。私に言わせれば、彼らは、生命とそれに伴う自由とを喪失し、その資産を失った存在であり、いかなる意味でも、固有権《プロパティ》をもつことができない隷属状態にあるのだから、そうした彼らが、およそ、政治社会の一員をなすとは考えられない。政治社会の主要な目的は、固有権《プロパティ》を保全することにあるからである。

八六　従って、次に、家族の主が、妻、子供、家僕、そして奴隷との間の以上のようなすべての従属的関係を、一家族の家庭内支配の下に統合している場合を考えてみよう。それは、秩序、職務、人数の点で小さな政治的共同体にいかに類似していても、体制、権力、目的においては、政治的共同体とはまったく異なっている。もし、それが君主政体であり、家長(paterfamilias)はそこにおける絶対君主であると考えなければならないとすれば、絶対王政というものは、きわめて脆弱で短期的な権力しかもたないことになってしまうであろう。先に述べたことからあきらかなように、家族の主がその家族内の各人に対してもつ権力は、期間の点でも範囲においても、対象ごとに別個かつ異なった形で制限されたものであるからである。奴隷に対する場合を除いて(そして、家族のなかに奴隷がいてもいなくても家族は家族であり、家長としての主の権力の大きさも異ならないのだが)、その主は、家族の誰に対しても生殺与奪の立法権力をもっておらず、また、彼同様、家族の女主がもちうる以上の権力をもつわけではない。家族内の各個人に対してきわめて制限された権力しかもたない者が、家族全体に対する絶対的な権力などをもつことができないことはあきらかである。しかし、家族にせよ、その他の人間の社会にせよ、それらが本来の政治社会とどのように異なっているかを知るためには、政治社会それ自体がどのような場合に成り立つかを考察してみるのがいいであろう。

八七　すでに示したように、人間は、生まれながらにして、他のどんな人間とも平等に、あるいは世界における数多くの人間と平等に、完全な自由への、また、自然法が定めるすべての権利と特権とを制約なしに享受することへの権原をもつ。それゆえ、人間には、自分の固有権《プロパティ》、つまり生命、自由、資産を他人の侵害や攻撃から守るためだけではなく、更に、他人が自然法を犯したときには、これを裁き、その犯罪に相当すると自らが信じるままに罰を加え、自分には犯行の凶悪さからいってそれが必要だと思われる罪に対しては死刑にさえ処するためにも、生来的に権力を与えられているのである。しかし、政治社会は、それ自体のうちに、固有権《プロパティ》を保全し、そのためにその社会のすべての人々の犯罪を処罰する権力をもたない限り、およそ存在することも存続することもできないから、政治社会が存在するのは、ただ、その成員のすべてが、〔自然法を自ら執行する〕その自然の権力を放棄して、保護のために政治社会が樹立した法に訴えることを拒まれない限り、それを共同体の手に委ねる場合だけなのである。こうして、個々の成員の私的な裁きがすべて排除され、すべての当事者にとって公平で同一である一定の恒常的な規則によって、共同体が審判者となるのである。そして、共同体が、その規則を執行するために共同体から権威を授与された人々の手を通じて、権利問題をめぐってその社会の成員の間に生じる争いに決着をつけ、また、法が定めた刑罰に従って、社会に対してその成員が犯した犯罪を処罰するのである。これによって、政治社会のうちにある者と、そうではない者とを容易に識別することができるであろう。結合して一つの団体をなし、彼らの間の争いを裁定し、犯罪者を処罰する権威を備えた共通の確固とした法と裁判所とに訴えることができる人々は、お互いに政治社会のうちにある。それに対して、そうした共通の訴えるべき場を地上にもたない人々は、依然として自然状態のうちにある。ここでは、他に審判者がいないから、各人が自ら裁判官となり、〔自然法の〕

執行官となる他はない。これは、前に示したように、完全な自然状態である。

八八　このようにして、政治的共同体は、その社会の成員の間で犯され、当然罰するに値すると考えられるさまざまな法律違反行為に対してどのような刑罰を加えるべきかを決定する権力(これが立法権力である)をもつようになり、同時にまた、その成員ではない者がその成員に対してなした侵害を罰する権力(これが戦争と平和との権力である)をもつようになる。そして、これは、すべて、その社会の成員の固有権《プロパティ》を可能な限り保全するために他ならない。政治社会に入り、いずれかの政治的共同体の成員となった者は、すべて、それにより、彼自身の私的な判断権を行使して自然法に対する侵害を処罰する権力を放棄する。しかし、彼は、為政者に対して訴えることができるあらゆる場合に、罪の判断権を立法部に委ねるのに伴って、政治的共同体の審判を執行するために必要なときにはいつでも彼の実力を用いる権利をも政治的共同体に与えるのである。従って、その審判は、彼自身、あるいは彼を代表する者によってなされるのであるから、実際には彼自身の審判と異ならない。そして、われわれは、ここにこそ、政治社会における立法権力と執行権力との起源を見いだすのであって、それらは、政治的共同体の内部で犯された犯罪がどの程度に罰せられるべきかを恒常的な法によって審判するとともに、また、事実をめぐるそのときどきの状況にもとづく臨機応変な判断によって、外からの侵害に対してどこまで〔政治的共同体を〕擁護すべきかを決定し、そのいずれの場合においても、必要な場合には、成員全員のすべての実力を用いる権力に他ならない。

八九　従って、何人かの人々が、おのおの自然法を執行する権力を放棄し、それを公共の手に委ねるような形で結合して一つの社会をなすとき、そこに、そしてそこにおいてのみ、政治社会が存在することになる。そして、このことは、自然状態のうちにある何人かの人々が社会に入り、一つの至高の統治の下で一つの国民[9]、一つの政治体をなす場合、あるいは、誰かある人が、すでに作られている統治体に加わり、それと一体になる場合に行われることになるであろう。というのは、これによって、彼は、その社会、あるいはそれとまったく同じことであるが、その社会の立法部に、彼に代わって、社会の公共善が必要とするのに応じて法を作る権威を与え、また、その法の執行に対しては、彼自身も（自らが下した命令であるかのように）助力すべき当然の義務を負うからである。こうして、人々は、すべての争いを裁決し、政治的共同体の各成員に対する侵害を救済する権威をもち、立法部、あるいはそれが任命した為政者に同定される地上の審判者を樹立することによって、自然状態を離れ、政治的共同体の状態のなかに自らを置くのである。従って、何人かの人々がいくら結合していたとしても、訴えるべきそうした決済権力[10]をもたない場合には、彼らは依然として自然状態のうちにあるということになる。

九〇　ここからあきらかなことは、絶対王政というものは、ある人々[11]からは世界における唯一の統治体だと見なされているにもかかわらず、政治社会とはまったく相容れず、政治的統治のいかなる形態でもありえないということである。というのは、政治社会の目的は、社会の誰でもが侵害を受けたときや争いが生じたときに訴えることができ、また、社会の誰でもが従わなければならない公知の権威を樹立することによって、すべての人が自分の係争事件の裁判官となることから必然的に生じる自然状態の不都合性を回避し、また矯正することにあるのだから、* 人々が、相互の不和を決裁するために訴えるべきそうした権威をもたないところでは、彼らはどこにおいてもなお自然状態のうちにあるからである。そして、絶対君主というものは、彼の統治権の下にある人々との関係では、まさにそうした状態にあるのである。

＊　「すべての社会の公的な権力は、その社会に含まれるすべての人間に優位する。そして、その権力の主要な用途は、その下にあるすべての人に法を与えることにある。そして、理性の法、あるいは神の法はその反対を命じているということを受け入れざるをえない理由が示されない

限り、われわれは、いかなる場合にも、その法には従わなくてはならない」（フッカー『教会政治の法』第一巻第一六章五節）。

九一　というのは、彼〔絶対君主〕は、立法権力も執行権力もともに彼一人で握っていると考えられるので、そこでは、公正に、差別なく、権威をもって裁決してくれるような、また、君主やその命令によって被るかもしれない侵害や不都合さに対する救済や矯正が期待できる決裁を下してくれるような審判者を見いだすことはできず、誰にもそうした訴えをなす道が開かれていないからである。それゆえ、どんな称号で呼ばれるにせよ、〔ロシアの〕ツァーとか〔トルコの〕大帝とかといった人間は、彼の統治権の下にある人々に対して、人類の残りの人々に対するのと同様に、自然状態のうちにあることになる。なぜならば、二人の人間がいて、彼らが権利をめぐる相互の争いを裁定するための恒常的な法も、地上において訴えるべき共通の審判者ももたない場合、彼らは、依然として自然状態のうちにあり、その不都合性にさらされたままであるからである。* しかし、このような人々と、絶対君主の臣民、というよりもむしろその奴隷との間には、次のような一つの悲惨な相違がある。すなわち、通常の自然状態においては、人は、自らの権利を判断し、その権利を全力を尽くして維持する自由をもつのに対して、君主の意志と命令とによって自分の固有権《プロパティ》が侵害される場合にあっては、彼は、社会のうちにある人間がもつべき訴えの場を欠いているだけではなく、あたかも理性的被造物としての普通の状態から転落させられてしまったかのように、自らの権利を判断し、それを防衛する自由をも否定され、更には、無制約の自然状態にあって、お追従《ついしょう》によって堕落し実力で武装した人間から被るおそれのあるすべての不幸と不都合とに身をさらさざるをえないこと、これが、その悲惨な相違に他ならない。

＊「このような相互の苦しみや侵害や害悪のすべて、すなわち自然状態にある人間に随伴するもののすべてを取り除くためには、途はただ一つしかなかった。何らかの種類の公的な統治を定めるとともに、彼らが支配し統治する権威を認め、その手によってそれ以外の人々の平和と静穏と幸福な状態が確保されるようにしたその公的な統治に服従することによって、彼らの間に和解と一致とをもたらすことがそれである。人々は、暴力と侵害とが加えられた場合には、彼らは自ら防衛者になってよいことを常に知っていた。また、彼らは、たとえ人間に自らの安楽を求めることが許されるとしても、それが他人を侵害する場合には、それは認められるべきではなく、あらゆる有効な手段で阻止されなければならないことを知っていた。最後に、人々は、どんな人であれ、自分や自分が特に気にいった者に対しては偏愛的になるものだから、誰も自分自身で自らの権利を裁定し、自分自身の決定にもとづいてその権利の維持に努めることは理に適ったことではありえないこと、従って、彼らが一致して認める人によって命令を受け

るべきことに共通の同意を与えない限り、争いや悶着は無限に続き、また、そういう同意なしには、ある人が、他の人々の主人や審判者になることを引きうけるべき理由もないことを知っていたのである」(フッカー『教会政治の法』第一巻第一〇章四節)。

九二　というのも、絶対的な権力は人間の血を浄化するとか、人間の本性の卑しさを矯正するとかと考える者は、現代の歴史書でも他の時代の歴史書でもいいから読んでみれば、事実はまったく逆であることを得心するであろうからである。アメリカの森において傲慢で有害であった人間が王位についたらよい人間になるということは、おそらくないであろう。そうした人間が王位につけば、多分、彼が臣民に対して行うことを正当化するような学問や宗教が見つけだされるであろうし[12]、それに敢えて異議を唱えるような人は、すべて彼の剣で即座に沈黙させられるであろう。絶対王政の与える保護とはどのようなものか、絶対王政が君主をいかなる種類の国の父とするか、また、この種の統治が完成した場合、それが政治社会にどれ程の幸福と安全とをもたらすかといったことは、セイロンに関する最近の物語[13]を覗いてみれば、容易にわかるであろう。

九三　なるほど、絶対王政においても、世界の他の統治体の場合と同じように、臣民には、法や裁判官に訴えて、臣民相互の間に生じる争いを裁決し、暴力を抑制してもらう途はある。誰でもがこうしたことは必要だと考えているし、また、万一それを取り除こうと企てる者がいれば、その人間は社会と人類とに対する公然たる敵と見なされるに値すると信じているからである。しかし、これが、人類と社会とに対する純粋な愛や、われわれがお互いにもつべき同胞愛から生じているかどうかは、疑ってみてよいであろう。なぜならば、それは、自らの権力や利益や偉大さを愛する人間は誰でも、彼の快楽と便宜とのために骨を折って働いてくれる動物たちがお互いに傷つけあったり、殺しあったりしないようにするだろうし、また当然そうするはずであるが、そうした面倒の見方は、動物たちに対する主人の愛情からではなく、自分自身や動物たちがもたらす利益への愛から出るものであるという事情と少しも異ならないからである。もし、そうした状態の下で、この絶対的な支配者の暴力と抑圧とに対して、どんな保障、どんな防壁があるのかと問われたらどうであろうか。まず、こうした問い自体が許されないであろう。彼らは、身の安全を求めるだけで死に値すると即座に答えるに違いない。臣民と臣民との間には、相互の平和と安全とのための基準、法、裁判官が存在しなければならないということは彼らも認めるであろう。けれども、こと支配者に関しては、彼は絶対的でなければならず、そうしたあらゆる事情を超越しているとされる。彼はより大きな害悪を行う権力をもつのだから、それを行っても正しいのだというわけである。どのようにすれば危害や侵害から身を守ることができるだろうかと問うこと自体が、最強の力をもってそれらを行っている側にとっては、直ちに、内紛や叛逆の声に聞こえるのである。これでは、まるで、自然状態を去って社会に移行したときに、人々は、一人を除くすべての者は法の拘束下に入るが、その一人だけは依然として自然状態の自由を保持し、しかも権力でそれを増大させ、勝手にふるまっても罰を受けないということに同意したというに等しい。これは、人間というものを、スカンクやキツネからの危害を避けることには注意するが、ライオンに喰われることには満足するほど、否それを安全だと思うほど愚かな存在であると考えることである。

九四　しかし、〔絶対王政の〕追従者たちが人民の知性を欺くためにどんなことを述べ立ててみても、人々の感情までさえぎることはできない。それで、人々が、その地位は何であれ、彼らが属する政治社会の圏外に立つ誰かがいること、そして、彼から危害を受けても地上にはこれを訴えるべき場がないことに気がつけば、彼らは、そのようなことを認めた人間との関係においては自分たちが自然状態のうちにあるとすぐに考えるであろう。そして、彼らは、政治社会を設立した当初の目的であり、それに移行した唯一の目的である政治社会における安全と保障とを、可能な限り速やかに〔再び〕手にしようと腐心するであろう。おそらく、最初は、（その詳細についてはこの論稿の後の部分で示されるように）誰か一人の立派で卓越した人間が人々の間で優越性をもつようになると、その善行と有徳性とに一種の自然的な権威に対するような尊敬が寄せられるようになり、その結果、人々の暗黙の同意によって、争いの裁決権とともに最高の支配権が彼の手に委ねられることになったが、しかし、その場合にも、人々は、彼の公正さと叡智とを確信しただけで、他には何の注意も払わなかったのである。しかし、時代を経るにつれて、最初の頃の不注意で先の見通しを立てない無邪気さから生じた慣習に権威と（ある人たちが言うような）神聖さとが与えられるようになると、〔上記のような優れた人とは〕別の型の〔権力の〕継承者が現れるようになった。そこで、人々は、（統治の目的は固有権《プロパティ》の保全にしかないにもかかわらず）そうした統治の下では自らの固有権《プロパティ》がかつてのようには安全ではないことを発見した。それゆえ、そうした人々は、元老院にせよ、議会にせよ、名称は何でもよいのだが、ある集合的な人間の集団のうちに立法部が置かれるまでは、安全でもなく、安心もできず、また、政治社会のうちにあると考えることさえできなかったのである。*〔立法部を設立するという〕この方法によって、各人は、彼自身が立法部の一員として作った法に他のいかなる卑しい人とも平等に服するようになった。そして、ひとたび法が作られたならば、いかなる人も、自らの権威によってその法の強制力を免れることはできず、また、自分の優越性を口実にしてその適用の免除を主張したり、それによって自分自身や自分の配下の者の過ちを許してもらったりすることも不可能であった。政治社会においては、いかなる人もその法を免れることはできない。** なぜならば、私は、もし誰かが自分が適当だと思うことは何でもやってよく、しかも、彼がもたらす害悪に対する救済や安全を求めて訴えるべき場が地上に存在しない場合、その人はまだ完全に自然状態のうちにあり、従って、政治社会の一部でも一員でもありえないのではないかと問いたいからである。ただし、自然状態と政治社会とは同一のものであると言うならば話は別であるが、そんなことを主張するほどの無統治状態(14)の擁護者を私は寡聞にして知らない。

＊　「最初にある特定の種類の統治体が定められたとき、おそらく支配の様式としてはそれ以上のものは思いつかれず、経験を重ねることによって、彼らが、その統治体のあらゆる部分が大変に不都合であることを発見するまで、すべては支配を行うべき者の叡智と分別とに委ねられた。それは、ちょうど、治療のために考案したものが、実際には、それが当然治癒すべきであった傷を広げてしまったようなものである。つまり、彼らは、一人の人間の意志に従って生きることが、万人の不幸の原因となることに気づいたのである。このために、人々は、すべての人間が予め自分の義務を理解し、それに背くとどんな刑罰を受けるかを知ることができるよう

に、法の下に入ることを余儀なくされたのである」(フッカー『教会政治の法』第一巻第一〇章五節)。

＊＊「国法は全政治体の法律であるから、その政治体の各部分のいずれをも支配する」(フッカー、同上)。

(1) この章の原文は Of Political or Civil Society であるが、ロックにおいて、ギリシャ語を語源とする political と、ラテン語をそれとする civil とはまったく同一の意味で用いられているので、ここでは、端的に、政治社会についてと訳した。

(2) もとより、これは、『創世記』第二章一八節に対応する。

(3) これは、若い頃からのロックに一貫する視点であった。Cf. Locke, *Essays on the Law of Nature*, ed. W. von Leyden, Oxford, 1954, pp. 156–157.

(4) 原語は conjugal society である。

(5) 原語は mates である。

(6) ここにも、フィルマーとは異なって、家父長権力を政治権力とは区別しながら、なお、物理的な力の事実上の優劣を基準として、弱い性としての母親に対する父親の支配権を自然とみなすロックの家父長権論の片鱗が見られる。

(7) 離婚の自由を認めるロックのこの視点は、婚姻社会の成立を両性の契約に求めるロックの結婚観からの論理的な帰結に他ならない。

(8) 一七世紀において、正当な戦争とは、例えばグロチウスの『戦争と平和との法』(一六二五年)に典型的に示されているように、主権国家と主権国家、より厳密に言えば王朝と王朝との間の秩序を担保してきた宣戦布告や捕虜の取り扱いをめぐる国際的な伝統的慣習、すなわち後の用語で言う戦時国際法に則った戦争のことであった。

(9) 原語は people である。これを国民と訳したのは、ロックにおける政治社会がナショナルな領域性をもつ人的共同体であることに配慮したからである。しかし、people が特に為政者との対比で用いられている場合には、原則として人民と訳した。

(10) 原語は decisive power である。

(11) もとより、これは、フィルマーとその追随者たちとを指す。

(12) これは、王位排斥法案をめぐる闘争の最中に、国王権力を擁護するためのイデオロギーとしてフィルマーの王権神授説を動員した王党派への批判を意味する。

(13) これは、Robert Knox, *An Historical Relation of the Island of Ceylon in the East-Indies*, 1681 を指す。

(14) 原語は anarchy である。もとより、フィルマーの著作、*The Anarchy of a Limited or Mixed Monarchy*, 1648 を念頭に置いた揶揄である。

第八章　政治社会の起源について

九五　すでに述べたように、人間はすべて、生来的に自由で平等で独立した存在であるから、誰も、自分自身の同意なしに、この状態を脱して、他者のもつ政治権力に服することはできない。従って、人々が、自分の自然の自由を放棄して、政治社会の拘束の下に身を置く唯一の方法は、他人と合意して、自分の固有権《プロパティ》と、共同体に属さない人に対するより大きな保障とを安全に享受することを通じて互いに快適で安全で平和な生活を送るために、一つの共同体に加入し結合することに求められる。この合意は、どれだけの人数の人間によってもなされることが許されるであろう。彼らは、それによって、自然状態の自由のうちにとどまる他の人間の自由を侵害することはないからである。こうして、どれだけの数の人間であろうと、人々が一つの共同体あるいは統治体を作ることに合意した場合、彼らは、それによって直ちに結合して一つの政治体をなすことになり、しかも、そこでは、多数派が決定し(1)、それ以外の人々を拘束する権利をもつのである。

九六　というのは、ある数の人々が、各個人の同意によって一つの共同体を作った場合、彼らは、それによって、その共同体を一体となって行動する権力をもつ団体としたのであり、しかもそうした行動は、多数派の意志と決定とによらない限り不可能であるからである。つまり、ある共同体を動かすのはそれを構成する各人の同意だけであり、一つの団体は一つの方向に動く必要があるのだから、その団体は、より大きな力、すなわち多数派の同意が導く方向に進まなくてはならない。そうでなければ、それは、一つの団体、一つの共同体として行動することも存続することもできないであろう。これこそが、その共同体へと結合した各個人がそうあるべきだとして同意したことなのだから、各人は、その同意によって、多数派の拘束を受けなければならないのである。われわれが目にするように、実定法によって行動する権限を与えられているいかなる集合体においても、その実定法が特に数を定めていない場合には、多数派の決議が全体の決議として通用し、また、それが、自然と理性との法によって全体の権力を当然に決定するとされるのはそのために他ならない。

九七　こうして、すべての人間は、他人との間で、一つの統治の下にある一つの政治体を作ることに同意することによって、多数派の決定に服し、それに拘束されるという義務をその社会の全成員に対して負うことになる。そうではなく、各人が、依然として自由であり、かつて自然状態のうちにあったときの拘束しか受けないのであれば、それを結ぶことによって各人が他人とともに一つの社会へと結合するその原本契約[2]はまったく無意味となり、およそ契約とは言えないものになってしまう。なぜならば、もし、人が、自ら適当と考え、実際に同意したこと以上には社会のいかなる命令によっても拘束を受けないとすれば、そこには、契約らしきものも、何らかの新しい約束もなくなってしまうからである。これでは、人が自らの契約以前にもっていたのと同じだけの自由、あるいは、誰か他の人が自然状態においてもっているのと同じだけの自由があることになろう。人が社会の決議に従い、それに同意するのは、自分が適当と考える場合だけでよいということになってしまうからである。

九八　というのは、もし、多数派の同意が全体の決議として正当に受けいれられず、また、各人を拘束することもないとすれば、全個人の同意以外に何かを全体の決議になしうるものはないからである。しかし、たとえ政治的共同体の構成員に比べてその数はごく少ないにしても、健康が虚弱であったり、外せない仕事があったりして、どうしても公的な集会に出られない人がいることを考えると、全個人の同意ということはほとんど不可能に近いであろう。それに加えて、いかなる人間の集団にも不可避的に生じる意見の多様性や利害の対立を考えてみれば、そのような〔全個人の同意をもって全体の決議とする〕条件で社会に入ることは、あたかもかのカトーが、劇場から再び出て行くためにそこに入ってきたようなものである。[3] そのような体制は、あの強大なリヴァイアサンをさえも、[4] もっとも弱い被造物よりも短命にし、生まれた日よりも長くは生き延びられなくするであろう。しかし、こんなことは、理性的な被造物が社会を欲し、構成するのは、もっぱらそれを解体するためであるとでも考えない限り、およそ想像できないことである。なぜならば、多数派が残りの者を拘束できない場合には、彼らは一体として行動することができず、従って、たちまちのうちに、再び解体してしまうからである。

九九　それゆえ、自然状態を離れて共同体へと結合する者は誰でも、過半数をこえる何らかの数に明示的に同意しあっていない限り、彼らが社会に結合した目的に必要な権力のすべてを共同体の多数派に委ねたと解されなければならない。そして、このことは、彼らが、ただ単に、一つの政治社会に結合することに同意するだけでなされるのであって、そうした同意が、政治的共同体に入るか、またはそれを構成する個人間に存在し、あるいは存在しなければならない契約のすべてをなす。こうして、政治社会を開始し、実際にそれを構成するものは、それがいかなる人数であれ、多数決に服することのできる(5)自由人が社会へと結合し一体化しようと合意することにしか求められない。これが、そして、これだけが、世界におけるすべての合法的な統治を誕生させ、また誕生させることのできたものなのである。

一〇〇　これに対しては、〔次のような〕二つの反論があるだろうと思う。

第一は、「相互に独立で平等な一団の人々が、一緒に集合し、このような仕方で統治を始めたり、樹立したりした実例を歴史のなかに見いだすことはできない」というものである。

第二は、「人々がそうしたことをするのは当然にも不可能である、なぜなら、人々は統治の下に生まれ、それに服従すべきであって、自由に新しい統治体を始めることはできないのだから」というものに他ならない。

一〇一　第一の反論に対しては次のように答えよう。つまり、自然状態において一緒に生活していた人々について歴史がわずかな説明しか与えてくれないのは少しも不思議ではないということである。それがいかなる人数であれ、人々が、自然状態に不都合さを感じ、社会を愛し、社会を欲して一緒になるや否や、彼らは、引き続いてともにいようと意図した場合には、直ちに結合し、一体化したのである。もし、自然状態のうちにいた人間についてはあまり聞いたことがないから、われわれは人間がかつて自然状態のうちにあったと想定してはならないというのならば、サルマナセル(6)やクセルクセス(7)の兵士についても、成人して軍隊に編入されるまでのことはほとんど聞かないから、彼らには子供の時代はなかったのだと考えてよいことになってしまうであろう。どこにおいても統治は記録に先立つものであり、また、文字というものも、政治社会が長い間続いた結果、文字以外のもっと必要な技術によって人々の安全や安楽や豊かさがもたらされるようになるまでは、彼らの間でほとんど用いられることはない。文字が用いられるようになってから、人々は、自分たちの創始者の歴史を振り返り、自分たちの起源を探究し始めるが、しかし、そのときにはあまりに長い年月がすでに経ってしまっていて、人々はそれについての記憶を失ってしまっているのである。政治的共同体の場合であれ個々人の場合であれ、通常は、自分自身の出生や幼少の頃のことは知らないことが多いから、もし、自らの起源について何か知っていることがあるとすれば、それは、他人が保存していた偶然的な記録に負うところが大きい。そして、世界における政治体の起源についてわれわれがもっている記録は、神がそれに直接的に関与し、しかも父親の支配権にはまったく益するところのないユダヤ人の記録を除いて、すべて、私が言及したような〔政治体の〕起源のあきらかな実例をなすか、あるいは、少なくともその明白な痕跡を示すものなのである。

一〇二　ローマやヴェニスが、お互いの間に生来的な優越性や従属関係をもたない自由で独立した幾人かの人々の結合によって始まったことを認めない人は、自分の仮説と一致しないときには明白な事実をも否定するという奇妙な性向を暴露せざるをえないであろう。ところで、ヨセフス・アコスタ[8]の言葉をそのまま受けとるとすれば、アメリカの多くの地方では統治がまったく存在しなかったという。彼が語るところによれば、「今日、フロリダの住民やチリグァナ族[9]、ブラジル人その他の多くの民族が、特定の王をもたず、平時であれ戦時であれ、その時宜に応じて好むままに統率者を選ぶのと同様に、これらの人々（ペルー人のことを言っている）が、長い間、王も政治的共同体ももたないまま、集団[10]をなして生活していたことについては、有力で明確な推測が成りたつ」（〔『新大陸自然文化史』〕第一巻第二五章）。もし、そこでは、すべての人間は生まれつき父親あるいは家族の首長に従属していると言われるとしても、すでに証明したように、子供が父親に対して当然に負うそうした服従の義務は、子供が適当と思う政治社会へと結合する自由を決して奪うものではない。それはともかく、こうした人々が実際に自由であったことはあきらかであって、今日、ある政治学者たちが、これらの人々のうちの誰かに優越性を与えるとしても、それは彼ら自身が要求したものではなく、彼らは、同意によって自らの上に支配者を戴くまでは、同意によってすべて平等であった。従って、彼らの政治社会は、すべて、人々の自発的な結合と、統治者および統治の形態を自由に選択しようとする相互の合意とから始まったのである。

一〇三　また、私は、ユスティヌス(11)が、〔トログス・ポンペイウスの『ピリピ史』〕第三巻第四章〔の要約〕のなかでパラントゥス(12)とともにスパルタを去ったとしている人々も、相互に独立した自由人であり、彼ら自身の同意によって自分たちの上に立つ統治を樹立したのだと認めてよいと思う。以上、私は、歴史の中から、自由で自然状態にあった人々が集合して一体化し、政治的共同体を創始したいくつかの例をあげてきた。仮に、そうした例はなく、それが、統治は事実としても、また可能性としても、私が言うような形で始まったものではなかったということを立証する論拠となるとしても、父親の支配権の主張者たちは、〔人間の〕生来的な自由に反対してその説を述べ立てるよりも、むしろそれにふれないで放っておいた方がよかったのではないかと私は思う。なぜならば、もし、そうした人々が、歴史から、父親の権利にもとづいて始まった統治の例を同じように数多くあげることができるのであれば、私は、(たとえ、かつてそうであったということから当然そうであるべきであるということを導く論法は、いかにうまくやっても、さして説得力をもつものではないとはいえ)人が彼らの主張を認めたところでさほどの危険はないと思うからである。しかし、この問題について彼らに忠告することが許されるならば、私は、事実上始められた統治の起源について、あまり詮索しないほうがよいと言ってやりたい。たいていの統治の基礎には、彼らが進めようとしている企図や、彼らが主張する権力にはほとんど益することのないものが見いだされるであろうからである。

一〇四　しかし、結論を言えば、理性は、あきらかに、人間が[13]生来的に自由であるとするわれわれの側に味方しており、また、歴史の実例も、平和裡に誕生した世界の統治体は、その起源をこの〔人間の生来的自由という〕基礎の上に置いており、人々の同意によって作られたことを示しているのである。従って、統治体の最初の設立に関しては、真相の所在についても、人々の意見や実際の行動についても、疑いをさしはさむ余地はほとんどないということになろう。

一〇五　私とて、われわれが歴史の導く限りさかのぼって政治的共同体の起源を振り返ってみると、それらが、一般に一人の人間の統治と施政[14]との下にあったことを見いだすということを否定するわけではない。また、私は、一家族が、自分たちで十分にやって行けるだけの多くの人数から成り、また、土地が広大で人口が少ない所ではしばしば起こるように、他の家族と混合することなく完全な一体として存在し続けていた場合には、統治が通常は父親から始まったということを信じてもよいように思う。というのは、父親は、他の人と同様に、自然法によって、自然法のいかなる侵害に対しても適当と思うままに処罰する権力をもっていたので、自然法を侵害する子供たちを、彼らが幼年時代を脱して成人になった際にも処罰してよかったからである。そしてまた、子供たちも父親の処罰には唯々《いい》諾々《だくだく》として服したであろうし、自分たちが処罰する番になれば、父親とともに〔自然法の〕侵害者に相対したであろう。そうしたことを通して、彼らは、父親にいかなる侵害に対しても処罰を執行するための権力を与え、その結果、父親を、彼の家族に属するすべての者の上に立つ立法者、あるいは統治者としたのである。父親は、信頼を受けるのにもっともふさわしい人物であり、彼の父親としての愛情によって、子供たちの固有権《プロパティ》と利益とは彼の配慮の下に安全に守られ、また、子供時代から彼に服従してきた習慣が、彼らにとって、他の誰に対するよりも父親に服することを容易にしたのである。それゆえ、ともに生活する人々の間では統治というものが不可避である以上、彼ら〔子供たち〕も一人の支配者をもたなければならなかったとすれば、父親が、怠慢、残忍さ、その他心身の欠陥のために不適格でない限り、そうした支配者としては、子供たちの共通の父親ほどふさわしい人間はいなかったであろう。しかし、父親が死に、後を継いだ彼の次の継承者が、年齢、叡智、勇気その他の資質の欠如のゆえに支配するには不適格である場合、あるいは、いくつかの家族が集まって、ともに生活することに同意した場合、彼らが、その自然の能力を行使して、自分たちを支配するのにもっとも有能でふさわしいと判断した人物を〔支配者として〕樹立したことは疑いえない。これにぴったりする例はアメリカの住民に見いだされよう。彼らは、（ペルーとメキシコという二大帝国の征服の剣と拡張する統治権との及ばない所に住んでいたので）生来的な自由を享受しており、他の条件が等しい限り（cæteris paribus）は、通常、死亡した王の継承者を〔支配者に〕選んだが、しかし、その継承者が脆弱であったり無能であったりしたことがわかった場合には、彼を見捨てて、もっとも強くて勇敢な人間を彼らの支配者として樹立したからである。

一〇六　こうして、世界への植民状況や諸民族の歴史について説明している記録をできる限り遡ってみると、われわれは、普通、統治が一人の人間の手に委ねられていたことを見いだすが、しかし、このことは、私が主張したこと、（つまり）政治社会の起源は一体となって一つの社会を作ろうという各個人の同意に依拠しており、しかも、彼らは、そのように一体化したとき、自ら適当だと考えるいかなる形態の統治体をも設立できたという主張を覆すものではない。しかし、このこと（すなわち、統治が一人の手にあったということ）が、人々に、統治とは本来的に君主政的なものであり、父親に属するものであったという誤謬や見解を抱かせる機会を与えてしまったことを考えると、ここで、最初の頃、人々が一般にそうした統治形態を選んだのはなぜかということを考察しておくのも悪くはあるまい。おそらく、ある政治的共同体が初めて設立されたときに、その統治形態を生じさせ、また、一人の人間の手に権力を与えたのは父親のもつ優越性であった。けれども、一人の人間の統治という形態を存続させた理由が父親の権威への尊敬や敬意ではなかったこともあきらかである。なぜならば、小君主政体のすべて、つまりほとんどの君主政体は、成立後ほどなくして選挙制になるのが普通であり、少なくとも時折はそうなったからである。

一〇七　こうして、まず第一に、初めの頃、自分が儲けた者たちの幼年期における父親の統治が、彼らを一人の人間の支配に慣れさせ、また、彼らに、支配に服する者たちに対する配慮と巧みさと、情愛と愛とをもってその支配が行われれば、彼らが社会において求める政治的幸福がすべて十分に得られ、保全されることを教えた。従って、彼らが、幼少期から慣れており、また、経験によって寛大で安全であることを知っていたそうした統治の形態を選び、自然にそれに入って行ったのは少しも不思議ではない。それに加えて、統治の形態には様々なものがあることを経験によってまだ学んでおらず、また、絶対的支配の野望や傲慢さから、君主政体が何代にもわたって続くと引き起こされがちな大権による侵害や絶対的権力の弊害に注意するように教えられてもいなかった人々にとって、君主政体は単純でわかりやすいものであったから、彼らが、権威を委ねた人々の無法な行為を抑制したり、統治権力の様々な部分を別々の人の手に置いてその均衡を図ったりする方策をわざわざ講じようとしなかったのも、ごく当然のことであった。彼らは、専制的な統治権の圧迫を感じたこともなく、また、時代の風習から言っても、(貪欲さや野望の対象になるようなものではなかった)彼らの所有物や生活様式から言っても、専制的な統治権について懸念したり、予め備えたりする理由をもたなかったのである。だから、彼らが、前に述べたように、この上なくわかりやすく単純であるだけではなく、多くの法律を作ることよりも、外敵の侵入や侵害に対して防備するほうがはるかに必要であった彼らの当時の状態や条件にもっともふさわしい統治の枠組みのなかに身を置いたのは不思議ではない。人々の生活様式が等しく単純で貧しかったために、人々の欲望は各人のささやかな所有権の狭い範囲に限定されていたから、紛争が生じることはほとんどなく、従って紛争を裁く法律も多くは必要ではなかったし、また、違法行為や侵害者もほとんどいなかったので、訴訟手続きを指揮したり、裁判の執行に気を配る役人もたくさんは必要なかったのである。彼らは、ともに結合して社会をなすほどに互いに好意をもちあっていたのだから、彼らは、相互に懇意で友情を抱き、信頼を寄せ合っていたと考えないわけには行かないであろう。従って、彼らは、自分たちの間に対してよりも、むしろ他者に対して大きな危惧の念をもたざるをえず、それゆえに、彼らが第一に心配し考慮したことは、外敵に対して身の安全をいかに保つかということであったのである。その意味で、彼らにとって、その目的にもっとも役立つであろう統治の枠組みの下に身を置き、また、戦争に際して、彼らを指揮し、敵に対して先頭に立ち、主としてその点で彼らの支配者となってくれるようなもっとも賢明で勇敢な人物を選ぶことは当然なことであった。

一〇八　こうして、われわれは、アジアとヨーロッパとの初期の時代、すなわち、その国土に比して住民が極度に少なく、人口と貨幣とが不足していたために、人々が土地所有を拡張したり、より広い土地を求めて争ったりしようという気を起こさなかった時代の見本である今日のアメリカにおけるインディアンの王たちが、彼らの軍隊の将軍とほとんど異ならないことを見いだすであろう。彼らは、戦時にあっては絶対的な命令権をふるうとはいえ、国内では、また平時には、きわめて小さな統治権しか行使せず、穏健な主権をもつにすぎないので、講和や宣戦の決定権は、通常、人民か評議会の手中にある。だが、ひとたび戦争となると統治者が複数いることは許されないから、命令権は、当然、王の単独の権威に委ねられることになる。

一〇九　こうした事情から、イスラエルそれ自体においても、彼らの士師や最初の王たちの主要な仕事は、戦時において、司令官となり、軍隊の指揮官となることであったように思われる[15]。このことは、（例えば『民数紀略』第二七章一七節で）軍隊の先頭に立って戦争に進軍し、また凱旋することを意味する「彼らの前に出で、彼らの前に入り」という言葉で語られていることの他に）エフタの物語からも明確に看取することができよう。アンモン人がイスラエルに戦争をしかけたとき、ギレアデの人々はこれをおそれ、以前にその家族から追放した非嫡出子のエフタに使いを送って、アンモン人との戦争に助勢してくれるならエフタを自分たちの支配者にするという契約を彼と結んだ。彼らはそれを「民これを立て、おのれの首領となし大将となせり」(『士師記』第一一章一一節)という言葉で表現しているが、これは、士師とするということとまったく同じことであったと思われる。『士師記』第一二章七節に「エフタ六年の間イスラエルを審きたり」とあるからであって、これは、エフタが、六年の間、彼らの総司令官であったということであった。同じように、ヨタムがシケムの人々を、彼らの士師であり支配者であった〔父〕ギデオンに対する忘恩のことで責めたとき、彼は「わが父は汝らのために戦い、生命を惜しまずして汝らをミデアンの手より救い出したるに」(『士師記』第九章一七節)と語っているのである。このように、ギデオンについては将軍として行ったこと以外のことは何一つ言及されていない。実際のところ、彼の経歴においても、またその他のどの士師の経歴においても見いだされるのは、そうしたことだけなのである。また、アビメレクは特別に王と呼ばれているが、彼とてもせいぜい彼ら〔シケムの人々〕の将軍にすぎなかった。さらに、イスラエルの子らが、サムエルの息子たちの悪行に疲れはてて、「他の国々の如くに、彼らをさばき、彼らを率いて彼らの戦にたたかわん」〔とする〕一人の王を求めたとき(『サムエル前書』第八章二〇節)[16]、神は彼らの願いを聞きいれて、サムエルに対し「我、一人の人を汝につかわさん。汝、彼に油を注ぎてわが民イスラエルの長となせ。彼、わが民をペリシテ人の手より救いいださん」と語っている(『サムエル前書』第九章一六節)。王の唯一の仕事は、彼ら〔イスラエルの民〕の軍隊を率い、彼らを防衛するために戦うことにあったかのようであり、そこで、サムエルは、サウルの即位式にあたって、彼の頭に瓶の油を注ぎながら「主〔エホバ〕、汝をたてて、その嗣業の長となしたまうにあらずや」と宣告したのである(『サムエル前書』第一〇章一節)。そうだからこそ、サウルが、ミズパの部族から厳かに王に選ばれ、王としての歓迎を受けた後、彼を王とすることについて快く思わなかった人々は、あたかも、サウルが、戦いに際して自分たちを守ってくれるだけの技量も指導力もないから、彼は王としては不適格であると言うかのように、「彼の人、いかでわれらを救わんや」という異議しか唱えなかったのである(『サムエル前書』第一〇章二七節)。また、神が、〔サウルから〕ダビデに統治権を移譲しようと決意したとき、それは次のような言葉で示された。「然れどもいま汝の位たもたざるべし。エホバ、その心に適う人を求めてエホバこれにその民の長《かしら》を命じたまえり」(『サムエル前書』第一三章一四節)。あたかも、すべての王の権威は彼らの将軍であること以外の何ものでもなかったかのようであり、だからこそ、〔かつて〕サウルの一族に忠実で、ダビデの支配に反対していた部族が、ダビデへの降伏の条件を携えてヘブロンにやって来たとき、彼らは、彼らの王としてダビデに服さざるをえない様々な論拠を挙げるなかで、次のように、サウルの時代にもダビデは事実上の王であったのだから、彼らが今、ダビデを彼らの王として受けいれられない理由はないと語ったのである。「前にサウルが我らの王たりし時にも、汝はイスラエルを率いて出入りする者なりき。しかして、エホバ汝に、汝わが民イスラエルを養わん、汝イスラエルの君長《きみ》とならんといいたまえり」(『サムエル後書』第五章二節)。

一一〇　このように、一つの家族が徐々に一つの政治的共同体へと発展し、父親の権威が長男に引き継がれて行く間に、その権威の下で次々に成長した者がすべて暗黙裡にそれに服従し、また、その権威の寛大さと分け隔てのなさとが誰をも傷つけないことから、年月の経過がその権威を確立し、時効によって継承の権利が固定化されるまで、皆がその権威に黙従したという場合もあったであろうし、いくつかの家族やそれらの子孫たちが、偶然によって、あるいは隣人であることによって、更には交易の関係によって一緒になり、社会へと結合した場合もあったであろう。これらのいずれの場合においても、彼らは戦時に彼らを指揮して敵から防衛してくれる将軍を必要としたこと、また、貧しくとも徳性が優れていた時代の人々(世界で持続しているような統治を始めたのは、ほとんどがそうした人々であった)の純真さと誠実さとが相互に大きな信頼感を与えあっていたこと、こうしたことから、政治的共同体の最初の創始者たちは、ことがらの本質や統治の目的が要求するもの以外のいかなる明示的な制限や制約をも設けることなく、一般に支配権を一人の人間の手に委ねたのである。これらのいずれの事情で最初に一人の人間の手に支配権が置かれたにせよ、確かなことは、公共善および公共の安全以外のものを目的として支配権を信託された者はなかったということ、また、政治的共同体の創始期に支配権を手にした者は、そうした目的のためにそれを用いるのが普通であったということである。彼らがそうしなければ、若い社会は存続しえなかったに相違ない。公共の福祉[17]を優しく気遣うそうした育ての父祖たちがいなかったならば、すべての統治体はその幼年期の弱さと脆弱さとのために倒れてしまったであろうし、君主も人民もともに遠からず滅びてしまったであろう。

一一一　しかし、(虚しい野心、邪《よこしま》な所有愛(amor sceleratus habendi)[18]、邪悪な貪欲が人々の心を堕落させて、真の権力と名誉とについて誤った考えをもたせるようになる以前の)黄金時代[19]には、より多くの徳があり、従ってまた、統治者もずっと立派で、邪悪な臣民もずっと少なかった。そして、その頃は、一方の〔統治者の〕側には人民を圧迫するような大権の濫用はなく、他方の〔人民の〕側にも、為政者の権力を縮小したり制限したりするための特権の主張もなかった。つまり、そこでは、支配者と人民との間に、統治者や統治をめぐる争いが生じることはなかったのである。しかし、時代が進んで、*君主が、野心と奢侈とのために、その権力を与えられた任務を果たすことなく保持、拡大しようと欲するようになり、しかも、周囲の追従によってそれを助長されるようになると、君主は、自らの人民からは切り離された別個の利害をもつことを覚えるようになった。そこで、人々は、統治の起源と諸権利とをより注意深く検討し、また、彼らが自らの利益のためだけに他者の手に信託したにもかかわらず、かえって自分たちを傷つけるために用いられるに至った権力の行き過ぎを抑制し、その悪用を阻止するための方策を見いだすことが必要だと考えるようになったのである。

＊　「最初にある特定の種類の統治体が定められたとき、おそらく支配の様式としてはそれ以上のものは思いつかれず、経験を重ねることによって、彼らが、その統治体のあらゆる部分が大変に不都合であることを発見するまで、すべては支配を行うべき者の叡智と分別とに委ねられた。それは、ちょうど、治療のために考案したものが、実際には、それが当然治癒すべきであった傷を広げてしまったようなものである。つまり、彼らは、一人の人間の意志に従って生き

ることが、万人の不幸の原因となることに気づいたのである。このために、人々は、すべての人間が予め自分の義務を理解し、それに背くとどんな刑罰を受けるかを知ることができるように、法の下に入ることを余儀なくされたのである」(フッカー『教会政治の法』第一巻第一〇章五節)[20]。

一一二　以上のことから、われわれは、次のことの蓋然性がいかに高かったかを理解することができるであろう。すなわち、それは、生来的に自由であった人々は、自分たち自身の合意によって父親の統治に服従するか、あるいは、同じく合意により集合して別々の家族からなる一つの統治体を作るかしたが、そのいずれの場合にも、彼らは、一般に、一人の人間の手に支配権を委ね、一人の人物の指導に服する途を選んだということ、しかも、彼らは、支配者の誠実さと思慮深さとのゆえにその権力は十分に安全だと考えたので、明示的な条件を設けてそれを制限したり、規制したりすることをほとんどしなかったということである。もっとも、彼らは、君主政が神授権(jure divino)によるなどとは夢想だにしなかった。そんなことは、ごく最近の神学[21]がわれわれに啓示してくれるまで、人々の間で聞いたこともなかったものである。また、彼らは、父親の権力が、統治への権利をもつとか、すべての統治の基礎であるとかということも決して認めなかった。こうした事情は、われわれが、歴史の光に照らす限り、統治の平和的な起源はすべて人々の同意のうちに置かれていたと結論する理由をもつことを十二分に示すであろう。ここで、私が平和的と言うのは、人によっては征服を統治の起源の一つの方法であると見なしているからであるが、これについては、別のところで述べる機会があろう。(22)

〔これまで〕私が言及してきた政治体の起源のあり方に対して主張される〔第二の〕反対論は、私の見る限り、次のようなものである。(23) すなわち、

一一三　もし、すべての人間は、何らかの統治の下に生まれるのだから、いかなる人間も自由ではありえず、また、自由に結合して新たな合法的な統治体を始めたり、それを樹立したりすることができるなどということは決してありえないこと。

もし、こうした論法が正しいとすれば、私としては、これほど多くの合法的な君主政がどのようにして世界に出現したのかと尋ねたい。というのは、先の仮定に依拠する誰かが、世界のいかなる時代であれ、合法的な君主政を自由に始める一人の人間を私に示すことができるとすれば、私には、その人に対して、同じ時代に自由に結合し、君主政体であれ他の形態であれ、一つの新しい統治体を始める別の一〇人の自由な人間を間違いなく示すことができるからである。他人の統治権の下に生まれた誰かが、一つの新し

く別個の絶対的支配権を設けて他人に命令を下す権利をもつほどに自由であるということが論証されるならば、他人の統治権の下に生まれたすべての人もまた同じように自由であり、異なった独自の統治体の支配者なり臣民なりになりうるということになるであろう。それゆえ、彼ら〔反対論を唱える人々〕自身の原則に従えば、万人が生まれの如何にかかわらず自由であるか、それとも、世界にはただ一人の合法的な君主、ただ一つの合法的な統治体しか存在しないということになる。そうであるとすれば、彼らがなすべきことは、誰がそうしたただ一人の合法的な君主であるかをわれわれに示すことだけだということになろう。もし、彼らがそれを示してくれたならば、全人類がその君主に対する服従に容易に同意することを私も疑わない。

一一四　彼らの反対論に対しては、それが、論敵を巻き込むのと同じ困難に彼ら自身をも巻き込むことになるということを示すだけで十分な応答になるのだが、しかし、〔彼らの〕その論法の弱点をもう少し究明する労を払っておこう。

彼らは、「すべての人間は統治の下に生まれるのだから、新しい統治体を自由に始めることはできない。すべての人間は、生まれながらにして父親あるいは君主の臣民なのだから、服従と忠誠との永遠の絆の下にあるのである」と言う。しかし、人類が、生ま

れながらにして父親あるいは君主に自然に従属しており、自分たち自身の同意なしに彼らやその後継者たちへの服従に拘束されているなどということを認めたり、考えたりすることはなかったということはあきらかなのである。

一一五　というのは、聖俗いずれの歴史においても、人々が、その下に生まれた支配権や、自分たちを育ててくれた家族や共同体から離れ、それらへの服従をやめて、他の場所に新しい統治体を樹立した例ほど、しばしば見られるものはないからである。そして、歴史の初めの頃の多数の小さな政治的共同体はいずれもそこから生じ、その数は、土地に余裕のある間は、強大な、あるいは運に恵まれた政治的共同体が弱小なそれを併呑するまでたえず増加していったが、やがて、それらの強大な政治的共同体も再び分裂し、弱小な統治体へと分かれていった。これらは、すべて、父親の主権に対する反証となるものであり、歴史の初期において統治を作りだしたものが、継承者へと承継されていく父親の自然の権利ではなかったということをあきらかに証明している。なぜならば、そうした〔父親の主権の承継という〕立場に立つ限り、そんなに多くの小さな王国が存在するなどということはありえないことであったからである。もし、人々が、自由に、その家族を離れ、また、いかなるものであれ、そこに樹立されている統治体を去って、自分

たちが適当だと思う別個の政治的共同体や他の統治体に赴いたり、それらを作ったりすることができなかったとすれば、およそありえたのは、ただ一つの普遍的な王政だけであったに違いない。

一一六　以上に述べたことが、最初の時代から今日に至るまでの世界で実際に行われてきたことであった。今日、人間の自由にとって、人が、確立された法と確固とした統治の形態とをもち、よく制度化された古くからの政治体の下に生まれることが、森のなかで自由に走りまわっている無拘束な住民のなかで生まれること以上に大きな妨げとなることはないのである。というのは、われわれに対して、われわれは何らかの統治の下に生まれたことによって生来的にその統治体の臣民であり、もはや、自然状態の自由への権原も要求資格ももたないと説く人々は、その論拠として、（われわれがすでに応答した父親の権力ということを除けば）次のものしかもっていないからである。すなわち、それは、われわれの父や祖先たちが、その生来の自由を譲渡し、それによって、彼ら自身とその子孫とを、彼らが服従する統治に永久に従うように義務づけたということに他ならない。もとより、人が、どんな約定や約束であれ、自分自身が結んだものに義務を負うことは確かである。しかし、人は、いかなる契約によっても、子供たちや子孫まで拘束することはできない。なぜなら、その息子は、成人すれば父親と同じように自由となるのだから、父親のいかなる行為も、他人の自由を奪いえないのと同様に、息子の自由を奪うことはできないからである。確かに、父親は、ある政治的共同体の臣民として享有してきた土地について、もし息子がその土地を享有しようとする場合には、息子もまたその共同体の臣民とならなければならないといった条件を付することはできるであろう。その資産が父親の所有物である以上、父親は好むままにそれを処分したり、分与したりしてよいからである。

一一七　そして、概してこのことが、今論じている問題について誤解が生じる機縁を与えてしまった。というのは、政治的共同体は、その領土のいかなる部分であっても、それが取り去られたり、それをその共同体の成員以外の者が享有したりすることを許さないので、息子は、通常、父親の所有物を、それが父親によって享有されていたのと同じ条件の下でなければ、つまり、その社会の一員になるのでなければ享有することはできないからである。それによって、息子は、その政治的共同体の他の臣民と同じように、そこに確立されている統治に直ちに服することになる。このように、統治の下に生まれた自由人をその統治体の一員とするのは彼らの同意のみなのであるが、この同意は、各人が成人に達したときに順次別々に与えるものであって、大勢が一緒に与えるものではない。しかし、人々はこのことに気がつかないまま、同意などはまったくなされなかったとか、それは必要ではなかったとかと考えて、彼らは成人になると自然に臣民になると結論してしまうのである。

一一八　しかし、統治体の側自体の理解がそれと異なっていることはあきらかである。つまり、統治体の側は、父親に対して権力をもっていたからといって息子に対する権力まで主張することはなく、また、父親が臣民なのだから、その子供たちも臣民であるとみなすこともない。例えば、イングランドの一臣民が、フランスでイングランドの婦人との間に子供を儲けた場合、その子供は誰の臣民になるのだろうか。イングランドの国王の臣民ではない。なぜなら、その特権を認めてもらうには許可をえなければならないからである。また、フランスの国王の臣民でもない。なぜなら、もしそうだとすれば、父親は子供を連れ帰って好むままに育てる自由をもたないことになってしまうからである。両親が外国人である国に生まれたというだけの理由で、その国を立ち去ったときや、その国との戦争に加わったときに叛逆者あるいは逃亡者として裁かれた者がこれまでいたであろうか。従って、あきらかに、統治体の側の慣行によっても、また、正しい理性の法に照らしても、子供が生まれながらにしてどこかの国、いずれかの統治体の臣民であるということはない。子供は、分別のつく年齢に達するまでは父親の教化と権威とに服しているが、それ以降は彼は自由人となり、どんな統治体の下に身を置こうと、自らをどんな政治体に結合させようと自由なのである。というのは、もしフランスで生まれたイングランド人の息子が自由となり、自由に振る舞えるようになった場合、父親がこの王国の臣民であるからといってその息子を拘束するいかなる絆もないこと、また、彼が自分の祖先の結んだいかなる契約によっても束縛されないことは明白であるからである。そうであるとすれば、同じ理由から、彼の息子は、どこで生まれようと同じ自由をもたないわけがあるだろうか。なぜなら、父親が子供たちに対して自然にもつ権力は、子供たちがどこで生まれようと同一であり、また、〔父親と子供たちとの〕自然の義務の絆は、王国や政治的共同体の実定的な制限によって制約されるものではないからである。

一一九　これまで示してきたように、すべての人間は生来的に自由であって、自分自身の同意以外の何ものも人を地上の権力に服従させることはできない。従って、ここで考えてみなければならないのは、何をもって、人を統治体の法に服従させる同意の十分な宣言と理解したらよいかということである。われわれの当面の問題に関係するのは、明示的な同意と黙示的な同意という一般的な区別に他ならない。社会に入ろうという各人の明示的な同意が、人をその社会の完全な成員とし、その統治体の臣民とすることは誰も疑わないであろう。困難なのは、何を黙示的な同意とみなすべきか、またそれがどの程度まで拘束力をもつかということ、つまり、人が同意をまったく表明しなかった場合に、その人間はどの程度まで同意したものとみなされるべきか、また、それによってどこまである統治に服従したとみなされるべきかということである。それに対して、私は、ある統治体の領土の何らかの部分を所有したり享有したりしている者は、それによって黙示的な同意を与えたのであり、その享有が続いている間は、その統治の下にあるすべての人と同じ程度に、その統治体の法に服従する義務を負うと言いたい。その場合、彼の所有とは、彼と彼の継承者との永代的な土地の所有であっても、あるいはわずか一週間の滞在であっても、あるいは単に公道を自由に旅することであってもかまわない。その所有ということの範囲は、事実上、誰かがその統治体の領土の内に存在するということにまで及ぶのである。

一二〇　この点をもっとよく理解するためには、次のことを考えてみるとよいであろう。すなわち、それは、人は誰でも、最初にある政治的共同体に自らを一体化させるとき、自分自身をそれに結びつけることによって、彼が現にもっているか、あるいは将来もつことになる所有物で、まだ他の統治体に帰属していないものをその共同体に付加し、それに供することになるということに他ならない。というのは、人が他人とともに社会に入るのは所有権の確保と調整とのためであるにもかかわらず、その所有権が社会の法によって規制されるべき人の土地は、その土地の所有権者である彼がその臣民である統治体の支配権を免れるべきだなどと想定することは、まったくもって矛盾したことになるからである。従って、かつては自由であった自らの身体をある政治的共同体に結びつける者は、その同じ行為によって、かつては自由であった自分の所有物をもその共同体に結合させることになり、その結果、身体と所有物との両者とも、その政治的共同体が存続する限り、その統治体と統治権とに服することになる。それゆえ、その政治的共同体の統治に属し、それに服する土地のいかなる部分をも相続や購入や許可、あるいはその他の方法で享有しようとする者は、誰であっても、それを次の条件つきで受けとらなければならない。すなわち、その土地がその支配権の下にある政治的共同体の統治に、他の臣民と同じ程度に服従するという条件がそれである。

一二一　けれども、統治体は、土地に対してのみ直接的な支配権をもち、また、その統治が土地の所有者にまで及ぶのは、（彼が実際にその社会に加入する以前は）彼がそこに住み、それを享有している場合だけであるから、そうした享有によって各人に課せられる統治体への服従の義務は、〔土地の〕享有とともに始まり、享有〔の終わり〕とともに終わるのである。従って、統治体に対して黙示的な同意しか与えていない〔土地〕所有者は、贈与や売却、あるいはそれ以外の方法で当該の所有物を手放せば、いつでも、自由にそこを立ち去って、他の政治的共同体に自らを一体化してもよく、また、他者との合意によって、人の住んでいない場所に（in vacuis locis）、すなわち、世界のいかなる部分であれ、使われても所有されてもいないことを見いだす場所に、新たな政治的共同体を始めてもよい。それに対して、実際の合意や明示的な宣言によって、ある政治的共同体の一員となるという同意をひとたび与えた者は、何らかの厄災によって自らが服する統治体が解体するか、何か公的な決議によって彼がもはやその統治体の一員であることを絶たれない限り、永遠に、そして不可避的にその政治的共同体の不変的な臣民であり続けなければならず、従って、自然状態の自由へと再び回帰することはできないのである[24]。

一二二　しかし、人が、ある国の法に服して平穏に生活し、その法の下で特権と保護とを享受しているからといって、それがその人間をその社会の成員にするわけではない。

それは、単なる地方的な保護にすぎず、また、戦争状態にはないので、ある統治体に属する領土内でその統治体の法が及んでいるあらゆる地域にやって来るすべての人に課せられ求められる忠誠にすぎないのである。しかし、このことが人をその社会の成員にするわけでもなく、その政治的共同体の恒久的な臣民にするわけでもない。それは、ちょうど、人が、都合によってある他人の家にしばらくの間滞在し、しかも、滞在中はその家の規則に従い、その家の統治に服したとしても、その人がその他人の臣民になるわけではないのと同じである。こうして、外国人が他〔国〕の統治の下でその一生を送り、その特権と保護とを享受する場合、彼らは、他の住民と同様に、良心をもってその統治体の施政に服さなければならないが、そのために彼らがその政治的共同体の臣民あるいは成員になるわけではないということがわかるであろう。明示的な取り決め、明白な約束と契約とによって政治的共同体に実際に入ること以外に、人を、政治的共同体の臣民あるいは成員にすることができるものはないのである。これこそが、政治社会の起源に関して私が考えているものであり、人をある政治的共同体の成員にする同意というものに他ならない。

（1）　原語は act である。

（2）原語は original compact である。
（3）謹厳をもって知られた古代ローマの政治家カトーは、劇場に入っても、不道徳な演目が上演されると直ちに劇場を立ち去ったという故事を指す。この故事は、「カトーよ、汝は何ゆえに厳しき顔して劇場に来たりしや」と揶揄したマルティアリス（Martialis）の『風刺詩集 *Epigrammata*』によって後世に伝えられ、退場するために入場することを意味するものとなった。
（4）もとより、これは、自らが構想する政治社会を「偉大なリヴァイアサン」と呼んだホッブスを念頭に置いた表現である。
（5）原語は capable of a majority である。この「多数決に服することができる」というロックの表現の背後には、人間を理性的存在とみなした『人間知性論』の哲学的前提があることを見失ってはならない。多数決が多数者の意志を全体の意志とみなすフィクションに支えられている限り、そのフィクションに「服することができる」ためには、具体的で事実的な個人や個別の立場を超越して抽象的で規範的な全体の立場に立つことができる抽象的な理性能力を前提にせざるをえないからである。『統治二論』と『人間知性論』との関連がもっとも鮮やかにうかがわれる論点の一つに他ならない。
（6）紀元前九世紀に諸国を征服したアッシリアの王サルマナセル二世を指す。
（7）ペルシャのダリウス一世の子であり、紀元前四八〇年にサラミスの海戦でギリシャ軍に敗れたクセルクセス一世のことである。
（8）一六世紀にスペインからペルーに派遣されたジェズイットの宣教師ホセ・デ・アコスタ（José de Acosta）のこと。

(9) アコスタによれば、「アンデスの東の森に住む未開の部族」を指す。
(10) Acosta, *The naturall and morall historie of the Indies*, tr. by E. Grimestone, 1604 を指す。ロックはこの作品に通暁していた。
(11) 三世紀頃に Trogus Pompeius の『ピリピ史』を要約したローマの歴史家。
(12) 紀元前八世紀、イタリアに都市タレントゥムを築いたスパルタからの移住者の指導者。
(13) この「平和裡に」というロックの表現は、征服との対比で用いられている。
(14) 原語は administration である。
(15) このように、聖書の歴史と人類の原初的な歴史とを同一化するロックの視点は、一方で、ロックのキリスト教信仰に、他方で、同時代人に対する説得の技法に由来すると言ってよい。
(16) ロックは、この聖書からの引用に修正を加えている。引用文中で、ロックが「彼ら」とした部分は、聖書原文ではすべて「われら」であるからである。戦いの対象が「サムエルの息子たち」であることを強調したかったからであろう。
(17) 原語は public weal である。
(18) これは、ローマの詩人オヴィディウスの詩篇『変身譜 *Metamorphoses*』第一篇第一三一章からの引用である。
(19) 周知のように、ロックのいうこの「黄金時代」が何を意味するかは明確ではなく、解釈にも、それを、自然状態とみなす立場と、統治が設立された直後の政治社会の草創期とする立場との対立がある。訳者としては、ロックが描いた自然状態にも他人の固有権《プロパティ》を侵害する「邪悪な」人間がいたこと、その自然状態には、まだ統治者も臣民も存在しなかったことから、この

「黄金時代」は政治社会の草創期とみなす立場を採りたいと思う。

(20)　第七章九四節でも同じ部分が引用されている。

(21)　もとより、フィルマーの王権神授説を指し、「緒言」におけるロックが、それを「当代に通有力をもつ神学」と呼んだ事実に対応する。

(22)　後篇第一六章を指す。

(23)　本章一〇〇節を参照。

(24)　もとより、これは、ロックが、自分自身の同意によって政治社会を構成した人間に対して、その政治社会から自由に離脱する権利を拒否したことを意味する。その背景にあるのは、言うまでもなく、社会契約説を根底で支える「契約、守られるべしpacta sunt servanda」の大原則であった。

第九章　政治社会と統治との目的について

一二三　もし、すでに述べたように、自然状態における人間がそれほど自由であり、また、自分自身の身体と所有物との絶対的な主人であって、どんなに偉大な人とも平等で誰にも従属していないとすれば、彼はなぜその自由を手放し、自分自身のその絶対的な統治権を放棄して、他者の統治権と統制とに服するのであろうか。これに対する答えは明確であって、自然状態において人は確かにそうした権利をもっているが、しかし、その権利の享受はきわめて不確実であり、たえず他者による権利侵害にさらされているからだということに他ならない。というのは、万人が彼と同じように王であり、彼と同等者であって、しかも、大部分の者が、公正と正義との厳格な遵守者ではないので、彼が自然状態においてもっている固有権《プロパティ》の享受はきわめて不安定であり不確実であるからである。これが、彼をして、どんなに自由であっても、恐怖と絶えざる危険とに満ちた状態をすすんで放棄させるのである(1)。それゆえ、私が固有権《プロパティ》という一般名辞で呼ぶ生命、自由、資産の相互的な保全のために、彼が、すでに結合しているか、あるいは結合しようと考えている他の人々とともに社会を作ることを求め、すすんでこれに加わることを欲するのは、決して理由のないことではない。

一二四　従って、人が、政治的共同体へと結合し、自らを統治の下に置く大きな、そして主たる目的は、固有権《プロパティ》の保全ということにある。(2) 自然状態においては、そのための多くのものが欠けているのである。

第一に、そこでは、何が正しく何が不正であるかの基準として、また、人々の間のあらゆる紛争を裁決すべき共通の尺度として人々の一般的同意によって受けいれられ、認められている制定され、恒常的な、公知の法が欠けている。(3) というのは、確かに、自然法はすべての理性的な被造物には明白で理解できるものであるとはいえ、(4) 人間は、研究不足であるために自然法については無知であるだけではなく、また、利害による偏見をも免れないので、自然法を個々の場合に適用するに当たって、それが彼らを拘束する法だとはなかなか認めたがらないからである。

一二五　第二に、自然状態においては、制定された法に従ってすべての争いを裁決する権威を備えた衆知の公平な裁判官が欠けている。というのは、自然状態においては、すべての人間が自然法の裁判官であるとともに執行者でもあり、また、人間は自分の身にとかくえこひいきしがちであるので、自分自身のこととなると、情念や復讐心に駆られて行き過ぎたり激烈になったりするが、他人のこととなると、怠慢と無関心とからきわめて不熱心になりがちであるからである。

一二六　第三に、自然状態は、しばしば、正しい判決が下された場合に、それを後押しし支持して、その判決を正当に執行する権力を欠いている。何か不正によって罪を犯すような人々は、可能な場合にはほぼ例外なく実力に訴えて彼らの不正を正当化しようとするであろう。だから、そういう抵抗は、多くの場合、処罰を加えること自体を危険にし、しばしば、処罰を加えようと試みる人間に破壊的な事態をもたらすことになる。

一二七　こうして、人類は、自然状態でもつあらゆる特権にもかかわらず、そこに留まる間は悪しき状態(5)にあることになるので、すみやかに社会へと駆りたてられるのである。だからこそ、どれだけの人数であっても、人々が自然状態のなかでともに生活する例はいつの時代にもほとんど見いだされない。そこでは、各人が他人による〔権利〕侵害を処罰する権力をもつが、これが不規則で無定見に行使されることによって人々は種々の不都合にさらされるために、彼らは、統治体の制定された法の下に避難所を見いだし、そこに彼らの固有権《プロパティ》の保全を求めるのである。こうして、人々は、彼ら一人一人がもっていた処罰権力をすすんで放棄し、その権力が、自分たちの間でそのために任命された者によってのみ、そして、共同体自体が、あるいは共同体からそのための権威を授権された人々が合意した規則に従って行使されるようにするのである。ここに、われわれは、統治と社会とのそもそもの権利と起源とを見るとともに、立法権力と執行権力との本来の権利と起源とをも見るのである。

一二八　というのは、自然状態において、人は、他人に無害な楽しみを味わう自由を除いて、二つの権力をもっているからである。

第一は、自然法が許容する範囲内で、何であれ、自己および他人の保全のために適当だと思うことをする権力に他ならない。すべての人間に共通のこの〔自然〕法によって、彼および他の人類は一つの共同体をなしており、その他の被造物からは区別される一つの社会を作っている。そして、もし、堕落した人間の腐敗と邪悪とがなければ、その社会以外のどんな社会も不要であり、また、人々が、〔自然状態という〕この偉大で自然の共同体から離れ、明示的な同意によって、より小規模に分化した集団へと結合する必要もなかったであろう。

自然状態において人間がもつもう一つの権力は、自然法に対して犯された犯罪を処罰する権力に他ならない。人は、もしそう呼んでいいなら私的な、あるいは個別的な政治社会に加わり、また、人類の他の部分から別れてある政治的共同体へと合体する際に、以上二つの権力を放棄するのである。

一二九　彼は、第一の権力、すなわち、何であれ、自分自身と人類の他の部分との保全のために適当だと考えることをなす権力を、自分自身と社会の他の成員との保全に必要とされる限りにおいて、社会が作った法によって規制されるべく放棄するであろう。この社会の法は、人が自然法によってもっていた自由を多くの点で制限するのである。

一三〇　第二に、彼は、処罰権力を全面的に放棄し、（それまでは、自らが適当と考える通りに、自分一個の権威によって自然法の執行に用いることができた）自然の力を、社会の法が要求するのに応じて、社会の執行権力を支援するために用いさせるのである。なぜならば、彼は、今や〔国家状態という〕新しい状態のうちにあり、そこでは、共同体からの全力を挙げての保護を受けるとともに、同じ共同体に属する人々の労働、助力、

〔彼らとの〕交際から多くの便宜を享受しているのだから、彼は、社会の利益と繁栄と安全とが要求するのに応じて、自分自身のためだけに配慮する生来的な自由を放棄しなくてはならないからである。しかも、このことは、単に必要であるだけではなく、正当なことでもある。社会の他の成員も同じことをするからである。

一三一　確かに、人々は、社会に入る際に、自然状態においてもっていた平等と自由と執行権力とを放棄して社会の手に委ね、それらが立法部によって社会の利益が求める形で処置されるようにするであろう。しかし、それは、もっぱら、自分自身の自由と固有権《プロパティ》とをよりよく保全しようという各人の意図の下になされるのである。（理性的な被造物が、現在の状態よりも悪くなることを意図して自分の境遇を変えるとは思われないので）社会の権力、あるいは彼らによって設立された立法部の権力が、共通善を超えたところまで及ぶとは考えられないからである。むしろ、それは、自然状態をきわめて危険かつ不安定にしている前述の三つの欠陥を補塡することによって、すべての人間の固有権《プロパティ》を保障するものでなければならない。それゆえ、いかなる政治的共同体の場合であれ、その立法権力、すなわちその最高権力を掌握する者は誰でも、にわか仕立ての法令によってではなく、国民に公布されて公知のものとなっている恒常的な法によって、そして、その法にもとづいて争いを裁決する公平で公正な裁判官によって統治すべきである。また、その最高権力を掌握する者は、国内的には、そうした法を執行するためにだけ、また対外的には、外国による侵害の防止やそれへの補償、そして、侵入や侵略からの共同体の防衛のために、共同体の力を用いなければならない。これらすべては、国民の平和、安全、公共善以外のいかなる目的にも向けられてはならないのである。

（1）自然法が支配する平和な状態として描かれてきたロックの自然状態は、ここにおいて、自然状態において各人がもつ自然法の執行権力という視点と、他人の固有権《プロパティ》を侵害しようとする「堕落した人間の腐敗と邪悪」の事実上の存在という観点とを媒介項として、ほとんどホッブス的な「恐怖と絶えざる危険とに満ちた状態」へと転回させられている。これは、自然状態を「悪しき状態」とすることによって政治社会への人間の移行の必然性を強調しようとするロックの意図的な論理操作であると言ってよい。

（2）ロックにおける固有権《プロパティ》と統治との関係について、もっともよく知られている一節である。

（3）もとより、これは自然状態における実定法の欠如ということを意味する。

（4）これは、ロックのレトリックであって、実際には、ロックは、理性による自然法の認識＝論証可能性に関するペシミズムに傾いていた。

（5）原語は an ill condition である。

第一〇章　政治的共同体[1]の諸形態について

一三二　すでに示したように[2]、人々が最初に社会へと結合する際には、多数派が当然にも共同体の全権力を握るから、彼ら多数派は、その権力のすべてを用いて、随時、共同体のために法を作り、また、自分たちが任命した行政官を通してその法を執行することができる。この場合には、統治の形態は完全な民主制にほかならない。あるいは、そうではなく、法を作る権力を小数の選ばれた人々と、その継承者や後継者とに委ねることもできる。その場合には、統治の形態は寡頭制となる。あるいはまた、ただ一人の人間の手に委ねることもできるのであって、これが君主制である。その場合、法を作る権力がその一人の人間とその継承者とに委ねられれば世襲君主制となり、それが、彼一代のものであり、彼の死後は後継者を指名する権力だけが再び多数派の手に戻るのであれば、選挙君主制ということになる。それゆえ、また、共同体は、これらの諸形態を組み合わせて、適当と考えるままに複合的で混合的な統治の形態を作ることもできる。もし、立法権力が、多数派によって、最初は、一人あるいはそれ以上の人々の手に生存する間に限って、または一定の期間だけ与えられても、それが終わればその最高権力は再び多数派の手に戻るのであれば、実際にそれが戻ってきたときには、共同体は、新たにそれを適当な人々の手に委ねて、新しい統治の形態を設立することができるのである。なぜならば、統治の形態は最高権力である立法権力がどこに置かれるかによって決まるものであり[3]、また、下位の権力が上位の権力を規定したり、最高権力以外の権力が法を作ったりするなどということは考えられないから、法を作る権力の所在に応じて政治的共同体の形態も決まるのである。

一三三　ここで、私が、政治的共同体という言葉によって意味しているのは、民主制その他の統治の形態のことではなく、ラテン人がキヴィタス(civitas)という言葉で表現した独立の共同体のことであると理解していただかなければならない。われわれの言葉で、これにもっともよく当てはまる用語はコモンウェルスであって[4]、これは、コミュニティとかシティとかといった言葉では表現しえない人間の社会を表すのに最適のものである。なぜなら、一つの統治のなかに従属的なコミュニティが存在することもありうるし、また、われわれの間で言うシティは、コモンウェルスとはまったく異なった概念に他ならないからである。従って、私は、曖昧さを避けるために、このコモンウェルスという言葉を、拝察するにかつて国王ジェイムズ一世が用い、[5] 私自身もそれが真正の語義だと考える意味で使うことをどうかお許しいただきたいと思う。もし、それを好まない人がいれば、それをもっとよい言葉に変えることに私も同意したい。

（1）　繰り返し指摘してきたように、原語は Commonwealth である。以下の本章註（4）参照。

（2）　具体的には、後篇九六節から九九節を指す。

（3）　この有名な規定には、少なくとも、注意すべき三つの論点が含まれていると言ってよい。一つは、ロックが、統治権力をもつ人間の数を基準にして統治の形態を区別している点で、プラトン、アリストテレス以来の伝統的な政体論の区分に依拠していることである。第二点は、ロックが、主権（sovereignty, sovereign power）という言葉を避けて、最高権力（supreme power）という言葉を用いていることに他ならない。これは、ロックが、絶対君主の権力を想起させる主権という用語の使用を嫌ったからである。しかし、最高権力が主権を意味することは言うまでもない。第三点は、ロックが確立された政治社会における最高権力を立法権力に委ねることによって議会主権を主張しているかに見えながら、その背後には人民主権の原理が控えていることに他ならない。後篇最終章で論じられるように、人民全体は、既存の立法権力が信託された目的を果たさない場合には新たな立法権力を樹立する究極的な権力を行使する権利を留保しているからである。

（4）　ここで重要なのは、ロックが、自ら理論構成した社会が支配－被支配の統治関係を含む政治社会でありながら、それを、ステイト(state)とはせず、人的共同体としてのキヴィタスやレス・プブリカ(res publica)に重なるコモンウェルスと呼んだことである。これは、ロックが、絶対君主の権力をイメージさせる主権という概念を嫌ったのと軌を一にして、ステイトが絶対王政の統治機構を想起させることに敏感であったことの帰結に他ならない。このように、『統治二論』におけるロックが、コモンウェルスを、ステイトと同じように統治関係を含みながら、あくまでも人的共同体を意味する概念として用いていることに配慮して、本訳書では、それを、ほぼ一貫して政治的共同体と訳した。しかし、それが、特に、一人の人間が支配する政体としての王政と対比的に使用されている場合には、意図的に共和政体とした。

(5)　これは、ジェイムズ一世が、一六〇三年と一六〇九年とにおいて、ともにコモンウェルスという言葉を用いながら議会で行った演説を念頭に置いたものである。後篇第一八章二〇〇節における同演説への言及を参照されたい。ここに見られるのは、かつては国王でさえ、自分が君臨する政治社会を指して「共同のもの」を意味するコモンウェルスと呼んでいたという事実に乗じて、政治社会を国王の独占物とし、それを正当化するためにフィルマーの王権神授説を援用する王党派を批判しようとするロックのしたたかな戦略に他ならない。

第一一章　立法権力の範囲について

一三四　人々が社会に入る大きな目的は、彼らの固有権《プロパティ》を平和かつ安全に享受することであり、しかも、そのための主要な手段と方法とはその社会で制定された法に他ならない。従って、すべての政治的共同体の第一の、そして根本的な実定法は、立法権力を樹立することにある。なぜならば、立法権力それ自体をも支配すべき第一の基本的な自然法は、社会を保全すること、そして、（公共善と両立する限りにおいて）社会に属する各人を保全することにあるからである。そうした立法権力は、政治的共同体の最高権力であるだけではなく、共同体がひとたびそれを委ねた人々の手中にあって神聖かつ不変の権力でもある。そして、それ以外のどんな人々の命令も、それがいかなる形式で表現され、あるいは、いかなる権力によって支えられるにせよ、公衆[1]が選出し任命した立法部からの是認がない限り、法としての効力も義務ももたない。というのは、この是認がなければ、法は法たるに絶対的に必要なもの*、すなわち社会の同意を受けることはできず、誰であれ、社会自身の同意と社会から与えられる権威とを欠く限り、社会に対して法を作る権力をもつことはできないからである。従って、もっとも厳粛な絆によって人々が向けるべく義務づけられている服従は、究極的にはこの〔立法権力という〕最高権力へのそれに帰着し、また、この権力が制定する法によって導かれるのである。しかも、社会の成員が、外国の権力(2)や国内における従属的な権力(3)に対していかなる〔服従の〕宣誓を行ったとしても、それによって、彼は、信託に従って行動する立法部への服従を免れることはできず、また、他方で、立法部が制定する法に反したり、それが認める限度を超えたりするような服従を課せられることもない。なぜなら、人が、社会のなかで最高ではない何らかの権力に従うよう究極において義務づけられているなどと考えることは、この上なく馬鹿げたことだからである。

＊「人間の政治社会全体に命令を下す法を作る合法的な権力は当然にもその社会全体に属するから、地上におけるいかなる種類の君主であれ権力者であれ、その同じ権力を、直接的かつ個人的に受けた神からの明示的な委任によるのでもなく、また、そもそも法を課そうとしている人々の同意に由来する権威によることもなく自ら行使しようとすれば、それは単なる専制となんら選ぶところはない。従って、公的な是認のないものは、およそ法ではないのである」（フッカー『教会政治の法』第一巻一〇節）。「それゆえ、この点に関して、われわれは次の点に注意しなければならない。すなわち、人間は、生来、人間の政治的な全集合体を支配するに十分で完全な権力をもたないから、われわれ自身の同意がまったくない場合には、われわれが、誰か

の命令の下に生きるなどということも生じないのである。そして、われわれがその一部をなす社会が、かつてある時期に同意を与えた場合には、その同意を後に同じく普遍的な同意によって取り消さない限り、われわれは、支配を受けることに同意したことになる。従って、人間の法は、いかなる種類のものであっても、同意によってこそ有効なものとなるのである」(同上)。

一三五　立法権力は、それが一人の手中にあろうと何人かの手中にあろうと、また、それが常時存在するものであれ休止期間をもつものであれ、あらゆる政治的共同体における最高の権力ではあるが、しかし、

第一に、それは、国民の生命と財産(4)とに対して絶対的で恣意的なものではなく、また決してそうしたものではありえない。というのは、立法権力は、社会の各成員の力を一つに集めて、立法者たる個人または合議体に委ねたものであり、従って、それは、各人が社会に入る前の自然状態においてもっていて共同体に委ねた権力以上のものではありえないからである。つまり、誰であれ、自分が自らもっているもの以上の権力を他人に譲渡できるはずはなく、また、誰も、自分自身の生命を奪ったり、他人の生命や所有物を奪ったりするような絶対的で恣意的な権力を、自分や他人に対してもっていないのである。すでに示したように、人は、他人の恣意的な権力に自らを従属させることはでき

ない。また、人は、自然状態において、他人の生命、自由、所有物に対する恣意的な権力をもっておらず、彼がもっているのは、ただ、彼自身とその他の人類とを保全するために自然法が与えた権力だけである。これが、彼がもち、また政治的共同体に、更には、それによって立法権力に委ねることができる権力のすべてであり、従って、立法部もそれ以上の権力をもつことはできない。立法部の権力は、その範囲をどんなに大きく見ても、社会の公共善に限定される。それは、保全以外の目的をもたない権力であり、従って、臣民を破滅させたり、奴隷にしたり、あるいは故意に貧困にさせたりする権利をもつことは決してできない。*自然法の義務は、社会のなかでも終焉するものではなく、むしろ多くの場合、〔社会において〕より精密に起草され、その遵守を強制するために人間の法によって公知の刑罰を付加されるのである。それゆえ、自然法は、万人に対して、すなわち、立法者に対してもそれ以外の人々に対しても、永遠の規範として存続する。立法者が他の人の行動のために制定する規則は、立法者自身の行動および他の人の行動と同じように、自然法、すなわち神の意志に合致しなければならない。自然法とは、神の意志の宣言に他ならないからである。そして、基本的な自然法は人類の保全ということにあるのだから、いかなる人的制裁も、それに反する場合には、正当でも妥当でもありえないであろう。

＊「公的社会を支える二つの基礎がある。一つは、それによってすべての人間が社会生活と交友とを欲する生来の性向であり、もう一つは、ともに生活するに当たっての結合の様式に関する明示的あるいは暗黙裡に合意された秩序に他ならない。その場合、後者は、われわれが政治的共同体の法と呼ぶものであり、その各部分が、法によって生命を与えられ、結び合わされ、共通善が要求する行動へと導かれる政治体の魂とも言うべきものである。人間の間の外的な秩序と支配とのために制定される政治的な法は、人間の意志が内的には頑固で反抗的であり、人間本性の神聖な法への服従を嫌うということを仮定しない限り、その本来あるべき姿に形づくることはできない。一言でいえば、人間というものは、その堕落した精神から見れば野獣とほとんど異ならないということを仮定した上で、政治的な法は、それにもかかわらず、その仮定に応じて、人間の外的な行動に枠をはめ、それらが社会設立の目的である共通善の妨げにならないように規定するのである。それをしない限り、政治的な法は完全ではない」（フッカー『教会政治の法』第一巻一〇節）。

一三六　第二に、立法権力、すなわち最高の権威も、一時しのぎの恣意的な法令によっては支配する権力を手中にすることはできず、＊公布された恒常的な法と、権威を授与された公知の裁判官とによって、正義を執行し、臣民の諸権利を決定するよう義務づけられている。というのは、自然法とは書かれたものではなく、人間の心のうちにしか見いだされないものであるから、情念や利害のために誤ってそれを引用したり、その適用を誤ったりする者は、確立された裁判官がいない場合には、自分の誤謬を容易には得心することができないからである。それゆえ、とりわけ、各人が自然法の裁判官であり、解釈者であり、また執行者でもあるような場合、しかも各人自らが関係している場合、自然法は、その下で生活している人々の権利を決定し、固有権《プロパティ》を守るのに、役に立つべきであるにもかかわらず、役には立たないのである。そして、人は、たとえ自分の側が正しくても、通常は自分一人の力しかもたないから、権利侵害から自分を守ったり、犯罪者を処罰したりするのに十分な実力をもたない。自然状態における固有権《プロパティ》に混乱をもたらすこうした不都合さを避けるべく人々は社会へと結合して、自分たちの固有権《プロパティ》を確保し、また守るために社会全体の結合した力を手にし、何が彼自身のものであるかを知るために所有権の限界を定める恒久的な規則をもつのである。人々が自然の権力を自らが入る社会に委ね、また、その共同社会が立法権力をそれらの人々が適当と考える人の手のうちに置くのは、そうした目的のために他ならない。しかも、それには、宣言された法による支配を受けようという人々の信託が伴っているのであって、もしそうでなければ、人々の平和も静穏さも固有権《プロパティ》も、自然状態におけるのと同じように不確実のままにとどまることになるであろう。

＊「人間の法は人間に関する尺度であって、その行動を導くべきものである。しかし、その尺

度は、それを測るべきより上位の規範をもつ。その規範とは二つ、すなわち神の法と自然法とに他ならない。それゆえ、人間の法は、一般的な自然法に合致するように、また聖書が定めるいかなる律法にも矛盾しないように作られなければならない。そうでなければ、それは悪しきものとして作られたことになる」(フッカー『教会政治の法』第三巻九節)。

「いかなるものであれ、人々を不便なものへと強制することは不合理であるように思われる」(フッカー、同上、第一巻一〇節)。

一三七　絶対的で恣意的な権力、あるいは確立された恒常的な法を欠く統治は、いずれも、社会および統治の目的とは両立しえない。人は、自らの生命、自由、財産を保全し、権利と所有物とに関する一定の規則によって平和と静穏さとを確保するためでなければ、自然状態における自由を放棄したり、結合して社会および統治に服したりすることはないであろう。人が、ある一人の、あるいはそれ以上の数の人間に自分たちの身体や資産を支配する絶対的で恣意的な権力を与えたり、為政者の手に自分たちに対して無制限な意志を恣意的に行使する力を委ねたりすることがたとえできるとしても、実際にそれを意図するなどということは考えられないのである。もしそのようなことをすれば、彼らは、自らを自然状態よりももっと悪い状態に置くことになってしまうであろう。なぜなら、彼らは、自然状態において、自分たちの権利を他人の侵害から防衛する自由をもっていたし、また、その侵害が個人によるものであれ共同でなされたものであれ、あくまでも力の平等という条件に立って自らの権利を維持することが許されていたからである。それに対して、彼らが、自分たちの身を立法者の絶対的で恣意的な権力と意志とに委ねたとすれば、彼らは、自らの武装を解き、立法者に好むままに彼らを餌食とする武器を与えることになってしまうであろう。一〇万人に命令を下す一人の人間の恣意的な権力に身をさらす者は、一〇万人の個人の恣意的な権力に身をさらす者よりもはるかに悪しき状態にある。なぜなら、一〇万人に命令を下す者の権力は〔他の個々人のそれよりも〕一〇万倍も強いとはいえ、その人間の意志が他の人々の意志に比べて優っているとは誰も保証できないからである。それゆえ、政治的共同体がいかなる形態の下にあろうと、支配権力は、その場その場の命令や、あやふやな決定によってではなく、宣言され、承認された法によって支配しなければならない。なぜなら、人々が、一人あるいは数人の者を、彼らの行動を導いたり正当化したりするいかなる基準をも定めないまま多数の人々の結合した権力によって武装させ、それによって、彼らの唐突な思いつきや、何ものにも制約されず、ある瞬間までは知られてもいなかった意志から出てくる法外で無制限な命令に思いのままに服従させられるということになれば、人々は自然状態にあったときよりもはるかに悪い状態のうちに置かれることになるであろうからである。

思うに、統治体のもつ全権力はただ社会の善のためだけにあるものであるから、それは、恣意的であったり勝手気ままのものであったりしてはならず、従って、確立され公布された法にもとづいて行使されなければならない。そうすれば、国民(5)も、自分たちの義務を知り、法の制限内で安全かつ無事でいられることになるであろうし、支配者もまた、しかるべき限界内にとどまり、自らが手にしている権力の誘惑に負けて、彼らがこれまで知ることもなく、またあまり認めたくもないような目的のために、またそうした方法によって権力を用いることもないであろう。

一三八　第三に、最高権力〔である立法権力〕といえども、いかなる人間からも、その人間自身の同意なしには所有物の一部なりとも奪うことはできない。なぜならば、〔資産の所有権を含む〕固有権《プロパティ》の保全こそが統治の目的であり、そのためにこそ人々は社会に入るのだから、国民が所有権をもつべきであるということは必然的に想定され、また要請されることであって、そうでなければ、彼らは、社会に入る目的であったものを社会に入ることによって失うことになると考えなければならず、そんなことは、誰であっても認めない著しく不合理なことであるからである。従って、人々は、社会において所有権をもつのだから、彼らは、共同体の法によって彼らのものとされた所有物に対する権利をもつのであり、従って、いかなる人間にも、本人自身の同意がなければ、その財産を、たとえその一部であれ奪う権利はない。それがなければ、彼らはおよそ所有権というものをもたないことになってしまうであろう。というのは、誰か他人が、私の同意に反して好むままに私から奪うことができる権利をもつものについては、私は真に所有権をもつとは言えないからである。それゆえ、政治的共同体の最高権力、すなわち立法権力が、その意志のままに振る舞うことができるとか、臣民の資産を恣意的に処分したり、その一部を好むままに奪ったりすることができるとかと考えるのは誤りなのである。こうしたことは、立法権力が、全面的であれ部分的であれ交替制から成る集合体のうちに置かれており、集合体が解散されれば、その成員も他の人々と同等にその国のコモン・ローに服する臣民となるような統治体については(6)、それほど心配するにはおよばない。しかし、立法権力が、常時存在するただ一つの永続的な集合体のうちにあったり、絶対君主政の場合のように一人の人間の手中にあったりする統治体については、やはり、彼らが同じ共同体に属する他の人々とは異なった利害をもつと考えたり、彼らが適当と思うものを人民から取り上げて自分自身の富や権力を増大させようとしたりする危険性があるのである。というのは、もしも、臣民を支配する者が、いかなる私人からでも、その所有物の一部を好むままに取り上げて、自分が適当と思うままにそれを利用したり処分したりする権力をもつとすれば、たとえ、その私人と他の臣民との間に所有権の限界を定める適切で衡平な法が存在するとしても、人々の所有権はおよそ安全とは言えないからである。

一三九　しかし、統治は、それがいかなる人の手中に置かれようと、前に示したように、人々が、その固有権《プロパティ》をもち、それを確保できるという条件の下に、またその目的のために信託されたものであるから、君主や議会は、たしかに臣民相互間の所有権の規制のために法を作る権力をもつことはできるとはいえ、臣民自身の同意なしに臣民の所有物の全部、あるいはその一部を勝手に取り上げる権力をもつことはできない。というのは、もしそんなことになれば、臣民の手には、事実上、所有権がまったく残されないことになるであろうからである。絶対権力が必要とされる場合でさえ、それは、絶対的であることによって恣意的であるというわけではなく、場合によっては、それが絶対的であることが求められる理由や諸目的によって制限され、制約されることを理解するためには、軍事規律の通例を見れば足りるであろう。軍隊を保全し、またそれによって全政治的共同体を保全するためには、すべての上官の命令に絶対的に服従することが必要であり、命令がいかに不合理で危険であっても、それに服さなかったり異議を唱えたりすれば、これはまさに死に値する。しかし、われわれが知っているように、軍曹は兵士に対して、敵の砲口に向かって前進することを命じたり、ほとんど確実に死ぬような前線の突破口に立つことを命令することはできるとはいえ、その兵士に持金のうちのたとえ一ペニーでもよこせと命じることはできない。また、将軍も、任務を放棄したり、ほとんど生還の見込みのない命令に従わなかったりした兵士を死刑に処することができるとはいえ、その生殺与奪の絶対権力をもってしても、いかなることをも命令することができ、いささかでも反抗すれば絞首刑にすることもできる兵士の資産のうちの一ファージング(7)も処分することはできないし、その財産の一片でさえ奪うことはできない。なぜなら、そうした盲目的な服従は、司令官が権力を与えられた目的である他の人々の保全ということのために必要なのであって、兵士の財産を処分することは、その目的には何の関係もないからである。

一四〇　統治が多額の賦課金なしに支えられないことは確かであり、また、それぞれ統治の保護の分け前を享受している人が、すべて、統治の維持のために自分の資産からその割り当て分を支払うのは当然である。しかし、その場合にも、やはり、彼自身の同意、すなわち、多数者の同意が、彼ら自身によって、あるいは彼らが選んだ代表者によって与えられなければならない。なぜならば、もし、誰かが、人民のそうした同意がないまま、自分自身の権威によって国民に税金を課したり、それを徴収したりする権力を主張するならば、彼は、それによって、所有権の基本法を侵害し、統治の目的を覆すことになるからである。他人が好きなときに権利によって奪うことができるものに対して、私はいかなる所有権をもつと言えるだろうか。

一四一　第四に、他のいかなる者の手に対しても、立法部は法を作る権力を移譲することはできない。というのは、それは、国民から委ねられた権力にすぎないのだから、それをもつ者は他人にそれを譲ることはできないからである。ただ国民だけが、立法部を設立し、それが誰の手に委ねられるべきかを指定することによって、政治的共同体の形態を定めることができる。そして、国民が、われわれは、〔自分たちが定めた〕そうした人々の手で、また、そうした形態において作られた規則に服し、そのように制定された法によって支配されることを望むと言ったときには、誰も、それ以外の人が国民のために法を作るべきだとは決して言えないのである。また、国民としても、彼らが選び、彼らのために法を作る権威を与えた人々によって制定された法以外のいかなる法によっても拘束されえない。立法部の権力が明示的で自発的な認可と制定とによって国民に由来するものである以上、それは、その明示的な認可が譲渡したもの以外のものではありえず、しかも、それは、ただ法を作るという権力であって、立法者を作る権力ではないのだから、立法部は、法を作る権威を移譲して、それを他の者の手中に置く権力をもつことはできないのである。

一四二　以上が、社会が寄せた信託と、神および自然の法とによって、統治の形態の如何を問わず、あらゆる政治的共同体の立法権力に課せられた制限である。

第一に、立法部は、公布され確立された法によって支配しなければならず、個々の場合に応じて異なった支配をしたり、金持ちと貧乏人と、宮廷の寵臣と鋤をとる農夫とに対して異なった支配を行ったりしてはならない。

第二に、それらの法は、究極的には、国民の善以外のいかなる目的のためにも立案されてはならない。

第三に、立法部は、国民が、自ら、あるいはその代表者によって同意を与えない限り、彼らの所有権に対して課税してはならない。そして、これは、立法部が恒常的に存在する場合の統治、あるいは、少なくとも、国民が、立法部の一部を彼らによって随時選ばれる代表者のために留保しておかなかったような統治についてのみ、特に関係のあることである。

第四に、立法部は、法を作る権力を他のいかなる者にも移譲してはならないし、また、移譲することもできない。すなわち、国民が定めた以外のどんな所にもそれを設置してはならず、また、設置することもできないのである。

(1) 原語は the public である。

(2) 具体的には、新教国イギリスの人民にナショナルな忠誠を超えた忠誠を求めるカトリックの超大国フランスの国王権力やローマ法王権力を指す。その背景に、イギリスのカトリック化を策謀するチャールズ二世に対する反発があったことは言うまでもない。

(3) 次章で詳述される執行権力や連合権力を指す。

(4) 原語は fortunes である。

(5) 原語は the people である。ここでの people は、王や貴族に対する平民(plebs)や、為政者に対する人民(populus)を指す伝統的な意味においてではなく、固有権《プロパティ》の保全を目的とする契約を結んで政治社会を構成する人間の集合体の意味で用いられている。その点に注目して、ここではそれを、自然状態にある人間から区別して、政治社会を構成する人間集団という意味で国民と訳した。

(6) ここでの統治体がイギリスのそれを意味していることは言うまでもない。

(7) 一ファージングは、四分の一ペニーに値するイギリスの最小限の青銅貨である。

第一二章　政治的共同体の立法権力、執行権力および連合権力について

一四三　立法権力とは、共同体とその成員とを保全するために政治的共同体の力がどのように用いられるべきかを方向づける権利をもつものである。しかし、その法は恒常的に執行されなければならず、その効力も常に持続しなければならないものであるとしても、法は短期間に作ることができるものであるから、立法部は常時存在すべき必要もなく、また常になすべき仕事をもつわけでもない。また、とかく権力を握りたがるという弱さをもつ人間にとって、法を作る権力をもつと同時にそれを執行する権力をももつことはきわめて大きな誘惑になるであろう。そして、そうなった場合、彼らは、自らが作った法に服従すべき義務から自分たちだけは逃れたり、法を作るときにも執行するときにも、それを彼ら自身の私的な利益に合致させたりすることによって、社会と統治との目的に反し、共同体の他の人々の利害とも異なる利害をもつようになってしまうであろう。そうであるからこそ、全体の善が本来そうであるべきであるように配慮されてい

るよく秩序づけられた政治的共同体においては[1]、立法権力は、適宜集合して、自分たちだけで、あるいは他の者と共同して法を作る権力をもちながら、ひとたび法を作ってしまえば再び解散し、自分たち自身も自らが作った法に服する多様な人々の手に委ねられているのである。こうしたあり方が、彼らにとって、新しく、また切実な拘束となって、公共の善のために法を作るべく心がけさせることになるであろう。

一四四　けれども、法が速やかに、また短期間のうちに作られるものだとしても、それは恒常的で永続的な効力をもつものであり、また、絶え間のない執行やそれへの留意が求められるものであるから、制定され、また効力をもち続けている法の執行に意を注ぐべき権力が常に存在することが必要となる。それゆえ、多くの場合、立法権力と執行権力とが分離されることになるのである。

一四五　どの政治的共同体にももう一つの権力があり、それは、すべての人間が社会に入るのに先立って生来的にもっていた権力に対応するので自然の権力と呼んでもよいものである。政治的共同体においては、その成員は、お互いに関する限り、それぞれ別個の人間であり、そうしたものとして社会の法に支配されているが、しかし、彼らは、人類の他の部分との関係においては一つの集団をなしており、それとは、各成員がかつてはそうであったように、なお自然状態のうちに置かれている。従って、その社会の誰かと、その社会の外にいる誰かとの間に紛争が生じれば、それは、公衆全体によって処理され、その集団の一員に加えられた侵害の報復には集団全体が当たらなければならない。それ(2)ゆえ、こうした点を考えると、共同体全体は、その共同体の外にある他のすべての国家や人間とは自然状態の関係にある一集団であるということになる。

一四六　従って、この権力には、当該の政治的共同体の外部にあるすべての人々や共同体に対して、戦争と和平、盟約と同盟、その他すべての交渉を行う権力が含まれるから、もしよければ、それを連合権力と呼んでもよいであろう。もっとも、私は、内容さえそのように理解されるならば、名称にはこだわらない。

一四七　執行権力と連合権力との二つの権力は実際には異なったものであって、一方は、社会のすべての部分に対して、社会の国内法を社会の内部で執行することを含み、他方は、恩恵あるいは損害を受けるかもしれない相手との関係で、公衆の安全と利益とを対外的に処理することを含むものであるが、しかし、両者はほとんどの場合、常に結びついている。そして、この連合権力が巧みに運営されるか否かは政治的共同体にとってきわめて重要な意味をもつとはいえ、しかし、それは、執行権力ほどには、既成の恒常的で実定的な法による規制を受けうるものではなく、むしろ、公共の善のために使用されるために、それを手にする者の思慮[3]と叡智[4]とに委ねられなければならない。というのは、臣民相互に関する法は、彼らの行動を規制するためのものであるので、当然、その行動に先立つべき十分な理由があるのに対して、外国人に関して行われるべきことは、彼らの行動、彼らの意図や利害の変化に大きく左右されるので、多くの場合、最善の技巧によって政治的共同体の利益のために用いられるように、その〔連合〕権力を任された人々の思慮に委ねられなければならないからである。

一四八　すでに述べたように、あらゆる共同体における執行権力と連合権力とは別個のものであるが、両者を分離して、別々の人々の手のうちに同時に置くことはほとんど不可能である。なぜならば、それらの行使のためにはいずれも社会の力を必要とするので、政治的共同体の実力を別々の、しかも従属関係のない人々の手に委ねること、すなわち、執行権力と連合権力とを別々に行動しうる人々の手のうちに委ね、それによって公衆の力を異なった命令下に置くことは、およそ実際的ではないからである。そんなことになれば、早晩、〔政治的共同体の〕無秩序と破滅とが引き起こされることになろう。

（1）　ロックの念頭にあるのは、言うまでもなくイギリスの立憲体制である。

（2）　原語は states である。これは、自分が理論構成した国家を一貫して人的共同体を指す commonwealth の名で呼び、絶対主義国家をイメージさせる state の使用を避けていたロックが、ホッブスやスピノザと同じように、国際関係に関する限り、それを、統治機構としての主権国家 state が対峙する自然状態と見なしていたことの反映であった。

（3）　原語は prudence である。

（4）　原語は wisdom である。

第一三章　政治的共同体の諸権力の従属関係について

一四九　自らの基礎の上に立ち、それ自身の本性にしたがって、つまり共同体の保全のために行動する、設立された政治的共同体においては、ただ一つの至高の権力しかありえない。それが立法権力であって、他の権力はすべてそれに従属し、また従属しなければならない。しかし、立法権力は、特定の目的のために行動する単なる信託権力にすぎないから、国民の手には、立法権力が与えられた信託に反して行動していると彼らが考える場合には、それを移転させたり変更したりする最高権力が残されている。なぜならば、ある目的を達成するために信託によって与えられたいかなる権力もその目的によって制約されるので、その目的があきらかに無視されたり、反対を受けたりするときはいつでも、その信託は必然的に失効せざるをえず、その結果、その権力は再びそれを与えた者の手に戻り、彼らは、それを、自分たちの安全と保障とのためにもっともふさわしいと思われるところへ改めて委ねることができるからである。こうして、共同体は、それが誰であれ、従って、たとえ立法者であっても、臣民の自由と所有物とを害するような企図をいだき、またそれを実行するほどの愚行あるいは邪悪さを示すときにはいつでも、彼らのそうした試みや企てから自分自身を防衛する最高権力を保持している。というのは、いかなる人間も、あるいはどのような人間社会も、自分たちの保存、従ってまたそれへの手段を、他者の絶対的な意志と恣意的な支配とに引き渡す権力をもたないので、誰かが彼らをそうした隷属的な状態に陥れようと企てるときはいつでも、彼らは、自ら手放す権力をもたないものを保全し、また彼らが社会に入った目的である自己保存という根本的で、神聖でかつ不変的な法を侵害する者の手から免れる権利をもつからである。こうして、その点に関する限り、共同体は常に最高の権力であると言ってよい。しかし、共同体が何らかの統治の下にあると考えられる場合にはそうではない。なぜなら、その国民の権力は、統治が解体するまでは発生しえないものであるからである[1]。

一五〇　統治が存続している間は、いかなる場合にも立法権力が最高の権力である。なぜなら、他の者に対して法を与えることができるものは、その者に優越していなければならないからである。そして、立法権力が社会の立法権力であるのは、それが、社会のすべての部分、社会のすべての成員のために法を作り、それらの行動に対する規則を制定し、その規則が破られる場合にはその規則を執行する権力を与える権利をもつことによってであるから、立法権力は最高権力でなければならず、社会のどの成員、どの部分に置かれたものであれ、他の権力はすべて立法権力に由来し、それに従属しなければならない。

一五一　政治的共同体によっては、立法部が常設的ではなく、また、執行権力がただ一人の人物の手に与えられ、この人物がまた立法部にも参与している場合がある。そうしたところでは、その人物が、ごく大まかな意味で至高〔の者〕であると言っても差しつかえないであろう。しかし、それは、彼が自分のうちに最高権力、つまり法を作る権力をもつということではない。それは、彼が自らのうちに最高の執行権力をもち、下位の行政官はすべて、それぞれの従属的な権力のすべて、あるいは少なくともその大部分を彼から受け取るからに他ならない。しかも、彼の同意なしにはいかなる法も作られず、また、同意によって彼が立法部の他の部分に服従するとも考えられないから、彼は、自分に優越する立法部をもたず、その意味で、彼は至高というにふさわしいのである。しかし、たとえ、恭順の誓いと忠誠とが彼に捧げられるにしても、それは、最高の立法者としての彼に対してではなく、他の者との共同の権力によって作られた法の最高の執行者としての彼に対してであることに注意しなければならない。恭順とは法に従って服従することに他ならないから、法を犯せば、彼には服従を要求する権利はない。つまり、彼が服従を要求しうるのは、法の権力を付与された公的人格としてだけであって、従って、彼は、法のうちに表明された社会の意志によって動かされる政治的共同体の表象、(2)化身(3)あるいは代表(4)と考えられなければならない。それゆえ、彼のもつ意志と権力とは、法の意志と権力とに他ならない。しかし、彼が、この代表性と公的な意志とを放棄し、自分自身の私的な意志に従って行動する場合には、彼は、自分の地位を下げ、服従を要求する権利をもつ権力も意志も欠く単なる一個の私人にすぎなくなってしまう。社会の成員は、社会の公的な意志に対してのみ服従の義務を負うからである。

一五二　執行権力が、立法部にも参与している個人以外のどこか別のところに置かれた場合、それが立法部に従属し、またそれに責任を負うことはあきらかであり、従って、立法部は、それを任意に交替させたり置き換えたりすることができる。それゆえ、それは、従属を免れるような最高の執行権力ではない。しかし、立法部にも参画する人間に最高の執行権力が付与された場合、その権力は、彼自身が加わって合意したことを超えて従属したり責任を負ったりすべき別個の優越した立法部をもたない。従って、彼は、自分が適当と考える以上には従属せず、その従属の程度はごくわずかであると結論してよいであろう。政治的共同体におけるその他の補助的で従属的な権力については、いちいち述べる必要はあるまい。それらは、それぞれの政治的共同体の慣習や統治体制が異なるのに応じて無限の多様性をもっているので、それらのすべてについて立ち入った説明を加えることは不可能であるからである。従って、それらについては、われわれの当面の目的に必要な次の点に留意しておけば十分であろう。すなわち、それは、それらのいずれもが、明示的な認可や委任によって委ねられたもの以上のいかなる権威をももたず、また、政治的共同体における他の何らかの権力に対して責任を負わなければならないということである。

一五三　立法部が恒常的に存在するということは必要ではなく、ときには不便でさえあろう。しかし、執行権力が常時存在することは絶対に必要である。なぜなら、新しい法を作る必要性は常にあるわけではないが、すでに作られた法を執行する必要性は常にあるからである。〔しかし〕立法部は、自分で作った法の執行を他の人々の手に委ねてしまった場合にも、正当な理由があれば彼らからそれを再び取り戻し、また、法に反する悪しき施政を処罰する権力を保持し続けている。同じことは、連合権力についても当てはまるであろう。連合権力も執行権力も、ともに、すでに示したように、設立された政治的共同体においては至高のものである立法権力に対しては補助的で従属的なものであるからである。また、この場合、立法部は複数の人々から構成されていると考えられるから(というのは、それが一人の人間から成るならば、それは常時存在せざるをえず、また、至高のものとして、立法権力とともに最高の執行権力をもつであろうからであるが)、それは、集合して法を作る権力を行使することになり、その時期は、立法部の最初の基本法か、その散会時かの定めによるが、それらのいずれのときにも時期が定められていない場合、あるいは、彼らを召集する方法が何も規定されていない場合には、立法部の随意とされる。なぜなら、最高権力は国民によって彼らのうちに置かれているのだから、それは常に彼らの手にあり、従って、彼らはそれを随時行使していいからである。もっとも、随意だからといって、彼らが最初の基本法によって一定の時期を定められていたり、彼らの最高権力の決議によって彼らが一定期間休会したりする場合は別であり、そうした場合には、時期が来て初めて、彼らは再び集合して決議する権利を手にすることになろう。

一五四　立法部あるいはその一部が一定の期間を限って国民から選ばれた代表から成り、その期間が過ぎれば代表者も普通の臣民の状態に戻り、新たに選出されなければ立法部には参与しない場合、それを選出する権力も国民によって行使されなければならないが、それが行使される時期は、予め定められた一定のときか、あるいは、国民が選出のために召集されたときかである。そして、後者の場合、立法部を呼び集める権力は通常は執行部のうちに置かれるが、その時期については次のうちのどちらか一つの場合に限定されるであろう。一つは、最初の基本法が一定の間隔を置いて国民の集合と決議とを求めている場合であって、このときには、執行権力は、適正な形式に従って選出と集合とのための指示を事務的に発するにすぎない。もう一つは、新たな選出による立法部の召集が執行権力のもち主の思慮に一任されている場合である。すなわち、公的な偶因や緊急事態によって旧来の法を改正したり、新しい法を作ったりすることが必要になったとき、あるいはまた、国民の上にのしかかったり、国民の脅威となったりする不都合を取り除いたり予防したりすることが必要になったときが、そうした場合に他ならない。

一五五　ここで、最初の基本法によってか、あるいは公的な緊急事態が発生したために、立法部が集合し議決することが必要になったときに、政治的共同体の実力を握っている執行権力が、その力を利用してそれを妨げたらどうなるのだろうかと問われるかもしれない。それに対して、私は、権威もなく、また、自分に寄せられている信託に背いて人民に実力を用いることは人民と戦争状態に入ることであり、その場合には、人民は立法部が彼らの権力を行使しうる元の地位に戻す権利をもつと言いたい。というのは、国民は、立法部を、定められた一定の時期に、または必要が生じたときに法を作る権力を行使させるという意図の下に設立したのだから、社会にとって必要なこと、あるいは、国民の安全と保全とが賭けられていることから何らかの力の妨害によって遠ざけられた場合には、彼らはそれを実力によって排除する権利をもつからである。どんな状態や条件においても、権威をもたない実力に対する真の救済策は、実力をもってそれに対抗することに他ならない。権威なき実力の行使は、それを用いる者を侵略者として常に戦争状態に置くことになり、彼はそれに応じた扱いを受けるべき責めを負わされるのである。

一五六　立法部を召集したり解散したりする権力が執行部のうちに置かれた場合にも、それは、執行部に立法部に対する優位性を与えるものではない。その権力は、不確実で変転きわまりない人間事象が固定的な規則では一律に律することができない場合に国民の安全を図るべく、執行権者に委ねられた信託物にすぎないからである。というのは、統治体の最初の形成者たちが、いかなる先見の明をもってしても、将来の出来事を完全に把握して、来たるべきすべての時期における政治的共同体の緊急事態に的確に対応する立法部の集会の再開時や会期を前もって正確に決定しておくことは不可能であったので、この欠陥に対する最善の救済策として見いだされたのが、その決定を、常時存在し、公共の善を見守ることを自分の職務としている人間の思慮に信託することであったからである。必要な事情もないのに、立法部が恒常的かつ頻繁に集合し、しかも、その集会が長く続くことは人民にとって重い負担にならざるをえないし、またそれは、いっそう危険な不都合をいずれ間違いなく引き起こすであろう。にもかかわらず、事態の急転回がときとして立法部の速やかな助力を必要とする場合もある。そうしたときに、立法部の召集が遅れれば、公共の危険を招くおそれがあろう。また、ときには、立法部の業務が多すぎて、限られた会期ではその仕事にあまりに短すぎ、公衆が立法部の慎重な熟慮からのみ得られる利益を奪われることもあるかもしれない。こういう場合、立法部の集会と活動とに一定の間隔と期間とが定められているために共同体がいずれ何らかの重大な危険にさらされるのを防ぐために、常に存在していて、公的なことがらがどんな状態にあるかに精通しているので、その大権を公共の善のために用いることができる人間の思慮にそれ〔すなわち、立法部を召集し解散する権力〕を信託するほかに、何か方法があるであろうか。また、〔公共の善という〕同じ目的のために法の執行を信託されている者の手以外に、それを置くことができる場所はあるであろうか。こうして、立法部の集合と開会との時日の規定が最初の基本法によって定められていなかったとすれば、その時日の指定が執行権者の手に委ねられるのは当然なのである。しかし、それは、彼の好悪に左右される恣意的な権力としてではなく、あくまでも、時々の出来事や事態の変化に応じて、公共の善のためにのみその権力を行使させるという信託を伴ったものとしてなのである。立法部の召集の時期が固定されている場合、立法部を召集する自由が君主に委ねられている場合、あるいは両者が混合している場合のいずれが付随する不都合がもっとも少ないかを究明することは、ここでの私の仕事ではない。私の仕事は、ただ、執行権力が、立法部の会議を召集したり解散したりする大権をもちうるとしても、それによって、執行権力が立法部に優位するのではないということを示すことにあるのである。

一五七　この世の事物は常に流転するので、長く同一の状態にとどまるものは何一つない。それゆえ、人々も富も交易も権力もその状態を変えて行き、繁栄を誇った強大な都市がやがては荒廃して、顧みられることもない荒れ果てた僻地になることもあり、他方で、それまでは訪れる人もなかった場所が、富と住民とに満ちた人口豊かな地域へと成長することがある。しかし、事物は必ずしも一様に変化して行くものではなく、また、慣習や特権が、正当な理由がなくなっても私的な利害に支えられて存続することも少なくないので、その立法部の一部が人民によって選ばれた代表者から成る統治においては、時間の経過とともに、この代表がきわめて不平等になり、それが最初に設立されたときの根拠とは一致しなくなる事態がしばしば生ずることになる。すでにその存在理由がなくなっているのに慣習を墨守することがどんなに甚だしい不合理に導くかについては、次の例を見れば十分に得心が行くであろう。すなわち、それは、町とは名ばかりであって残っているのは廃墟だけであり、住居といえば羊小屋が一つ、住民といえば羊飼いが一人くらいしか見いだせないような場所が、立法者たちの大集会へは、人口稠密で強力な富をもつ一つの州(7)全体と同じ数の代表者を送っていることである(8)。これを見れば、外国人は驚いて足をとめるであろうし、誰もが是正の必要性を認めるに違いない。しかし、たいていの人は、その是正策を見いだすのは困難であると考え、その理由を、立法部を構成することは社会の根源的で至高の決議であって、社会におけるすべての実定法に先立ち、全面的に国民に依存するから、下位の権力がそれを変更することはできないということに求める。そこから、国民は、今まで述べてきたような統治の場合、立法部がひとたび設立されれば、その統治が存続する限り決議する権力をもたないから、そうした不都合を是正することも不可能であると考えられることになる。

一五八　「人民の安寧こそ最高の法である(salus populi suprema lex)[9]」とは、たしかに正当で根本的な規則であるから、それに誠実に従う者が危険な誤りを犯すことはありえない。それゆえ、立法部を召集する権力をもつ執行権者が、代表に関して、現行の様式ではなく真の比率を守り、古い慣行にではなく正当な理由によりながら、それぞれ別個に代表されるべき権利をもつすべての地域について、いかに一体化しているとはいえ国民のいかなる部分も自分たちが公共に対して提供しうる援助に比例してしか要求しえない〔立法部の〕成員の数の調整を図ったとしても、それは、何も新しい立法部を設立したとは判断されず、むしろ、旧来の真の立法部を復活させ、時間の経過のなかで、気づかぬうちに、しかし不可避的にもちこまれてきた混乱を修正したものと判断されるであろう。なぜならば、公正で平等な代表をもつことは国民の意図であるとともに利益でもあるので、それにもっとも近い状態をもたらす者は誰であれ、疑いもなく統治の友であり、確立者であって、共同体の同意と是認とを受けるに違いないからである。大権とは、予測できない不確定な事態に振りまわされて、一定不変の法では確実に統御できないような場合に公共の善に備えるために君主の手中に置かれたものであるから、あきらかに人民の善のためになされ、また統治をその真の基礎の上に確立するためになされたことは、すべて正当な大権〔の行使〕であり、今後とも常にそうであろう。新しい自治体を作り、それとともに新しい代表者を立てる〔執行権者の〕権力には、一つの想定が伴っている。すなわち、それは、年月が経つにつれて、代表の尺度が変化して、以前には代表されるべき正当な権利をもたなかった場所がそれをもつようになることがあり、また、同じ理由から、ある地域が、以前にはもっていた〔代表されるべき〕権利を失い、そうした特権には値しないような取るに足らないものとなることがあるという想定に他ならない。おそらく腐敗や衰退から導かれた現状の変革は、統治の侵害にはならない。むしろ、人民に危害や圧迫を加え、一部または一党派の人々を擁立して他の人々との間に差別を設け、これに不平等な服従を強いている現在の傾向こそが、統治への侵害に当たる。正当かつ恒久的な基準に鑑みて、社会と国民一般とにとって利益になると認めざるをえないものは、何ごとであれ、ひとたび実行されれば、常に自ずから正当化されるであろう。また、国民が、統治の原初的な体制にふさわしい正当かつ明白に平等な基準にもとづいて自分たちの代表者を選出するならば、誰がそれを認可し、誰がそのように仕向けたにせよ、それは、疑いもなく、社会の意志であり、社会の行為なのである。

（1）この節に明白に示されているように、ロックにおける主権(supreme power)概念の特質は次の点にあった。すなわち、ロックは、まず、一つの政治的共同体の内部における権力関係に注目して、執行権力、連合権力に対する立法権力の優位性を強調し、議会主権を確認する。しかし、それには、立法権力が信託された目的である国民あるいは共同体の自己保存を保全するという条件が付されていた。信託に違反する立法権力は正統性を失い、従ってまた、主権性も要求しえないからである。そこに、ロックは、正統性を失った立法権力を新たなそれに組みかえる国民の権力を呼びだし、それに主権性を与えた。その意味で、ロックは、究極的には、あきらかに人民主権を容認する立場に立っていた。それが、社会契約による政治社会の形成を説き、立法権力を信託権力とみなしたロックの契約説から導かれる論理的帰結であったことは言うまでもない。

（2）原語は image である。

（3）原語は phantom である。

（4）原語は representative である。

（5）原語は subjects である。ロックがここで臣民という言葉を使ったのは、立法部を構成する代表者も代表としての地位を去れば法の支配の下に入るという点を強調するためであったと言ってよい。

（6）ここでの原語 the people は、政治社会を構成する国民としてよりも、執行権力に対抗する人間集団として用いられていることから人民と訳した。

（7）原語は county である。これは、中世以来のイングランドの行政区画であり、地方における統治の基本単位であった。

（8）言うまでもなく、これは、特に一六世紀以降の囲い込み運動や都市化の進展による人口移動によって生じたいわゆる腐敗選挙区(rotten borough)を指す。チャールズ二世に連なる議会内王党派が、少数の有力貴族の意向によって腐敗選挙区から選出されてくる議員を一つの勢力基盤にしていたのに対して、シャフツベリは、腐敗選挙区から議員選出権を奪う選挙制度改革のプログラムを掲げて対抗した。ロックが、腐敗選挙区の問題を正面から取りあげた政治的背景に他ならない。

（9）ロックが用いたこのラテン語の成句の用例は、遠くは、キケロの『法律について *De Legibus*』第三巻第三章八節における「人民の安寧が最高の法律でなければならない salus populi suprema lex esto」に見られ、また、ロックに近いところでは、一七世紀のイギリスの法律家クック(Sir Edward Coke)の『判例集 *The Reports*』第一三巻一三九における「人民の安寧が最高の法律である salus populi est suprema lex」に見られる。なお、この成句における salus は、日本語の安全、福祉、健全さ、健康、富といった多様な意味をもつ言葉であって、それを単一の日本語に訳すことは難しい。ここでは、そうした多様な意味をできるだけカバーするために、それに安寧という訳語を当てた。

第一四章　大権について

一五九　立法権力と執行権力とが（すべての穏健な君主政体やよく整えられた統治ではそうなっているように）別々の人の手中にあるところでは、いくつかのことがらを執行権力をもつ者の思慮に任せることが社会の善のために必要とされる。なぜならば、立法者たちが、共同体に役立つことのすべてを予見したり、法によってそれらに備えたりすることはできないので、その手中に権力をもつ法の執行者は、国内法が何の指示も与えていない多くの場合について、立法部がそれに対処するために適宜召集されるまでは、その権力を社会の善のために使用する権利を一般的な自然法によって与えられるからである。事実、法が予め備えることがどうしてもできないことは数多くあるのであって、それらは、必然的に執行権力を手にする者の思慮に委ねられ、公共の善と利益とが要求するところに従って彼の命令を受けなければならない。いや、場合によっては、法それ自体が執行権力に、というよりはむしろ、自然と統治との根本法に、すなわち、社会のすべての成員はできる限り保全されなければならないという法に譲歩するのが適当なことも少なくない。なぜならば、法の厳密かつ厳格な遵守がかえって害を与えるような出来事が起こるし（例えば、隣家が燃えているときに、延焼をくいとめるためであっても出火に責任のない者の家は取り壊さないといった場合がそうである）、また、人が、当然、報酬や赦免に値するような行為をしながらも、人を差別することのない法にふれてしまうといったこともときとしてあるので、支配者が、多くの場合において、法の厳格さをやわらげたり、ある種の犯罪者に赦免を与えたりする権力をもつことが適当であるからである。統治の目的は可能な限りすべての人を保全することにあるのだから、罪を犯した者であっても、罪のない人にとって何の侵害にもならないことがわかれば赦してやるべきなのである。

一六〇　法の規定によらず、ときにはそれに反してでも、公共の善のために思慮にもとづいて行動するこの権力が大権と呼ばれるものに他ならない。というのは、統治によっては、法を作る権力が常に存在しているわけではなく、また、通常はその任に当たる人の数が多すぎて行動がどうしても緩慢になるため、法の執行に必要とされる迅速な措置が取れず、また、公共性(1)に関係する偶発事や必要事をすべて予見し、法によってそれらに備えることは不可能であり、さらには、容赦のない厳しさをもって執行されても、あらゆる状況において、そして関係するあらゆる人に何の害ももたらさないような法を作ることはできないために、法が規定しておらず、任意の選択に委ねられる多くのことをなす自由が執行権力の手に残されることになるからである。

一六一　この権力は、共同体の利益のために、そして、統治への信託とその目的とにふさわしく用いられる限り、疑いもなく大権であり、これに疑問をさしはさむ余地はない。というのは、人民が、その点に関してこまかく詮索したり細心になったりすることはほとんど、あるいはまったくと言っていいほどないからである。すなわち、人民は、大権が、意図されたその本来の用途である人民の善のために許容可能な程度において用いられ、それにあきらかに背反しない限り、それをあれこれ詮索することはないのである。しかし、大権〔に属するもの〕として要求されたことがらについて執行権力と人民との間に疑問が生じたときに、それに容易に決定を下すのは、そうした大権の行使が人民の善になるか害になるかのどちらの傾向をもつかということになるであろう。

一六二　容易に想像がつくように、統治がまだ揺籃期にある頃には、政治的共同体はその成員の数の点で家族とほとんど異ならなかっただけではなく、法の数の点でも両者の間にあまり違いはなかった。[2] そして、当時は、統治者は人民の父として存在し、彼らの善のために彼らを見守っていたから、統治はほとんどすべてが大権〔によるもの〕であった。そこでは、少数の確立された法で十分間にあったし、支配者の裁量と配慮とがその足らないところを補ってもいたのである。しかし、愚かな君主が現れるとともに誤解と追従とがはびこるようになり、その権力が公共の善のためではなく君主の私的な目的のために利用されるようになったとき、人民は、大権から不利益を被るような点については、明示的な法によって大権を限定したいと考えるようになった。このようにして、人民は、かつて彼らや彼らの祖先たちが、大権を人民の善のためにのみ正しく用いていた君主についてはその叡智に最大限の裁量の自由を与えていたような場合に関しても、大権に公然たる制限を課することが必要であると考えるようになったのである。

一六三　それゆえ、人民が大権のいずれかの部分を実定法によって限定した場合には人民は大権を侵害したことになると言う人々は、統治に関する大変に誤った観念をもっているということになろう。というのは、そうすることによって、人民は、権利によって君主に属するものを何ひとつ剝奪したことにはならず、ただ、彼らが自分たちの善のために用いられるべく君主またはその祖先たちの手に無限定に委ねた権力も、その目的以外に使用されると本来意図されたものとは違ったものになるということを宣言したにすぎないからである。つまり、統治の目的は共同社会の善にあるのだから、その目的に向かって統治の内部でなされる変更は、誰に対する侵害にもなりえない。なぜなら、統治に当たる何人であっても、それ以外の目的に向かう権利をもつことはできないからである。公共の善を害したり、それを妨げたりすることだけが侵害なのである。これと意見を異にする者は、まるで君主が共同体の善とは異なった別の利害をもち、共同社会の善のために作られたのではないかのように言うが、こうした意見こそ、君主政統治のなかで生じるほとんどすべての害悪と無秩序との原因であり、源泉なのである。もし、そうした意見が正しいのであれば、君主の統治の下にある人民は、相互の善のために共同社会に加わった理性的被造物の社会的団体ではなくなってしまうであろう。つまり、彼らは、そうした善を守り、それを促進するために自分たちの上に支配者を戴いた存在ではなく、自分自身の快楽と利益とのために彼らを管理し、働かせる一人の主人の統治権の下にある下等な被造物の群れにすぎなくなってしまうのである。もし、人間が、こうした条件で社会に入るほどに理性を欠く動物のような存在であるとすれば、大権は、それこそ一部の人々が望んでいるように、人民に対して有害なことをなす恣意的な権力ということになるであろう。

一六四　しかし、理性的な被造物が、自由なときに、（たとえ、善良で賢明な君主がいる場合に、万事にわたって彼の権力に厳格な制限を課することは必要でもなく、有益でもないとおそらく考えることはあっても）自分自身に害をもたらすために他人に従属するとは考えられないから、大権とは、法が沈黙している場合に、また、ときには法の文言そのものには反することになっても、支配者が、公共の善のために自らの自由選択にもとづいてさまざまなことを行うのを人民が容認し、それらがなされた場合にはそれに黙従するということに他ならない。というのは、善良な君主は、自分の手中に置かれた信託に注意し、人民の善に心を配るので、善をなす権力である大権を多くもちすぎるということはありえないからである。他方、愚かで邪悪な君主は、彼の先祖たちが法の規定なしに行使したこの権力を、職務上の権利によって自分に帰属し、公共の利益とは異なった利益を作りだしたり助長したりするために勝手に使ってもよい大権として主張する。それがきっかけとなって、大権が自分たちの善のために用いられていた間は満足してそれを黙許していた人民も、自らの権利を主張し、君主の権力を制限しようとするようになるのである。

一六五　それゆえ、イングランドの歴史を調べる者なら気づくように、大権は、もっとも賢明で最良の君主の手中にあるときに常にもっとも大きかった。なぜならば、人民は、そうした君主の行動が全体として公共の善に向けられているのを観察していたので、その目的のために行われたことについては、たとえそれが法なしに行われたとしても、異議を唱えなかったからである。また、人間的な弱さや誤りから(というのは、君主とても人間であって、他の人間と同様に創造されているのだから)、いささかその目的から外れることが顕在化することがあったとしても、君主の行為が主として公共への配慮以外には向けられていなかったことはあきらかであった。それゆえ、人民は、こうした君主が法なしに、あるいは法の文言に反して行動したときであっても彼に満足する理由を見いだして、彼がなすことに黙従し、少しも不平を言わずに君主が思いのままにその大権を拡大することを許したのである。それは、彼らが、君主は、あらゆる法の基礎と目的、すなわち、公共の善に合致した行動をとる限り、法を犯すようなことは何もしないだろうと正しく判断したからであった。

一六六　絶対君主政は神がそれをもって宇宙を支配するものだから最善の統治であるという議論によれば、そうした神の如き君主は、恣意的な権力への何らかの権原をもっているということになろう。なぜなら、そうした王は、神の叡智と善性とを分かち与えられていることになるからである。善良な君主の支配は人民の自由にとって常に最大の危険であったと言われるのは、このことにもとづいている。なぜならば、こうした君主の後継者たちが異なった考え方をもって統治を行いながら、こうした善良な君主の行為を先例とし、それを大権の基準とみなすことで、かつては人民の善のためにのみなされたことが、そうした後継者たちにおいては、まるで思いのままに人民に害を加える権利であるかのようになってしまったとき、それがきっかけとなってしばしば争いが起こり、ときには公的社会の無秩序が生じるからであって、それは、人民が、再び本来の権利を回復し、実際に大権ではなかったものについて、それは大権ではないと宣言できるようになるまで続くのである。というのは、社会のなかの誰であれ、人民に害を加える権利をもちえないからである。にもかかわらず、人民が、公共の善という制限を逸脱しない王や支配者の大権に制約を課さないことは十分に可能でもあり、合理的なことでもあろう。大権とは、法規によることなしに公共の善を行う権力に他ならないからである。

一六七　イングランドにおいては、一定の日時、場所、会期を定めて議会を召集する権力はたしかに国王の大権に属するが、しかし、それには、なお、その大権が、そのときどきの緊急事態やさまざまな機会の必要に応じて国民[3]の善のために用いられるべきであるという信託が伴っている。なぜなら、議会が集まる場所としていつもどこが最適であり、その期日はいつが最善であるかを予見することは不可能なので、それらの選択は、公共の善にもっとも役立ち、議会の目的にもっとも適うようにと執行権力に委ねられているからである。

一六八　この大権の問題についても、どのような場合にその権力が正しく用いられたと言えるのかを裁決する者は誰かという旧来からの疑問が提起されるであろう[4]。それに対して、私は、そうした大権をもつ現存の執行権力と、その召集に関しては執行権力の意志に依存する立法権力との間には地上の裁判官はありえないと答えよう。それは、ちょうど、執行権者、あるいは立法部が、その手中に権力を掌握して、人民を奴隷化したり破滅させたりすることを企図したり、それに着手したりする場合には立法部と人民との間に裁判官がありえないのと同じである。この場合、人民は、地上に裁判官がいないその他すべての場合と同様に、天に訴える以外に救済策をもたない。というのは、支配者たちがそうした企てをする場合、彼らは、(自分たちを傷つけるために誰かが支配すべきであるなどということに同意するとは断じて考えられない)人民が〔それゆえに〕決してその手に委ねなかった権力を行使しているのであって、自分に行う権利のないことを行っていることになるからである。従って、人民全体としても、あるいは個人としても(5)、権利を奪われ、権利なき権力の行使下に置かれながら、しかも、地上には訴えるところがない場合、彼らは、十分に重大な根拠があると判断するときにはいつでも天に訴える自由をもつ。それゆえ、人民は、たしかに、社会の基本法によって、そうした場合に裁決を行い、有効な判決を下す優越した権力を与えられた裁判官にはなれないとしても、人間のあらゆる実定法に先立ち、それに優先する法によって、全人類に帰属するあの究極的な決定権、すなわち、地上に訴えるところがない場合に天に訴えるべき正当な根拠があるかどうかを判断する権利を自らのうちに留保しているのである。人民は、この判定権を放棄することはできない。なぜなら、他人に従属して自分を破壊する自由を与えるなどということは、人間のなしうることではないからである。つまり、神と自然とは、人間が自分自身を放棄し、自らの保存を怠るのを許してはいないのである。また、人間は、自分自身の生命を奪うことはできないのだから、ましてや、他人に自分の生命を奪う権力を与えることなどできるわけがない。しかし、誰であっても、その〔ように人民が天に訴える〕ことが絶えざる無秩序の根拠となるなどと考えてはならない。なぜなら、そうしたことは、不都合が、大多数の人々がそれを感じ、それにうんざりして、その是正の必要性を覚えるほどに大きくなるまではまず起こらないからである。しかし、執行権力、あるいは賢明な君主の場合には、そのような危険を犯す必要性は決して生じない。それは、すべてのことがらのなかでもっとも危険なものとして、彼らが何よりも避けなければならないことであるからである。

(1) 原語は the publick である。
(2) こうした表現に、ロックにおける家父長権論的要素を認めることは必ずしも誤りではない。しかし、それは、構成員の数と法との少なさについて政治的共同体と家族とを類比する文脈のなかで導かれたものであって、君主権力の神与の絶対性を弁証するフィルマーの家父長権論とはまったく異質のものであったことに注意しなければならない。
(3) 原語は nation である。
(4) 後篇で幾度となく問われてきたこの問題は、ロックが抵抗権を論じる最終章で再び問われることになる。
(5) 天に訴える自由を最終的には個人に認めるこの視点は、ロックが各人に自己保存への自然権を与えたことからの当然の帰結であった。

第一五章　父親の権力、政治権力および専制権力について[1]

——総括的考察

一六九　これらの権力については、これまでにも個別的に論じる機会があったが、相互に異なるこれらの権力を混同することから、このところ統治に関する大きな誤謬が生じているように思われるので[2]、ここで、それらについて総括的に考察しておくことはおそらく不適当ではあるまい。

一七〇　まず、第一に、父親の権力あるいは親の権力とは、子供たちの善のために両親が子供たちを支配する権力に他ならない。そして、それは、子供たちが理性を用いるようになるまで、すなわち、子供たちが、自然法であれ自国の国内法であれ、自らを律する規範を理解することができると考えられる知的な状態に達するまで持続する。ここで私が規範を知ることができると言うのは、その法の下で自由人として生きている他のさまざまな人々と同じようにということに他ならない。神が両親の胸のうちに植えつけた子供たちに対する愛情と優しさとから言って、その権力が苛酷で恣意的な統治のために意図されたものではなく、あくまでも、両親が儲けた者たちに対する扶助、教導(3)、保全のためのものであることはあきらかである。その点はともかくとして、すでに立証したように、この権力が、子供たちに対しては、他人に対する以上にその生と死とにまで常に及ぶものだと考えるべき理由は何もない。同じく、この両親の権力は、子供が、両親から生命と教育とを受けたことに対し生涯を通じて父と母との双方に尊敬と敬意とを払い、感謝し、援助と支援とを行うという義務を超えて、成人に達した後も子供を両親の意志に服従せしめるべきだとする理由もありえないのである。このように、確かに父親の権力は自然の統治権ではあるとしても、それが政治的統治の目的や支配権にまで及ぶことはまったくない。父親の権力は子供の固有権《プロパティ》にまでは決して及ばず、それは子供自身が処分できるものなのである(4)。

一七一　第二に、政治権力とは、誰もが自然状態でもっていた権力を社会の手に引き渡し、その社会のなかでは、社会が、自らの上に設立した統治者に対して、社会の成員の善と固有権《プロパティ》の保全とに用いられるようにという明示的あるいは黙示的な信託を付して引き渡したものに他ならない。さて、各人が自然状態においてもっており、社会が彼の安全を保護しうる場合にはいつでも社会へと委ねられるこの権力とは、彼自身の固有権《プロパティ》を保全するために、自ら適当と考え自然もまた容認してくれるような手段を用いる権力であり、更に、他人が自然法を犯した場合には、(理性の最善をつくして)彼自身と人類の他の部分との保全にもっとも資するものとなるようにその他人を処罰する権力である。従って、この権力の目的と基準とは、自然状態において各人がそれをもっている場合には共同社会の全員、つまり人類一般を保全することにあるのだから、それが為政者の手にあるときでも、それは、その社会の成員の生命、自由、所有物を保全すること以外の目的や基準をもちえない。それゆえ、その権力は、可能な限り保全されなければならない生命や財産に対する絶対的で恣意的な権力とはなりえないのである。そうしたものではなく、その権力は、法を作る権力であり、また、その法に対して、全体の保全に役立つように、そして、健全で健康な部分を脅かす腐敗した部分を、しかもその部分だけを切り離すために刑罰を付与する権力に他ならない。このように、腐敗した部分だけを切り離すということがなければ、刑罰の峻厳さは合法的とはならない。そして、その権力の起源は、ただ契約と合意、つまり共同体を形成する人々の相互の同意にのみ求められるのである。

一七二　第三に、専制権力とは、一人の人間が他人に対してもち、好むがままにいつでも他人の生命を奪うことができる絶対的で恣意的な権力のことである。これは、自然が与えたものではない。自然は、一人の人間とそれ以外の人間との間にそうした差異を設けてはいないからである。また、それは、契約によって譲渡できる権力でもない。なぜならば、人は自分の生命に対してもそうした恣意的な権力をもってはいないのだから、ましてや他人に自分の生命を支配する権力を与えることなどはできないからである。それは、ただ、攻撃をしかけ、他人との戦争状態に身を投じた者が自分自身の生命の権利を喪失したことの帰結としてのみ生ずるものに他ならない。そうした者は、神が人間と人間との間の規則として、また、人類がそれによって一つの団体や社会へと結合するための共通の絆として与えた理性を捨てたのであり、また、理性が教える平和の道を放棄して、何の権利もないのに戦争という暴力を用いて他人に対する不正な目的を達成しようと企てたのである。それゆえ、こうした者は、獣のように暴力を権利の掟とすることによって人類から獣類へと転じたのだから、彼らは、人類とは社会も安全も共有することができない野獣あるいは有害な獣*と同じように、被害者や被害者に加担して正義を行おうとする他の人々によって殺されても仕方のない立場に身を置いたと言わなければならない。こうして、正当で合法的な戦争によって捕らえられた捕虜やそのような者だけが専制権力に隷従する。しかも、この専制権力は契約からは生じえないものであって、それが生じうるのはただ戦争状態の継続のみからである。というのは、自分自身の生命の主人公ではない人間といかなる契約を結ぶことができ、また、そうした人間にどのような契約条件が履行できるかは疑問であるからである。しかし、そうした人間がひとたび自分自身の生命の主人公であることが許されれば、彼の主の専制的で恣意的な権力も終わることになる。しかも、自分自身と自分自身の生命との主人公である者は、それを保全する手段に対してもまた権利をもつから、契約が成立すればただちに隷属状態も終焉し、捕虜と契約条件を取り交わす者は、その限りで自分の絶対権力を放棄し、戦争状態に終止符を打つことになる。

＊　ロック氏によって訂正された他の写本(5)では、この部分は「彼ら人類の存続にとって破壊的な有害な獣」とされている。

一七三　以上のうちの第一のもの、すなわち父親の権力は、子供たちが未成年の間、その固有権《プロパティ》を処理する能力や知性が欠けているのを補って彼らの便益を図るために、自然が両親に対して与えるものである(ここでも、また、他の場所でも、私がプロパティと言う場合、それは人が財貨だけではなく、身体に対してももっている固有権《プロパティ》と理解してもらわなければならない(6)。自発的な合意が第二のもの、すなわち政治権力を統治者に与える。その目的は、臣民の利益のために、彼らの固有権《プロパティ》の所有と利用とを保証することに他ならない。そして、権利の喪失が第三の権力である専制権力を主人に与えるが、その目的は、主人がその権力をあらゆる固有権《プロパティ》を奪われた人々の上に行使して、自分自身の便益を図ることにある。

一七四　以上の三権力それぞれの起源、範囲、目的の相違を考察する人は、次のことを明確に理解するであろう。すなわち、それは、父親の権力は為政者の〔政治〕権力には及ばず、また、専制権力は為政者の権力を超えていること、そして、絶対的な統治権は、たとえどこに置かれても、政治社会とはまったく異質のものであり、ちょうど奴隷状態と固有権《プロパティ》とが両立しないのと同じように、政治社会とは両立しないものであることに他ならない。つまり、父親の権力は、未成年のために子供が自分の固有権《プロパティ》を処理できない場合にのみ存在し、政治権力は、人々が自分自身で処分できる固有権《プロパティ》をもつ場合に、そして、専制権力は、まったく固有権《プロパティ》をもたない人々に対して存在するのである。

（1）原語は despotical power である。この despotical という言葉は、もともとは、古典古代において奴隷所有者 despotes が奴隷 doulos に対してもっていた絶対的な権力に由来するが、絶対王政下のフランスにおいて、主人と奴隷との権力関係から自由な新語として、王国の基本法を守らない絶対権力の支配を意味する despotisme が登場して以降は、despotical power も、古典古代の含意をほぼ失って、法に拘束されない絶対的で恣意的な権力を意味するようになった。こうした近代的な政治用語としての despotical power は、権力を簒奪した僭主 tyrannos の支配 tyrannis を意味した古典古代の用法に代わって、ほぼ一六世紀以降、法を守らない君主の絶対的で恣意的な支配一般を指す政治概念として定着し、専制と邦訳されることが多い tyranny に重なることになったといってよい。しかし、ロックの場合、問題はそれほど単純ではなかった。ロックは、後篇第一八章にみられるように、法や権利を逸脱する恣意的な権力の問題を、もっぱら、統治権力が固有権《プロパティ》の保全という信託された目的を超えて権力を行使する tyranny の問題として論じており、despotical power は、「正当で合法的な戦争」の勝者とそれに隷属する捕虜との間に成り立つものに限定しているからである。これについては、以下の二点に注意すべきであろう。第一点は、ロックが、第一八章の註(1)で述べるように、tyranny については、簒奪 usurpation と暴政 tyranny とを切り離すことによってその古典古代的意味を払拭しながら、despotical power については、アリストテレスの影響もあって主人と奴隷との権力関係という古典古代の用法を引きずっていたことである。第二点は、その結果、ロックにおいては、despotical power と tyranny との間に次のようなニュアンスが生じたことに他ならない。前者が、固有権《プロパティ》の主体間に成り立つ政治権力には決してなりえないという意味で非政治的権力であるのに対して、後者は固有権《プロパティ》の主体間を規制する統治権力に生じうる政治現象であったことがそれである。

（2）もとより、ロックの念頭にあるのは、家父長としての父親の権力と、人間の生殺与奪に関わる政治権力および専制権力とを区別しなかったフィルマーに他ならない。

（3）原語は instruction である。

（4）子供の固有権《プロパティ》については、後篇六五節を参照。

（5）ここで言う「他の写本」が何を指すかについては訳者解説を参照されたい。そこには、『統治二論』のテキスト問題に関連するいささか複雑な事情がはらまれているからである。

（6）ロック自身による固有権《プロパティ》のこうした規定を示す「他の場所」とは後篇二七節および八七節である。なお、ロックの固有権《プロパティ》概念については、前篇第四章に付した註（3）および訳者解説を参照されたい。

第一六章　征服について

一七五　統治は、本来、先述したような形でのみ発生しうるものであり、政治体も、人民の同意にのみ基礎を置くものであるにもかかわらず、野心によって世界に無秩序が充満した結果、人類の歴史の大きな部分を占める戦争の騒音にかき消されて、その同意ということにはほとんど注意が向けられていない。そのために、多くの人が、武器の暴力を人民の同意と取り違え、征服を統治の起源の一つに数え上げている。しかし、征服と統治を設立することとはおよそかけ離れたことであって、それは、家を取り壊すことが、その場所に新しい家を建てることとは違うのと同じである。確かに、征服が、古い政治的共同体を解体することによって新しい政治的共同体の構築に道を開くことも少なくない。しかし、その場合にも、人民の同意がなければ新しい政治的共同体を樹立することはできないのである。

一七六　他者との戦争状態に身を置き、他者の権利を不当に侵害する侵略者が、そうした不当な戦争によって被征服者に対する権利を手に入れることは決してできない。このことには、強盗や海賊は暴力によって屈服させた人々に対して支配する権利をもつか、人は不法な暴力によって強制された約束でも守る義務を負うとかと考えない人々は、誰であっても同意するであろう。例えば、私の家に押し入ってきた強盗が、短刀を私の喉に突きつけて私の資産を彼に引き渡すという証書に押印させたとしても、それは強盗に何らかの権原を与えることになるであろうか。力ずくで私を従属させる不正な征服者が剣によって手にする権原とは、まさにそのようなものなのである。侵害と犯罪とは、王冠を戴く者によってなされようと、どこかのけちな悪党によってなされようと、そこに何らの差異もない。犯罪者がいかに高い肩書きをもっていても、またどんなに多くの臣下を抱えているにしても、そうした事情がむしろ罪を重くすることはあっても、犯罪そのものに変わりはない。ただ一つの差異は、〔王冠を戴く〕大泥棒が小泥棒を罰してこれを服従させることに求められよう。しかも、その大泥棒は、月桂冠と凱旋式とで報いられる。なぜならば、大泥棒は、この世における正義の弱々しい手にとってはあまりにも強大であるだけではなく、犯罪者を処罰すべき権力を手中にしているからである。

　では、私の家に押し入ってきた強盗に対する救済策は、何に求められるのであろうか。それは、正義を求めて法に訴えることである。しかし、おそらく正義は拒まれるであろう。私は損傷を受けて動くこともできず、また、強奪されて法に訴えるための資力をもたないからである。このように、もし神が救済のあらゆる手段を取りあげてしまったら、ただ忍従する以外に方法はない。しかし、私の息子が、いずれそうすることができるようになったときに、私には拒まれた法の救済を求めてくれるかもしれないし、彼、あるいはその息子が、権利を回復するまで訴えを繰りかえすかもしれない。しかし、被征服者、あるいはその子供たちには、訴えるべき地上の法廷も仲裁者もいないのである。そうなると、彼らは、エフタがしたように天に訴え(1)、その祖先たちがもっていた生まれながらの権利、すなわち、多数者が承認し、かつ自発的に黙従する立法部を自分たちの上にもつという権利を回復するまで、その訴えを続けるであろう。それでは際限のない紛争が引きおこされることになろうという反論がなされるなら、私は、裁判に訴える道がすべての人間に開かれている限り裁判が際限のない紛争を引きおこすことがないのと同じように、決してそうはならないと答えよう。正当な理由もなく隣人に迷惑をかけた者は、その隣人が訴えた法廷の裁判によって処罰される。そして、天に訴える者は、自分の側にこそ正義があり、また、訴える労苦や犠牲に値するだけの権利があることを確信してそうするに相違ない。それは、彼らが、神は、人間の欺きえない法廷で訴えに応え、それぞれの人間が、同胞臣民に、すなわち人類のうちのどの部分かに加えた危害に応じて間違いなく報復を下すであろうと信じているからに他ならない。以上のことから、不正な戦争によって征服を行う者が、それによって被征服者の従属と服従とを求めるいかなる権原をも手にすることはできないことはあきらかであろう。

一七七　しかし、次に、勝利の女神は正義の側に味方すると仮定した上で、合法的な戦争における征服者について考察(2)し、彼がどのような権力を誰に対して獲得するかを見てみよう。

第一に、彼が、その征服によって、彼とともに征服を行った者に対するいかなる権力をも獲得しないことはあきらかである。彼の側に立って戦った者たちがその征服によって害を受けることはありえないことであって、少なくとも、彼らは以前と同じように自由人でなければならない。そして、たいていの場合、彼らは、征服の剣に伴う戦利品その他の利益を統率者と分け合い、その一部を享受するとか、あるいは少なくとも、征服した国の一部を与えられるとかといった約束や条件の下に従軍しているのである。また、希望を込めて言えば、征服に加わる人々が、征服によって必ず奴隷になったり、統率者の勝利の犠牲であることを示すためだけに月桂冠を頭に戴いたりするということはないであろう。絶対王政の基礎を剣の権原に求めようとする人々は、そうした王政の創設者である彼らの英雄たちを悪名高いドローキャンサー(3)にしてしまって、そうした英雄たちも、勝利した戦いを彼らの側に立って戦い、また、征服を援助し、屈服させた国々の領有に参加した士官や兵士をもっていたことを忘れている。ある人々は、イングランドの王政はノルマン人の征服に基礎を置くものであり、われわれの君主たちはそれによって絶対的な統治権への権原を得たと言っている。(歴史はそうではないことを示しているように見えるのだが)仮にこのことが正しいにしても、そして、ウィリアム(4)がこの島に戦争をしかける権利をたとえもっていたとしても、征服による彼の統治権は、当時この国に住んでいたサクソン人やブリテン人以外には及びえなかったであろう。ウィリアムとともにやってきて征服を助けたノルマン人やその子孫たちは、すべて自由人であって、たとえ征服からどのような統治権が生じたとしても、征服による臣民ではない。したがって、私なり、誰か他の人なりが、自由をノルマン人に由来するものとして主張した場合、そうではないことを立証するのはきわめて困難である。また、法(5)は、ノルマン人とサクソン人やブリテン人との間に何の区別も設けていないのだから、その法が、彼らにおける自由あるいは特権に何らかの相違を設ける意図をもたなかったことはあきらかであろう。

一七八　しかし、そうしたことはめったに生じないことではあるが、征服者と被征服者とが同一の法と自由との下にある一つの人民へと一体化しない場合を仮定した上で、次に、合法的な征服者が征服された者に対してどのような権力をもつかについて見てみよう。それは、純粋に専制的な権力であると私は言いたい。すなわち、征服者は、不正な戦争によって生命への権利を喪失した者の生命に対する絶対的な権力をもつ。しかし、その絶対的な権力も、戦争に参加しなかった人々の生命や資産に、また、実際に戦争に参加した者の所有物に及ぶものではないのである。

一七九　第二に私が言いたいのは、征服者が権力を獲得するのは、彼に敵対して行使された不正な暴力を現に支援し、協力し、同意を与えた者に対してのみであるということである。なぜならば、人民は、統治者に対して、不正な戦争をしかけるような不正事を行ういかなる権力も与えていないので(というのは、彼らは自分でもそうした権力をもっていなかったからなのだが)、彼らは、不正の戦争において行われた暴力や不正義については、実際にそれをけしかけた程度以上には罪を課されるべきではないからである。それは、ちょうど、統治者が人民自身に対して、あるいは彼らの同胞臣民のいずれかの部分に対して暴力や抑圧を加えた場合に、人民がそれについて罪があると考えられてはならないのと同様である。人民は、統治者に対して、不正な戦争をしかけたり、人民に暴力や抑圧を加えたりする権力を与えてはいないからである。征服者が不正な戦争に加わった者と加わらなかった者とを区別するような労をほとんど取らず、戦争の混乱に乗じて誰も彼も一緒にしてしまおうとすることは確かであろう。しかし、だからと言って、これが征服者の権利を変えることにはならない。なぜならば、被征服者の生命に対する征服者の権力は、被征服者が不正を行ったり、不正を続けたりするために暴力を用いたという理由にのみもとづいているので、征服者は、その暴力に協力した者に対してのみ権力をもちうるのであって、その他のすべての者は罪を負わないからである。征服者は、征服した国の人民で、彼には何も危害を加えず、従って、生命への権利を喪失していない人々に対しては、危害をもたらしたり挑発したりすることなく、彼と友好的な関係で過ごしてきた人々に対するのと同様、いかなる権原をももたない。

一八〇　第三に、征服者が、正当な戦争において打ち負かした者に対して獲得する権力は完全に専制的である。つまり、彼は、戦争状態に身を置くことによって生命への権利を放棄した人々の生命に対して絶対的な権力をもつ。しかし、征服者は、それによって、そうした人々の所有物に対する権利と権原とをもつわけではない。これは、世界の慣行とは大変に反するという点で、間違いなく、一見、奇妙な教説に見えるであろう。国々の領土については、征服が、あたかもそれ以外の骨折りなしに所有の権利まで譲渡したかのように、誰それがそれを征服したと語られることがごく普通であるからである。けれども、強者や有力者の慣行は、たとえそれがいかに普遍的に行われているものであり、また、征服者の剣によってあてがわれた条件に異を唱えないことが被征服者の服従の一部をなすものであるとしても、ほとんど権利の基準となるものではないことを考えるとき、私の教説はさほど奇妙ではないであろう。

一八一　いかなる戦争においても、暴力が損害と結びついているのが普通であり、侵略者が戦争をしかけた相手の身体に対して暴力を行使すれば、相手の資産にも害を与えることがほとんどであるが、しかし、人を戦争状態に置くのは暴力の使用だけである。なぜならば、暴力によって侵害を始めるにせよ、あるいは、ひそかに、また欺くことによって侵害を行いながら、賠償を拒否し、暴力によってそれを押し通そうとするにせよ（これは最初から暴力を用いたのと同じことである）、戦争を引きおこすのは暴力の不正な使用に他ならないからである。私の家をこじあけ、暴力的に私を戸外に追い出すのも、おとなしく入ってから暴力によって私を締め出すのも、実際にやっていることに変わりはない。もっとも、これは、私が訴えることができ、私も相手もともに服従を義務づけられる共通の裁判官が地上には存在しない状態にわれわれがあるものと仮定した場合のことである。なぜなら、私が語っているのはそうした状態についてであるからである。このように、人間を他人との戦争状態に置くのは暴力の不正な使用であり、それによって、そうした罪を犯した者は自らの生命への権利を喪失することになろう。なぜならば、そうした者は、人間と人間との間に与えられた規則である理性を放棄し、獣のやり方である暴力を用いたのだから、彼が暴力を用いた相手によって、生存を脅かす飢えた野獣と同じように殺されて然るべきだからである。

一八二　しかし、父親の誤りは子供たちの罪ではなく、また、父親がたとえ獣的で不正な性情のもち主であっても、子供たちは理性的で温和であるということはありうることである。それゆえ、父親は、自らの誤りと暴力とによって自分自身の生命への権利を喪失することはあっても、子供たちを自分の罪や破滅に巻き込むことはできない。全人類を可能な限り保全することを欲する自然は、子供たちの死滅を防ぐために、父親の財貨が子供たちに帰属するようにした。従って、父親の財貨は引き続き子供たちに属するのである。なぜなら、子供たちが、幼いため、不在のため、あるいは自分の選択で戦争に加わらなかったと仮定するならば、彼らは父親の財貨を喪失するようなことは何もしなかったことになるし、征服者としても、暴力によって自分を破滅させようと企てた者を屈服させたという権原だけによって、父親の財貨を子供たちから奪い去る権利を手にすることはできないからである。もっとも、征服者は、戦争と自分の権利の防衛とに対して被った損害を賠償させるために、おそらく、その財貨への何らかの権利をもつであろう。それが、被征服者の所有物の上にどの程度まで及ぶものであるかについては、以下、順次見ていくことにする。

　このように、征服によって、ある人間の身体に対しては思いのままにそれを滅ぼす権利を手にした者であっても、それによって、相手の資産に対してまでは、それを所有したり享受したりする権利をもつことはできない。なぜなら、侵略者が、野蛮な暴力を行使すれば、その敵には、彼の生命を奪い、有害な被造物として彼を欲するままに滅ぼす権利が与えられるが、しかし、他人の財貨に対する権原は、ただ損害を被ったということだけによって与えられるからである。例えば、私が路上で強盗に襲われた場合、彼を殺すことは許されるが、しかし、（あまりないことではあるが）彼の金品を奪って彼を放免することは許されないのであって、そんなことをすれば、私自身が強奪を犯すことになってしまう。彼の暴力と、彼が身を置いた戦争状態とが彼に生命への権利の喪失をもたらすとはいえ、それによって、私に、彼の財貨に対する権原が与えられるわけではない。このように、征服の権利は、戦争に加わった者の生命に対して及ぶだけであって、彼らの資産に対しては、被った損害と戦争の費用とを賠償させるためにだけ、それも、罪のない妻と子供たちとの権利を留保した上で認められるにすぎないのである。

一八三　征服者の側に考えられる限りの多くの正義が認められる場合においても、彼は、被征服者が喪失したもの以上のものを奪う権利をもたない。つまり、勝利者は、被征服者の生命を思いのままにすることができ、また、被征服者の用役と財貨とをもって賠償に当てることもできるが、しかし、彼は、被征服者の妻と子供との財貨を奪うことはできない。妻や子供にも、被征服者が享受していた財貨への権原があり、また被征服者が所有していた資産の分配に与る権原があるからである。例えば、私が、自然状態において（すべての政治的共同体は相互に自然状態にあるのだが）、他人の権利を侵害しながら、その賠償を拒否したとすれば、これは戦争状態ということになり、私は、不正に獲得したものを暴力によって守っているのだから侵略者であるということになろう。私が征服された場合、確かに、私の生命は放棄されたものとして征服者の思いのままになるが、しかし、私の妻子の生命は決してそうではない。彼らは、戦争をしたわけでも、それを援助したわけでもないからである。私は彼らの生命を放棄することはできない。彼らの生命は放棄すべき私のものではないのである。そして、私の妻は、私の資産の分け前に与っており、私はそれを放棄することはできない。また、私の子供たちも、他ならぬ私の身から生まれたのであるから、私の労働や資産によって維持されるべき権利をもつ。こうして、真実は次の点にあることになろう。すなわち、それは、征服者には被った損害の補償を受ける権原があり、子供たちには、彼らの生存のために父親の資産に対する権原があるということである。妻の分け前について言えば、彼女が、自分の労働か契約かによってそれへの権原を与えられている限り、夫が彼女のものを放棄しえないことはあきらかであろう。このような場合、いったいどうすべきなのであろうか。それに対する私の答えはこうである。すなわち、基本的な自然法は、すべての人間ができる限り保全されなければならないということにあるのだから、両者、つまり、征服者の損失と子供たちの維持とを十分に満足させるものがない場合には、資産をもち、かつ分ける余裕のある者が、自分には十二分に満足するだけあるもののうちの幾分かを放棄して、それがなければ死滅する危険にさらされている人々の緊急で優先されるべき権原に譲歩しなければならないということに他ならない。

一八四　しかし、戦争の費用と損害とは最後の一ファージングまで征服者に弁償されなければならず、被征服者の子供たちは、父親の全財貨を奪われて飢餓と死滅とに委ねられるべきであると仮定してみよう。しかし、こうした理由で征服者のものとなるべきものを十分に支払ったところで、それによって、征服する土地に対する権原が征服者に与えられることはほとんどないであろう。というのは、世界のどの部分においても、すべての土地が所有され、どこにも荒蕪地がないような所では、戦争の損害が、ある程度の広さの土地の価値に匹敵するなどということはまずないからである。私は征服されたのだから、それをしようとしても不可能であったとしても、私が征服者の土地を奪わなかったとしよう。そうだとすれば、私が彼に対してそれ以外にいかなる略奪を行ったとしても、私の土地と私が踏みにじった征服者の土地とが同じ程度に開墾され、広さもほぼ似通っている限り、私の略奪が私の土地の価値に等しくなることはほとんどないであろう。通常行われうる略奪は、せいぜい一年分か二年分かの生産物を無にするくらいのものである(というのは、それが四年分や五年分に達することはめったにないからである)。貨幣や、それに類する富や財宝が奪われたとしても、それらは自然の財貨ではなく、単に空想的で想像上の価値しかもたない。自然はそれらの上に価値を置いていないのである。それらは、自然の基準によれば、アメリカ人の貝殻玉(6)がヨーロッパの君主にとっては取るに足らないものであり、あるいは、ヨーロッパの銀貨がかつてはアメリカ人にとって取るに足らないものであったように、およそ価値をもたない。さらに、五年分の生産物も、土地がすべて所有され、土地を奪われた者が手をつけられる荒蕪地が残っていない所では、土地の永代相続と同じ価値をもつものではない。このことは、人が貨幣の想像上の価値を取り去って考えてみる限り、容易に是認されるであろう。五年分の生産物と土地の相続との価値の不均衡は、五対五〇〇以上に大きいのである。ただし、住民が所有し利用する以上の土地があり、誰でもが自由に荒蕪地を使用することができる場所では、半年分の生産物でも土地の相続を超える価値をもつことがあろう。しかし、そういう場所では、征服者が被征服者の土地を自ら所有することに関心を寄せることはまずないに違いない。

このように、（すべての君主と統治とが相互の関係ではその状態にある）自然状態において、人々がお互いにどんな損害を被ったとしても、それによって、征服者は、被征服者の子孫の土地を奪ったり、彼らやその末裔が何世代にもわたって所有すべき相続地から彼らを追いだしたりする権力を与えられるわけではない。征服者は自分は何でもできる支配者(7)であると考えがちであろうし、他方、自分の権利について言い立てることができないのが屈服させられた者の実際の境遇であろう。しかし、それだけのことなら、それは、単なる暴力が強者に与える弱者への権原と何ら異なるところはない。そして、この理由によるならば、もっとも強い者は、自分の欲するものを何でも取る権利をもつことになってしまうであろう。

一八五　従って、征服者は、彼とともに戦争に加わった者、征服された国の人であっても彼に対抗しなかった者、さらに、対抗した人についてもその子孫に対しては、たとえ正義の戦争の場合であっても、その征服によっていかなる統治の権利をももたない。彼らは、征服者に対するどんな服従からも自由であり、彼らの以前の統治が解体した場合には、彼らは自分たちで自由に新しい統治を始めたり創設したりしてよいのである。

一八六　征服者が、普通には、被征服者に対してもつ暴力によって彼らの胸に剣を突きつけ、自分の条件に従うように、また、自分が彼らに与えたいと思う統治に服するように強制することは確かであろう。しかし、問題は、征服者がいかなる権利によってそうするかということに他ならない。それについて、彼らは自分自身の同意によって服従するのだというのであれば、それは、征服者に被征服者を支配する権原を与えるためには被征服者自身の同意が必要だということを認めることになろう。そうだとすれば、後はただ次の点を考察しさえすればよい。すなわち、権利なしに暴力によって強いられた約束が同意と考えられるかどうか、また、それらにはどの程度の拘束力があるかということに他ならない。それに対して、私は、それらの約束には何の拘束力もないと答えよう。なぜならば、誰か他人が私から暴力によって奪ったものについては、何であれ、私は権利を保持しており、相手はそれを直ちに返還する義務を負うからである。例えば、私から馬を力ずくで奪った者は、直ちにそれを私に返すべきであり、私にはなおそれを取りもどす権利があるのである。同じ理由によって、私に約束を強制する者は、それを直ちに元にもどさなければならない。すなわち、彼は、私をその約束の義務から解放しなければならないのである。もし彼がそうしなければ、私は、それを自ら取りもどす、つまり、約束を履行するかどうかを自分で選択してよいことになろう。なぜならば、自然法が、自然の規定する規則によってのみ私に義務を課するものである限り、それは、その自然の規則を犯すことによって私を拘束することはできないからである。そんなことをすれば、暴力によって私から何かを強奪することになるであろう。泥棒が私の胸にピストルを突きつけて財布を要求した際に、私が自分でポケットに手を入れ、それを泥棒に手渡したとしても、それは、暴力を許したことにも、権利を譲渡したことにもならない。それと同じように、私は約束したと言ったところで、事情はいささかも変わらないのである。

一八七　以上に述べたすべてのことから次のことが導かれるであろう。すなわち、被征服者の上に暴力によって押しつけられる征服者の統治は、征服者の側に戦争の権利がなかった場合、あるいはその権利があったとしても、被征服者が征服者に対する戦争に加わらなかった場合には、被征服者に対していかなる拘束力をもたないということである。

一八八　しかし、ここで、その共同体に属するすべての人間は同じ政治体の成員なのだからその不正な戦争に全員が参加したと見なされ、また、その戦争で征服された場合には、彼らの生命は征服者の思いのままにされると仮定してみよう。

一八九　このことは未成年期にある子供たちには関係がないことだと私は言いたい。というのは、父親は、自らのうちに自分の子供の生命や自由を支配する何の権力をももっておらず、父親のいかなる行為によっても子供の生命や自由が失われるということはないのだから、従って、子供たちは、父親の身にたとえどのようなことが起こったとしても自由人であり、征服者の絶対的な権力も、彼によって征服された者の身体以上に及ぶものではなく、それらの者の死とともに消滅するものであるからである。また、征服者が、たとえ彼らを、その絶対的で恣意的な権力に従属する奴隷として支配する場合であっても、彼は、彼らの子供たちに対してはそのような統治の権利をもたないのである。征服者は、子供たちを強制して何を言わせ、何をさせようと、彼ら自身の同意がない場合には彼らに対する権力をもつことはできない。つまり、選択ではなく暴力が彼らを服従へと追いやる限り、征服者が合法的な権威をもつことはないのである。

一九〇　すべての人間は二重の権利をもって生まれてくる。第一は、自分の身体に対する自由の権利であって、他の人間はこれに対するいかなる権力をももたず、それを自由に処理する権利は彼自身のうちにある。第二は、他人に先立って、兄弟たちとともに父親の財貨を相続する権利に他ならない。

一九一　これらのうちの第一の権利によって、人は、いかなる統治の支配権の下に生まれても、生来的にはその統治への服従から自由である。しかし、彼が自分の生まれた国の合法的統治を認めない場合には、彼は、その統治の法によって彼に与えられている権利を放棄しなければならず、また、もし、その統治が彼の祖先の同意によって作られたものであるならば、祖先から彼に承継された所有物をも放棄しなければならない。

一九二　第二の権利によって、いかなる国の住民であっても、征服され、自由な同意に反してある統治を押しつけられた人々から資産への権原を承継し引き継いでいる場合には、たとえ彼らが、その国の財産所有者(8)に暴力を用いて苛酷な条件を押しつけている統治に自由に同意しなくても、祖先の所有に対する権利を保持する。というのは、最初の征服者はその国の土地に対するいかなる権原をももたなかったのだから、強制によってある統治のくびきに服することを強いられた人々の子孫である人民、あるいは、そうした人々に属すると主張する人民は、彼らの支配者が、彼らを、自らすすんで、あるいは自身の選択によって同意を与えるような統治体制の下に置くまでは、そのくびきを払いのけ、剣によって彼らの上にもたらされた簒奪、あるいは暴政から自分たちを解放する権利を常にもつからである。例えば、ギリシャの国土の古い所有者の子孫であるギリシャのキリスト教徒たちが、彼らを長期にわたって苦しめてきたトルコ人のくびきを、彼らにそうする力さえあれば、いつでも払いのけることが正当であることを疑う人はいるであろうか。なぜなら、いかなる統治も、それに自由に同意を与えなかった人民に対して服従を求める権利をもちえないからである。もっとも、彼らが、自分たちの統治と統治者とを選ぶ完全に自由な状態に置かれるまでは、あるいは、少なくとも、彼ら自身か、彼らの代表者かが同意を与えた恒常的な法をもつようになるまでは、彼らがそうした同意を与えたと考えることはできない。同様に、彼らが、正当な所有権を認められるまではそうであろう。それは、彼らが、自分のもつものについて、自分自身の同意なしには誰であれその一部といえども奪うことができないような所有者となることであるからである。実際、そうした同意を欠く限り、いかなる統治の下にある人間も自由人の状態にはなく、戦争の暴力の下にある奴隷そのものであるということになろう。

一九三　しかし、そうしたことがないのはあきらかであるとしても、仮に、征服者が、正当な戦争において、被征服者の資産に対する権利と彼らの身体に対する権力とを手にすることを認めるとしても、その統治が続く間に、絶対的な権力がそこから生じることはないであろう。なぜならば、被征服者の子孫のすべては自由人なのだから、もし、征服者が彼らに資産と所有物とを与えて彼の国に住むことを認めたならば(それなしに、その国には何の価値もないであろう)、彼が彼らに何を認めるにせよ、それが認められた限り、彼らは、それに対する所有権をもつことになるからである。所有権の本質は、人が自分自身の同意を与えない限り、人からそれが奪われることはありえないという点にあるのである。

一九四　彼らの身体は生来的な権利によって自由であり、また、彼らの所有物は、その多寡にかかわらず、彼ら自身のものであり、征服者ではなく彼ら自身が自由に処分できるものであって、そうでなければ、それは所有物とは言えない。征服者が、ある人に一〇〇〇エーカー〔の土地〕を与えて、彼とその継承者とに永久に使用することを許し、他の人には、年五〇ポンドあるいは五〇〇ポンドの地代で、一〇〇〇エーカー〔の土地〕を彼一代限りで貸すと仮定してみよう。この場合、一方は一〇〇〇エーカー〔の土地〕への権利を永久にもち、他方は、先述の地代を払って、彼一代の間だけ権利をもつということになるのではなかろうか。そして、一代限りの借地人が、その期間中に、自分の労働と勤勉とによって地代を上まわるものを得たとすれば、たとえそれが地代の二倍に達したとしても、彼はその地代を上まわったものに対する所有権をもつことになるのではなかろうか。国王や征服者は、ひとたび認可をしておきながら、征服者の権力を行使して、一方で、永代使用者の継承者から、他方で、地代を払っている借地人からその生存中に、土地の全部、あるいはその一部を取りあげてもよいのだなどと言う人がいるであろうか。あるいは、征服者は、それらの両者から、彼らがその土地で稼いだ財貨や貨幣を好むままに取りあげることができるのだろうか。もしそれができるということになれば、この世において、自由で自発的な契約というものは消滅し、無効ということになってしまう。つまり、それでは、そうした契約を解消するには常に権力だけで十分であるということになり、権力をもつ者の認可や約束はすべて愚弄と詐欺とにすぎないことになってしまうであろう。なぜならば、私はお前とお前の子孫とにこれこれを永久に与えよう、しかも、考えられる限りもっとも確実かつ厳粛な譲渡の方法を用いてそれを与えよう、しかし、私には、明日にでもそれを欲するままに再び取りもどす権利があることを理解してもらわなければならないなどということほど、馬鹿げた言い方はないからである。

一九五　私は、ここで、君主たちがその国の法を免れるかどうかについて議論するつもりはないが、彼らもまた神と自然との法に服すべき義務があるということは確信している。誰も、またいかなる権力も、その永遠の法への義務から君主を免れさせることはできない。この義務は、約束の場合にはきわめて大きく、またきわめて強いものであって、全能の神自身をさえ縛ることができる。認可とか約束とか宣誓とかは、全能の神をさえ拘束する絆なのである。追従者たち(9)が世の君主に何を言おうとも、君主全員をひっくるめ、さらにそれに彼らの人民全部を加えたところで、それは、偉大な神に比べれば、バケツのなかの一滴の水か、秤の上の一片の塵のようなものにすぎず、およそ取るに足らない無のようなものではないか！

一九六　征服に関することを要約して言えばこうである。征服者は、もし彼の側に正当な大義がある場合には、現実に彼に対抗する戦争に助勢し、これに協力したすべての人々の身体に対する専制的な権利をもち、また、それが他の人に対する権利侵害とならない限り、自分が受けた損害と犠牲とをそうした人々の労働と資産とから補塡させる権利をもつ。それ以外の人々、つまり、戦争に同意しなかった人々や捕虜の子供たちに対して、あるいは両者いずれの所有物に対しても、征服者は権力をもたない。従って、彼は、征服によって、そうした人々に対する統治への合法的な権原をもつことも、それを自分の子孫に伝えることもできない。もし彼が彼らの(10)資産に手をつけようとし、それによって彼らとの戦争状態(11)に身を置くならば、彼は侵略者となり、彼やその後継者たちは、かつてヒンガーやハッバのようなデーン人がここイングランドでもっており、また、スパルタクス(12)がもしイタリアを征服していたならばもったであろう程度の支配の権利しか手にしないことになろう。すなわち、それは、もし神が、彼らの支配下にある人々に勇気と機会とを与えさえすれば、すぐにでも払いのけられるようなくびきにすぎないのである。それゆえに、アッシリアの王が剣によってユダ族に対する権原をもっていたにもかかわらず、神はヒゼキアを助けて、この征服帝国の統治権を投げ捨てさせた。『列王紀略下』第一八章七節に「主ヒゼキアとともにいましたれば、彼、その行くところにてすべて幸いを得たり。彼はアッシリアの王に叛《そむ》きて、これにつかえざりき」とある通りである。ここからあきらかなことは、権利ではなく暴力によって押しつけられた権力を払いのけることは、たとえ叛逆という名で呼ばれようと、神の前では罪ではなく、また、たとえそこに暴力によって結ばされた約束や契約が介在していたとしても、むしろ神が許し、奨励するものだということに他ならない。というのは、アハズとヒゼキアとの物語を注意深く読む誰にとっても、次のことはきわめて蓋然性が高いと言ってよいからである。すなわち、それは、アッシリア人がアハズを服従させて退位させ、父親〔アハズ〕の存命中にヒゼキアを王としたこと、そして、その間ずっと、ヒゼキアは合意にもとづいてアハズに敬意を表し、貢物を捧げていたことに他ならない。(14)

(1)　エフタについて、ロックは後篇第三章二一節でも言及している。

（2）ここでロックが言う合法的戦争あるいは正当な戦争とは、後篇第七章に付した註（8）でも指摘したように、戦争に関する当時のヨーロッパの国家と国家、王朝と王朝との間の伝統的な慣習、後の用語で言えば戦時国際法に適った戦争という意味であった。それに照らせば、領土を一方的に侵略すること、条約や同盟を無視して戦争をしかけること、降伏した敵を攻撃したり処刑したりすることは違法な、あるいは不正な戦争の構成要素であった。

（3）原語は Draw-can-Sirs である。一六六三年頃にバッキンガム公爵の G. Villiers によって書かれ、一六七一年以降しばしば上演された道化劇 *The Rehearsal* のなかで、戦争において敵味方の区別なく皆殺しにしようとする乱暴者として描かれた人物を指す。

（4）言うまでもなく、ノルマン王朝を開いた征服王ウィリアム一世のことである。

（5）ノルマン王朝成立以降、「王国の一般的慣習」として整備されてきたコモン・ローを指す。

（6）原語は wampompeke である。北米インディアン、アルゴンキン族の通貨であった。

（7）原語は master である。

（8）原語は possessors である。

（9）これがフィルマーやその追随者たちを指すことは言うまでもない。

（10）原語は aggressor である。

（11）ともに八六〇年代にイングランドに侵攻したデーン人の指導者であった。

（12）古代ローマの奴隷の剣闘士。紀元前七三年、逃亡して奴隷反乱、いわゆるグラディアトルの反乱を指導したが、同七一年、クラッススによって鎮圧された。

（13）ダビデの子孫であったアハズとその息子ヒゼキアとに関する物語は、『列王紀略下』第一六章、第一八章、第一九章、および『歴代志略下』第二八章、第二九章、第三二章に述べられている。

(14)　ロックのこうした解釈には、例えば、アハズがアッシリアによって退位させられたといったことをうかがわせる記述が見られないことや、ヒゼキアはアハズが死去してから即位したとされていることから言っても、いささか無理があろう。

第一七章　簒奪について

一九七　征服を国外からの簒奪と呼んでよいように、簒奪とは一種の国内的な征服である。ただし、そこには、簒奪とは他人が権利をもつものを横取りすることに他ならないから、簒奪者は自分の側に権利を決してもちえないという違いが認められよう。従って、簒奪とは、それが簒奪である限り、統治の形態や規則の変更ではなく、ただ統治する人物の変更にすぎない。なぜならば、簒奪者の権力が、合法的な君主や政治的共同体の統治者が正当にもっているもの以上に拡大すれば、それは、簒奪に暴政が加わったものになるからである。

一九八　すべての合法的統治において、支配権を握る人物を指名することは、統治の形態そのものと同じように当然かつ不可欠な部分であり、しかも、その制度はもともと人民によって定められたものに他ならない。無統治状態というのは、統治の形態をまったくもたない状態、あるいは、統治の形態を君主政にすることには同意しながら、しかし、権力をもち、君主となるべき人物を知ったり任命したりする方法をまったく定めていない状態に等しい(1)。それゆえ、確立された統治の形態を備えたすべての政治的共同体は、公的な権威に与るべき人々を指名する規則と、彼らにその権威を譲渡するための一定の方式とをもつのである。なぜなら、無統治状態とは、統治の形態をまったくもたない状態、あるいは、統治の形態を君主政にすることには同意しながら、しかし、権力をもち、君主となるべき人物を知ったり任命したりする方法をまったく定めていない状態に等しいからである。権力のいかなる部分であっても共同体の法が規定した以外の方法によって行使しようとする者は、たとえ政治的共同体の形態がそのまま維持されているとしても、服従を受ける権利をもたない。なぜならば、そうした者は、法が指名した人物ではなく、従って、人民が同意を与えた人物ではないからである。また、そうした簒奪者あるいはその後継者は、人民が、彼らがすでに横取りしていた権力を容認し、彼らのうちに確認することに同意する自由をもち、また実際にそれに同意するまでは、およそ権原をもつことはできないのである。

(1)「無統治状態……状態に等しい」というこの一文は、ロック自身が一六九八年に出版された『統治二論』第三版に修正を加えた際に消し忘れ、それがそのまま印刷されたものであろう。

すぐ後の部分で同一の文章が反復されている事実が、そうした推測を裏づける。なお、『統治二論』のテキスト問題については、訳者解説を参照されたい。

第一八章　暴政[1]について

一九九　簒奪が、他人が権利をもつ権力を行使することであるのに対して、暴政とは権利を超えて権力を行使することであって、何人もそのようなことへの権利をもつことはできない。そして、この暴政とは、人が、その手中に握る権力を、その権力の下にある人々の善のためではなく、自分自身の私的で単独の利益のために利用することである。つまり、それは、統治者が、いかなる名称を与えられているにせよ、法ではなく自分の意志を規則にし、彼の命令と行動とが、人民の固有権《プロパティ》の保全にではなく、自分自身の野心、復讐の念、貪欲さ、その他の気まぐれな情念の満足に向けられているときに他ならない。

二〇〇　そうした意見は私のような一介の臣民の人目につかない筆によるのだから、それが真実であり道理であることを疑ってもかまわないと言う人がいるとすれば、私は、ここで、ある国王の権威を借りて、それが真実であり道理であることをその人に認めさせようと思う。国王ジェイムズ一世は、一六〇三年の議会での演説のなかで次のように述べている。「余は、よき法と勅法とを定めるに当たって、常に、余の特殊で私的な目的よりも、公共と政治的共同体(2)全体との福祉を優先させるであろう。それは、政治的共同体の富と福祉とこそが余にとって最大の幸福であり、この世における至福であると考えるからである。この一点において、合法的な君主は暴君から端的に区別されるであろう。というのは、余は、正当な君主と簒奪者たる暴君との間にある特段で最大の相違は次の点にあると承知しているからである。すなわち、高慢で野心的な暴君が、彼の王国と人民とは自らの欲望と無分別な欲求との満足のために定められていると考えるのに対して、公正で正当な君主は、反対に、彼自身が、人民の富と所有権との確保のために定められていることを承知している点がその相違に他ならない」。更にまた、彼は、一六〇九年の議会演説において、次のような言葉を残している。「国王は、二重の誓約によって、その王国の根本法を遵守するように自分自身を義務づけている。すなわち、暗黙裡には、国王は、国王であるということ自体によって、彼の王国の人民と法とをともに保護する義務を負い、明示的には、戴冠式における誓約によってその義務を負う。それゆえ、確立された王国におけるすべての正当な王は、その統治をそれにふさわしいものへと編成するに当たり、彼の法によって人民と結んだ契約を、神が大洪水の後にノアとの間で結んだ次のような契約に従って遵守しなければならない。『こののち、地のあらん限りは、種まきどき、収穫どき、寒さ暑さ、夏冬、および昼夜休むことあらじ(3)』。従って、確立された王国を統治する王は、その法に従って支配することをやめれば、直ちに国王たることをやめ、暴君へと堕落するのである」。そして、その少し後で、彼は次のように語っている。「従って、暴君、あるいは偽誓者(4)ではないすべての国王は、喜んで自らの法のうちに拘束されるであろう。そして、その反対のことを国王に説く者は、国王と政治的共同体とにとって毒蛇や害虫(5)のようなものである」。このように、物事の概念をよく理解していたあの開明的な君主は、王と暴君との間の違いがただ次の点に、すなわち、前者が法をもって権力の限界とし公共の善をその統治の目的にするのに対して、後者は、すべての者の道を自分自身の意志と欲求とに譲歩させる点にあるとしたのである。

二〇一　こうした欠陥が君主政にだけ固有のものであると考えることは間違いであって、統治の他の形態もまた、そうした欠陥に陥りやすい。なぜならば、人民の統治と人民の固有権《プロパティ》の保全とのために誰かの手に置かれた権力が、それ以外の目的のために適用されて、人民を窮乏させ、困惑させ、その権力をもつ者の恣意的で気ままな命令に服従させるために利用される場合には、どこにおいても、その権力は、それを用いるのが一人であろうと多数であろうと、直ちに暴政に転化するからである。われわれが史書で読むところによれば、アテネにおける三〇人の僭主[6]も、シラクサにおける一僭主[7]もそうした者であり、また、ローマにおける一〇人の執政官[8]の耐えがたい支配もそれ以上のものではなかったのである。

二〇二　法が侵犯されて他人に害が及ぶ場合には、どこにおいても、法が終わるところ、暴政が始まる。権威の座にある者で、法によって与えられた権力を超え、自由に使える実力を利用して法が容認しないことを臣民に押しつける者は誰でも、そのことによって為政者であることをやめ、権威なしに行動する者として、暴力によって他人の権利を侵害する他の者の場合と同様に抵抗を受けることになるであろう。これは、下級の行政官の場合には認められている。例えば、街頭では私の身柄を拘束する権威をもっている者であっても、令状を執行するために私の家に無理に押し入ろうとすれば、私は、彼が令状をもち、戸外で私を逮捕する権力を彼に与えるような法的権威をもっていることを知っていても、泥棒や強盗として彼に抵抗してよいのである。それではなぜ、このことが、最下級の行政官だけではなく、最高位の為政者にも適用されてはならないのかを、ぜひとも教えてほしいものである。長兄は、父親の資産の最大の部分をもつのだから、それによって若い弟たちの分け前を奪う権利をもつなどということは、道理に適っているだろうか。あるいは、一地域全体を所有するような富者が、だからといって、貧しい隣人の小屋や庭を好むままに取りあげる権利をもつべきだなどということは、道理に適うことだろうか。アダムの子孫の大多数の者がもっているよりもはるかに大きな権力と富とを正当に所有しているからといって、それは、権威なしに他人に損害を与える強奪や抑圧をやってもよいという口実にも、ましてやその理由にもならないのであって、そんなことをすれば、かえって罪は重くなるであろう。なぜならば、権威の限界を逸脱することは、下級行政官の場合と同様、上級行政官の場合においても権利とは認められず、国王においても警吏においても正当化されることはないからである。むしろ、国王の場合には、他の同胞たちに比べて、より多くの信頼を寄せられ、より多くの分け前を手にしており、また、教育や職務や助言者のおかげで正邪の基準により通暁していると考えられるだけに、罪はいっそう深いと言ってよい。

二〇三　それでは、君主の命令に抵抗してもよいのだろうか。誰かが、自分は君主によって苦しめられているということを発見し、君主は権利もなく自分にそうしているのだということを想像するたびに、君主は抵抗を受けてもよいのだろうか。そういうことになれば、すべての政治体は攪乱《かくらん》され、転覆されて、統治と秩序との代わりに、無統治状態と混乱としか残らないのではなかろうか。

二〇四　それに対して、私は、実力をもって抵抗すべきはただ不正で不法な暴力に対してのみであり、誰であれそれ以外の場合に抵抗を行う者は神と人間との双方から正当な非難を受ける、従って、しばしば示唆されるような危険や混乱が生じることはないであろうと答えよう。なぜならば、

二〇五　第一に、国によっては、[9]君主の身体は法によって神聖なものとされているから、そこにおいては、彼が何を命じ何を行っても、彼の身体は依然としてすべての疑念や暴力から自由であり、強制にも、裁判上の譴責や罪の宣告にもさらされることはない。しかし、そこでも、下級行政官や、その他君主によって任命された者の不法な行為に対しては抵抗してもよいとされている。もっとも、それは、君主が実際にその人民との戦争状態に身を置くことによって統治を解体し、人民を自然状態においてすべての人に属していたあの自己防衛に追いやらない限りにおいてに他ならない。なぜならば、そうし

た事態については、誰もその結末を語ることができないからである。これについては、ある近隣の王国が(10)、世界に対して一つの異常な例を示した。それ以外のいかなる場合においても、君主は、その身体の神聖さによって一切の不便を免れており、それによって君主は、統治が続く限り、すべての暴力や危害から安全に守られているのである。これ以上に賢明な統治体制(11)はありえないであろう。なぜならば、君主が自ら自分に危害を加えることはそうしばしば起こることではなく、その危害が彼を超えて拡がることもないと思われるし、また、はなはだ暗愚で性質の悪い君主がそうしたいと願っても、自分一人の力で法を覆したり人民全体を抑圧したりすることはできないので、頑迷な君主が王位に就くときにしばしば生じる特定の失政の不都合さも、〔君主という〕最高の為政者の身体が危険の及ばないところに置かれている限り、公共の平和と統治の安全とによって十分に償われるからである。人民全体にとっては、少数の私人がときに危害に苦しむことよりも、政治的共同体(12)の首長が容易に、また些細なことで危害にさらされることのないほうが安全性は高いのである。

二〇六　第二に、しかし、〔神聖さという〕その特権は国王の身体にのみ属するものであるから、法が権威を与えていない不正な権力を用いる者が、たとえ国王によってそれを委任されていると主張したとしても、その特権により、異議を唱えられ、反対され、抵抗を受けることを妨げられることはない。これは、次のような場合からあきらかであろう。王からの全面的な委任を受けて、ある人間を逮捕するための王の令状をもつ者も、それをもつからといって、その人間の家をこじあけて逮捕することはできないし、また、特定の日時や特定の場所ではその命令を執行できないことがある。その委任にはそのような例外が含まれていなくても、法がそうした制限を付しているからであって、もし誰かがそれを犯せば、国王から委任を受けていても決して免責されることはない。というのは、王の権威は法によってのみ彼に与えられているのだから、国王といえども、誰かに対して法に反して行動する権力を付与することも、自分の委任によってそうした行動を正当化することもできないからである。いかなる為政者の委任や命令も、彼が権威をもたない場合には、私人の委任や命令と同じであって、無効であり無意味なのである。両者の違いは、為政者が一定の範囲で、一定の目的のための権威をもつのに対して、私人はそれをまったくもたない点にある。行動する権利を与えるのは委任ではなく権威であり、しかも、法に反する限り、いかなる権威もありえないからである。しかし、以上のような抵抗はあるにしても、国王の身体と権威とは依然として確保されており、従って、統治者にも統治にも何の危険もない。

二〇七　第三に、最高の為政者の身体がそのように神聖とはされていない統治を仮定してみても、彼の権力のすべての非合法的な行使に抵抗することの合法性というこの教説が、些細なことが起こるたびに、彼を危険に陥れたり、統治を混乱させたりすることはないであろう。なぜならば、法に訴えることによって、権利侵害を受けた者が救済され、損害の補償がなされるならば、実力に訴える口実がありえないことになるからである。実力は、ただ、人が法に訴えることを阻止された場合においてのみ行使されるべきものに他ならない。というのは、敵対的な暴力が考えられるのは、ただ、〔法への〕訴えという救済策が残されていない場合だけであるからであって、そうした暴力のみがそれを行使する者を戦争状態に入らせ、その者への抵抗を合法化するのである。剣を手にした男が、路上で、私がポケットに一二ペンスももっていないのに財布を要求した場合、私がその男を殺すのは合法的である。他方、私が、別の男に、私が馬車から降りている間だけ一〇〇ポンドを預けたのに、私が再び馬車に戻ったとき、その男はそれを私に返すことを拒み、私がそれを何とか取りもどそうとすると、剣を抜き実力で手にした金を守ろうとするとしよう。この男が私になした害悪は、（私が実際に何らかの害悪をなす前に殺してしまった）前の男がおそらく意図したであろう害悪の一〇〇倍、あるいは一

○○○倍にも達するであろうが、しかし、私は、前の男を合法的に殺すことができるのに、後の男に対しては、傷を負わせることすら合法的にはできない。その理由はあきらかであって、前の男が私の生命を脅かす暴力を用いたとき、私には法に訴える時間がなく、また、私の生命が失われれば訴えるには手遅れになってしまうからである。法は、私の死骸に生命をよみがえらすことはできず、損失は回復不能なものとなってしまう。そこで、そうしたことを防止するために、自然法は、私に、私との戦争状態に身を置き、私を殺すと脅迫した者を殺す権利をあたえたのである。しかし、後の男の場合、私の生命が危険に陥っているわけではないのだから、私は法に訴えるという特典をもちうるのであり、また、そうした方法で一〇〇ポンドを補償させることができるのである。

二〇八　第四に、しかし、為政者によってなされた不法な行為が（彼のもっている権力によって）擁護され、法によって当然与えられるべき救済も同じ権力によって妨害されるとしよう。このように、あきらかに暴政にあたる行為の場合でさえ、抵抗する権利が、突然に、あるいは些細なきっかけから統治を混乱させることはないであろう。というのは、もしも暴政が何人かの私人の場合以上には及ばないのであれば、彼らが、たとえ自らを守り、不法な暴力によって奪われたものを実力によって取りもどす権利をもつとはいえ、その権利に駆られて、身を滅ぼすことになるに違いない争いに簡単に乗りだすことはまずないであろうからである。人民の大部分がわれ関せずと考えている場合に、一人あるいは数人の被抑圧者が統治を攪乱することなどとうていできない。これは、狂乱した人間や無謀な不満分子が、一人では安定した国家を覆すことができないのと同じである。人民は、そのいずれの場合についても、それに追随しようとは考えないからである。(13)

二〇九　しかし、〔為政者による〕こうした不法な行為が人民の多数の者に及ぶ場合とか、害悪や抑圧がたとえ少数の人々にしか降りかかっていなくても、先例や結果からみて、これはすべての人の脅威になると考えられるようになり、人民が、良心に顧みて、自分たちの法も、それとともに自分たちの資産、自由、生命も、更には自分たちの宗教も危機に瀕していることを確信するに至る場合とかに、人民が自分たちの上に行使されている不法な暴力に抵抗するのをどうしたら阻止できるのか、私には語ることができない。しかし、はっきり言って、これは、統治者が人民から広く疑いの目で見られるような事態を引きおこしたときに、すべての統治につきまとう弊害なのである。これは、統治者が陥る可能性のあるもっとも危険な状態であるが、しかし、それは避けようと思えば容易に避けられるものであるから、彼らに対する同情の余地は少ない。もしも統治者が、心から人民の善を願い、彼ら自身と彼らの法との保全を願うのであれば、そのことを人民が見たり、感じたりしないはずはない。それは、ちょうど、一家の父親が子供たちを愛し、彼らの世話をしていれば、子供たちにそれがわからないはずはないのと同じことである。

二一〇　しかし、もし、君主の言うことと実際の行動とが別のものであること、そして、法をかいくぐる術策が講じられ、(人民に危害ではなく善を与えるために、若干のことがらについて君主が随意に用いてよい権力である)大権という信託物が当初の目的に反して使われていることに世間全体が気づいたとしよう。また、人民が、そういう目的に適うように大臣や下級の行政官が選ばれ、彼らがその目的を促進するか、それに逆らうかに応じて優遇されたり免職させられたりしていることを発見したとしよう。あるいは、人民が、恣意的な権力が何度か実際に行使されたり、そうした権力を導きいれるのにもっとも好都合な宗教が(公的にはそれを禁じる声明がなされているにもかかわらず)ひそかに恩恵を受けたりすることを、また、恣意的な権力のために働く者たちができうる限りの支持を受け、たとえそれが受けられないときでも、是認され、ますます気に入られることを目にしたとしよう。それらに加えて、一連の行動から国王評議会[14]もすべてそうした方向に向いていることが示されるとすれば、人は、もはや、事態がどのように進みつつあるかを心のうちで確信することを自らに禁じることはできず、また、どのようにして自らを救うかについて思案せずにはいられないであろう。それは、ちょうど、人が、自分の乗っている船の船長が、たとえ、逆風、船の漏水、人員や糧食の不足などから、しばらくはやむなく航路を変更することはあっても、風や天候やその他の事情が許しさえすれば直ちに元の航路に戻り、いつもアルジェ[15]の方に向かっていることに気づけば、その船長が、自分や仲間をそこへと運んでいるのだと信じざるをえないのと同じことである。

(1)　原語は tyranny である。ロックが用いるこの概念については、すでに後篇第一五章の註(1)でも部分的に述べたように、注意すべき点が三つあるといってよい。一つは、ロックが、前章と本章とにおいて tyranny と usurpation とを区別することによって、権原をもたない簒奪者の支配を意味した tyranny の古典古代的意味を払拭し、政治用語の近代的転換にコミットしたことである。第二は、にもかかわらず、その近代人ロックにも、近代語としての tyranny とはニュアンスのある言葉として despotical power を用いている事実が暗示するように、政治思想の歴史において圧倒的な比重を占める古典古代の用語の拘束があったことに他ならない。これら二つ以上に注意すべき第三の点がある。それは、ロックが、支配する権原をもたない簒奪者の支配権力という意味をもっていた tyranny の古典的な意味を払拭し、その近代的な意味にコミットすることによって、tyranny を、人間の固有権《プロパティ》を保全する権原を与えられながら、その権原を逸脱した政治的支配のカテゴリーに組み入れたことに他ならない。固有権《プロパティ》を失った戦争捕虜に対する生殺与奪の専制権力と、固有権《プロパティ》をもたない子供に対する父親の権力とを固有権《プロパティ》をもつ主体間の政治権力から区別したロックにとって、tyranny は、権原を与えられた政治権力がその権原を逸脱した形態であるとはいえ、なお人間の固有権《プロパティ》の保全に関わる本来の政治権力に復帰可能な政治的な支配形態であったからである。その意味で、ロックにとって、「権利を超えて権力を行使する」暴政に対する抵抗権、それを新たな統治関係に汲み替える革命権の主張も、人民に抵抗のための抵抗、革命のための革命を慫慂するものではなく、むしろ、固有権《プロパティ》の保全という目的のために契約によって作為された本来の政治権力に戻ることを統治権力に求めるものであった。その点で、ロックにとっては、tyranny も、それに対する抵抗権や革命権も、専制権力、父親の権力とは異なって、人間の固有権《プロパティ》の保全に関わる点で「政治的な」事象に属する概念であったといってよい。

（2）原語は commonwealth である。ロックは、後篇第一〇章一三三節において、ジェイムズ一世のこの用法に言及している。

（3）『創世記』第八章二二節参照。

（4）原語は perjured である。

（5）原語は pests である。

（6）　ペロポネソス戦争敗戦後の紀元前四〇四年から四〇三年にかけてアテネを支配した三〇人の僭主を指す。
（7）　誰を指すかは明確ではないが、おそらく、シラクサの僭主としてもっとも著名なディオニュシオス一世（紀元前四三〇年頃—前三六七年）のことであろう。
（8）　紀元前四五一年から四四九年にかけて共和政ローマを専制的に支配した一〇人の執政官（decemviri）のことである。
（9）　イングランドを指す。
（10）　これもイングランドを指す。
（11）　原語は constitution である。
（12）　原語は republic である。これは commonwealth と同義であるため、政治的共同体と訳した。
（13）　原語は state である。ロックが state を国家の意味で用いた数少ない例である。
（14）　原語は councils である。複数になっていることから、ロックは、ここに、国王に助言する側近集団からなる国王評議会（King's Council）だけではなく、同じく国王に助言を与える顧問官からなる枢密院（Privy Council）をも含めているとの解釈も成り立つであろう。
（15）　一七世紀当時のアルジェ（Algiers）は、オスマン帝国の援助を受けて、地中海におけるヨーロッパ人の通商活動を海賊として攻撃したムーア人たちが、捕虜としたキリスト教徒を売買する奴隷市場として有名であった。

第一九章　統治の解体について

二一一　統治の解体ということについて何らかの明確さをもって語ろうとする者は、まず第一に、社会の解体と統治の解体とを区別しなければならない。共同体を構成させ、人々を拘束のない自然状態から一つの政治社会へと導くのは、一体化して一つの団体として行動し、その結果、他からは区別される一個の政治的共同体をなすべく、各人が他の人々と結ぶ合意に他ならない。こうした結合が解体される通常の、そしてほとんど唯一の途は、彼らを征服する外国勢力の侵攻である。なぜならば、この場合にあっては、(自分たちを一つにまとまった独立の団体として維持し、支えて行くことはできないので)そこに存立してきた団体に内属する結合は必然的に消滅し、その結果、各人は、どこか他の社会において自力でやりくりし、自ら適当と考える方法によって身の安全を図る自由をもったまま、かつてあった状態へと戻ることになるからである(1)。そして、社会が解体するときはいつでも、その社会の統治もあきらかに存続することはできない。このようにして、征服者の剣は、しばしば、統治を根底から断ち切り、社会を粉々に粉砕して、征服され、ばらばらにされた群衆[2]を、彼らを暴力から保全してくれるはずであった社会の保護や社会への依存から切り離すのである。統治がこのようにして解体されることについては、世人は十分に知っているし、すすんでそれを認めてもいるから、それについてこれ以上論じる必要はないであろう。また、社会が解体するときには統治も存続することはできないということを論証するために、更に議論を重ねる必要もないであろう。それは、家の素材が旋風でばらばらに飛び散って散逸してしまったり、地震でがらくたの山になってしまったりすれば、家の骨組みそのものが存続しえないのと同じことなのである。

二一二　このように外部からの転覆ということに加えて、統治は内部からも解体される。

第一は、立法部が改変される場合に他ならない。政治社会とは、それを構成する人間の間に生じうるあらゆる不和を終結させるために、彼らが立法部のうちに設置した裁定権によって彼らから戦争状態が取り除かれた平和な状態であるから、政治的共同体の成員が結合され、一つの凝集した団体へと結びあわされるのは、彼らの立法部において[3]なのである。この立法部こそ、政治的共同体に形態と生命と統一とを与える魂であり、そのさまざまな成員が、相互に影響しあい、共感し、結びつきあうのも、この立法部によってなのである。従って、この立法部が破壊されたり解体されたりするとき、〔統治の〕解体と死とがそれに続く。このように、社会の本質と一体性とは一つの意志をもつことに存するから、ひとたび多数派によって立法部が樹立されれば、それはその意志を宣言するものとなるとともに、いわばその意志を保ち続けるものになる。立法部の設立は社会の最初の、そして根本的な行為であり、それにより、人民の同意と任命とによって授権された人々の指導と彼らが作る法の絆との下で、彼らの統一性の継続のための備えがなされるのである。そうした人民の同意と任命とがない限り、人民のなかの一人であろうと、あるいは何人かの人々であろうと、他の人を拘束する法を作る権威をもつことはできない。それゆえ、人民が任命していないのに、一人あるいはそれ以上の数の者の誰かが法を作る任に当たる場合、それは権威なしに法を作ることになるのだから、人民にはそれに服従する義務はない。それが意味するのは、人民が再び従属を脱し、彼らが最適と考えるところに従って新たな立法部を自ら設立してもよいということに他ならない。人民には、権威なしに何かを押しつける者の暴力に対して抵抗する十分な自由があるからである。社会からの委任を受けて公共の意志を宣言する人々が社会から排除され、そうした権威や委任をもたない者が彼らの地位を簒奪する場合には、誰であれ、自分自身の意志のままに行動してよいのである。

二一三　こうしたことは、通常、権力を誤用する者がいる政治的共同体で生じるので、そうしたことが起こる政治的共同体の形態を認識することなしに、この問題を正しく考察することも、誰に責任があるかを知ることも困難である。それゆえ、立法部が、はっきりと異なった次の三者の協同関係のうちにおかれていると仮定してみよう。

1　恒常的で至高の執行権力をもち、また、それとともに、他の二者を一定の期間内に召集したり、解散させたりする権力をもつ単独の世襲の人物。

2　世襲貴族の集会。

3　人民によって随時選出される代表者の集会。

こうした統治の形態を想定した場合、以下のことはあきらかである。

二一四　第一に、単独の人間、すなわち君主が、立法部によって宣言された社会の意志である法に代えて自分の恣意的な意志を置く場合には、立法部が改変されたことになるであろう。なぜならば、自ら作った規則と法とが執行され、それへの服従を要求しうるのが事実上の立法部であるので、もし、社会によって設立された立法部が制定したものとは別の法が立てられ、それとは別の規則が主張されて強制される場合には、あきらかに立法部が改変されたことになるからである。社会のそもそもの指名によって権威を与えられていないのに、新しい法を導入したり、古い法を覆したりする者は誰でも、それによって法が作られた権力を否認し、転覆させ、新しい立法部を樹立することになるであろう。

二一五　第二に、立法部が、その設立の目的に従って適当な時期に集合し、自由に活動することを君主が阻む場合にも、立法部は改変されることになるであろう。というのは、社会にとって何が善であるかを討論する自由と、その討論を遂行する時間的余裕とをもたない限り、たとえ一定数の人々がいても、否、たとえ彼らが集会を開いたとしても、そこには立法部が存在するということにはならないからである。そうした自由と時間的余裕とが取り去られるか、変更を加えられるかして、社会から、彼らがその権力を適切に行使する機会が奪われるとき、立法部は間違いなく改変されることになろう。なぜならば、統治を成り立たせるのは、単なる名称ではなく、統治に付随するものとして意図された権力の使用と行使とであるので、立法部の自由を奪うか、適切な時期における立法部の活動を阻害するかする者は、事実上、立法部を奪い取り、統治に終止符を打つことになるからである。

二一六　第三に、君主の恣意的な権力により、人民の同意もなく、また人民の共通の利益に反して、選挙人あるいは選挙の方法に変更が加えられた場合においても、立法部は改変されることになろう。なぜならば、社会が権威を与えた者以外の者が選挙をしたり、社会が定めた以外の方法によって選挙が行われた場合には、選ばれた人々は、人民によって指名された立法部の構成員ということにはならないからである。

二一七　第四に、君主か立法部かによって、人民が外国の勢力に引き渡されれば、それもまた、確かに立法部の改変であり、従って、統治の解体であるということになるであろう。というのは、人民が社会へと移行した目的は、それ自体の法によって統治される一つの完全で自由で独立した社会として保全されることにあるので、人民が他国の権力へと引き渡される場合にはいつでも、その目的が失われてしまうからである。

二一八　このような統治体制(4)において、上に述べた場合に生じる統治の解体がなぜ君主の責任に帰せられるべきかの理由はあきらかであろう。なぜなら、君主は、国家の兵力、財力、官職を用いることができ、また、最高の為政者として何ものにも拘束されないということを自分でも確信し、また他人からもそうしたお追従を言われる身にあるので、君主だけが、合法的な権威を口実として、前述したような〔立法部の〕改変に向けて大きく足を踏み出すことができる立場にあり、また、それに反対する人があれば、その人を、統治に対して党派的であるとか、叛逆的であるとか、あるいは敵であるとかと言って脅迫し、抑圧する権威を手中にしているからである。それに対して、立法部の他の部分や人民の場合、容易に人々の耳目を引く公然かつ明白な叛逆に陥ることなしに自ら立法部の改変を企てることはできず、たとえそれが首尾よく行った場合にも、外国による征服とほとんど異ならない結果を引きおこすことになるであろう。それに加えて、君主は、そうした統治の形態の場合、立法部の他の部分を解散して彼らを単なる私人にしてしまう権力をもっているから、彼らは、君主に反対して、あるいは君主の協力を得ずに、法によって立法部を改変することはできない。彼らの法令に裁可が与えられるためには、君主の同意が必要であるからである。ただし、〔君主以外の〕立法部の他の部分が、統治に対する何らかの攻撃に手を貸し、そうした企図を助長するか、それができるにもかかわらずその企図を阻止しなかった場合には、彼らも有罪であって、人が他の人に対して犯しうる間違いなく最大の犯罪に連座することになるであろう。(5)

二一九　そうした統治が解体されるもう一つの途がある。すなわち、最高の執行権力をもつ者が、その責務を怠ったり放棄したりして、すでに作られている法がもはや執行できなくなった場合に他ならない。これは、あきらかに、すべてを無統治状態に戻すことであり、従って、結果的に統治を解体することである。なぜならば、法とは、法それ自体のために作られるものではなく、執行されることによって社会の絆になり、政治体のすべての部分に然るべき場所と機能とを与えるためのものであって、法の執行が全面的に止まれば、統治もあきらかに終焉し、人民も、秩序と相互の結びつきとを欠いた単なる雑多な群衆になってしまうからである。人々の諸権利を守るための司法の運営[6]が行われず、武力を統制し、公共の必要に備えるための権力が共同体のうちに残されていない場合、そこには間違いなくいかなる統治も残されていない。法が執行されえないのであれば法がないのとまったく同じことであり、また、法のない統治などということは、人間の能力では考えられず、人間の社会ともおよそ両立しない政治における謎[7]であると私は思う。

二二〇　これらの場合、あるいはそれに類似した場合において、統治が解体されると、人民は、自分たちの安全と善とのためにもっともよいと考えるところに従って人員や形態、あるいは両者を変えることで以前とは異なる新たな立法部を設立し(8)、それによって自由に自分たちの身を処することができる。というのは、社会は、他者の過誤によって、確固とした立法部と、それが作る法の公正無私な執行とによってのみ達成されうる自己保存への生来的で根源的な権利を決して失うことはないからである。しかも、人類は、もはや手遅れだということになるまで、何らかの救済策を用いることができないほど惨めな状態にあるわけではない。圧政、策謀、あるいは外国勢力への引き渡しによって古い立法部がなくなってしまってから、人民に向かって、あなた方は新たな立法部を樹立することによって自分たちの身を自ら処することができると告げることは、もはや手遅れで、悪弊が取り返しのつかないものとなったときに、あなた方は救済を期待してもよいと告げることに等しい。これは、実質的には、彼らに、まず奴隷になり、それから自由に配慮せよと命じるようなものであり、また、鎖をかけられてしまってから、彼らに自由人のように行動してもよいと言うようなものである。そんなことであれば、それは、救済というよりもむしろ愚弄であり、もし、人々が暴政に完全に従属するまではそれから逃れる手段がないとすれば、彼らは暴政から決して身を守ることはできないであろう。それゆえ、彼らは、単に暴政から逃れる権利をもつだけではなく、暴政を予防する権利をもつのである。

二二一　従って、第二に(9)、それによって統治が解体されるもう一つの途がある。すなわち、立法部あるいは君主のどちらかが、彼らに寄せられた信託に背いて行動した場合に他ならない。

第一に(10)、立法部が、臣民の固有権《プロパティ》を侵害し、彼ら自身か、あるいは共同体のある部分かを人民の生命、自由、財産の支配者、つまりそれらの恣意的な処分者にしようとするとき、立法部は彼らのうちに置かれた信託に反して行動することになる。

二二二　人々が社会に入る理由は、彼らの固有権《プロパティ》を保全することにある。そして、彼らが立法部を選出し、彼らに権威を与える目的は、その社会の全成員の固有権《プロパティ》に対する監視役あるいは防壁として、社会の各部分、各成員の権力を制限し、その統治権を適度に抑えるための法を作り、規則を定めることにある。なぜならば、立法部は、各人が社会に入ることによって確保しようと意図したもの、そのためにこそ人民が自分たちで作りだした立法者に服しているものを破壊する権力をもつべきだなどということが社会の意志であるとはとうてい考えられないので、立法者が、人民の固有権《プロパティ》を奪い、また破壊しようとするとき、あるいは、人民を恣意的な権力に服する隷属状態へと追いやろうとするときには、立法者は常に人民との戦争状態に置かれることになり、それによって、人民はもはやそれ以上のいかなる服従からも解放されて、神が力と暴力とに備えて万人のために用意した共通の避難所[11]へと身を委ねることになるからである。従って、立法部が、社会のこの基本的な規則に違反し、野心や恐怖や愚かさや堕落によって人民の生命、自由、資産に対する絶対的な権力を自ら握ろうとしたり、あるいは誰か他人の手に置こうとしたりする場合にはいつでも、立法部は、この信託違反によって、人民がまったく異なった目的のために立法部の手に置いた権力を喪失し、人民にその権力が復帰することになろう。人民は、彼らの根源的な自由を回復する権利をもち、(自分たちが適当と思うような)新たな立法部を設立することによって、彼らが社会のうちに身を置く目的である自分自身の安全と保護とに備える権利をもつからである。そして、私がここで立法部一般について述べたことは、最高の執行権者についてもまたあてはまるであろう。つまり、彼は、立法部に関わり、法の最高の執行に関わるという二重の信託を受けているのだから、彼は、自分自身の恣意的な意志を社会の法として打ちたてようとする場合には、それら二つの信託に違反して行動することになるのである。更に、彼は、社会の武力や財や官職を利用して代表者たちを買収し、彼らを自分の目的のために抱きこむ場合や、彼が、公然と事前に選挙人と約束を交わして、懇願、脅迫、約束その他の方法によって自分の目的に抱きこんでおいた者を選ぶように指図したり、何に投票し、いかなる法を制定するかを前もって約束した人々を送り込むために選挙人を使ったりする場合にも、信託に違反して行動することになろう。このように候補者や選挙人を統制し、選挙の方法の新しいモデルを定めるということは、統治をその根底から断ち切り、公共の安全の源泉そのものに毒を投げこむこと以外の何ものでもない。なぜならば、自分自身の固有権《プロパティ》の防壁として、代表者の選択権を保持している人民にとって、その権利を行使する目的は、代表者が常に自由に選ばれ、そのように選ばれた後は、吟味と十分な討論とを経た上で、政治的共同体の必要性と公共の善とにとって求められるものだと判断したところに従って、彼らに自由に行動してもらい、助言を与えてもらうこと以外にはないからである。討論を聴き、あらゆる面から道理を考量する前に投票してしまう人に、それができるはずはない。人民の真の代表者や社会の立法者の代わりに、このような議会を準備し、自分自身の意志の公然たる推進者を押したてようとすることは、確かに、遭遇しうる限りで最大の信託違反であり、統治を転覆しようとする企図のもっとも完全な宣言に他ならない。その上、人が、同じ目的のために公然たる賞罰を加えたり、そうした企図の前に立ちふさがり、祖国の自由を裏切ることに応じたり同意を与えたりしない人々を排除し撲滅するために、法を逆用した術策を用いたりするとき、そこで何が行われようとしているかについては疑問の余地がないであろう。権力が最初に設定されたときに、それに随伴した信託に反して権力を用いる者が、社会のなかでいかなる権力をもつべきであるかは容易に決定される。そうしたことを企てる人間がもはや信頼するに値しないということは、誰しも認めざるをえないであろう。

二二三　以上のことに対しては、おそらく、人民は無知であり、常に不満をかかえているのだから、統治の基礎をそうした人民の無定見や不安定な気質の上に置くことは、統治を滅亡の危機にさらすことになり、また、人民が、旧来の立法部に怒りを覚えた場合にはいつでも新しい立法部を樹立してもよいとすれば、いかなる統治も長続きしないことになるといった反論がなされるであろう。それに対して、私はまったく逆であるとお答えしたい。人民は、ある人々がよく言うほど容易には古い統治の形態から抜けでることはないからである。彼らが馴れ親しんできた統治の枠内では、たとえ欠陥であるということがわかっていることでも、それを是正するように彼らを説得することは困難なのである。すなわち、何か内在的な欠陥がある場合にも、時間の経過や堕落によって外からもちこまれた欠陥がある場合にも、それを改めさせることは、世間一般が改める好機であると考えているときでさえ容易なことではない。このように、人民は、古い統治体制を放棄するのに手間取り、またそれを厭うので、当代および過去においてこの王国(12)には多くの革命が見られたにもかかわらず、われわれは、国王、貴族院、庶民院からなる古くからの立法部を固守しており、また、その間、空しい企てにより、若干の期間断絶することもあったが、やはりその古くからの立法部へと戻ったのである。そして、人民の怒りがわれわれの何人かの君主の頭上から王冠を奪ったことはあったが、しかし、そうした場合にも、その怒りが、王冠を別の家系の上に置くところまで人民を駆りたてたことはなかったのである。

二二四　しかし、こうした仮説を立てるからこそ、それがしばしば叛逆を引きおこす酵母になるのだと言われるであろう。それに対して、私は次のように答えよう。

第一に、他のいかなる仮説とも同じように、それは叛逆の酵母とはならない。というのは、人民が惨めな状態に置かれ、自らが恣意的な権力の悪用にさらされていることに気づいたとき、どんなに大声をあげて彼らの統治者はかのジュピターの息子であるとほめたててみても、また、統治者を、天に由来し天から権威を授けられた神聖で神的なものに仕立てあげてみても、あなた方が好むままに統治者が誰であり何であるかと言い立てようと、同じことが起こるであろう。いずれにせよ、権利に反して全面的に悪しき取り扱いを受ける人民は、あらゆる機会を捉えて、自分たちに重くのしかかっている重荷を取り除いて楽になろうとするであろう。人民はそうした機会を望み、求めているのであり、しかも、そうした機会は、人間の世界に特有の変化や脆さや偶然のうちに、やがては必ず到来するものなのである。その実例を自分の一生のうちに見たことがない人は、この世できわめて短い生涯しか生きなかった人であるに違いない。また、世界におけるあらゆる種類の統治の中からその実例を挙げることができない人は、書物をほとんど読んだことのない人であるに違いない。

二二五　第二に、私は、そうした革命が、公的なことがらに関する些細な不手際があるたびごとに起こることはないと答えよう。支配者の側に大きな失政があっても、多くの不正かつ不都合な法があっても、人間の弱さに由来するどんな過失があっても、人民は、反抗もせず、不平も言わずに耐え忍ぶであろう。しかし、長く続く一連の悪政、言い逃れ、策謀がすべて同じ方向を辿っているために、その意図が人民の目にあきらかになり、人民が、自分たちがどんな状態の下に置かれているかを感じ、自分たちがどこに向かいつつあるかを悟らざるをえなくなった場合、人民が自ら決起し、統治が最初に設立されたときの目的を自分たちのために保証してくれる人々の手に支配権を移そうとすることは決して不思議ではないのである。そうした目的が保証されなければ、統治がどんなに由緒ある名をもち、どんなに見かけのよい形態をもっていたとしても、それは、自然状態や無統治状態に比べて、優るどころか、むしろずっと劣るであろう。そこでは、不都合は自然状態や無統治状態と同じくらい大きく、かつ切迫しているのに、それを救済する道ははるかに遠く、また困難だからである。

二二六　第三に、私は、人民は、立法者が彼らの固有権《プロパティ》を侵害することによって信託に反する行動をとったときには、新たな立法部を設け、改めて自分たちの安全を図る権力をもつという〔私の〕この教説こそが、叛逆に対する最善の防壁であり、それを阻止するもっとも有望な手段であると答えよう。なぜならば、叛逆とは、人に対する反抗ではなく、統治の基本法と法律とにのみ基礎を置く権威への反抗であり、従って、誰であれ、統治の基本法と法律とを実力によって突き破り、同じく実力によってその侵犯を正当化する者こそが、真に叛逆者と呼ばれるにふさわしいからである。つまり、人が社会と政治的統治との中へ入ることによって、暴力を排し、相互の間で固有権《プロパティ》、平和、統一を保全するために法を導入した後に、その法に対抗する暴力をふたたび用いる者こそ、ふたたび戦争を行う者[13]、すなわち、ふたたび戦争状態に戻ろうとする者であって、まさしく叛逆者と呼ばれるにふさわしい。こうしたことは、権力の座にある者こそが（見せかけの権威、手にしている実力の誘惑、周囲の者たちのお追従によって）もっともやりがちなことであるから、こうした弊害を阻止するためにもっとも適切な方法は、もっとも強くそうした誘惑に駆られがちな彼らに対して、それがいかに危険であり不正であるかを示してやることなのである。

二二七　以上に言及した両方の場合、つまり、立法部に変更が加えられた場合でも、立法者が設立されたその目的に反して行動した場合でも、罪を犯した者は叛逆の罪に問われざるをえない。なぜならば、誰であれ、実力をもって、ある社会の確立された立法部と立法部がその信託に沿って作った法とを奪い去る者は、それによって、かつてすべての人が、彼らの間の紛争を平和的に解決し、彼ら相互間の戦争状態への防壁とするために同意した裁定権を奪うことになるからである。立法部を取り除いたり、それに変更を加えたりする者は、人民の指名と同意となしには誰ももつことのできないこの決定権力を奪い去ることになろう。それゆえ、彼らは、人民が打ちたて、それ以外の誰もが打ちたてることのできない権威を破壊し、人民が権威を与えなかった権力を導き入れることによって、実際には、権威なき暴力の状態である戦争状態を導くのである。このようにして、彼らは、社会が確立し、（人民が、自らの意志の決定に従うようにその決定に黙従し、またそこにおいて統一されていた）立法部を取り除くことによって、人民の絆を解きほどき、彼らを改めて戦争状態にさらすのである。そして、もしも、実力をもって立法部を取り除く者が叛逆者であるとすれば、すでに示したように、立法者といえども、彼らが、人民とその自由および所有物との保護と保全とのために設立されたにもかかわらず、実力によってそれを侵害し、奪い取ろうとする場合には、同じく叛逆者と見なされなければならない。従って、彼らは、彼らを自分たちの平和の保護者とし防衛者とした人々との戦争状態に身を投じることによって、文字通り、そしてもっとも悪い意味において、ふたたび戦争をする者(rebellantes)、すなわち叛逆者なのである。

二二八　しかし、私の教説は叛逆に根拠を与えるものだと言う人々の意味するところが、人民に向かって、不法な企てが彼らの自由や所有物に対してなされるときは彼らは服従から解放されるとか、彼らの為政者が寄せられた信託に反して彼らの所有物を侵害したときにはその不法な暴力に反抗してよいのだとかと説くことは、内乱や内紛を引きおこしかねない、従って、世界の平和にとってきわめて破壊的なそうした教説は許されるべきではないということにあるとしてみよう。けれども、このように言うことは、同じ根拠に立って、善良な人々は強盗や海賊に対抗すべきではない、なぜならば、それは無秩序や流血を招きかねないからだと言うに等しい。もし、こうした場合に何らかの災害が生じるとすれば、その責めを負わされるべきは自らの権利を守った者ではなく、隣人を侵害した者に他ならない。罪のない善良な人間が、平和のためにということで、自分の所有物に手を出す者に対してそのすべてをおとなしく手放さなければならないとすれば、この世には、はたしてどのような種類の平和がありうるかについて考えてもらいたいと思う。そこでの平和は、ただ暴力と略奪とのうちに存し、強盗や抑圧者の利益のためにのみ維持されるべき平和にすぎない。それも平和であると言うならば、子羊が、何の抵抗もせずに、その喉を傲慢な狼が食いちぎるままに任せるとき、そこには強者と弱者との間の実に素晴らしい平和があると考えない人はいなくなるであろう。ユリシーズとその仲間たちとがおとなしく食い殺されるのを待つ以外には何もなすことがなかったポリュフェモス(14)の洞窟は、そのような平和と統治との完全な見本を示すものに他ならない。もとよりその場合、賢明な人物であったユリシーズは、彼の仲間たちに対して、平和が人間にとっていかに重要事であるかを主張し、今は自分たちの上に権力をもつポリュフェモスに抵抗すればいかに不都合が生じるかを示すことで、受動的服従を説き、おとなしく服従することを熱心に勧めたのであった。

二二九　統治の目的は人類の善にある。そうであるとすれば、人民が暴政の際限のない意志にさらされることと、支配者が、その権力を濫用するようになり、それを人民の所有物の保全にではなく破壊に用いる際にはときとして抵抗を受ける場合とでは、どちらが人類にとって最善であろうか。

二三〇　また、私のような教説からは、それが、おせっかいな頭や乱暴な気質をもつ輩《やから》を喜ばせて統治の変更を希望させるたびに災害が生じるなどとは誰にも言わせない。そうした輩は、たしかに欲するままに騒ぎ立てるかもしれない。しかし、それは、結局、彼ら自身の破滅と滅亡とにつながるだけであろう。なぜならば、人民は、もともと抵抗によって自らを救済するよりも苦しみに耐える傾向の方が強いので、災害が一般的なものへと広がり、支配者の悪しき企図があきらかになるか、大多数の人に感じられるようになるまでは、なかなか動こうとしないからである。あちこちで不運な人間が受けた個々の不正や抑圧の実例だけで、人民が動かされることはない。しかし、広く人民が、明白な証拠にもとづいて、彼らの自由に反する企てが着々と進行していることを確信したり、事態の一般的な流れや傾向から、統治者が悪しき意図をもっているとの疑念を人民が抱かざるをえなくなったりした場合、それについては誰が非難を受けるべきなのだろうか。そうした疑念を回避できたであろう者が自らその疑念に身を投ずるとすれば、もはや如何ともし難いのではなかろうか。人民が、理性的被造物としての分別を備え、事物について見たり感じたりするままにしか考えることができない場合、人民は非難されるべきなのだろうか。それは、むしろ、事物をあるがままの姿では考えてほしくないような状態に置いた者の罪ではないのだろうか。私も、私人の自尊心や野心や凶暴さがときに政治的共同体の大きな無秩序を引きおこし、また、党派の争いが国家や王国の命取りになってきたことを認める。しかし、私は、災害が、人民の側における放逸と支配者の合法的な権威を振り払おうとする欲求とから始まったことの方が多いか、それとも、支配者の側における横暴や、恣意的な権力を獲得して人民の上に行使しようとする努力から始まったことの方が多いか、つまり、最初に無秩序を引きおこしたのが抑圧であったか、それとも不服従であったかについては、その決定を公正な歴史に委ねたいと思う。ただ、私は、支配者あるいは人民のどちらであっても、実力によって君主あるいは人民の権利を侵害し、正当な統治の基本法と体制とを転覆させる基礎を置こうとする者は、統治の破砕が一国にもたらす流血、略奪、荒廃といった災害に責任を負うべきなのだから、人間がなしうるおそらく最大の犯罪を犯すのだということを信じて疑わない。そして、そのようなことを行う者は、当然、人類の共通の敵であり、害虫であると見なされるべきであり、それにふさわしい扱いを受けるべきなのである。

二三一　ある人の所有物に力ずくで手をかけようと試みる臣民や外国人には実力をもって抵抗してよいということについては、すべての人々が同意している。しかし、為政者が同じことを行った場合には抵抗してもよいということは、最近では否定されてきている。これでは、まるで、法によって最大の特権と便宜とを与えられた者が、彼らを他の同胞以上の地位に置いた唯一のものであるその法を破る権力をもつというようなものである。だが、それによる彼らの罪は、法によってより多くの分け前に与っていることに感謝しておらず、また、同胞によって彼らの手に置かれた信託を破っている点で、より重いと言わなければならない。

二三二　権利なしに実力を行使する者は誰であれ、法なしに社会のなかで実力を行使するすべての人と同様に、彼がその実力を行使する相手の人々との戦争状態に身を置くことになる。そして、この状態においては、それまでの拘束はすべて無効となり、他の権利はすべて消滅して、各人は、自分自身を防衛し、攻撃者に抵抗する権利をもつのである。このことはあまりにも明白なので、国王の権力と神聖さとの偉大な主張者であるあのバークレイ[15]でさえ、ある場合には、人民が国王に抵抗することは合法的であると告白せざるをえなかった。しかもまた、彼がそうせざるをえなかったのは、神の法によって人民はあらゆる種類の叛逆を禁じられているということを示そうとした章においてであった。これにより、バークレイ自身の教説によってさえ、人民はある場合には抵抗してもよいのだから、君主への抵抗はそのすべてが叛逆になるわけではないということがあきらかになる。彼の言葉を引けば、以下の通りである。"Quod siquis dicat, Ergone populus tiranicæ crudelitati et furori jugulum semper praebebit? Ergone multitudo civitates suas fame, ferro, et flammâ vastari, seque, conjnges, et liberos fortunæ ludibrio et tyranni libidini exponi, inque omnia vitæ pericula omnesque miserias et molestias à rege deduci patientur? Num illis quod omni animantium generi est à naturâ tributum, denegari debet, ut sc. vim vi repellant, seseque ab injuria tueantur? Huic breviter responsum sit, Populo universo non negari defensionem, quæ juris naturalis est, neque ultionem quæ præter naturam est adversus regem concedi debere. Quapropter si rex non in singulares tantum personas aliquot privatum odium exerceat, sed corpus etiam reipublicæ, cujus ipse caput est, i. e. totum populum, vel insignem aliquam ejus partem immani et intolerandâ sævitiâ seu tyrannide divexet; populo quidem hoc casu resistendi ac tuendi se ab injuriâ potestas competit, sed tuendi se tantum, non enim in principem invadendi: et restituendæ injuriæ illatæ non recedendi à debitâ reverentiâ propter acceptam injuriam. Præsentem denique impetum populsandi non vim præteritam ulciscendi jus habet. Horum enim alterum à naturâ est, ut vitam scilicet corpusque tueamur. Alterum vero contra naturam, ut inferior de superiori supplicium sumat. Quod itaque populus malum, antequam factum sit, impedire potest, ne fiat; id postquam factum est, in regem authorem sceleris vindicare non potest: populus igitur hoc amplius quam privatus quispiam habet: quod huic, vel ipsis adversariis judicibus, excepto Buchanano, nullum nisi in patientia remedium superest. Cùm ille si intolerabilis tyrannus est (modicum enim ferre omnino debet) resistere cum reverentiâ possit". Barclay contra Monarchom.(16) l. iii. c. 8.

これを訳せば、以下のようになる。

二三三　「しかし、もし誰かが次のように問うとしよう。それでは、人民は常に暴政の残酷さと凶暴さとにさらされていなければならないのか。彼らは、自分たちの都市が略奪されて灰燼に帰し、妻子は暴君の欲望と怒りとにさらされ、君主によって、彼自身とその家族とが滅亡させられ、欠乏と抑圧との悲惨な状態に突き落とされるのを見ても、ただ黙って座っていなければならないのか。侵害からの保全のために、自然は他のすべての被造物に対して実力には実力で対抗する共通の特権を惜しみなく認めているのに、ひとり人間だけはそうした特権を禁じられなければならないのか。これらに対して、私は、自己防衛は自然法の一部をなし、共同体は国王自身を相手にする場合でさえそれを拒まれることはありえない、しかし、国王に対して復讐することは、自然法に合致しないことだから、決して許されてはならないと答えよう。それゆえ、もし、国王が、ある特定の人物に対して憎悪を示すだけではなく、彼自身がその首長である政治的共同体全体と対立し、耐え難い悪行をもって人民全体あるいはそのかなりの部分に残酷な暴政を行うとすれば、その場合には、人民はそれに抵抗し、侵害から自分たちを防衛する権利をもつ。しかし、それには、人民はただ自分を防衛するだけであって、彼らの君主を攻撃しないという注意が伴わなければならない。彼らは、受けた損害を賠償させることはできるが、いかに挑発されても、然るべき畏敬と敬意との限界をこえてはならない。彼らは、当面の攻撃は撃退してよいが、しかし、過去の暴力に復讐してはならない。なぜならば、われわれが生命と四肢とを防衛するのは自然であるが、下位の者が上位の者を罰するのは自然に反するからである。人民に対して企まれた災害については、彼らが事前にそれを防止することは許されるが、ひとたびそれが行われた場合には、人民は、たとえ国王がその悪事の張本人であっても、彼に復讐してはならない。従って、私人は、（ブキャナン[17]だけを除いて）われわれの論敵自身も認めているように、忍耐以外の救済策をもたないが、人民全体は、暴政が穏健なものであれば耐え忍ぶべきであるとしても、耐え難い暴政に対しては畏敬の念をもちつつ抵抗してもよいのであって、これが、私人がもつものを越えて人民一般がもつ特権なのである」。

二三四　かの偉大な君主権力の唱道者も、ここまでは抵抗を認めているのである。

二三五　バークレイは確かに抵抗に二つの制限を付しているが、しかし、これは無益なことである。

第一に、彼は、抵抗は畏敬の念をもってなされなければならないと述べている。

第二に、抵抗は復讐や処罰を伴ってはならないとし、その理由を「下位の者は上位の者を処罰することはできないからだ」としている。

第一に、「殴り返すことなしにどのように暴力に抵抗するか」、あるいは、「畏敬の念を込めてどのように殴るか」を理解可能にするには、いささかの技能を要するであろう。攻撃に対して、一撃を受けとめるための盾だけをもって立ち向かったり、剣を手にすることなく、攻撃者の自信と力とを低下させるための何かもっと丁重な姿勢で立ち向かったりする者は、たちまちのうちにその抵抗に行き詰まってしまうであろうし、また、そんな防衛ではもっとひどい扱いを招くのが落ちだということに気づくであろう。これは、ユヴェナーリス(18)が馬鹿げた戦いの仕方だと考えた「お前が殴るなら、いくらでも殴られてやるさ(ubi tu pulsas, ego vapulo tantum)」と同様に、抵抗の馬鹿げた方法である。そして、そのような戦いの結果は、彼〔ユヴェナーリス〕がそこで次のように描いたのと間違いなく同じものになるであろう。

あわれな男の自由とはこんなもの。
さんざん殴られ、打ちのめされて、
わずかでも歯のあるうちに帰して下さいと、
ただ平伏して哀願する。(19)

人が殴り返すことは許されないというような想像上の抵抗の行き着く先は、いつもこんなものであろう。従って、抵抗を許される者は、殴ることも許されなければならない。

そこで、著者〔のバークレイ〕にでも、他の誰にでも、頭を殴ったり、顔に切りつけたりすることと、適当と思う限りの畏敬および尊敬とを一緒にさせてみるがよい。殴打と畏敬とを融和させることのできる者が、その労苦の報いとしていたる所で見舞われるのは、上品で敬意のこもった棍棒の殴打であるといったことになるであろう。

第二に、彼〔バークレイ〕が〔抵抗に〕付した第二の制限、すなわち「下位の者は上位の者を処罰しえない」ということに関して言えば、それは、一般的には、相手が自分よりも上位者である限り、真実であろう。しかし、実力をもって実力に抵抗することは、当事者を平等な立場に置く戦争状態であるから、畏敬とか敬意とか優越性とかといったこれまでの関係をすべて帳消しにするものである。従って、そこに残る〔当事者間の〕差は、不正な攻撃者に対抗する者が、勝利を収めた場合には、平和の侵害とそれに伴うすべての害悪とを理由として犯罪者を処罰する権利を手にするという点で攻撃者に対する優位性をもつということになろう。だからこそ、バークレイは、〔先に引いたのとは〕別の箇所では、自説にもっとつじつまを合わせて、いかなる場合においても国王に抵抗することは合法的ではないと主張しているのである。しかし、そこにおいても、彼は、それにより国王が自らを王ではない者とする二つの場合を定めた。彼の言葉は以下の通りである。

“Quid ergo, nulline casus incidere possunt quibus populo sese erigere atque in regem impotentius dominantem arma capere et invadere jure suo suâque authoritate liceat? Nulli certe quamdiu rex manet. Semper enim ex divinis id obstat, Regem honorificato; et qui potestati, resistit, Dei ordinationi resistit: non aliàs igitur in eum populo potestas est quam si id committat propter quod ipso jure rex esse desinat. Tunc enim se ipse principatu exuit atque in privatis constituit liber: hoc modo populus et superior efficitur, reverso ad eum sc. jure illo quod ante regem inauguratum in interregno habuit. At sunt paucorum generum commissa ejusmodi quæ hunc effectum pariunt. At ego cum plurima animo perlustrem, duo tantam invenio, duos, inquam, casus quibus rex ipso facto ex rege non regem se facit et omni honore et dignitate regali atque in subditos potestate destituit; quorum etiam meminit Winzerus. Horum unus est, Si regnum disperdat, quemadmodum de Nerone fertur, quod is nempe senatum populumque Romanum, atque adeo urbem ipsam ferro flammaque vastare, ac novas sibi sedes quærere, decrevisset. Et de Caligula, quod palam denunciarit se neque civem neque principem senatui amplius fore, inque animo habuerit interempto utriusque ordinis electissimo quoque Alexandriam commigrare, ac ut populum uno ictu interimeret, unam ei cervicem optavit. Talia cum rex aliquis meditatur et molitur serio, omnem regnandi curam et animum ilico abjicit, ac proinde imperium in subditos amittit, ut dominus servi pro derelicto habiti dominium".

二三六　"Alter casus est, Si rex in alicujus clientelam se contulit, ac regnum quod liberum à majoribus et populo traditum accepit, alienæ ditioni mancipavit. Nam tunc quamvis forte non eâ mente id agit populo plane ut incommodet: tamen quia quod præcipuum est regiæ dignitatis amisit, ut summus scilicet in regno secundum Deum sit, et solo Deo inferior, atque populum etiam totum ignorantem vel invitum, cujus libertatem sartam et tectam conservare debuit, in alterius gentis ditionem et potestatem dedidit; hâc velut quadam regni ab alienatione efficit, ut nec quod ipse in regno imperium habuit retineat, nec in eum cui collatum voluit, juris quicquam transferat; atque ita eo facto liberum jam et suæ potestatis populum relinquit, cujus rei exemplum unum annales Scotici suppeditant". Barclay contra Monarchom. l. iii. c. 16.

これを訳せば、以下のようになる。

二三七　「それでは、人民が、正当に、そして自分自身の権威によって自らを助け、武器を取り、自分たちを強圧的に支配する国王を攻撃することが許されるような場合は生じえないのであろうか。国王が国王である限り、そうしたことはまったくありえない。『王を尊べ』[20]、『権力に抵抗する者は神の定めに抵抗する者なり』[21]とは、決してそうしたことを許さない神の告示なのである。従って、人民は、国王が国王であることをやめるようなことを何かしない限り、国王に対する権力を一切もつことはできない。なぜならば、そのときは、国王は、その王冠と尊厳とを放棄して一私人の状態に戻り、人民も、自由の身になって優越的な地位に立ち、また、人民が、かつて国王に王冠を授ける前の空位期にもっていた権力も彼らの手に復帰するからである。しかし、事態をこのような状態に追いやるような失政はほとんどなく、あらゆる面から考察した結果、私が、そうした失政として見いだすことができたのは次の二つだけであった。すなわち、思うに、それによって、国王が、事実上、国王ではなくなり、人民に対する一切の権力と国王としての権威とを失う二つの場合があり、これについては、かのウィンザルス[22]も注目したところであった。

第一は、国王が統治を転覆させようとする場合〔すなわち、彼が王国と政治的共同体とを破滅させようという目的と意図とをもつ場合〕[23]に他ならない。例えば、ネロに関する記録が示すように、彼は、ローマの元老院〔議員〕と人民との首をはね、火と剣とによってローマ市を廃墟にしてから別の場所に移ろうと決心したといった場合がそれに当たる。また、カリグラについての記録が示すように、彼は、もはや人民や元老院の長たることをやめ、貴族と平民との両身分のうちのもっとも優れた人々の首をはねてからアレキサンドリアに引きこもろうと考えていたと公言し、一撃の下に人民全部の首をはねられるように、人民がただ一つの首をもつことを望んだといった場合もそうである。国王が、このような企図を心に抱き、本気になってそれを推進するとき、彼は、直ちに政治的共同体への配慮と思慮とを放棄したことになり、従って、主人が見捨てた奴隷に対する支配権を失うように、臣民を統治する権力を喪失するのである(24)」。

二三八　「もう一つは、国王が、自らを他国の従属者にしてしまった場合、すなわち、祖先が彼に残し、人民が自由に彼の手に委ねた王国を他国の統治権に従属させた場合に他ならない。というのは、おそらく人民に損害を与えることが国王の意図ではなかったにせよ、それによって、彼は、神の下では神に直接的に連なる次位たる位置を占め、王国においては首長たる地位に立つ国王としての尊厳の主要部分を失ったからであり、また、人民の自由を注意深く保全すべきであったにもかかわらず、彼らを裏切って、無理やりに外国の権力と統治権とに委ねてしまったからである。このように、いわば自らの王国を譲渡することによって、彼はかつてその王国でもっていた権力を失うが、しかし、彼がその権力を譲り渡そうとした者には、いささかの権利も移譲されることはない。それゆえ、国王は、この行為によって、人民を自由にし、人民が自らを自由に処することを許すのである。その一例は、『スコットランド年代記』のうちに見いだされるであろう(25)」。

二三九　絶対王政の偉大な擁護者であったバークレイも、以上のような場合には、国王に抵抗してもよく、また、国王は国王であることをやめるということを認めざるをえなかった。それは、他の多くの例をあげるまでもなく、端的に、国王が権威をもたない場合には彼は国王ではなく、これに抵抗してもよいということに他ならない。なぜならば、権威が消滅する場合には、常に国王も国王ではなくなり、権威をもたない他の人間と同格になるからである。そして、バークレイが例示するこれら二つの場合は、私が統治の破壊を導くものとして先に論じた場合とほとんど異ならない。異なるのは、彼が、その教説の源泉となる原理、つまり、同意された統治の形態を維持せず、統治自体の目的である公共の善と固有権《プロパティ》の保全とを意図しない点に存する信託違反という原理を省いてしまったことだけである。国王が自ら王位を捨てて、人民との戦争状態に身を投じた場合、人民が、自分たちと戦争状態にある他の人々に対するのと同様に、もはや国王ではない彼を告発するのを妨げるものがあるのであろうか。この点について、バークレイや、彼と同意見の人に語ってほしいと思う。更に、私がバークレイの言っていることのなかで注意を促したいのは、彼が、「人民に対して企まれた災害については、彼らが事前にそれを防止することは許される」としていることであって、これによって、彼は、暴政が単に企図されているだけでも、それに対する抵抗を認めているのである。「国王が、このような企図を心に抱き、本気になってそれを推進するとき、彼は、直ちに政治的共同体への配慮と思慮とを放棄したことになる（と彼は言う）」。従って、彼によれば、公共善を無視することは、そうした企図の証拠とされ、あるいは、少なくとも抵抗への十分な根拠とされるのである。そして、彼が与えている理由のすべては、「なぜならば、人民の自由を注意深く保全すべきであったにもかかわらず、彼らを裏切って、無理やりに」という言葉のうちにある。そして、彼は、その次に、「外国の権力と統治権とに委ねてしまった」とつけ加えているが、これは無意味であろう。なぜならば、国王の過誤と権利喪失とは、彼が保全すべきであった自由を人民が失ったことにあるのであって、その統治権に人民が服従した人物が誰であるかの区別にはないからである。人民が奴隷にされるのが自国の人間であれ、他国に属する者であれ、人民の権利が侵害され、その自由が失われることに変わりはない。ここにこそ権利侵害が存在し、また、それに対してのみ、人民は防衛の権利をもつ。そして、人民に怒りをもたらすのは、彼らを統治する人物の国籍[27]が変わったことではなく、統治が変わったことであることを示す例は、どの国にも見いだすことができるであろう。わが国教会の主教で、君主の権力と大権との偉大な守護者であるビルソン[28]も、もし私が誤っていなければ、キリスト教徒の服従に関する論稿[29]において、君主がその権力を失うこともありうるし、臣民の服従に対する権原を失うこともありうることを認めているではないか。このように道理の上ではきわめて明白な場合であっても、更に権威が必要であるというなら、私は、ブラクトン[30]、フォーテスキュー[31]、『鏡』の著者[32]など、われわれの統治について無知とは考えられず、それへの敵対者とも思われない著作者たちの下へ読者をお送りすることができる。しかし、私としては、次のような人々を満足させるためにはフッカー一人で十分であろうかと思う。すなわち、それは、教会政治についてはフッカーに依拠しながら、奇妙な運命によって、彼が教会政治をその上に基礎づけた原理の方は否定することになってしまった人々に他ならない。その場合、狡猾な職人たちの道具として利用されたフッカーの原理が、彼ら自身の構築物を引き倒すことになっていないかどうかは、彼らにもっともよく見えているはずであろう。いずれにせよ確信をもって言えるのは、彼らの政治術策[33]が、以前の時代には提唱することさえはばかられるほど、きわめて斬新であり、支配者と人民との双方にとってきわめて危険かつ破壊的なものであることである。私としては、これからの人々が、こうしたエジプトの下請現場監督のような者たちが課する重荷[34]から解放されて、自分たちに都合がよいと思えばすべての統治を絶対的な暴政に変形させ、また、すべての人間を、彼らの卑しい魂こそがそれにふさわしい生まれつきの隷属状態に置こうとするような連中のことを、思い浮かべるだけでもぞっとするようになってくれることを希望したい。

二四〇　ここにおいて、おそらく、君主あるいは立法部が信託に背いて行動しているかどうかを誰が裁決すべきなのかという例の疑問が生じるであろう。君主が正当な大権を行使しているにすぎないのに、悪意をもった党派的な者たちがその疑問を人民の間に広げ〔て問題を煽〕るかもしれない。そこで、私としては、それに対して、人民が裁決者であるべきであると答えよう。というのは、信託を受けた者またはその代理人が正しく、また寄せられた信託に沿って行動しているかどうかの裁決者としては、彼に代理を委任した人、従って、彼に代理を委任することによって、委任された者が信託に沿わなかった場合にはその者を罷免する権力を依然として保持する人を措いて、他に誰もいないからである。もし、このことが私人の個々の場合において理に適ったことであるとすれば、何百万という人々の善に関係し、もし害悪が予防されなければ、その害悪はより大きくなり、それを取り除くことはきわめて困難であり、高くつき、かつ危険でもあるかのもっとも重大な場合にそうでないということが、どうしてありうるであろうか。

二四一　しかし、更にまた、この（誰が裁決者であるべきかという）問題は、裁決者がまったく存在しないということを意味しえない。なぜならば、地上に人間と人間との間の紛争に裁決を下すべきいかなる裁判官もいない場合には、天にいる神が裁決者として存在しているからである。確かに、神のみが正義の裁決者に他ならない。しかし、他の場合と同じように、この場合においても、各人が、他人が彼と戦争状態に身を投じているかどうか、また、エフタがしたように、至高の裁決者〔たる神〕に訴えるべきかどうかの裁決者なのである。

二四二　もしも、君主と人民の一部との間で、法が沈黙しているか、[35]あるいは疑義があることがらについて、しかも重大な結果を招くことがらについて紛争が生じた場合、人民全体こそが適切な裁決者であると私は思う。なぜならば、君主が信託を受け、法の一般的な通常の規則の適用を免除されている場合、そこにおいて、もし誰かが自分たちは虐げられているということに気づき、君主は信託に反して、あるいはそれを超えて行動していると考えるなら、人民がその信託をどの範囲まで及ぼすつもりであったかを裁決するのに(最初に君主に信託を寄せた)人民全体以上にふさわしい者はいないからである。しかし、君主であれ、行政に携わる誰であれ、彼らがそうした裁決方法を拒否するならば、もはや天に訴える以外に途はない。地上には公知の上位者をもたない人々と、地上の裁判官への訴えを許さない人々との間の暴力は、端的に言って、天に訴えるしか途がない戦争状態であり、その状態においては、危害を受けている人間の側が、天に訴える途を利用し、それに身を委ねるのにふさわしいと考える時期について自ら判断しなければならないのである。

二四三　結論を述べることにしよう。社会にはいるときにすべての個人が社会に与えた権力は、社会が存続する限り、ふたたび個々人の手には決して戻ることはなく、常に共同体のうちにとどまる。そうでなければ、いかなる共同体もいかなる政治的共同体もありえないことになり、最初の合意に反することになってしまうからである。従ってまた、同じように、社会が、立法権を人間の何らかの集会に委ね、それが彼らとその後継者たちとの手中に引き続き置かれるようにし、しかも、その集会に、そうした後継者を定める指示と権威とを与えた場合は、統治が続く限り、立法権が人民に戻ることはありえない。なぜならば、人民は、立法部の手に永久に続く権力を与えてしまった以上、自分たちの政治権力を立法部に委ねたのであり、それを取り戻すことはできないからである。しかし、もし人民が、その立法部の存続期間に制限を設け、個人または集会のうちにあるこの至高の権力を単に一時的なものとした場合や、権威をもつ人々の失策によってその至高の権力が彼らの手から失われる場合には、〔支配者の〕この権力喪失、あるいは、定められた期間の終了により、その至高の権力は社会に戻るであろう。そして、人民は、至高の存在として行動する権利を手にし、立法権を自分たちのうちに置き続けるか、新しい形態の統治を打ち立てるか、それとも、古い形態の統治の下でそれを新たな人々に委ねるかを、自分たちがよいと考えるところに従って決定する権利をもつことになるのである。

（終）

（1）自然状態を指す。

（2）原語は multitude である。

（3）ここでロックの念頭にあったのは、おそらく、『リヴァイアサン』第二九章における「主権者は、政治的共同体に生命と運動とを与える公共の魂である」とのホッブスの文言であった。ただし、ホッブスが「主権者」とした部分が「立法部」に置き換えられていることは言うまでもない。
（4）「このような統治体制（constitution）」とはイングランドの統治体制を指す。
（5）貴族院と庶民院とを指す。
（6）原語は administration である。
（7）原語は a mystery in politics である。
（8）君主を指す。
（9）おそらく、二一二節にみられる「第一は」に対応する。
（10）これに続く「第二に」といった表記はない。
（11）原語は the common refuge である。
（12）イングランドを指す。
（13）原語は rebellare である。
（14）ギリシャ神話に登場する一つ目の食人種サイクロプスの首領。ホメロスの『オデュッセイア』によれば、トロイ戦争におけるギリシャの指揮官でイタカの王であったオデュッセウス（ユリシーズ）は、仲間一二人とともにポリュフェモスに捕らえられ、その洞窟に幽閉されたが、熟慮をめぐらして慎重に振る舞い、最後はポリュフェモスの目を燃え木で突いて脱出した。
（15）William Barclay (1546–1608). スコットランドの法学者、政治思想家。国王権力の絶対性を主張して、それへの抵抗の合法性を説くモナルコマキを批判したことで知られる。なお、ロックは、前篇四節および六七節においても、バークレイに、「大胆に国王の権利を擁護した者」、「国王の権利の偉大な擁護者」の一人として言及している。

(16)　正式な書名は、*De Regno et Regali Potestati adversus Buchananum, Brutum, Boucherium et reliquos Monarchomachos*, 1600 である。

(17)　George Buchanan (1506-1582). スコットランドのプロテスタント系人文学者で、反絶対王政論者。当時王位にあったカトリックの女王メアリー・スチュアートの廃位を主張したことで知られる。

(18)　紀元一―二世紀のローマの風刺詩人 Juvenalis のこと。*Satirae* の作者。

(19)　*Satirae*, Vol. III からの引用であり、原文は、"Libertas pauperis hæc est : Pulsatus rogat, et pugnis concisus, adorat, Ut liceat paucis cum dentibus inde reverti" である。

(20)　『ペテロ前書』第二章一七節。

(21)　『ロマ書』第一三章二節。

(22)　原語 Winzerus は、おそらく、Winzetus の誤植であろう。バークレイがここで言及しているのは、ノックスやブキャナンと対立したスコットランドの政論家 Ninian Winzet のことだと考えられるからである。

(23)　ロックは、二三五節におけるバークレイからの引用文において、この〔　〕で示した部分に対応する et rempublicam evertere conetur, hoc est, si id ei propositum, eaque intentio fuerit ut を欠落させている。

(24) これは、二三五節で引用されたラテン語部分の訳である。

(25) これは、二三六節で引用されたラテン語部分の訳である。なお、この文中の末尾に挙げられている『スコットランド年代記』、バークレイの原語では annales Scotici, ロックの訳では Scottish Annals が具体的に何を指すかは必ずしも明確ではないが、おそらく、一三八〇年代に書かれた John of Fordun, *Chronica Gentis Scotorum* か、それを発展させて一四四〇年代に書かれた Walter Bower, *Scotichronicon* かのいずれか、あるいはその両者を念頭に置いたものと言ってよいであろう。

(26) 原語は foreign nation である。

(27) 原語は nations である。

(28) Thomas Bilson (1547–1616). ウスターやウインチェスターの主教を歴任した。

(29) 正式な書名は *The True Difference between Christian Subjection and Unchristian Rebellion*, 1585 である。

(30) 聖職者であり、法律家であった Henry de Bracton (?–1268) のこと。一二五〇年代に執筆した *De Legibus et Consuetudinibus Angliae* は、イングランド法に関する中世最高の作品であり、コモン・ローの発展に大きな影響を与えた。

(31) 法律家であり、裁判官であった Sir John Fortescue (1394?–1476?) を指す。フランスの法制度と比較しつつ、イングランド法の優越性を指摘した *De Laudibus Legum Angliae*, ca. 1470 や、イングランドの統治体制の特質を論じ、一七一四年になって公刊された *On the Governance of the Kingdom of England* の著者として著名。

(32) ここで、ロックが「『鏡』の著者」と呼んでいるのは、一四世紀の著述家であり、一六四〇年代に *The Booke called The Mirrour of Justices* の名で出版された書物の著者である Andrew Horne のことであろう。

(33) 原語は civil policy である。

(34) 『出エジプト記』第一章一一節「督者をかれらの上にたて、彼らに重荷をおわせてこれを苦しむ」を下敷きとしている。

(35) 原語は controversy である。

解　説――『統治二論』はどのように読まれるべきか

はじめに

ここに訳出したジョン・ロックの『統治二論』は、一六九〇年に出版されて以来、時代と国境とをこえて読み継がれてきた政治学史上の第一級の古典である。

例えば、それは、ロックの祖国を始めとする多くの近代国家において、ほぼ例外なく、大学教育における政治学への基本的な入門書の一つと目されてきた。また、政治学を専門とする者にとって、それが、近代ヨーロッパにおける啓蒙主義やリベラリズム、あるいは、立憲主義やデモクラシーの観念を論じる際に何よりもまず引照基準とすべき正典としての位置を占めてきたことも疑いえない。『統治二論』が、一五カ国をこえる国において翻訳されてきた事実がそれを示している。しかも、その影響力は、単なる学問や理論の領域にとどまるものではなかった。『統治二論』、特にその後篇は、アメリカ独立革命やフランス革命に政治的想像力の一つの重要な源泉を提供することによって、現実の歴史の動向にさえ実践的な影響を与えた作品であったからである。その余波が遠く日本国憲法にまで及んでいることは、あらためて述べるまでもない。また、最近では、長く軍事独裁に苦しんできたギリシャの民主化の流れをうけて一九九〇年に『統治二論』後篇のギリシャ語訳が出版され、それがまたギリシャの民主化を支える理論的支柱の一つとなった事例も報告されている。

このように、『統治二論』は、政治学や政治観念の歴史に対しても、また、現実の政治史の上にも巨大な影響力をもった作品であった。もとより、それは、『統治二論』が秘める内容的な豊かさの反映であった。しかし、その豊かさが、『統治二論』の解釈を無限に多様化させ、『統治二論』がそもそもどのような作品であったかの客観的な理解を曖昧にする結果を招いてきたことも否めない。ピーター・ラズレットが『統治二論』のテキストに厳密な考証学的考察を加え、それをうけて、『統治二論』の「歴史的説明」を企図する動きが強まった一九六〇年代後半以降のロック研究の動向は、あきらかにそれへの反省であった。

こうした動向を前提とするとき、われわれは、『統治二論』という作品をどのように読むべきなのであろうか。それに対する最善の答えは、『統治二論』を、ロック自身がそれをそのように読んでほしいと願ったように読むことであろう。ロックの意志や意図を無視して、この作品を内在的に解読する方法はおそらくないからである。できるだけロック自身に身を寄せるそうした立場に立って、以下、『統治二論』を読む場合に必要不可欠だと思われるいくつかの論点を述べることにしたい。ただし、その場合にも、解説が解釈の領域にまで踏みこまざるをえないことを予めお断りしておく。『統治二論』をめぐる歴史的事実にはなお不明な点が多く、また、その多様な側面のうち、例えば宗教性と世俗性とのどちらを重視するかといったこと自体が依然としてロック解釈史上の問題であり続けているからである。その点で、この解説では、読者諸氏が『統治二論』という作品を読む上で参考になると思われる一、つの視点を提供すること以上のことは意図されていない。比較的単純なテキストの問題や、執筆および出版の背景の問題から解説を始め、順次、その複雑な内容の解読に及びたいと思う。

I　テキスト問題

一六八九年に出版が認可された『統治二論』は、一七〇四年のロックの死までに、いずれも匿名で、一六九〇年、一六九四年、一六九八年の三回にわたって出版された。しかし、ロックは、これら三つの版に、誤植が多いことを主たる理由として満足せず、生前最後の版になった第三版に綿密な手を加え、筆記者ピエール・コスタの協力の下に「後世へのテキスト」のためのおそらく複数の写本を作成させた。その一つを原版として、ロックの死後九年を経た一七一三年にロンドンの John Churchill 社から、初めて著者名を付した『統治二論』第四版が出版され、一八世紀以降、本訳書が底本としたものを含めて次々に刊行されたさまざまな版本の原型となった。

しかし、『統治二論』の出版にはもう一つの原版があった。筆記者コスタがおそらく上記のものとは別に完成していた写本がそれであり、それを、「散歩の途中に」たまたま手に入れたトマス・ホーリスが『統治二論』の第六版として一七六四年に出版し、その原版をケムブリッジ大学のクライスト・コレッジに寄贈したいわゆるクライスト・コピーに他ならない。ラズレット版は、「必要な修正を加えて」この版を再刊したものである。

内容に関する限り、『統治二論』のこうした二つの原版の間に有意な差は認められない。唯一の違いは、第四版を再刊したものがそれぞれの版の編者による技術的な修正が加えられて正確さを増しているのに対して、第六版が、第三版までと同様に、強調点をイタリック体にするような「原文の香り」を残している点にある。本訳書が、こうしたそれぞれの長所に配慮して、内容的には第四版の再刊である一八二三年版を忠実に訳出することに努める一方で、第三版と第六版の再現であるラズレット版とを参照しながら、原文の雰囲気を示すために、そのイタリック体の部分に必要に応じて傍点を付した理由に他ならない。

しかし、こうしたテキスト問題以上に重要なのは、『統治二論』の執筆と出版との歴史的文脈である。

II　執筆と出版

歴史家の綿密な考証によって、『統治二論』の主要部分が、後述する王位排斥問題をめぐる危機の文脈のなかで、しかも、後篇、前篇の順に、遅くともロックがオランダに亡命した一六八三年までに執筆されたことがあきらかにされている。従って、それが、一六八八年の名誉革命を正当化するために執筆されたという解釈が成り立つ余地はない。しかし、一六九〇年における『統治二論』の出版と名誉革命との関係はなお問うに値する問題であり続けている。それについては、次のように考えてよいであろう。

ロックは『統治二論』の「緒言」のなかで、出版される『統治二論』が、「わが現国王ウィリアムが、あらゆる合法的統治の唯一の権原である人民の同意を〔自らの統治の〕

権原としていることを証明し、隷属と滅亡との危機に瀕した祖国を救ったイングランド人民を世界に対して正当化するのに十分であろう」と述べている。

その場合、ロックは、名誉革命体制がウィリアムおよびメアリとイングランド人民との支配服従契約の法理に依拠しているのに対して、『統治二論』が人民間の社会契約の法理に立っていることを自覚していた。そうしたロックが、しかも革命によって成立したレジーム下で革命権を正当化する作品の出版に踏み切った以上、そこには、執筆とは自ずから異なる意図があったと考える他はない。端的に言って、それは、イングランドのカトリック化を目指したチャールズ二世とジェイムズ二世との政策の延長線上に、ジェイムズが亡命したカトリックの最強国フランスの軍事介入が続き、国内でもそれに呼応するジェイムズの支援者たち（ジャコバイト）の策動が止まない名誉革命後の状況のなかで、当時プロテスタントの盟主であったウィリアム治下の「祖国」イングランドをフランスへの「隷属」から防衛しようとするナショナリスティックな意図であった。その点で、『統治二論』の出版の意図は、ロックが、一六八九年、等しく、ナショナルな観点からカトリック教徒を寛容対象から排除する『寛容書簡』を出版した意図と重なっていたと言ってよい。

しかし、改めて述べるまでもなく、『統治二論』をロックが願ったように読むに当たってより重視されなければならないのは、こうした出版の文脈や意図ではなく、その執筆の背景に他ならない。

Ⅲ　『統治二論』まで

一　執筆の背景

『統治二論』については、次の二点が研究者の共通了解になっていると言ってよい。一つは、『統治二論』が、ロックのパトロンで議会派の大立者であったシャフツベリが、チャールズ二世の弟、ヨーク公ジェイムズ(後のジェイムズ二世)から王位継承権を剝奪しようとして生じた一六七九年から八一年にわたる王位排斥問題をめぐる危機の文脈のなかで、シャフツベリ陣営を擁護することを意図して執筆された作品であったことである。もう一つは、この危機のなかで、国王への抵抗を反逆罪にするためのイデオロギーを必要とした王党派が、王権神授説に立って国王権力の絶対性と神聖性とを説いた『パトリアーカ』を含むサー・フィルマーの古い作品を次々に再刊したのを受けて、『統治二論』全体がフィルマー批判を意図する作品となったことに他ならない。『統治二論』が、主として、最終的には革命権に行きつく不法な権威に対する抵抗権を弁証するものとなった理由もそこにあった。

しかし、『統治二論』は、フィルマーに対する単なる党派的で政治的な批判文書にとどまるような底の浅い作品ではなかった。そこには、フィルマーの王権神授説との宗教的世界観を賭した根源的な対決があり、その対決を通して、『統治二論』は近代政治学史上に屹立する第一級の古典へと鍛え上げられたからである。その点をあきらかにするためには、ロックが、『統治二論』の執筆までに身につけていた根本的な神学的思考枠組みを一瞥しておかなければならない。

二　神学的パラダイムの確立

一六三二年に厳格なピューリタンの家庭に生まれたロックは、終生、「神を取り去ることはすべてを解体することである」と考える敬虔なクリスチャンであり続けた。その場合、内乱から革命を経て王政復古に至る時代の「嵐」のなかで失われた人間の確固たる自己同一性の根拠を求めて若きロックが改めて確立して行った信仰は、端的に二つの信条からなっていた。一つは、「カオス」に満ちた人間の生の規範的な指針として「われわれにとって最善でありわれわれが黙従すべきもの」を示してくれる「神の手」の存在への揺るぎなき確信であり、もう一つは、人間を、「神の目的」に仕えるべき義務を負って創造された「神の作品」とみなす信念に他ならない。こうした二つの信念から、「人間存在の方向づけのための十全な規範の体系を提示してくれる慈悲深い神」との義務論的な関係において、「理性的被造物」の名に真に値する人間の生の条件を確証しようとする神学的パラダイムが、ロックの思考を根底で規定する枠組みとして成立することになる。それは、『世俗権力二論』を執筆した一六六〇年から、『自然法論』を書いた一六六四年頃までのことであった。

従って、ロックの政治学は、『統治二論』に至るまで、こうした神学的パラダイムに沿いながら、政治の世界における人間の宗教的義務の問題をめぐって展開されて行く。ロックが、「真の政治学」を、「宗教と人間の全義務と」を含む「道徳哲学」の「一部」とみなした事実がそれを示している。

三　政治の世界の神学的義認

ロックの政治学と神学的パラダイムとの関係は、まず、政治の世界の神学的義認として現れた。ロックの神学的パラダイムが「神の作品」としての人間の被造物性を前提にしていた限り、その人間が営む政治の世界が「神の意志」に結びつけられることは自然であったからである。ロックが、「神は、人間の間に、秩序、政治社会、統治が存在すべきことを欲せられた」と述べた理由に他ならない。しかし、「政治社会」における人間の神学的義務が何であるかに関する積極的な考察は、ロックが、『人間知性論』に着手した一六七一年以降、有限な人間の理性による「神の意志」の直接的論証の認識論的限界の自覚を深めたことにも規定されて、著しい進展をみなかった。例えば、ロックが、『統治二論』の執筆にわずかに先立つ一六七六年においてさえ、統治者への受動的服従義務を説いていた『世俗権力二論』や一六六七年の『寛容論』以来の視点を引き継いで、すべての人間は、「騒擾あるいは統治の解体を禁じる」神の法により政治的統治に服従すべき義務を課せられているといった平凡な立場にとどまっていた事実がそれを示している。

こうした事情を一変させ、ロックに政治社会における人間の神学的義務の問題に改めて正面から立ち向かわせる機縁となったのが、フィルマーの王権神授説との対決であった。

Ⅳ　『統治二論』――「神の作品」の政治学

一　神学論争――フィルマー批判の意味

『統治二論』は、先に示唆したように、フィルマーの王権神授説との神学的世界観を賭した対決のなかから生みだされた作品であった。その場合、問題の核心は、神と人間との関係の神学的解釈に関わる次の三点において、フィルマーとロックとが完全に相容れなかったことにあったと言ってよい。

第一点は、フィルマーの王権神授説が、君主を、「人間的なものを超越」し、「無限の神をも拘束する約束や誓約でさえ制約できない」ほどの地点にまで高めることによって、君主を一切の宗教的義務から自由な全能の絶対者にしてしまうことであった。被造物を神格化するフィルマーのこの「神学」を、神と人間との無限の距離の自覚に立って、統治者を含むすべての人間の「神の目的」に仕えるべき義務を強調するロックの神学的パラダイムが許容しうるはずはなかったからである。

第二の争点は、フィルマーが、神がアダムに与えた自然と人間とに対する絶対的支配権が「長子相続」によって現在の君主にまで継承されたとの神話に立って、世界を君主が一切の規範的拘束なしに処分しうる君主の所有物に帰したことであった。これは、世界を、「神の目的」にかなうように創造された神の所有物とみなし、その世界における人間の義務を考え抜こうとしたロックの神学的パラダイムに背反するものであったからである。

第三の対立点は、フィルマーが、臣民に対する君主の自然に根ざす家父長権を主張することによって、人間の生来的な自由を否定し、人間を無力な「奴隷」に還元したことであった。人間を「理性的被造物」とみなしたロックは、フィルマーのそうした視点に、人間が神学的義務を果たすために不可欠な条件である「自らの義務の判断に導くに十分な光」、すなわち理性を否定することによって、人間がその理性を実践的に行使して神への義務を貫く一切の「イニシアティヴ」を奪い去る危険性を見たからである。その背景にあったのは、神に対する人間の義務は、人間自らが発見し、理性の同意によってそれを主体的に果たさなければ生きたものにはならないというロックの哲学的立場であった。

こうした三点をフィルマーとの神学的係争点として自覚したロックは、そこから、神と人間との義務論的な関係を神学的前提として、第一に、神と世界との関係を中核とする「プロパティ」論を、第二に、人間の自由な「イニシアティヴ」に基づく「政治的統治」の正統性論を、第三に、正統性を失った「政治的統治」に対する抵抗権の弁証論を次々に展開して行った。もとより、それらが、『統治二論』の個性的な主要部分を構成することになる。

二　神学的義務の基体――「プロパティ」論の意味

周知のように、ロックは、『統治二論』以上に明確にプロパティを説明している作品はない」と自負していた。しかし、こうした自負にもかかわらず、ロックの「プロパティ」概念がわかりにくい構造を持っていることも事実である。その最大の原因は、ロックが、一七世紀の言語慣習でも通常は「財産」や「資産」、つまりモノを所有する権利を指した「プロパティ」の概念に、更に、人間の人格や身体に関わる「生命・健康・自由」を含ませ、それらを総称して「プロパティ」と呼んでいる点にあった。それは、『寛容書簡』におけるロックが、「プロパティ」にほぼ重なる人間の「現世的善 bona civilia」を、「生命・自由・身体の健康・苦痛からの解放・土地、貨幣、家具等の外的事物の所有」としている事実からも窺われるであろう。

しかし、ロックの「プロパティ」概念は、それを、人間を「神の目的」を果たすべき義務を負って創造された「神の作品」とみなすロックの宗教的人間観に引照して理解する限り、ロックが自負したように、きわめて明確な概念であったと言ってよい。その場合、重要なことは、ロックが、「神の作品」としての人間が果たすべき「神の目的」を、「自然における人間はいかに生きるべきかを神から指定されている」という観点から引きだしている点にある。すなわち、「神は全人類の存続を願っていること」、従って、「神の作品」としての人間は、自然に、つまり「政治社会」に入るに先立って、その「神の意志」に忠実に「自分自身を維持すべき」義務を負っているというのがその観点に他ならない。ロックによれば、神が人類に自殺を禁じたのはそのためであった。このように、ロックにとって、「自分自身を維持すること」が神に対する人間の宗教的義務であったとすれば、そのロックが、人間に固有のものである「プロパティ」に、「生命と健康」、それに、他者によって自己保存を侵害されない「自由」を加えることは極めて自然なことであった。しかも、その「自由」の彼方には、「神の作品」としての人間が、「自らの魂に自ら配慮する」神への義務を他者に強制されることなく遂行すべき自己責任としての「自由」が展望されていたと言ってよい。

しかも、ロックによれば、人間が神に対して「自分自身を維持すべき」義務を果たすためには、自己保存と生命の再生産とを可能にする手段が不可欠であった。もとよりそれが、神によって人類の共有物として与えられた自然に対して、人間が「自己に固有のもの」である「身体の労働と手の働きと」を投下して作り出す私有「財産」であったことは言うまでもない。その場合、ロックにおけるこの私有「財産」論については注意すべき点が三つある。

第一点は、前にも述べたように、それが、直接的には、世界を絶対君主が恣意的に処分しうる絶対君主の「所有物」に帰したフィルマーへの批判であったことである。第二点は、「労働」による私有「財産」の形成というロックの視点が、一七世紀の文脈の中で見る限り、例えば、私有「財産」の根拠を人類の同意という曖昧なものに求めたグロチウスの所説に比べて、はるかに高い説得性をもっていたことに他ならない。ロックの私有「財産」論が、一八世紀以降、巨大な影響力を持ちえた理由もそこにあった。第三点は、ロックが、私有「財産」の不平等性を容認したかどうかという周知の問題である。確かに、「労働」に基づく私有「財産」の成立を説くロックの視点が、人類史の採集経済段階や農耕経済段階は別にして、「勤勉で理性的」な「労働」の成果の無限の蓄積を可能とする貨幣が発明された人類史の貨幣経済段階については、富の不平等を正当化するように見えることは事実であろう。しかし、そうした社会経済史的観点から考察する場合にも、ロックの立場が、王族や貴族の不労所得に対する批判にはなりえても、C・B・マクファースンが言うように、「ブルジョア社会」における私有「財産」の不平等性に道徳的正当性を与えることを意図したものではなかったことに注意しなければならない。ロックの最大の関心は、私有「財産」が、人間が神に対して負った自己保存の義務を果たすための不可欠な手段であることを立証することにあったからである。

このように、ロックにおいて、「生命・健康・自由・財産」からなる「プロパティ」は、それを欠く限り人間が神に対して負う「自己を維持すべき」義務を果たすことができないもの、その点で、それは、「神の作品」としての人間における神学的義務の遂行を根底で支える基体であり、それを侵害されてはならない権利としてもつことなしには人間が「神の作品」にはなりえない人間に「固有のもの」、その意味で人間の固有権《プロパティ》(以下、固有権《プロパティ》とする)に他ならなかった。『統治二論』における政治的統治の正統性論と不法な政治的統治に対する抵抗権論とは、その延長線上に導かれることになる。

三　政治的統治の聖別――正統性論と抵抗権論との意味

1　正統性論

『統治二論』、特にその後篇におけるロックの重大な関心は、政治的統治の正統性の問題であった。しかし、ロックは、この問題を、フィルマーの神授権説に代わる社会契約説によって解決したと考えることは、間違いではないとしても、なお一面的であると言わなければならない。ロックの正統性論は、契約説に矛盾するかに見える一つの神学的前提を伴っていたからである。「いかなる国家においても、至高の統治権力は神に由来する」として、政治的統治の究極的な淵源を「神の意志」に求める視点がそれであった。端的に言って、この視点と契約説とを神学的パラダイムの枠内で接合した点に、政治的統治に関するロックの正統性論の独自性があった。問題の核心は、政治的統治の淵源を「神の意志」に求めるロックの視点が、人間の義務とイニシアティヴとを前提として初めて貫かれるものであったことに求められる。

前に述べたように、神学的パラダイムに依拠するロックにとって、人間に担われる政治的統治が、「神の目的」に仕えることによってのみ「神の意志」にかなうものであることは自明であった。しかし、その場合にも、ロックにとって、政治的統治に負わされた神学的義務の論証が容易だったわけではない。ロックの認識論が「神の意志」である自然法の論証に成功しなかったように、ロックの政治学にとっても「神が政治的統治に与えた目的」を有限な人間理性が直接論証することは極めて困難であったからである。しかし、そうした事情があるにもかかわらず、政治の世界における人間の義務を示さない限り、神学的パラダイムに依拠するロックの政治学は完結しえないものであった。

こうした難問を解決するために、ロックは、神学的パラダイムの枠内で確認したもっとも確実な原理に引照して、政治的統治に課せられた「神の目的」を類推する道を探ることになった。固有権《プロパティ》を「神の作品」としての人間が負う神学的義務を果たすための基体と見なす視点に立って「政治的統治の目的と範囲と」を探る方法がそれであり、この方法の延長線上に、「政治的統治者の義務」を端的に「固有権《プロパティ》の保全」に求めるロックの周知の結論が導かれることになる。もとより、これは、ロックの正統性論が、政治的統治の神学的聖別化の条件を、それ自体、人間が神への義務を果たすために欠きえない固有権《プロパティ》の「保全」に局限することによって、政治的統治の淵源を「神の意志」に求める視点を貫くことができたことを意味するものであった。

しかし、ロックの正統性論には、なお二つの問題が残されていた。一つは、固有権《プロパティ》を「保全」する限りにおいて神学的に正統化される政治的統治の設立因、すなわち「人間はいかにして神に由来する権力への正当な権利を獲得するか」という問題に他ならない。この問題に対して、ロックは、「統治者と統治形態とを選択する自由」を行使する人間のイニシアティヴを前提にして、「神の意志」にかなう政治的統治、すなわち固有権《プロパティ》を保全する政治的統治を「理性を行使しつつ創意と同意とによって作為すべき」人間の神学的義務を強調した。これは、ロックにおける政治的統治の正統性論が、政治的統治の淵源を「神の意志」に求める視点と、その設立因を人間の「同意」に見出す契約説とを結合し、「神の意志」と「人間の意志」との協働関係を導くことによって、一つの自己完結に達したことを意味するものであった。

2 抵抗と革命

しかも、第二の問題として、ロックにおいて、固有権《プロパティ》を「保全」する限りで「神の意志」にかなう正統な政治的統治を絶えず神学的に聖別し続けるべき人間の義務の問題が残されていた。この問題に対するロックの解答が、信託された目的である「固有権《プロパティ》の保全」を遂行しない不当な政治的統治に対する人民の武力行使、すなわち、信託違反権力に対する抵抗権から新たな政治的統治を樹立する革命権に至る神学的義務の遂行の極限的形態であった。こうして、フィルマーの王権神授説に対決しつつ、「神の作品」の政治学として、神と人間との義務論的な関係のなかで政治における人間の神学的義務を問い続けてきたロックの政治学は、その義務の極点を「神の意志」に背く不当な政治的統治への自己保存を賭けた人民の「抵抗」や「革命」のプロジェクトの必要性を説くことによって、自己の円環を閉じることになる。

最後に、以上のような内容をもつ『統治二論』を読むに当たって注意すべきロックに特有の二つの思考様式にふれておきたい。

四　二つの思考様式

1　義務と権利との相関

『統治二論』の読者は、ロックが、神に対する人間の義務と、他の人間に対する人間の権利とを常に相関させる思考様式に立っている点に気づかされるであろう。例えば、ロックは、自然状態における人間は、神に対して「自己を維持すべき」義務を負うからこそ、自分の存続を脅かす人間に対して「平和と全人類の存続とを目的とする自然法」を執行し、場合によってはその人間を殺す権利をもつと語っている。固有権《プロパティ》の観念においても義務と権利とは相関していた。それは、神学的義務を遂行するために不可欠な基体だからこそ、各人が他者から侵害されてはならない権利として所有すべきものとされていたからである。同じ視点が政治的統治についても貫かれていた。ロックは、政治的統治は、固有権《プロパティ》の保全によって政治社会の構成員の存続を図るべき義務を神に対して負っているがゆえに、他人の固有権《プロパティ》を侵害する人間を死刑を最高刑として処罰する権利を与えられるとしているからである。抵抗権についても同様であった。ロックは、人間は神に対して「自己を維持すべき」義務を負い、政治的統治も人間を保全すべき同じ義務を課せられているのだから、政治社会を構成する人間は、神へのその義務を果たさない不当な政治的統治の担い手に対して抵抗し、それを実力によって打倒する権利をもつとしているからである。

このように、ロックの場合、義務は神に対するものであり、権利は人間に対するものであって、しかも両者は、神への義務が人間への権利を導くという形で相即していた。こうしたロックの思考様式を無視して、『統治二論』を読むことはできないであろう。

2　「政治社会」と「政治権力」　『統治二論』において、ロックが、political と civil とが同じ意味をもつことを前提とした上で、'political, or civil society' の名で呼んだ

「政治社会」は、一つの顕著な特質を備えていた。それが、固有権《プロパティ》の主体として同質な人間が構成する人的共同体であったことである。ロックが、その「政治社会」を指して「政治的共同体 commonwealth」と呼んだ事実も、それが同質の人間からなる共同体であることを示していた。ここから、ロックの重要な思考様式が導かれる。ロックが、本来的に異質な存在の関係から構成される社会、すなわち、父親と子供との社会、夫と妻との社会、主と家僕との社会、主人と奴隷との社会、征服者と捕虜との社会、絶対君主と奴隷としての臣民からなる絶対王政のいずれをも「政治社会」とはみなさなかったことに他ならない。

もとより、ロックが、こうした異質な存在からなる社会にも、ある種の権力関係を認めていたことは事実である。しかし、ロックは、そうした権力を、「政治社会」を構成する人間が直ちに樹立する立法部の権力を最高権力とする「政治権力」とは明確に区別した。すなわち、ロックは、まず、「政治権力」が、固有権《プロパティ》を侵害する人間に死刑を課する生殺性をもつのに対して、父と子、夫と妻、主と家僕との間の権力はそうした生殺性をもたないとして、両者を区別する。次いでロックは、一見生殺性をもつかに見える主人と奴隷、征服者と捕虜、絶対君主と臣民との間の権力も、その生殺性が固有権《プロパティ》の侵害という正統性根拠をもたない点で「政治権力」ではなく、単なるむきだしの暴力、専制的な実力にすぎないとした。

このように、ロックは、同質な存在からなる「政治社会」において政治的統治に与えられる「政治権力」を、異質な存在の間に成り立つ権力から、生殺性をもつか否か、その生殺性が正統性をもつか否かを基準として範疇的に区別した。『統治二論』を読むに当たっては、「政治社会」や「政治権力」に関するロックのそうした思考様式にも目を配らなければならない。

おわりに

凡例でも示したように、『統治二論』は、その部分訳も含めてこれまでに何度となく邦訳されてきた。それらのうち、ここでは訳者が特に重要だと考える三つの代表的な先行訳業を取り上げて、それらがもつ意義と問題点とにふれておきたい。

まず取り上げるべきは、『統治二論』の二つの全訳、松浦嘉一訳『政治論』(東西出版社、一九四八年)と伊藤宏之訳『統治論』(柏書房、一九九七年)とである。これらのうち、一八〇一年版『ジョン・ロック著作集』第五巻所収のテキストを底本とする松浦訳については、日本版家父長権論からの訣別が急がれた戦後の時代状況のなかでロックの重要性に逸早く注目し、その全訳を試みた氏の見識に心からの敬意を表したいと思う。しかも、依拠しうる本格的なロック研究を欠くなかで進められたその訳業には、想像を絶する困難があったことであろう。その意味でも、松浦訳は、主として氏が英文学者であったことに由来する政治学用語の訳の不適切性や、political と civil とを区別して後者を「市民的」とするといった問題性が認められるとしても、日本における『統治二論』の翻訳史にパイオニア的な位置を占める重要な仕事であったと言ってよい。

『統治二論』の第三版を底本とする伊藤訳は、政治思想史家による初めての本格的な業績であって、欧米を含む戦後のロック研究を踏まえたその誠実な訳業に本訳書は大いに助けられた。とりわけ、同訳が、フィルマーの『パトリアーカ』の抄訳を付録として収録し、また、訳註において、『統治二論』の出版や名誉革命体制に関わるロックの書簡を数多く訳出して『統治二論』の歴史的背景をあきらかにしようとした点は、同訳の特筆すべき長所であろう。しかし、訳者には、こうした長所をもつ伊藤訳にもいささかの違和感が残ったことを告白しておかなければならない。伊藤氏が本領とする社会経済史的視点から、『統治二論』を「重商主義の政治学」とみなす氏の基本的な視座におそらく規定されて、氏が、『統治二論』を根底で貫く宗教性や神学的含意、モノに対する所有権だけには還元しえないロックの「プロパティ」概念の微妙さをその訳業に十分には反映させていない点、また、氏が、ロックにおいてpoliticalの同義語として用いられたcivilをほぼ例外なく「市民的」と訳し、概念史的観点からそうした邦訳の問題性を早くから指摘してきた故福田歓一教授の業績に十分な配慮を払っていないことが、訳者の違和感の主要な内容をなす。

最後に取り上げるべきは、本訳書と同じ岩波書店から、一九六八年に文庫版として刊行された鵜飼信成訳『市民政府論』である。一七七二年に出版された『統治二論』第七版を底本とする同訳は、その副題「国政二論後編」が示す通り、『統治二論』の後篇を訳出したものであった。鵜飼氏の「解説」によれば、氏が『統治二論』の翻訳を志したのは、氏が京城帝国大学に在職していた一九三八年のことであり、おそらく前篇を含むその訳業は一九四三年までにほぼ完了していたとのことである。この事実は、あの狂気の時代にも、抵抗権や革命権を正当化した『統治二論』に注目する批判精神が存在していたことを示すものであって、それに対して、短い期間であったとはいえ、かつて鵜飼氏と同僚であった訳者は改めて氏に対する深い尊敬の念を禁じえない。また、同訳については、それが文庫版で出版されたこともあって、『統治二論』を幅広い読者に提供し、ロックの政治学への関心を拡大した功績も忘れてはならないであろう。しかし、その反面で、同訳が果たしてきた否定的な側面に目をつぶることはできない。法学者であった鵜飼氏が、文学者であった松浦教授の場合と同様に、政治学用語の邦訳に問題を残していることは別としても、『統治二論』を名誉革命体制を事後的に正当化したものであるとする氏の視点や、ロックが用いるcivilを「市民的」と訳し、governmentを「政府」と訳す氏の観点には、civilをpoliticalの同義語として使い、governmentに一八世紀以降に一般化する統治機構の意味を与えなかった『統治二論』に関する誤解を広げる面がなかったとは言えないからである。

本訳書が、これら三つの代表的な先行訳業になお潜むと思われる以上のような問題点を反省し、この国における『統治二論』の正確な理解を進めるためのささやかな一歩となることを期待したい。ただし、訳者の力不足から、本訳書には少なからぬ誤訳が残されていると考えられる。それらについては、読者諸氏からの真率な御教示をいただきたいと思う。

二〇一〇年八月一五日

加藤　節

人名索引

＊ この索引には神名も収録した.
＊ それぞれの項目について該当する主要箇所を篇と節とで示し，前 - 1(前篇第 1 節)；後 - 1(後篇第 1 節)のように表記した.
＊ 頻出するアダム，フィルマー(サー・ロバート等を含む)は割愛した.

ア 行

アコスタ　Acosta, José de　後 - 102
アダムとイヴ　Adam and Eve　前 - 29, 44, 47；後 - 56
アドニベゼク　Adonibeseck　前 - 149
アハズ　Ahaz　後 - 196
アビメレク　Abimelech　前 - 113；後 - 109
アブサロム　Absalom　前 - 129
アブラハム　Abraham　前 - 114, 128, 130, 133, 134, 135, 136, 137, 149, 150, 152, 160, 162, 167, 169；後 - 38
アベル　Abel　前 - 76, 112, 118
アリストテレス　Aristotle　前 - 154
アロン　Aaron　前 - 107, 157, 167
イヴ　Eve　前 - 29, 30, 44, 47, 49, 67, 73, 99；後 - 56
イサク　Isaac　前 - 113, 114, 115, 117, 118, 128, 135, 146, 150, 152, 160
イシュマエル　Ishmael　前 - 114, 115, 128
インカ・ガルシラーソ・デ・ラ・ベーガ　Inca Garcilaso de la Vega　前 - 57；後 - 14
ウィリアム三世　King William Ⅲ　緒言
ウィンザルス　Winzerus (Winzetus)　後 - 235, 237
エサウ　Esau　前 - 48, 113, 115, 117, 118, 119, 137, 149；後 - 38
エフタ　Jephthah　前 - 163；後 - 21, 109, 176, 241
オーギュゴス　Ogyges　前 - 141

カ 行

カイン　Cain　前 - 68, 76, 99, 111, 112, 118, 142
カトー　Cato　後 - 98
クセルクセス　Xerxes　後 - 101
グロチウス　Grotius, Hugo

前－18, 50, 51, 76
クロムウェル　Cromwell, Oliver　前－79, 121
ケイド　Cade, Jack　前－121

サ 行

サウル　Saul　前－95, 167, 169；後－109
ジェイムズ一世　King James I　後－133, 200
ジェフリーズ　Jefferies, Judge　前－129
シブソープ　Sibthorpe, Robert　前－5
ジュピター　Jupiter　前－141；後－224
セツ　Seth　前－68, 75, 76, 99
セルデン　Selden, John　前－21, 23, 32
ソト　Soto, Ferdinando　前－153
ソロモン　Solomon　前－61, 95, 161, 162, 163

タ 行

ダビデ　David　前－28, 30, 95, 109, 161, 162, 163, 167, 169；後－25
タンバーリン　Tamberlain　前－141
ドン・キホーテ　Don Quixote　前－79

ナ 行

ニムロデ　Nimrod　前－148
ノア　Noah　前－6, 19, 25, 32, 33, 34, 35, 36, 37, 38, 39, 46, 71, 138, 139, 140, 141, 142, 146；後－25, 36

ハ 行

バークレイ　Barclay, William　前－4, 67；後－232, 235, 239
ハッバ　Hubba　後－196
ハントン　Hunton, Philip　前－7
ハンニバル　Hannibal　前－144
ビルソン　Bilson, Thomas　後－239
ヒンガー　Hingar　後－196
フォーテスキュー　Fortescue, Sir John　後－239
フッカー　Hooker, Richard　後－5, 15, 60, 61, 239
ブラクトン　Bracton, Henry　後－239
ブラックウッド　Blackwood, Adam　前－4, 67
ベニヤミン　Benjamin　前－95, 155, 161, 165
ヘラクレス　Hercules　前－141
ベラルミーノ　Bellarmine, Cardinal　前－6, 12
ボダン　Bodin　前－8

ホメロス　Homer　前 - 153, 154

マ 行

マナリング　Manwaring, Roger　前 - 5
モーゼ　Moses　前 - 111, 115, 157, 163

ヤ 行

ヤコブ　Jacob　前 - 48, 111, 113, 115, 116, 117, 118, 119, 137, 149, 150, 152, 155, 160, 161
ヤラベアム　Jeroboam　前 - 161, 162
ユヴェナーリス　Juvenal　後 - 235
ユスティヌス　Justin　後 - 103
ユダ　Judah　前 - 115, 118, 129, 155, 161；後 - 196
ヨシュア　Joshua　前 - 149, 157, 163

ラ 行

リベカ　Rebekah　前 - 113, 118

事項索引

＊ それぞれの項目について該当する主要箇所を篇と節とで示し，
　前 - 1；後 - 1 のように表記した．
＊ 同じ原語を訳し分けた場合は，初出の項に収録した．

ア 行

アメリカ　America　前 - 144, 153；後 - 14, 36, 37, 41, 43, 48, 49, 65, 92, 102, 105, 108
アメリカ人　Americans　後 - 46, 184
主　master　後 - 2, 23, 24, 29, 77, 85, 86, 172
アルジェ　Algiers　後 - 210
意志　will　前 - 8, 41, 54, 58, 63, 119, 140；後 - 4, 8, 9, 13, 22, 23, 54, 57, 59, 61, 66, 69, 82, 91, 135, 137, 149, 151, 158, 170, 199, 212, 214, 222, 229
為政者　magistrate　前 - 64, 65, 66, 92；後 - 2, 11, 83, 89, 202, 206, 207, 208, 218, 228, 231
イングランド　England　前 - 37；後 - 9, 41, 73, 118, 165, 167, 177, 196
イングランドの法　law of England　前 - 37；後 - 59
インディアン　Indians　前 - 130；後 - 9, 14, 26, 30, 43, 108
エジプト　Egypt　前 - 150, 152, 155, 156, 163, 168；後 - 239
王，国王　king　前 - 8, 104, 105, 107, 119, 121, 135, 137, 149, 151, 152, 153, 161, 162, 163, 164, 167, 168；後 - 41, 92, 108, 109, 123, 166, 194, 196, 200, 206, 223, 232, 233, 237, 238, 239
オランダ　Holland　後 - 9

カ 行

外国人　aliens　後 - 9
解剖学者　anatomist　前 - 52
革命　revolution　後 - 223, 225
囲い込み　enclosure　後 - 26, 32, 33, 35, 37, 38, 48
価値　value　後 - 40, 42, 43, 45
寡頭制　oligarchy　後 - 132
カナン　Canaan　前 - 128, 149, 162, 167
家父長　patriarch　緒言；前 - 8, 114, 115, 129, 130, 136, 138, 141, 149, 153, 154
貨幣　money　前 - 90；後 -

168, 210, 239, 240
体制　「統治体制」を見よ
代表, 代表者　representative　後－88, 140, 151, 157, 158, 192, 213, 222
多数派　majority　後－95, 96, 98, 99, 132, 140, 176, 209, 212
民　「人民」を見よ
誓い　「誓約」を見よ
力　「実力」を見よ
知性　understanding　後－56, 57, 58, 59, 60, 61, 77, 82, 94, 173
中国人　Chinese　前－141
長男子相続権　primogeniture　前－91, 94, 95, 96, 97, 111, 112, 119
抵抗　resistance　後－203, 204, 205, 206, 208, 209, 212, 230, 232, 235, 239
哲学者　philosopher　前－34, 52, 154
デボンシャー　Devonshire　後－37
天への訴え　appeal to heaven　後－20, 21, 168, 176, 241, 242
同意　consent　緒言；前－10, 43, 54, 67, 94, 96, 126, 131, 148；後－15, 17, 22, 23, 28, 32, 35, 36, 38, 47, 50, 74, 81, 94, 95, 96, 97, 98, 99, 102, 104, 105, 106, 112, 117, 119, 121, 122, 138, 139, 151, 158, 171, 175
統治体制, 体制　constitution　前－51, 168；後－76, 86, 98, 152, 192, 205, 218, 223
統治の解体　dissolution of government　後－149, 211, 212, 217, 218, 219, 220, 221
統治の秘密　arcana imperii　前－6
都市, シティ　city　後－38, 133
特権　privilege　後－111, 122, 127, 177, 231
徒弟　apprentice　後－69
トーリー　Tories　前－137
奴隷, 隷属, 隷属状態　slave, slavery　緒言；前－1, 3, 4, 9, 10, 27, 42, 51, 66, 67, 68, 69, 114, 117, 118, 130, 131, 139, 154；後－2, 17, 23, 24, 85, 86, 91, 149, 168, 172, 174, 192, 220, 222, 239
泥棒, 強盗　thief, robber　後－18, 19, 176, 182, 186, 202, 228

ナ 行

内乱　civil war　後－228
人間性, 人間の本性　human nature　後－67, 92
農園主　planter　前－130, 131
ノルマン人の征服　Norman Conquest　後－177
呪い　curse　前－44, 45, 47

ハ 行

バベル Babel 前 - 143, 144, 146, 147, 148
叛逆 rebellion 後 - 1, 93, 196, 218, 224, 226, 227, 228, 232
万民法 laws of mankind 前 - 47
被征服者 「征服」を見よ
人々 「人民」を見よ
平等 equality 前 - 118, 139；後 - 4, 5, 6, 7, 54, 55, 100, 102, 123, 131
服従 obedience, subjection 前 - 47, 48, 49, 50, 65, 69, 81, 100, 104, 105, 109, 110, 111, 120, 121, 122, 124, 125, 126, 147；後 - 4, 24, 52, 61, 67, 102, 114, 115, 134, 170, 176, 191, 192, 222, 228, 230
フランス France 後 - 9, 73, 118
フランス語, フランス人 French 前 - 5, 144
ブリテン人 Britain 後 - 177
平和 peace 前 - 106；後 - 7, 131, 137, 172, 226, 228, 235
ヘブライ語 Hebrew 前 - 25, 27, 31
ペルー Peru 前 - 57；後 - 105
法 law 前 - 8, 37, 88, 102；後 - 9, 10, 11, 19, 20, 35, 38, 45, 57, 59, 60, 69, 70, 87, 88, 90, 91, 93, 124, 125, 129, 130, 132, 134, 136, 137, 138, 139, 140, 141, 142, 143, 144, 147, 150, 153, 154, 157, 158, 159, 160, 162, 164, 168, 171, 176, 178, 191, 192, 195, 198, 199, 200, 202, 205, 206, 207, 208, 209, 210, 212, 214, 219, 220, 222, 225, 226, 227, 232, 242
暴君 tyrant 後 - 200
暴政 tyranny 前 - 67, 72, 148；後 - 192, 197, 199, 201, 202, 208, 220, 229, 239
暴力 violence 後 - 1, 93, 172, 175, 179, 182, 183, 186, 189, 192, 196, 202, 204, 205, 207, 208, 222, 227, 228
保全, 保存 preservation 後 - 6, 11, 16, 17, 19, 23, 25, 60, 123, 124, 128, 129, 134, 137, 149, 159, 168, 170, 182, 209, 220, 227, 229

マ 行

未成年 minority, nonage 後 - 65, 67, 69, 74, 75, 173
民主政, 民主制 democracy 前 - 72；後 - 132, 133
民族 nation 前 - 144, 145；後 - 41, 106
無神論 atheism 前 - 154
無統治状態 anarchy 前 - 7；後 - 94, 198, 219, 225

物語　story, history　前－27, 113, 118, 128, 129；後－109, 196

ヤ 行

ユートピア　utopia　前－147

ラ 行

リヴァイアサン　Leviathan　後－98
理性　reason　前－56, 58, 60, 86, 111, 112；後－6, 8, 10, 11, 12, 13, 16, 25, 26, 30, 31, 32, 34, 52, 55, 56, 57, 58, 59, 60, 61, 91, 96, 98, 104, 163, 164, 170, 171, 172, 181, 230
立法権力　legislative power　後－22, 65, 86, 131, 132, 135, 143
立法者　legislator　後－135, 141, 159, 226, 227
立法部　legislative　後－9, 88, 89, 94, 127, 131, 134, 141, 142, 143, 151, 152, 153, 154, 155, 156, 157, 158, 168, 212, 213, 214, 215, 216, 217, 218, 220, 221, 222, 223, 227, 240, 243
良心　conscience　前－105, 110, 119, 120, 122, 125, 126；後－8, 209
隷属, 隷属状態　「奴隷」を見よ
歴史　history, story　前－57, 113, 143；後－100, 101, 104, 105, 106, 112, 165, 168, 175, 230
連合権力　federative power　後－146, 147, 148, 153
労働　labour　前－45；後－27, 28, 29, 30, 31, 32, 34, 35, 36, 37, 39, 40, 41, 42, 43, 44, 45, 46, 51, 194, 196
ローマ　Rome　後－102, 201, 237

完訳 統治二論《とうちにろん》　ジョン・ロック著

2010年11月16日　第1刷発行
2024年12月5日　第17刷発行

訳　者　加藤《かとう》 節《たかし》

発行者　坂本政謙

発行所　株式会社 岩波書店
〒101-8002 東京都千代田区一ツ橋 2-5-5

案内 03-5210-4000　営業部 03-5210-4111
文庫編集部 03-5210-4051
https://www.iwanami.co.jp/

印刷・三秀舎　カバー・精興社　製本・松岳社

ISBN 978-4-00-340077-7　　Printed in Japan

読書子に寄す

——岩波文庫発刊に際して——

岩波茂雄

真理は万人によって求められることを自ら欲し、芸術は万人によって愛されることを自ら望む。かつては民を愚昧ならしめるために学芸が最も狭き堂宇に閉鎖されたことがあった。今や知識と美とを特権階級の独占より奪い返すことはつねに進取的なる民衆の切実なる要求である。岩波文庫はこの要求に応じそれに励まされて生まれた。それは生命ある不朽の書を少数者の書斎と研究室とより解放して街頭にくまなく立たしめ民衆に伍せしめるであろう。近時大量生産予約出版の流行を見る。その広告宣伝の狂態はしばらくおくも、後代にのこすと誇称する全集がその編集に万全の用意をなしたるか。千古の典籍の翻訳企図に敬虔の態度を欠かざりしか。さらに分売を許さず読者を繋縛して数十冊を強うるがごとき、はたしてその揚言する学芸解放のゆえんなりや。吾人は天下の名士の声に和してこれを推挙するに躊躇するものである。このときにあたって、岩波書店は自己の責務のいよいよ重大なるを思い、従来の方針の徹底を期するため、すでに十数年以前より志して来た計画を慎重審議この際断然実行することにした。吾人は範をかのレクラム文庫にとり、古今東西にわたって文芸・哲学・社会科学・自然科学等種類のいかんを問わず、いやしくも万人の必読すべき真に古典的価値ある書をきわめて簡易なる形式において逐次刊行し、あらゆる人間に須要なる生活向上の資料、生活批判の原理を提供せんと欲する。この文庫は予約出版の方法を排したるがゆえに、読者は自己の欲する時に自己の欲する書物を各個に自由に選択することができる。携帯に便にして価格の低きを最主とするがゆえに、外観を顧みざるも内容に至っては厳選最も力を尽くし、従来の岩波出版物の特色をますます発揮せしめようとする。この計画たるや世間の一時の投機的なるものと異なり、永遠の事業として吾人は微力を傾倒し、あらゆる犠牲を忍んで今後永久に継続発展せしめ、もって文庫の使命を遺憾なく果たさしめることを期する。芸術を愛し知識を求むる士の自ら進んでこの挙に参加し、希望と忠言とを寄せられることは吾人の熱望するところである。その性質上経済的には最も困難多きこの事業にあえて当たらんとする吾人の志を諒として、その達成のため世の読書子とのうるわしき共同を期待する。

昭和二年七月

《法律・政治》〔白〕

- 人権宣言集　高木八尺・末延三次・宮沢俊義 編
- 新版 世界憲法集 第二版　高橋和之 編
- 君主論　マキァヴェッリ／河島英昭 訳
- フィレンツェ史 全二冊　マキァヴェッリ／齊藤寛海 訳
- リヴァイアサン 全四冊　ホッブズ／水田洋 訳
- ビヒモス　ホッブズ／山田園子 訳
- 法の精神 全三冊　モンテスキュー／野田良之・稲本洋之助・上原行雄・田中治男・三辺博之・横田地弘 訳
- 完訳 統治二論　ジョン・ロック／加藤節 訳
- 寛容についての手紙　ジョン・ロック／加藤節・李静和 訳
- キリスト教の合理性　ジョン・ロック／加藤節 訳
- ルソー 社会契約論　桑原武夫・前川貞次郎 訳
- フランス二月革命の日々 —トクヴィル回想録　トクヴィル／喜安朗 訳
- アメリカのデモクラシー 全四冊　トクヴィル／松本礼二 訳
- リンカーン演説集　高木八尺・斎藤光 訳
- 権利のための闘争　イェーリング／村上淳一 訳
- 近代人の自由と古代人の自由・征服の精神と簒奪 他一篇　コンスタン／堤林剣・堤林恵 訳
- 民主主義の本質と価値 他一篇　ハンス・ケルゼン／長尾龍一・植田俊太郎 訳
- 危機の二十年 —理想と現実　E・H・カー／原彬久 訳
- ザ・フェデラリスト　A・ハミルトン J・ジェイ J・マディソン／斎藤眞・中野勝郎 訳
- アメリカの黒人演説集 —キング・マルコムX・モリスン 他　荒このみ 編訳
- モーゲンソー 国際政治 —権力と平和 全三冊　原彬久 監訳
- ポリアーキー　ロバート・A・ダール／高畠通敏・前田脩 訳
- 現代議会主義の精神史的状況 他一篇　カール・シュミット／樋口陽一 訳
- 政治的なものの概念　カール・シュミット／権左武志 訳
- 第二次世界大戦外交史 全二冊　芦田均
- 憲法講話　美濃部達吉
- 日本国憲法　長谷部恭男 解説
- 民主体制の崩壊 —危機・崩壊・再均衡　ファン・リンス／横田正顕 訳
- 憲法　鵜飼信成

《経済・社会》〔白〕

- 政治算術　ペティ／大内兵衛・松川七郎 訳
- 国富論 全四冊　アダム・スミス／水田洋 監訳／杉山忠平 訳
- 道徳感情論 全二冊　アダム・スミス／水田洋 訳
- 法学講義　アダム・スミス／水田洋 訳
- コモン・センス 他三篇　トーマス・ペイン／小松春雄 訳
- 経済学における諸定義　マルサス／玉野井芳郎 訳
- オウエン自叙伝　ロバアト・オウエン／五島茂 訳
- 戦争論 全三冊　クラウゼヴィッツ／篠田英雄 訳
- 自由論　J・S・ミル／塩尻公明・木村健康 訳
- 大学教育について　J・S・ミル／竹内一誠 訳
- 功利主義　J・S・ミル／関口正司 訳
- ロンバード街 —ロンドンの金融市場　バジョット／宇野弘蔵 訳
- イギリス国制論 全二冊　バジョット／遠山隆淑 訳
- ユダヤ人問題によせて ヘーゲル法哲学批判序説　マルクス／城塚登 訳
- 経済学・哲学草稿　マルクス／城塚登・田中吉六 訳
- 新編輯版 ドイツ・イデオロギー　マルクス エンゲルス／廣松渉 編訳／小林昌人 補訳
- マルクス エンゲルス 共産党宣言　大内兵衛・向坂逸郎 訳
- 賃労働と資本　マルクス／長谷部文雄 訳
- 賃銀・価格および利潤　マルクス／長谷部文雄 訳
- マルクス 経済学批判　武田隆夫・遠藤湘吉・大内力・加藤俊彦 訳

- マルクス 資本論 全九冊 — エンゲルス編 向坂逸郎訳
- 裏切られた革命 — トロツキー 藤井一行訳
- 文学と革命 全二冊 — トロツキイ 桑野隆訳
- ロシア革命史 全五冊 — トロツキー 藤井一行訳
- トロツキー わが生涯 全二冊 — 森田成也 志田昇訳
- 空想より科学へ —社会主義の発展 — エンゲルス 大内兵衛訳
- イギリスにおける労働者階級の状態 —一九世紀のロンドンとマンチェスター 全二冊 — エンゲルス 一條和生 杉山忠平訳
- 帝国主義 — レーニン 宇高基輔訳
- 国家と革命 — レーニン 宇高基輔訳
- 雇用、利子および貨幣の一般理論 全二冊 — ケインズ 間宮陽介訳
- シュムペーター 経済発展の理論 全二冊 — 塩野谷祐一 中山伊知郎 東畑精一訳
- シュムペーター 経済学史 —学説ならびに方法の諸段階 — 中山伊知郎 東畑精一訳
- 日本資本主義分析 — 山田盛太郎
- 恐慌論 — 宇野弘蔵
- 経済原論 — 宇野弘蔵
- 資本主義と市民社会 他十四篇 — 大塚久雄 齋藤英里編
- 共同体の基礎理論 他六篇 — 大塚久雄 小野塚知二編

- 言論・出版の自由 —アレオパジティカ 他一篇 — ミルトン 原田純訳
- ユートピアだより — ウィリアム・モリス 川端康雄訳
- 有閑階級の理論 — ヴェブレン 小原敬士訳
- 社会科学と社会政策にかかわる認識の「客観性」 — マックス・ヴェーバー 富永祐治 立野保男訳 折原浩補訳
- プロテスタンティズムの倫理と資本主義の精神 — マックス・ヴェーバー 大塚久雄訳
- 職業としての学問 — マックス・ウェーバー 尾高邦雄訳
- 社会学の根本概念 — マックス・ヴェーバー 清水幾太郎訳
- 職業としての政治 — マックス・ヴェーバー 脇圭平訳
- 古代ユダヤ教 全三冊 — マックス・ヴェーバー 内田芳明訳
- 支配について 全二冊 — マックス・ウェーバー 野口雅弘訳
- 宗教と資本主義の興隆 —歴史的研究 全二冊 — トーニー 出口勇蔵・越智武臣訳
- 世論 全二冊 — リップマン 掛川トミ子訳
- 贈与論 他二篇 — マルセル・モース 森山工訳
- 国民論 他二篇 — マルセル・モース 森山工編訳
- ヨーロッパの昔話 その形と本質 — マックス・リュティ 小澤俊夫訳
- 独裁と民主政治の社会的起源 —近代世界形成過程における領主と農民 全二冊 — バリントン・ムーア 宮崎隆次 森山茂徳 高橋直樹訳
- 大衆の反逆 — オルテガ・イ・ガセット 佐々木孝訳

- シャドウ・ワーク — イリイチ 玉野井芳郎 栗原彬訳

《自然科学》〔青〕

- ヒポクラテス医学論集 — 國方栄二編訳
- 科学と仮説 — ポアンカレ 河野伊三郎訳
- ロウソクの科学 — ファラデー 竹内敬人訳
- 種の起原 全二冊 — ダーウィン 八杉龍一訳
- 自然発生説の検討 — パストゥール 山口清三郎訳
- 完訳 ファーブル昆虫記 全十冊 — 山田吉彦 林達夫訳
- 科学談義 — T・H・ハックスリ 小泉丹訳
- メンデル 雑種植物の研究 — 岩槻邦男 須原準平訳
- アインシュタイン 相対性理論 — 内山龍雄訳・解説
- 相対論の意味 — アインシュタイン 矢野健太郎訳
- アインシュタイン 一般相対性理論 — 小玉英雄編訳・解説
- 自然美と其驚異 — ジョン・ラバック 板倉勝忠訳
- ダーウィニズム論集 — 八杉龍一編訳
- 近世数学史談 — 高木貞治
- ニールス・ボーア論文集1 因果性と相補性 — 山本義隆編訳

ニールス・ボーア論文集2 量子力学の誕生　山本義隆編訳

ハッブル 銀河の世界　戎崎俊一訳

パロマーの巨人望遠鏡 全二冊　D・O・ウッドベリー　関正雄・湯澤博・成相恭二訳

生物から見た世界　ユクスキュル・クリサート　日高敏隆・羽田節子訳

ゲーデル 不完全性定理　林晋・八杉満利子訳

日本の酒　坂口謹一郎

生命とは何か ―物理的にみた生細胞　シュレーディンガー　岡小天・鎮目恭夫訳

ウィーナー サイバネティックス ―動物と機械における制御と通信　池原止戈夫・彌永昌吉・室賀三郎・戸田巌訳

熱輻射論講義　マックス・プランク　西尾成子訳

コレラの感染様式について　ジョン・スノウ　山本太郎訳

20世紀科学論文集 現代宇宙論の誕生　須藤靖編

高峰譲吉文集 いかにして発明国民となるべきか　鈴木淳編

相対性理論の起原 他四篇　廣重徹・西尾成子編

ガリレオ・ガリレイの生涯 他二篇　ヴィンチェンツォ・ヴィヴィアーニ　田中一郎訳

精選 物理の散歩道　ロゲルギスト　松浦壮訳

《哲学・教育・宗教》〔青〕

- ソクラテスの弁明・クリトン　プラトン　久保勉訳
- ゴルギアス　プラトン　加来彰俊訳
- 饗宴　プラトン　久保勉訳
- テアイテトス　プラトン　田中美知太郎訳
- パイドロス　プラトン　藤沢令夫訳
- メノン　プラトン　藤沢令夫訳
- 国家　全二冊　プラトン　藤沢令夫訳
- プロタゴラス —ソフィストたち　プラトン　藤沢令夫訳
- パイドン —魂の不死について　プラトン　岩田靖夫訳
- アナバシス —敵中横断六〇〇〇キロ　クセノポン　松平千秋訳
- アリストテレス　ニコマコス倫理学　全二冊　高田三郎訳
- アリストテレス　形而上学　全二冊　出隆訳
- アリストテレス　弁論術　戸塚七郎訳
- アリストテレース詩学・ホラーティウス詩論　松本仁助・岡道男訳
- 物の本質について　ルクレーティウス　樋口勝彦訳
- エピクロス —教説と手紙　出隆・岩崎允胤訳

- 生の短さについて　他二篇　セネカ　大西英文訳
- 怒りについて　他二篇　セネカ　兼利琢也訳
- エピクテトス　人生談義　全二冊　國方栄二訳
- 人さまざま　テオプラストス　森進一訳
- マルクス・アウレーリウス　自省録　神谷美恵子訳
- 老年について　キケロー　中務哲郎訳
- 友情について　キケロー　中務哲郎訳
- 弁論家について　全二冊　キケロー　大西英文訳
- 平和の訴え　エラスムス　箕輪三郎訳
- エラスムス＝トマス・モア往復書簡　沓掛良彦・高田康成訳
- 方法序説　デカルト　谷川多佳子訳
- 哲学原理　デカルト　桂寿一訳
- 精神指導の規則　デカルト　野田又夫訳
- 情念論　デカルト　谷川多佳子訳
- パンセ　全三冊　パスカル　塩川徹也訳
- パスカル　小品と手紙　塩川徹也・望月ゆか訳
- スピノザ　神学・政治論　全二冊　畠中尚志訳

- 知性改善論　スピノザ　畠中尚志訳
- スピノザ　エチカ（倫理学）　全二冊　畠中尚志訳
- スピノザ　国家論　畠中尚志訳
- スピノザ往復書簡集　畠中尚志訳
- デカルトの哲学原理 —附 形而上学的思想　スピノザ　畠中尚志訳
- スピノザ　神・人間及び人間の幸福に関する短論文　畠中尚志訳
- モナドロジー　他二篇　ライプニッツ　谷川多佳子・岡部英男訳
- ノヴム・オルガヌム（新機関）　ベーコン　桂寿一訳
- 市民の国について　全二冊　ヒューム　小松茂夫訳
- 自然宗教をめぐる対話　ヒューム　犬塚元訳
- 君主の統治について —謹んでキプロス王に捧げる　トマス・アクィナス　柴田平三郎訳
- 精選 神学大全　全四冊　トマス・アクィナス　山本芳久 稲垣良典 編／訳
- エミール　全三冊　ルソー　今野一雄訳
- 人間不平等起原論　ルソー　本田喜代治・平岡昇訳
- ルソー　社会契約論　桑原武夫・前川貞次郎訳
- 言語起源論 —旋律と音楽的模倣について　ルソー　増田真訳
- ディドロ　絵画について　佐々木健一訳

- 純粋理性批判 全三冊　カント　篠田英雄訳
- カント 実践理性批判　波多野精一・宮本和吉・篠田英雄訳
- 判断力批判 全二冊　カント　篠田英雄訳
- 永遠平和のために　カント　宇都宮芳明訳
- プロレゴメナ　カント　篠田英雄訳
- 人倫の形而上学 全二冊　カント　熊野純彦・宮村悠介訳
- シュライエルマッハー 独白　木場深定訳
- ヘーゲル 政治論文集 全二冊　金子武蔵訳
- 哲学史序論 ―哲学と哲学史　ヘーゲル　武市健人訳
- 歴史哲学講義 全二冊　ヘーゲル　長谷川宏訳
- 法の哲学 ―自然法と国家学の要綱 全二冊　ヘーゲル　上妻精・佐藤康邦・山田忠彰訳
- 学問論　シェリング　西川富雄・藤田正勝監訳
- 自殺について 他四篇　ショウペンハウエル　斎藤信治訳
- 読書について 他二篇　ショウペンハウエル　斎藤忍随訳
- 知性について 他四篇　ショーペンハウエル　細谷貞雄訳
- 不安の概念　キェルケゴール　斎藤信治訳
- 死に至る病　キェルケゴール　斎藤信治訳

- 体験と創作 全二冊　ディルタイ　柴田治三郎・小牧健夫訳
- 眠られぬ夜のために 全二冊　ヒルティ　草間平作・大和邦太郎訳
- 幸福論 全三冊　ヒルティ　草間平作・大和邦太郎訳
- 悲劇の誕生　ニーチェ　秋山英夫訳
- ツァラトゥストラはこう言った 全二冊　ニーチェ　氷上英廣訳
- 道徳の系譜　ニーチェ　木場深定訳
- 善悪の彼岸　ニーチェ　木場深定訳
- この人を見よ　ニーチェ　手塚富雄訳
- プラグマティズム　W・ジェイムズ　桝田啓三郎訳
- 宗教的経験の諸相 全二冊　W・ジェイムズ　桝田啓三郎訳
- 日常生活の精神病理　フロイト　高田珠樹訳
- 精神分析入門講義 全二冊　フロイト　高田珠樹・新宮一成・須藤訓任・道籏泰三訳
- 純粋現象学及現象学的哲学考案 全二冊　フッセル　池上鎌三訳
- デカルト的省察　フッサール　浜渦辰二訳
- 愛の断想・日々の断想　ジンメル　清水幾太郎訳
- ジンメル宗教論集　深澤英隆編訳
- 笑い　ベルクソン　林達夫訳

- 道徳と宗教の二源泉　ベルクソン　平山高次訳
- 物質と記憶　ベルクソン　熊野純彦訳
- 時間と自由　ベルクソン　中村文郎訳
- ラッセル教育論　安藤貞雄訳
- ラッセル幸福論　安藤貞雄訳
- 存在と時間 全四冊　ハイデガー　熊野純彦訳
- 学校と社会　デューイ　宮原誠一訳
- 民主主義と教育 全二冊　デューイ　松野安男訳
- 我と汝・対話　マルティン・ブーバー　植田重雄訳
- アラン 幸福論　神谷幹夫訳
- アラン 定義集　神谷幹夫訳
- 天才の心理学　E・クレッチュマー　内村祐之訳
- 英語発達小史　H・ブラッドリ　寺澤芳雄訳
- 日本の弓術　オイゲン・ヘリゲル述　柴田治三郎訳
- 似て非なる友について 他三篇　プルタルコス　柳沼重剛訳
- ことばのロマンス ―英語の語源　ウィークリー　寺澤芳雄・出淵博訳
- ヴィーコ 学問の方法　上村忠男・佐々木力訳

国家と神話 全二冊　カッシーラー　熊野純彦訳
天才・悪　ブレンターノ　篠田英雄訳
人間の頭脳活動の本質 他一篇　ディーツゲン　小松摂郎訳
反啓蒙思想 他二篇　バーリン　松本礼二編
マキアヴェッリの独創性 他三篇　バーリン　川出良枝編
ロシア・インテリゲンツィヤの誕生 他五篇　バーリン　桑野隆編
論理哲学論考　ウィトゲンシュタイン　野矢茂樹訳
自由と社会的抑圧　シモーヌ・ヴェイユ　冨原眞弓訳
根をもつこと 全二冊　シモーヌ・ヴェイユ　冨原眞弓訳
重力と恩寵　シモーヌ・ヴェイユ　冨原眞弓訳
全体性と無限 全二冊　レヴィナス　熊野純彦訳
啓蒙の弁証法 —哲学的断想　M・ホルクハイマー T・W・アドルノ　徳永恂訳
ヘーゲルからニーチェへ 十九世紀思想における革命的断絶 全二冊　レーヴィット　三島憲一訳
統辞構造論 付『言語理論の論理構造』序論　チョムスキー　福井直樹 辻子美保子訳
統辞理論の諸相 方法論序説　チョムスキー　福井直樹 辻子美保子訳
快楽について　ロレンツォ・ヴァッラ　近藤恒一訳
ニーチェ みずからの時代と闘う者　ルドルフ・シュタイナー　高橋巖訳

フランス革命期の公教育論　コンドルセ他　阪上孝編訳
人間の教育 全二冊　フレーベル　荒井武訳
旧約聖書 創世記　関根正雄訳
旧約聖書 出エジプト記　関根正雄訳
旧約聖書 ヨブ記　関根正雄訳
旧約聖書 詩篇　関根正雄訳
新約聖書 福音書　塚本虎二訳
文語訳 新約聖書 詩篇付
文語訳 旧約聖書 全四冊
キリストにならいて　トマス・ア・ケンピス　大沢章 呉茂一訳
聖アウグスティヌス 告白 全二冊　服部英次郎訳
アウグスティヌス 神の国 全五冊　服部英次郎 藤本雄三訳
新訳 キリスト者の自由・聖書への序言　マルティン・ルター　石原謙訳
キリスト教と世界宗教　シュヴァイツェル　鈴木俊郎訳
カルヴァン小論集　波木居斉二編訳
聖なるもの　オットー　久松英二訳
コーラン 全三冊　井筒俊彦訳

エックハルト説教集　田島照久編訳
ムハンマドのことば ハディース　小杉泰編訳
新約聖書外典 ナグ・ハマディ文書抄　荒井献 大貫隆 小林稔 筒井賢治 編訳
後期資本主義における正統化の問題　ハーバーマス　山田正行・金慧訳
シンボルの哲学 —理性、祭礼、芸術のシンボル試論　S・K・ランガー　塚本明子訳
ジャック・ラカン 精神分析の四基本概念 全二冊　ジャック=アラン・ミレール編　小出浩之 新宮一成 鈴木國文 小川豊昭 訳
精神と自然 生きた世界の認識論　グレゴリー・ベイトソン　佐藤良明訳
精神の生態学へ 全三冊　グレゴリー・ベイトソン　佐藤良明訳
人間の知的能力に関する試論 全二冊　トマス・リード　戸田剛文訳
開かれた社会とその敵 全四冊　カール・ポパー　小河原誠訳

岩波文庫の最新刊

ベティ・フリーダン著／荻野美穂訳
女らしさの神話 (上)(下)
女性の幸せは結婚と家庭にあるとする「女らしさの神話」を批判し、その解体を唱える。二〇世紀フェミニズムの記念碑的著作、初の全訳。（全二冊）〔白二三四-一、二〕 **定価(上)一五〇七、(下)一三五三円**

太宰治作／安藤宏編
富嶽百景・女生徒 他六篇
昭和一二―一五年発表の八篇。表題作他「華燭」「葉桜と魔笛」等、スランプを克服し〈再生〉へ向かうエネルギーを感じさせる。（注＝斎藤理生、解説＝安藤宏）〔緑九〇-九〕 **定価九三五円**

ヘルダー著／嶋田洋一郎訳
人類歴史哲学考 (五)
第四部第十八巻―第二十巻を収録。中世ヨーロッパを概観。キリスト教の影響やイスラム世界との関係から公共精神の発展を描く。（全五冊）〔青N六〇八-五〕 **定価一二七六円**

……今月の重版再開……

栗田靖編
碧梧桐俳句集
定価一二七六円〔緑一六六-二〕

穂積陳重著
法窓夜話
定価一四三〇円〔青一四七-一〕

定価は消費税 10％ 込です　2024. 9

岩波文庫の最新刊

デリダ著／藤本一勇訳

アデュー
—エマニュエル・レヴィナスへ—

レヴィナスから受け継いだ「アーデュー」という言葉。デリダの応答は、その遺産を存在論や政治の彼方にある倫理、歓待の哲学へと導く。

〔青N六〇五-二〕　**定価一二一〇円**

ヘリオドロス作／下田立行訳

エティオピア物語(上)

ナイル河口の殺戮現場に横たわる、手負いの凛々しい若者と、女神の如き美貌の娘——映画さながらに波瀾万丈、古代ギリシアの恋愛冒険小説巨編。(全二冊)

〔赤一二七-一〕　**定価一〇〇一円**

永井荷風著／中島国彦・多田蔵人校注

断腸亭日乗(二) 大正十五—昭和三年

永井荷風(一八七九—一九五九)の四十一年間の日記。(二)は、大正十五年より昭和三年まで。大正から昭和の時代の変動を見つめる。(注解・解説＝中島国彦)(全九冊)

〔緑四二-一五〕　**定価一一八八円**

ゲルツェン著／金子幸彦・長縄光男訳

過去と思索(四)

一八四八年六月、臨時政府がパリ民衆に加えた大弾圧は、ゲルツェンの思想を新しい境位に導いた。専制支配はここにもある。西欧への幻想は消えた。(全七冊)

〔青N六一〇-五〕　**定価一六五〇円**

……今月の重版再開……

ディオゲネス・ラエルティオス著／加来彰俊訳

ギリシア哲学者列伝(上)(中)(下)

〔青六六三-一～三〕　**定価各一二七六円**